精品课程新形态教材
21 世纪应用型人才培养教材
"双创"型人才培养教材

U0736398

税法教程

主　编　吴桂梅　李　妍　冯　燕

副主编　张秀珍　毛　方　李　传

　　　　张　静　唐　敏　马　洁

　　　　刘　洋　马英杰　王　宇

中国海洋大学出版社
CHINA OCEAN UNIVERSITY PRESS

·青岛·

图书在版编目（CIP）数据

税法教程 / 吴桂梅,李妍,冯燕主编 . —青岛：
中国海洋大学出版社，2021.3（2024.1重印）
ISBN 978-7-5670-2785-5

Ⅰ.①税…　Ⅱ.①吴…②李…③冯…　Ⅲ.①税法–
中国–高等学校–教材　Ⅳ.①D922.22

中国版本图书馆 CIP 数据核字（2021）第 040733 号

出版发行	中国海洋大学出版社
社　　址	青岛市香港东路 23 号　　　　　邮政编码　266071
出版人	杨立敏
网　　址	http://pub.ouc.edu.cn
电子信箱	2880524430@qq.com
订购电话	010-82477073（传真）　　　电　话　010-82477073
责任编辑	孙宇菲
印　　制	涿州汇美亿浓印刷有限公司
版　　次	2021 年 3 月第 1 版
印　　次	2024 年 1 月第 2 次印刷
成品尺寸	185 mm×260 mm
印　　张	20.5
字　　数	327 千
印　　数	10000—13000
定　　价	49.00 元

前　言

"税法"是高等院校经济管理类专业和相关专业的专业核心课或专业基础课。结合OBE教学理念，我们反复思考的问题是学生学习税法之后会取得怎样的学习效果，如何有效地帮助学生取得更好的学习效果，怎么知道学生已经取得了更好的学习成果。因此，我们在编写教材时秉持理论和实践相结合、学习和操作相融通的观念，系统介绍税法的基础理论知识和基础技能及基础应用知识，为培养应用型人才服务。

习近平总书记在党的二十大报告中指出，"加快发展数字经济，促进数字经济和实体经济深度融合"。新一代信息技术与各产业结合形成数字化生产力和数字经济，是现代化经济体系发展的重要方向。

本书包括税法概论、增值税法、消费税法、关税法、企业所得税法、个人所得税法、财产税法类、资源税法类、行为目的税法类以及税收征收管理法共十章内容。每一章都从基础理论入手，逐步引导到实务训练，突出税法的理论性、应用性和实践性，通过学习使学生分析问题、解决的问题能力得以提高。

本书在编写过程中把最新的税收法律制度内容写进教材，同时吸收同行业著名学者的先进理念，自成体系，适合高等院校相关专业的学生使用，也为参加初（中）级会计资格考试、注册会计师资格考试以及注册税务师资格考试的人员提供参考和借鉴。本书的特点如下。

一、推陈出新。本书系统地介绍18个税种的税收法律规定。为避免知识的陈旧，并与国家最新法律、法规的规定相融合，把财政部、国家税务总局有关增值税、企业所得税等税种的最新修改意见等的内容写进教材，使读者吸收到最前沿的知识。

二、实用性强。为使学生取得更好的学习效果，本书在深入浅出地介绍税法理论的同时，更注重实践能力的培养。本书围绕各个税种的计税依据及应纳税额的计算，有针对性地设计了例题和例题解析，使学生从被动地听讲引导到积极思考，不仅夯实理论基础，更能提高应用技能。每一章中"扩展资料"和"拓展思维"，拓宽学生的视野，激发思考潜能，调动学习热情。

三、内容广泛。"问题导入"对每章知识要点进行概括性引导，重点、难点一目了然，使学生知道要学什么。"案例思考"给出一定的情境使学习者带着问题去思考学习，更具有针对性，使学生清楚怎样解决实际问题。为了检验学习效果，每一个税种都设有

"基础训练"和"技能训练"，通过这些训练进一步巩固提高知识和技能，达到更好的学习效果。

在本书编写过程中，吸收、参考、借鉴了许多学者的观点，并结合自己的教学实践予以归纳、整合和处理，在此向各位学者表示衷心的感谢！同时，编者制作了包括教案、教学PPT、"基础训练"、"技能训练"答案等在内的教学资源，供教师使用，以节省教师的备课时间。由于编者水平所限，本书难免有疏漏之处，希望同行们批评指正。

编　者

目　录

第一章 税法概论

问题导入

1. 税率越高税收收入一定越多吗？
2. 起征点等同于免征额吗？
3. 为什么说税收是取之于民、用之于民？
4. 税法的构成要素有哪些？其基本要素是什么？

🌐 案例思考

假定甲、乙、丙、丁四人2020年全年的应纳税所得额分别为36 000元、36 001元、144 000元和144 001元，适用的税率表见本章表1-1全额累进税率表和表1-2超额累进税率表。

思考：

1. 按全额累进税率表计算甲、乙、丙、丁四人2020年全年的应纳税额是多少？
2. 按超额累进税率表计算甲、乙、丙、丁四人2020年全年的应纳税额是多少？
3. 两种税率的区别是什么？哪一种税率更科学实用？

第一节 税法与税收

一、税法的概念

税法是国家制定的、用以调整国家与纳税人之间在税收征纳方面的权利及义务关系的法律规范的总称。税法构建了国家及纳税人依法征税、依法纳税的行为准则体系，其目的是保障国家利益和纳税人的合法权益，维护正常的税收秩序，保证国家的财政收入。

二、税收的概念

（一）税收的概念

税收是政府为了满足社会公共需求，凭借政治权力按照法律规定，强制无偿地参与社会剩余产品分配，取得财政收入的一种形式。对税收的概念可以从以下四个方面理解：

（1）国家征税的目的是满足社会成员获得公共产品的需要。

（2）国家征税凭借的是政治权力。税收征收的主体只能是代表社会全体成员行使公共权力的政府，其他任何社会组织或个人是无权征税的。与公共权力相对应的必然是政府管理社会和为民众提供公共产品的义务。

（3）税收是国家取得财政收入的最为主要的方式。在我国，税收收入占财政收入的比例通常认为达到90%左右。

（4）税收必须借助于法律形式进行，法律是税收的存在形式。税收之所以必须采用法律的形式，是由税收和法律的本质与特征决定的。

拓展资料

财政收入按形式分类主要包括：

（1）税收收入（占90%左右）。

（2）依照规定应当上缴的国有资产收入。这一部分除了国有企业应当上缴的利润之外，还包括国有资产投资产生的股息收入以及国有资产有偿转让、出让所取得的收入等。

（3）债务收入。

（4）国家机关收费收入，包括规费和使用费两种。规费是政府为公民个人或单位提供某些特定服务或实施特定行政管理所收取的费用。使用费是政府对其所提供公共设施的使用者按一定标准收取的费用。

（5）罚没收入。

（6）来自国际的捐赠收入。

（二）税收的特征

人们对税收本质的认识是不断演进的，由此导致对税收特征的认识也不断修正。关于税收本质及税收特征的认识，对国家税收制度建设带来重要影响。改革开放后，随着对税收本质的认识的转变，可以把税收特征归纳为强制性、无偿性与固定性。

1. 强制性

税收的强制性，指税收依据国家政治权利参与社会物品分配，国家通过法令、行政手段或者其他强制手段，强制进行征收，任何单位和个人都必须遵守，否则就可能受到国家政治权力的制裁。

2. 无偿性

税收的无偿性，是指国家征税后税款即为国家所有，并不存在对纳税人的偿还问题。也就是说，对每一个具体的纳税人来说，纳税人纳税后并未获得任何报酬，税收不具有偿还性和返还性。

3. 固定性

课税对象、征收比例或征收数额都用法律形式事先规定下来，这就是税收的固定性。税收的固定性有两层含义。一是同一课税对象的纳税数额不会因为时间的差异而有所不同。人们对税法及其纳税数额可以进行预期。二是相同的课税对象不会因为纳税人的不同而存在差异。在征税层面做到"法律面前人人平等"。

（三）税收的职能

税收职能是指税收自身所固有的功能。我国税收具有组织财政收入、调节经济和监督社会经济活动的职能。

1. 组织财政收入

组织财政收入的职能是指税收通过参与社会产品的分配，形成国家财政收入，归国家支配使用，满足国家实现其职能的需要。组织财政收入的职能是税收最基本的职能，不论是什么性质的税收，不论是什么种类的税收，都具有这一职能。

2. 调节经济

税收调节经济的职能是指税收在积累国家财政资金过程中，通过设置不同的税种、税目，确定不同的税率，对不同的部门、单位、个人以及不同产业、产品的收入进行调节，以调整经济利益关系，促进社会经济按照客观规律发展。税收是一种经济杠杆，通过征、不征、多征、少征、加征、减免等办法，造成对纳税人物质利益的不同影响，引导纳税人调整自己的活动，以配合产业政策，促进生产结构、消费结构的调整，优化资源配置。

3. 监督社会经济活动

税收监督社会经济活动的职能是指税收在参与社会产品分配和再分配过程中，对社会产品的生产、流通、分配和消费进行制约和控制。税收监督职能是通过税收征管来实现的，通过税收监督，一方面要求纳税人依法纳税，以保证国家履行其职能的物质需要；另一方面对社会再生产的各个环节进行监督，制止、纠正经济运行中的违法现象，打击经济领域的犯罪活动，保证税收分配的顺利进行，促进国民经济的健康发展。

拓展资料

税收职能方面的名人名言

马克思指出：

（1）"赋税是政府机关的经济基础，而不是其他任何东西。"

（2）"国家存在的经济体现就是捐税。"

恩格斯指出：

"为了维持这种公共权力，就需要公民缴纳费用——捐税。"

资料来源：《马克思恩格斯全集》第19卷及《家庭、私有制和国家的起源》

三、税收与税法的关系

税收与税法密不可分，有税必有法，无法不成税。税法是税收的法律表现形式，是调整税收分配活动中征纳双方权利义务关系的法律规范；税收则是税法所确定的具体内容，是国家取得财政收入的一种方式，体现的是一种分配关系。如果没有税收，也无须有税法，若没有税法，税收分配活动也无法正常进行，因此，两者既有本质区别，又相互依存，密不可分。

四、税法分类

税法按立法目的、征收对象、权限划分、适用范围、职能作用的不同，可分为不同类型。

（一）照税法的基本内容和效力的不同，分为税收基本法和税收普通法。

税收基本法也称为税收通则，是税收体系的主体和核心，在税法体系中起着税收母法的作用。其基本内容一般包括税收制度的性质、税务管理机构、税收立法与管理权限、纳税人的基本权利与义务、征税机关的权利和义务、税种设置等。我国目前还没有制定统一的税收基本法，随着我国税收法制建设的发展和完善，将研究制定税收基本法。税收普通法是根据税收基本法的原则，对税收基本法规定的事项分别立法实施的法律，如《中华人民共和国个人所得税法》《中华人民共和国税收征收管理法》等。

（二）按照税法的职能作用的不同，可分为税收实体法和税收程序法

税收实体法主要是指确定税种立法，具体规定各税种的征收对象、征收范围、税目、税率、纳税地点等，例如，《中华人民共和国企业所得税法》《中华人民共和国个人所得税法》就属于税收实体法。税收程序法是指税务管理方面的法律，主要包括税收管理法、纳税程序法、发票管理法、税务机关组织法、税务争议处理法等。《中华人民共和国税收征收管理法》（以下简称《税收征收管理法》）就属于税收程序法。

（三）按照税法相关税种征收对象的不同，可分为五种

1. 流转税

流转税又称商品和劳务税税法，主要包括增值税、消费税等税法。这类税法的特点是与商品生产、流通、消费有密切联系。对什么商品和劳务征税，税率多高，对商品经济活动都有直接的影响，易于发挥对经济的宏观调控作用。

2. 所得税税法

所得税税法主要包括企业所得税税法、个人所得税税法等。其特点是可以直接调节纳税人收入，发挥其公平税负、调整分配关系的作用。

3. 财产、行为税税法

财产、行为税税法主要是对财产的价值或某种行为课税，包括房产税、印花税等税法。

4. 资源税税法

资源税主要是为确保合理使用国家自然资源而课征的税。我国现行的资源税、城镇土地使用税等税种均属于资源课税的范畴。

5. 特定目的税税法

特定目的税包括城市维护建设税等。其目的是对某些特定对象和特定行为发挥特定调节作用。

（四）按照主权国家行使税收管辖权的不同，可分为国内税法、国际税法、外国税法等

国内税法一般是按照属人或属地原则，规定一个国家的内部税收制度。国际税法是指国家间形成的税收制度，主要包括双边或多边国家间的税收协定、条约和国际惯例等，一般而言，其效力高于国内税法。外国税法是指外国各个国家制定的税收制度。

（五）按照征收管理权限和税收收入归属的不同，可以分为中央税、地方税、中央地方共享税税法

中央税的管理权限集中在中央，由中央政府负责征收和管理，税收收入归中央政府支配和使用。我国现行的消费税、关税、车辆购置税、报关进口环节海关代征的增值税属于中央税。地方税的管理权限归地方政府，税收收入归地方政府支配和使用。我国现行的城镇土地使用税、耕地占用税等属于地方税。中央地方共享税由中央和地方政府共同负责征收管理，税收收入由中央政府与地方政府按一定比例分享。我国现行的增值税就是典型的共享税。

第二节 税法的构成要素

税法的构成要素是指各种单行税法具有的共同基本要素的总称。税法的构成要素一般包括总则、纳税义务人、征税对象、税率、税目、纳税环节、纳税期限、纳税地点、减税免税、罚则、附则等项目。其中纳税义务人、征税对象和税率是税法的三大基本构成要素。

一、总则

总则主要包括立法依据、立法目的、适用原则等。

二、纳税义务人

纳税义务人是税法规定的直接负有纳税义务的单位和个人。每一种税都有自己的纳税义务人。纳税人可以是法人，也可以是自然人，没有法人资格但负有纳税义务的组织也可以成为纳税人。

与纳税人相关的概念——

代扣代缴义务人：亦称"扣缴义务人"，即有义务从持有的纳税人收入中扣除应纳税款并代为缴纳的企业、单位或个人。对税法规定的扣缴义务人，税务机关应向其颁发代扣代缴证书，明确其代扣代缴义务。代扣代缴义务人必须严格履行扣缴义务。对不履行扣缴义务的，税务机关应视其情节轻重予以处置，并责令其补缴税款。扣缴义务人不是纳税人，所以不承担纳税人的义务。

代收代缴义务人：是指有义务向纳税人收取款项的同时收取应纳税款并代为缴纳的企业、单位或个人。确定代收代缴义务人，有利于加强税收的源泉控制，简化征税手续，减少税款流失。代收代缴单位不直接持有纳税人的收入，只能在与纳税人的经济往来中收取纳税人的应纳税款并代为缴纳。代收代缴单位必须严格履行代收代缴义务，对不履行代收代缴义务的，除追缴税款和加收滞纳金外，还要根据不同情况给予相应的处罚。

负税人：负税人是最终负担税款的单位和个人。在实际生活中，有的税收由纳税人自己负担，纳税人本身就是负税人，如个人所得税、企业所得税等；有的税收虽然由纳税人缴纳，但实际上是由别人负担的，纳税人和负税人不一致，这就是通常所说的税负的转嫁问题，如增值税、消费税等。

三、征税对象

征税对象又叫课税对象、征税客体，是指税法规定的对什么征税，是征纳双方权利义务共同指向的客体或标的物，是区别一种税和另一种税的重要标志。因征税对象不同，性质不同，税名也不同。

与课税对象相关的基本概念——税基，又叫计税依据，是据以计算征税对象应纳税额的直接数量依据，它解决对征税对象课税的计算问题，是对课税对象量的规定。

四、税目

税目是税法中对征税对象分类规定的具体征税项目，反应具体的征税范围，是对课税对象质的界定。设置税目的目的首先是明确具体的征税范围，凡列入税目的即为应税项目，未列入税目的，则不属于应税项目。其次，划分税目也是贯彻国家税收调节的需要，国家可根据不同项目的利润水平以及国家经济政策等为依据制定高低不同的税率，以体现不同的税收政策。并非所有税种都需要规定税目，有些税种不分征税对象的具体项目，一律按征税对象的数额采用同一税率计征税款，如企业所得税。而有些税种则有必要对应税项目一一列举，规定不同税率计算征税，比如消费税。

五、税率

税率是应征税额与征税对象之间的比例，或是对征税对象的征收额度。税率是计算税额的尺度，直接关系到纳税人的税收负担和国家财政收入的多少。我国现行的税率主要有比例税率、累进税率、定额税率。

（一）比例税率

比例税率是对同一征税对象，不分数额大小，规定相同的征收比例。我国的增值税、城市维护建设税、企业所得税等采用的都是比例税率。实践中比例税率又可分为单一比例税率、差别比例税率、幅度比例税率三种具体形式。

比例税率具有计算简单、税率透明度高、有利于保证财政收入、有利于纳税人公平竞争、不妨碍商品流转额或非商品营业额扩大等优点，符合税收效率原则。但比例税率不能针对不同的收入水平实施不同的税收负担，在调节纳税人的收入水平上难以体现税收的公平性原则。

（二）累进税率

累进税率是指随着征税对象数量的增大而随之提高的税率，即按征税对象数额的大小划分为若干等级，不同等级课税数额分别适用不同的税率，课税数额越大，适用税率越高。累进税率分为全额累进税率、超额累进税率、全率累进税率、超率累进税率四种。

1. 全额累进税率

全额累进税率是把征税对象的数额划分为若干等级，对每个等级分别规定相应税率，当税基超过某个级距时，课税对象全部数额都按提高后级距的相应税率征税。表 1-1 为某三级全额累进税率表。

表 1-1　某三级全额累进税率表

级数	全年应纳税所得额（元）	税率（%）
1	36 000元以下的部分（含36 000元）	3
2	超过36 000至 144 000 元的部分（含144 000元）	10
3	超过144 000至300 000元的部分（含300 000元）	20

运用全额累进税率的关键是查找每一纳税人应税收入在税率表中所属的级次，找到收入级次，与其对应的税率便是该纳税人所适用的税率，全部税基乘以适用税率即可计算出应缴税额。

【例题 1-1】纳税人甲某年应纳税所得额为36 000元，按上表所列税率，适用第一级次，其应纳税额为36 000×3%＝1 080（元）。

【例题1-2】纳税人乙某年应纳税所得额为36 001元，按上表所列税率，适用第二级次，其应纳税额为36 001×10%＝3 600.1（元）。

全额累进税率计算方法简便，但税收负担不合理，特别是在划分级距的临界点附近，税负成跳跃式递增，甚至会出现税额增加超过课税对象数额增加的不合理现象，不利于鼓励纳税人增加收入。

2. 超额累进税率

超额累进税率是指把征税对象按数额的大小分若干等级，每一等级规定一个税率，税率依次提高，但每一纳税人的征税对象则依所属等级同时适用几个税率分别计算，将计算结果相加后得出应纳税款。表1-2为某三级超额累进税率表。

表1-2　某三级超额累进税率表

级数	全年应纳税所得额（元）	税率（%）	速算扣除数
1	36 000元以下的部分（含36 000元）	3	0
2	超过36 000至144 000元的部分（含144 000元）	10	2 520
3	超过144 000至300 000元的部分（含300 000元）	20	16 920

【例题1-3】纳税人甲某年应纳税所得额为36 000元，按上表所列税率，适用第一级次，其应纳税额为36 000×3%＝1 080（元）。

【例题1-4】纳税人乙某年应纳税所得额为36 001元，按上表所列税率，适用第一级次和第二级次，其应纳税额为36 000×3%＝1 080（元），超过36 000的部分（36 001－36 000＝1元）适用第二级次10%的税率，应纳税额为1×10%＝0.1元，某年应纳税额为1 080+0.1＝1 080.1（元）。

在级数较多的情况下，分级计算、然后相加的方法比较烦琐。为了简化计算，也可采用速算法。速算法的原则是，基于全额累进计算的方法比较简单，可将超额累进计算的方法转换为全额累进计算的方法。对于同样的课税对象数量，按全额累进方法计算出的税额比按超额累进方法计算出的税额多，即有重复计算的部分，这个多征的常数叫速算扣除数。

用公式表示为：

速算扣除数＝按全额累进方法计算的税额－按超额累进方法计算的税额

公式整理得：

按超额方法计算的应纳税额＝按全额累进方法计算的税额－速算扣除数

【例题1-5】接上例纳税人乙某年应纳税所得额为36 001元，如果用简化的计算，

则应纳所得税＝36 001×10%－2 520＝1 080.1（元）。

超额累进税率用速算扣除数法解决了计算烦琐的缺点，使调节收入的效果更加明显。目前我国采用这种税率的税种是个人所得税。

归纳总结

全额累进税率和超额累进税率的优缺点

一、全额累进税率

优点：全额累进税率计算较为简便，相当于采用比例税率的税额计算。

缺点：全额累进税率只适用一个征税比例，纳税人的负担较重；在累进级次的临界点附近，全额累进税率的累进程度急剧加大，税额负担呈跳跃式上升，税额的增加会超过征税对象数额的增加。

二、超额累进税率

优点：超额累进税率往往适用几个征税比例，纳税人负担较轻；超额累进税率的累进程度较为缓和，不存在税额的增加超过征税对象数额增加的不合理现象。

缺点：超额累进税率计算税额相对复杂，要分级分次进行税额计算，即便采用速算扣除数法，计算税额也比全额累进税率麻烦。

3. 全率累进税率

全率累进税率是把征税对象的数额的相对率划分为若干等级，对每个等级分别规定相应税率，当相应税率超过某个级距时，全部都按提高后级距的相对应税率征税。

4. 超率累进税率

超率累进税率即以征税对象数额的相对率划分若干级距，分别规定相应的差别税率，相对率每超过一个级距的，对超过的部分就按高一级的税率计算征税。目前我国税收体系中采用这种税率的是土地增值税。

（三）定额税率

定额税率也称固定税额，即按征税对象确定的计算单位，直接规定一个固定的税额。目前采用定额税率的有城镇土地使用税、车船税等。实际运用中又分为地区差别税额、分类分级税额和幅度固定税额。

定额税率的应征税额与课税对象的价值形态无关，其优点是能够避免市场因素的干扰，简便、稳定地取得税收收入，但适用范围比较有限。

六、纳税环节

纳税环节主要指税法规定的征税对象在从生产到消费的流转过程中应当缴纳税款的环节。纳税环节的选择不仅有利于控制税源，更要考虑方便纳税人纳税。如流转税在生产和流通环节纳税、所得税在分配环节纳税等。

七、纳税期限

纳税期限是指税法规定的关于税款缴纳的法定期限，是税收强制性和固定性特征在时间上的体现。税法关于纳税期限的规定，有三个概念：一是纳税义务发生时间，即应税行为发生的时间。二是纳税期限，纳税人每次发生纳税义务后，不可能马上去缴纳税款，每隔固定时间汇总一次纳税义务的时间。税法规定了每种税的纳税期限，如《增值税暂行条例》规定，增值税的纳税期限分别为1日、3日、5日、10日、15日、1个月或者1个季度。纳税人的具体纳税期限，由主管税务机关根据纳税人应纳税额的大小分别核定；不能按照固定期限纳税的，可以按次纳税。三是缴库期限，税法规定的纳税期满后纳税人将应纳税款缴入国库的期限，如《增值税暂行条例》规定，纳税人以1个月或者1个季度为1个纳税期的，自期满之日起15日内申报纳税。

八、纳税地点

纳税地点主要是根据各税种的征税对象、纳税环节，本着有利于对税款的源泉控制而规定的纳税人（包括代征、代扣、代缴义务人）的具体缴纳税款的地点。一般而言，在各税种的法律制度中，要根据不同情况分别规定不同的纳税地点，既要便于税务机关和纳税人征纳税款，又要有利于各地区、各征收机关的税收利益。

九、减税免税

减税免税主要是对某些纳税人和征税对象采取减少征税或者免于征税的优惠规定。按其方式划分，可以分为征税对象减免、税率减免、税额减免；按其性质划分，可以分为法定减免、特定减免、临时减免。

与减免税相关的概念——起征点、免征额：

起征点是指税法规定对征税对象开始征税的起点数额。征税对象数额达到起征点的就全部数额征税，未达到起征点的不征税。

免征额是税法规定的课税对象全部数额中免予征税的数额，是对所有纳税人的照顾。当课税对象小于或等于免征额时，不予征税；当课税对象超过免征额时，对超过免征额部分征税。

在税法中规定起征点和免征额是对纳税人的一种照顾，但两者照顾的侧重点显然不同，前者照顾的是低收入者，后者则是对所有纳税人的照顾。

十、罚则

罚则主要是指对纳税人违反税法的行为采取的处罚措施。规定罚则可以维护税法的尊严，保护合法经营，增强纳税意识和法制观念，保证国家财政收入。

十一、附则

附则一般都规定与该法紧密相关的内容，比如该法的解释权、生效时间、适用范围及其他有关规定。

第三节 税收法律关系

一、税收法律关系的概念和特征

（一）税收法律关系的概念

税收法律关系是税法所确认和调整的国家及税务机关与纳税人之间在税收征纳过程中形成的权利与义务关系。国家征税与纳税人纳税形式上表现为利益分配的关系，但经过法律明确其双方的权利与义务后，这种关系实质上已上升为一种特定的法律关系。从本质上看，税收法律关系是一种社会经济关系，是国家强制地参与国民收入分配与再分配而形成的分配关系。对谁征税、征多少税，都是国家以法律形式规定的，反映国家的意志而不是纳税人的意志；从经济内容上看税收法律关系是一种财产所有权或支配权单向转移的关系，表现为社会财富从社会各阶级、阶层、单位或个人手中无偿地转移到国家手中。

（二）税收法律关系的特征

税收法律关系作为社会关系的组成部分，有自身的个性特征，主要表现在4个方面。

1. 主体的双重性

税收法律关系主体双方的一方必须始终是国家，另一方则可以是企业、单位或个人。

2. 纳税的义务性

税收征纳双方的法律关系不以双方的意志为转移，只要纳税人发生了税法规定的应税事件或行为也就产生了税收法律关系。

3. 权责的相对性

税收法律关系相对具有单方面的权利与义务性质，即国家主要有依法征税的权利，纳税人主要有依法纳税的义务。

4. 财权的转移性

纳税人履行了纳税义务，就意味着将一定的货币资金或财产的所有权（或支配权）无偿交与国家。

二、税收法律关系的构成要素

税收法律关系在总体上与其他法律关系一样，都是由税收法律关系的主体、客体和内容三方面构成的。

（一）税收法律关系的主体

税收法律关系的主体即税收法律关系中享有权利和承担义务的当事人。在我国，根据其所承担的权利和义务的不同，税收法律关系的主体可分为征收主体和义务主体。征收主体是代表国家行使征税职责的国家机关，包括国家各级税务机关、海关和财政机关，义务主体是履行纳税义务的人，包括法人、自然人和其他组织，在国内的外国企业、组织、外籍人、无国籍人，以及在国内虽然没有机构、场所但有来源于中国境内所得的外国企业或组织。这种对税收法律关系中权利主体另一方的确定，在我国采取的是属地兼属人的原则。

在税收法律关系中征收主体和义务主体双方法律地位平等，只是因为主体双方是行政管理者与被管理者的关系，所以双方的权利与义务不对等，这是税收法律关系的一个重要特征。

（二）税收法律关系的客体

税收法律关系的客体即税收法律关系主体的权利、义务所共同指向的对象，也就是征税对象。例如：所得税法律关系客体就是生产经营所得和其他所得，财产税法律关系客体就是财产，流转税法律关系的客体就是货物销售收入或劳务收入。

税收法律关系的客体也是国家利用税收杠杆调整和控制的目标，国家在一定时期根据客观经济形势发展的需要通过扩大或缩小征税范围调整征税对象，以达到限制或鼓励国民经济中某些产业、行业发展的目的。

（三）税收法律关系的内容

税收法律关系的内容是指税收法律关系主体所享有的权利和所承担的义务，这是税收法律关系中最实质的东西，也是税法的灵魂。它规定主体可以有什么行为，不可以有什么行为，若违反了这些规定须承担何种法律责任。

税务机关的权利主要表现在依法进行征税、税务检查以及对违法者进行处罚；其义务主要是向纳税人宣传、咨询、辅导解说税法，及时把征收的税款解缴国库，依法受理纳税人对税收争议的申诉，依法接受监督等。

纳税义务人的权利主要有多缴税款申请退还权、延期纳税权、依法申请减免税权、申请复议和提起诉讼权等，其义务主要是按税法规定办理税务登记、进行纳税申报、接受税务检查、依法缴纳税款等。

三、税收法律关系的产生、变更和终止

税收法律关系的产生、变更和终止必须有能够引起法律关系产生变更或终止的客观情况，也就是由税收法律事实来决定。而税收法律事实一般是指征税机关的依法征税行为和纳税人的经济活动行为。

（一）税收法律关系产生的原因

（1）税收法律行为的产生，如企业销售货物而取得收入，就产生增值税等征纳关系；

（2）税收法律事件的产生，如新办企业办理税务登记，为税收法律关系的产生提供了前提，但新办企业必须在生产经营中取得收入才会形成税收法律关系；

（3）新税种的开征，会使一些非应税行为和事件成为应税行为和事件，从而产生税收法律关系。

（二）税收法律关系变更的原因

（1）税法的修改或补充，如征税范围扩大或缩小、税目增加或减少和税率提高或降低等，都会引起税收法律关系的变更；

（2）征税方式的变动，如扣缴义务人代扣代缴变为纳税人自行申报缴纳，或纳税人自行申报缴纳变为由扣缴义务人代扣代缴等；

（3）纳税人的应税行为和事件发生变化，如纳税人的生产经营内容和纳税人的收入、财产状况发生变化，纳税人联合、合并、改组、分设等；

（4）由于不可抗力或其他特殊原因，纳税人难以履行纳税义务等。

（三）税收法律关系终止的原因

（1）纳税主体消失，如企业破产、撤销、合并或纳税个人死亡；

（2）纳税人依法完成了缴纳税款义务；

（3）纳税人有了符合免税的条件；

（4）税法内容部分废止或某一税务行为被撤销等。

四、税收法律关系的保护

税收法律关系的保护是指保障征纳税权利主体行使权利和监督义务主体履行义务的活动。

其实质是维护国家经济秩序正常运转，保障国家财政收入，保护纳税人的合法权益。保护税收法律关系，就应对侵犯税收法律关系主体的合法权益和不履行法定义务的行为依法追究法律责任，包括法律约束、行政制裁和刑事制裁。

税收法律关系的保护方式较多，税法中对限期纳税、征收滞纳金和罚款的规定，以及对纳税人不服从税务机关征税的处理决定，可以申请复议或提出诉讼的规定等都是对税收法律关系的直接保护。这种保护对税收法律关系权利主体双方是对等的，不能只保护一方而不保护另一方，对权利享有者的保护本身就是对义务承担者的制约。

第四节　我国现行税法体系

一、税法体系概述

税法内容十分丰富，涉及范围也极为广泛，各单行税收法律法规结合起来，形成了完整配套的税法体系，共同规范和制约税收分配的全过程，是实现依法治税的前提和保证。从法律角度来讲，一个国家在一定时期内、一定体制下以法定形式规定的各种税法法律法规的总和，被称为税法体系。但从税法工作的角度来讲，所谓税法体系往往被称为税收制度，即一个国家的税收制度是指在既定的管理体制下设置的税种以及与这些税种的征收、管理有关的具有法律效力的各级成文法律、行政法规、部门规章等的总和。换句话说，税法体系就是通常所说的税收制度（简称税制）。

二、我国现行税法体系

国家税收制度的确立，要根据本国的具体政治经济条件。所以税收制度也不尽相同，具体征税办法也各有千秋，千差万别。就一个国家而言，在不同的时期，由于政治经济条件和政治经济目标不同，税收制度也有着或大或小的差异。

（一）税收实体法体系

我国的现行税制就其实体法而言，是 1949 年中华人民共和国成立后经过几次较大的改革逐步演变而来的。1994 年我国通过大规模的工商税制改革，已在主体上形成了我国工商税制的整体格局，连同我国现行有效的其他税种，我国现行税法体系目前在征的有 18 个税种。

1. 按照征收机关的不同，分为三大类

（1）由税务机关负责征收的税种：包括增值税、消费税、车辆购置税、企业所得税、个人所得税、资源税、房产税、城镇土地使用税、车船税、土地增值税、印花税（含证券交易）、环境保护税、城市维护建设税共 13 种，以上即通常所说的工商税。

（2）由海关负责征收的关税、船舶吨税。

（3）由财政机关负责征收的耕地占用税、烟叶税（2006 年起农业税、牧业税全部废止，增设烟叶税）、契税（耕地占用税和契税，1996 年以前由财政机关的农税部门征收管理，1996 年财政部农税管理机构划归国家税务总局领导，部分省市机构相应划转，这些税种就改由税务部门负责征收，但部分省市仍由财政机关负责征收。从 2005 年起，由税务机关直接征收）共3种。

2. 按征税对象的性质，分为五大类

（1）流转税法类，包括增值税、消费税、烟叶税、关税、船舶吨税5个税法，主要是在生产、流通、服务业和进出口贸易等方面发挥税收调节作用。

（2）所得税法类，包括企业所得税和个人所得税2个税法，主要是在国民收入形成以后，对生产经营者的利润和个人的纯收入发挥税收调节作用。

（3）资源税法类，包括资源税、土地增值税、城镇土地使用税和耕地占用税4个税法，主要是对因开发和利用自然资源差异而形成的级差收入发挥税收调节作用。

（4）财产税法类，包括房产税、车船税和契税3个税法，主要是对某些特定财产发挥税收调节作用。

（5）行为目的税法类，包括印花税、车辆购置税、环境保护税和城市维护建设税4个税法，以及具有税收性质的教育费附加和社会保险费等，主要是为达到特定的目的，对特定对象和特定行为发挥税收调节作用。

上述税种，企业所得税、个人所得税、环境保护税等是以国家法律的形式发布实施；增值税、消费税等是经全国人民代表大会授权立法，由国务院以暂行条例的形式发布实施的。这些单行税收法律、法规组成了我国的税法实体法体系。

（二）税收程序法体系

除税收实体法体系外，我国对税收征收管理适用的法律制度，按照税收管理机构的不同而分别规定。

（1）由税务机关负责征收的税种的征收管理，按照全国人大常委会发布实施的《中华人民共和国税收征收管理法》执行。税收程序法是以2015年4月十二届全国人民代表大会常务委员会第十四次会议通过修订的《中华人民共和国税收征收管理法》为核心。此外，还包括2016年2月国务院发布的《中华人民共和国税收征收管理法实施细则》（以下简称《税收征管法实施细则》）等；经国务院批准，财政部发布的《中华人民共和国发票管理办法》，国家税务总局陆续发布的《关于贯彻实施税收征管法及其实施细则若干问题的规定》《中华人民共和国发票管理办法实施细则》《税务行政复议规则》《税务稽查工作规程》《税务代理试行办法》和《增值税发票开具指南》以及参照执行的《行政处罚法》《行政诉讼法》和《国家赔偿法》等。

（2）由海关机构负责征收的税种的征收管理，按照《海关法》及《进出口关税条例》等有关规定执行。

上述税收实体法和税收征收管理的程序法的法律制度构成了我国现行税法体系。

第五节　税法的适用原则及地位

一、税法的适用原则

税法的适用原则是指税务行政机关和司法机关运用税收法律规范解决具体问题所必须遵循的准则。其作用在于在使法律规定具体化的过程中，提供方向性的指导，判定税法之间的相互关系，合理解决法律纠纷，保障法律顺利实现，以达到税法认可的各项税收政策目标，维护税收征纳双方的合法权益。税法的适用原则主要包括法律优位原则，新法优于旧法原则，法律不溯及既往原则，特别法优于普通法原则，实体从旧、程序从新原则，程序优于实体原则。

（一）法律优位原则

法律优位原则也称行政立法不得抵触法律原则，其基本含义是法律的效力高于行政法规的效力。具体来说，税收法律的效力高于税收行政法规的效力，税收行政法规的效力高于税收行政规章的效力。当效力低的税法与效力高的税法发生冲突时，效力低的税法是无效的。法律优位原则在税法中的作用主要体现在处理不同等级税法的关系上。

（二）新法优于旧法原则

新法优于旧法原则也称后法优于先法原则，是指新法、旧法对同一事项有不同规定时，新法的效力优于旧法。新法优于旧法原则有利于避免因法律修订带来新法、旧法对同一事项有不同的规定而给法律适用带来的混乱，为法律的更新与完善提供法律适用上的保障。新法优于旧法原则在税法中普遍适用，但是当新税法与旧税法处于普通法与特别法的关系时，可以例外。

（三）法律不溯及既往原则

法律不溯及既往原则是绝大多数国家所遵循的法律程序技术原则，是指一部新法实施后，对新法实施之前人们的行为不得适用新法，而只能沿用旧法。法律不溯及既往原则有利于维护税法的稳定性和可预测性，使纳税人能在知道纳税结果的前提下做出相应的经济决策，能更好地发挥税收的调节作用。但是，在某些特殊情况下，税法对这一原则的适用也有例外。某些国家在处理税法的溯及力问题时，坚持"有利溯及"原则，即对税法中溯及既往的规定，对纳税人有利的，予以承认；对纳税人不利的，则不予承认。

（四）特别法优于普通法原则

特别法优于普通法原则是指对同一事项两部法律分别有一般规定和特别规定时，特别规定的效力高于一般规定的效力。当对某些税收问题需要做出特殊规定，但是又不便于普遍修订税法时，即可以通过特别法的形式予以规范。凡是特别法中做出规定的，即排斥普通法的适用。不过这种排斥仅就特别法中的具体规定而言，并不是说随着特别法的出现，原有的居于普通法地位的税法即告废止。特别法优于普通法原则打破了税法效力等级（法律优位原则）的限制，即居于特别法地位的级别较低的税法，其效力可以高于作为普通法的级别较高的税法。

（五）实体从旧、程序从新原则

实体从旧、程序从新原则是指实体税法不具备溯及力，而程序性税法在特定条件下具备一定的溯及力。实体从旧、程序从新原则包括两方面的内容：一是有关税收权利义务的产生、变更和灭失的税收实体法，如在应税行为或事实发生后有所变动，除非法律有特别规定，否则对该行为或事实应适用其发生当时的税法规定，即遵循法律不溯及既往原则。二是对于新法公布实施以前发生的税收债务，税务机关在适用征税程序或履行税收债务时，则不问税收债权债务发生的时期，征管程序上一律适用新法，即遵循新法优于旧法原则。税收实体法和税收程序法功能作用不同。税收实体法针对具体税种，是税法的核心部分；税收程序法针对税收管理，是税法体系的基本组成部分。实体从旧原则同法律不溯及既往原则：税收实体法只从新的规定开始的时段实施，不溯及以往发生的业务，以往发生的业务还是按照旧的规定执行。

（六）程序优于实体原则

程序优于实体原则是关于税收争讼法的原则，是指在诉讼发生时税收程序法优于税收实体法适用。即纳税人通过税务行政复议或税务行政诉讼寻求法律保护的前提条件之一，是必须事先履行税务行政执法机关认定的纳税义务，而不管这项纳税义务实际上是否完全发生。否则，税务行政复议机关或司法机关对纳税人的申诉不予受理。程序优于实体原则的作用在于确保国家课税权的实现，不因争议的发生而影响税款的及时、足额入库。

二、税法的地位

税法属于国家法律体系中一个重要的部门法，它是调整国家与各个经济单位及公民个人间分配关系的基础法律规范。税法是我国法律体系的重要组成部分，税法在我国法律体系中的地位是由税收在国家经济活动中的重要性决定的。税收收入是政府取得财政收入的主要来源，而财政收入是维持国家机器正常运转的经济基础。同时，税收还是国家宏观调控的重要手段。因此，税法是调整国家与企业和公民个人分配关系的最基本、最直接的方式。

基础训练

一、单项选择

1. 税收法律关系的产生、变更和消灭必须由( )来决定。

A. 税收法律关系主体 　　　　　　B. 税收法律关系客体

C. 税收法律关系内容 　　　　　　D. 税收法律事实

2. 下列关于税收的说法中，正确的是( )。

A. 税收是国家取得财政收入的唯一形式

B. 国家征税的依据是经济权力

C. 无偿性是国家权力在税收上的法律体现，是国家取得税收收入的根本前提

D. 税收的固定性是对强制性和无偿性的一种规范和约束

3. 下列关于税收法律关系的表述中，正确的是( )。

A. 税法是引起法律关系的前提条件，税法可以产生具体的税收法律关系

B. 税收法律关系中主体双方法律地位并不平等，权利义务也不对等

C. 代表国家行使征税职责的各级税务机关是税收法律关系的权利主体之一

D. 税收法律关系决定了税收是国家取得财政收入的唯一形式

4. 在税法的构成要素中，衡量税负轻重与否的重要标志是( )。

A. 纳税义务人 　　　B. 适用税率 　　　C. 征税对象 　　　D. 纳税环节

5. 在我国现行税种中，只有( )采用超率累进税率。

A. 个人所得税 　　　B. 资源税 　　　C. 土地使用税 　　　D. 土地增值税

6. 按征税对象不同进行分类，消费税属于( )。

A. 流转税 　　　B. 所得税 　　　C. 财产税 　　　D. 资源税

7. 下列不是由税务机关负责征收税款的税是( )。

A. 消费税 　　　B. 增值税 　　　C. 关税 　　　D. 个人所得税

二、多项选择

1. 税收法律关系在总体上与其他法律关系一样，都是由(　　)。

A. 税收法律关系主体　　　　　　　　　B. 税收法律关系客体

C. 税收法律关系内容　　　　　　　　　D. 税收法律事实

2. 下列属于税法构成要素的是(　　)。

A. 纳税义务人　　　B. 税率　　　　　　C. 起征点　　　　　D. 罚则

3. 下列关于税收法律关系的表述中，正确的有(　　)。

A. 税法可以产生具体的税收法律关系

B. 税收法律关系中主体双方的权利义务不对等

C. 代表国家行使征税职责的各级国家税务机关是税收法律关系中的权利主体之一

D. 税收法律关系中义务主体的确定，我国采取的是属地的原则

4. 税法的三大基本构成要素是(　　)。

A. 纳税义务人　　　B. 征税对象　　　　C. 税率　　　　　　D. 纳税期限

5. 代表国家行使征税职责的国家机关有(　　)。

A. 工商机关　　　　B. 税务机关　　　　C. 财政机关　　　　D. 海关

6. 按照税法的职能作用的不同，税法可分为(　　)。

A. 税收实体法　　　B. 税收程序法　　　C. 税收基本法　　　D. 税收普通法

三、判断题

1. 税法是税收的法律表现形式，是调整税收分配活动中征纳双方权利义务关系的法律规范；税收则是税法所确定的具体内容。(　　)

2. 税率是应征税额与征税对象之间的比例，或是对征税对象的征收额度。(　　)

3. 起征点和免征额是指税法规定对征税对象开始征税的起点和数额。征税对象的数额达到起征点和免征额的就全部数额征税，未达到的不征税。(　　)

4. 在现行的各个税种中，纳税人即负税人。(　　)

5. 定额税率即按征税对象确定的计算单位，直接规定一个固定的税额。(　　)

6. 税法内容十分丰富，涉及范围也极为广泛，各单行税收法律法规结合起来，形成税收法律关系。(　　)

开放性问题

1. 通过本章的学习，请总结出税收的特征及作用。

2. 探讨税收与税法的关系。

3. 税率的种类及其各自的优缺点有哪些？如何克服？

4. 如何完善我国的税制体系？

第二章 增值税法

问题导入

1. 增值税的纳税人为什么划分为一般纳税人和小规模纳税人？
2. 怎样区分混合销售行为与兼营行为？
3. 可以从销项税额中抵扣的进项税额增值税法是如何规定的？
4. 不得从销项税额中抵扣的进项税额增值税法是如何规定的？

🌐 案例思考

甲企业为增值税一般纳税人，本月生产经营活动发生以下业务：（1）销售乙产品，开具普通发票，取得含税销售额1 130万元；（2）购进原材料一批，取得增值税专用发票，进项税额18万元，但购进货物因管理不善发生霉烂变质损失1/3；（3）向农业生产者购进免税农产品一批作为生产乙产品的原材料，支付收购价30万元，本月下旬将购进的农产品的20%用于本企业职工福利。已知：乙产品增值税税率13%，当月有上月结转的进项税额5万元，票据符合税法规定。

思考：

1. 计算第一笔业务的销项税额。
2. 第二笔业务的进项税额可以全额抵扣吗？
3. 第三笔业务购进农产品进项税额如何抵扣？
4. 上月结转的进项税额如何处理？

第一节 增值税法概述

一、增值税法的概念

增值税法是指国家制定的用以调整增值税征收与缴纳之间权利与义务关系的法律规范。增值税法最基本的规范是2017年11月国务院修订的《中华人民共和国增值税暂行条例》（以下简称《增值税暂行条例》）。

二、我国增值税法的建立过程

我国从1978年开始对增值税进行研究，其建立过程大体可分为以下6个阶段：

①部分试点阶段：1979年下半年—1982年底。其特点是征税范围仅限于部分城市的机器机械、农业机具两个行业和部分日用机械产品。

②全国试行阶段：1983年1月—1984年9月。1982年财政部制定了《增值税暂行办法》，并自1983年1月1日开始在全国试行。在全国范围内对上述行业和产品统一试行增值税。

③初步建立阶段：1984年10月—1993年12月。1984年9月，在总结经验的基础上，国务院又制定了《中华人民共和国增值税条例（草案）》，并自当年10月起施行。1984年10月起全面实施增值税，标志着增值税在我国正式推出。1986—1993年增值税在征税范围和征收方法等方面进行了相应的改革和调整。

④逐步完善阶段：1994年1月—2004年6月。1993年12月13日，国务院发布了《中华人民共和国增值税暂行条例》，将增值税征税范围扩大到全国的生产、加工和修理修配劳务及进口产品，实行生产型增值税，并自1994年1月1日起施行。为适应建立社会主义市场经济体制的目标，按照"普遍、中性、简化、道道征税"的原则，从1994年1月起在全国范围内统一实施增值税。经过10年的调整与完善，增值税法逐步走入规范化、科学化和法制化的轨道。

⑤转型试点及全面转型阶段：2004年7月—2008年12月。从2004年7月起东北三省8个行业进行增值税由生产型转为消费型的试点；2007年7月起中西部6省26个老工业基地城市进行增值税转型的扩大试点，并在此基础上总结经验，酝酿在全国推广消费型增值税。国务院修订《中华人民共和国增值税暂行条例》（以下简称《增值税暂行条例》），在2008年11月5日经国务院第34次常务会议审议通过，11月10日以国务院令第538号公布，于2009年1月1日起施行。财政部、国家税务总局根据《中华人民共和国增值税暂行条例》，制定《中华人民共和国增值税暂行条例实施细则》。该《实施细则》于2008年12月18日以财政部、国家税务总局令第50号公布，《实施细则》共40条，自2009年1月1日起施行。我国于2009年1月起，在全国范围内全面实施消费型增值税，即允许企业抵扣其购进设备所含的增值税。增值税的全面转型对提高我国企业竞争力和抗风险能力、应对国际金融危机等方面具有十分重要的现实意义。

⑥"营改增"阶段：2012年1月至今。2012年1月起在上海交通运输业和部分现代服务业开展营业税改征增值税试点，2013年8月起推广到全国试行，2014年1月起将铁路运输和邮政服务业纳入营业税改征增值税试点，2016年5月起将建筑业、房地产业、金融业和生活服务业全部纳入"营改增"试点，2017年11月国务院废止《中华人民共和国营业税暂行条例》并修改《中华人民共和国增值税暂行条例》，至此营业税退出历史舞台，增值税制度更加规范。

三、增值税概述

（一）增值税的概念

增值税是以商品在流转过程中产生的增值额为计税依据而征收的一种流转税。增值额有理论增值额和法定增值额之分，理论增值额是指生产者或经营者于一定时期内，在商品生产经营过程中新创造的那部分价值，包括工资、奖金、利息、利润和其他增值项目。法定增值额是指各国根据各自的国情和政策需要，在其增值税法中明确规定的增值额。各国在确定法定增值额时，允许纳税人从其销售额或收入额中扣除的项目或范围有所不同，主要表现为对购进固定资产的处理方法不同。理论增值额与法定增值额可能一致，也可能不一致。目前，各国实行的增值税一般是以法定增值额为计税依据的。

我国现行的增值税是对在我国境内销售货物、提供加工修理修配劳务和销售服务、无形资产、不动产，以及进口货物的单位和个人，就其取得的货物、劳务或应税服务销售额，以及进口货物金额计算税款，并实行税款抵扣制的一种流转税。

（二）增值税的特点

1. 税源充足，普遍征收

凡是从事商品生产经营和提供应税劳务、服务等的单位和个人，只要有增值都应缴纳增值税。并且在商品和劳务、服务的各个流转环节向纳税人普遍征收。

2. 道道征税，税不重征

从纳税环节看，增值税实行多环节征税，即对同一商品而言，在生产、批发、零售、提供劳务、服务或进口的各个环节分别征税，而且只对商品或劳务、劳务销售额中的增值额征税，对已经征过税的部分不再征税，因而不会出现重复征税的问题。

3. 价外税制，税负转嫁

增值税实行价外计税的办法，作为计税依据的销售额中不含增值税税额；只要商品、劳务、服务实现销售，该税收负担就会由最终消费者承担。

（三）增值税的类型

根据税基和购进固定资产的进项税额是否扣除及如何扣除的不同，各国增值税可以分为生产型、收入型和消费型三种类型。

（1）生产型增值税：是指在计算应纳税额时，只允许从当期销项税额中扣除原材料等劳动对象的已纳税款，而不允许扣除固定资产所含税款的增值税。

（2）收入型增值税：是指在计算应纳税额时，除扣除中间产品已纳税款，还允许在当期销项税额中扣除固定资产折旧部分所含税金。

（3）消费型增值税：是指在计算应纳税额时，除扣除中间产品已纳税款，对纳税人购入固定资产的已纳税款，允许一次性地从当期销项税额中全部扣除，从而使纳税人用于生产应税产品的全部外购生产资料都不负担税款。

目前，只有极少数发展中国家实行生产型增值税，极少数拉丁美洲国家实行收入型增值税，90%以上的国家开征的都是消费型增值税。相比之下，生产型增值税的税基最大，消费型增值税的税基最小，纳税人的税负最小。我国原来开征的是生产型增值税，2009年1月1日后全面改征消费型增值税，实现了"增值税转型"。

第二节 增值税纳税义务人及扣缴义务人

一、增值税的纳税人及扣缴义务人的基本含义

（一）增值税纳税人的概念

根据增值税暂行条例的规定，在中华人民共和国境内销售货物或者提供加工、修理修配

劳务和销售服务、无形资产、不动产以及进口货物的单位和个人，为增值税的纳税人。单位是指企业、行政单位、事业单位、军事单位、社会团体及其他单位，个人是指个体工商户和其他个人。

单位以承包、承租、挂靠方式经营的，承包人、承租人、挂靠人（以下统称承包人）以发包人、出租人、被挂靠人（以下统称发包人）名义对外经营并由发包人承担相关法律责任的，以该发包人为纳税人，否则以承包人为纳税人。

（二）扣缴义务人的基本规定

中华人民共和国境外的单位或者个人在境内提供应税劳务，在境内未设有经营机构的，以其境内代理人为扣缴义务人；在境内没有代理人的，以购买方为扣缴义务人。

二、增值税纳税人的分类

根据纳税人的经营规模以及会计核算健全程度的不同，增值税的纳税人可划分为小规模纳税人和一般纳税人。

（一）增值税小规模纳税人的认定及管理

小规模纳税人是指年应税销售额在规定标准以下，并且会计核算不健全，不能按规定报送有关税务资料的增值税纳税人。

小规模纳税人标准从 2018 年 5 月 1 日起不再按企业类型划分，统一调整为年应征增值税销售额 500 万元及以下。年应税销售额是指纳税人在连续不超过 12 个月或四个季度的经营期内累计应征增值税销售额，包括纳税申报销售额、稽查查补销售额、纳税评估调整销售额。

小规模纳税人会计核算健全，能够提供准确税务资料的，可以向税务机关申请登记为一般纳税人，不再作为小规模纳税人。会计核算健全，是指能够按照国家统一的会计制度规定设置账簿，根据合法有效凭证核算。

小规模纳税人实行简易征税办法，并且一般不使用增值税专用发票，但基于增值税征收管理中一般纳税人与小规模纳税人之间客观存在的经济往来的实情，小规模纳税人可以到税务机关代开增值税专用发票。为了持续推进放管服改革，进一步激发市场主体创业创新活力，促进民营经济和小微企业发展，全面推行小规模纳税人自行开具增值税专用发票。小规模纳税人（其他个人除外）发生增值税应税行为，需要开具增值税专用发票的，可以自愿使用增值税发票管理系统自行开具，但销售其取得的不动产，需要开具增值税专用发票的，应当按照有关规定向税务机关申请代开。

拓展资料

一般纳税人，准备转登记为小规模纳税人。请问转登记为小规模纳税人之后，是否还可以自行开具增值税专用发票？

《国家税务总局关于统一小规模纳税人标准等若干增值税问题的公告》（国家税务总局公告 2018 年第 18 号）第六条规定，转登记纳税人可以继续使用现有税控设备开具增值税发票，不需要缴销税控设备和增值税发票。转登记纳税人自转登记日的下期起，发生增值税应税销售行为，应当按照征收率开具增值税发票；转登记日前已做增值税专用发票票种核定的，继续通过增值税发票管理系统自行开具增值税专用发票；销售其取得的不动产，需要开具增值税专用发票的，应当按照有关规定向税务机关申请代开。

2. 一名创业大学生开办了一个提供科技研发服务的公司，是小规模纳税人，月销售额未达到 10 万元，是否可以自行开具增值税专用发票？

提供科技研发服务的小规模纳税人属于科学研究和技术服务业，符合自行开具增值税专用发票的条件，可以向税务机关申请领用并自行开具专用发票。

资料来源：国家税务总局网站　http：//www. chinatax. gov. cn/

（二）增值税一般纳税人的认定及管理

一般纳税人是指年应税销售额超过财政部、国家税务总局规定的小规模纳税人标准的企业和企业性单位。一般纳税人实行登记制，除另有规定外，应当向税务机关办理登记手续。

下列纳税人不办理一般纳税人登记：

（1）按照政策规定，选择按照小规模纳税人纳税的非企业性单位、不经常发生应税行为的单位和个体工商户。

（2）按照政策规定，选择按照小规模纳税人纳税的年应税销售额超过规定标准的其他个人。

纳税人自一般纳税人生效之日起，按照增值税一般计税方法计算应纳税额，并可以按照规定领用增值税专用发票，财政部、国家税务总局另有规定的除外。

纳税人登记为一般纳税人后，不得转登记为小规模纳税人，国家税务总局另有规定的除外。

拓展资料

一般纳税人 2020 年选择"转登记"有几次申请机会？如何办理？

为进一步支持小微企业复工复业，扶持企业渡过经营难关，近日，税务总局发文明确，将转登记政策延续一年。转登记政策自《国家税务总局关于明确二手车经销等若干增值税征管问题的公告》（2020 年第 9 号）发布之日起执行，停止时间是 2020 年底。也就是说，在上述政策执行期内，符合条件的一般纳税人可以根据自身需要，自主选择办理转登记手续。

另外，如果纳税人在 2019 年及之前曾选择由一般纳税人转登记为小规模纳税人，后又登记为一般纳税人的，允许在 2020 年再次由一般纳税人转登记为小规模纳税人。但需要注意的是，2020 年选择转登记的次数只有 1 次，也就是说 2020 年选择转登记后再次登记为一般纳税人的，2020 年不能够再转登记为小规模纳税人。

纳税人办理转登记为小规模纳税人，自转登记日的下期起，按照简易计税方法计算缴纳增值税；转登记日当期仍然需要按照一般纳税人的有关规定计算缴纳增值税。

资料来源：国家税务总局网站　http：//www. chinatax. gov. cn/

第三节　增值税征税范围

增值税的征收范围，包括在我国境内的销售货物、提供应税劳务和销售服务、无形资产、不动产及进口货物。

一、增值税征税范围的一般规定

（一）销售货物

货物是指有形动产，包括电力、热力、气体在内。销售货物是指有偿转让货物的所有权，能从购买方取得货币、货物或其他经济利益。境内销售货物，是指所销售货物的起运地或所在地在我国境内。

（二）提供加工、修理修配、劳务

所谓加工，是指受托加工货物，即由委托方提供原料及主要材料，受托方按照委托方的要求制造货物并收取加工费的业务。所谓修理修配，是指受托方对损伤和丧失功能的货物进行修复使其恢复原状和功能的业务。境内提供应税劳务，是指所提供的应税劳务发生在境内。

（三）销售服务、无形资产或不动产

销售服务、无形资产或者不动产，是指有偿提供服务、有偿转让无形资产或者不动产，但属于下列非经营活动的情形除外：①行政事业单位收取的同时满足相关条件的政府性基金或者行政事业性收费；②单位或者个体工商户聘用的员工为本单位或雇主提供取得工资的服务；③单位或者个体工商户为聘用的员工提供服务；④财政部和国家税务总局规定的其他情形。

在境内销售服务、无形资产或不动产是指：①服务（租赁不动产除外）或者无形资产（自然资源使用权除外）的销售方或者购买方在境内；②所销售或者租赁的不动产在境内；③所销售自然资源使用权的自然资源在境内。

下列情形不属于在境内销售服务或者无形资产：①境外单位或者个人向境内单位或者个人销售完全在境外发生的服务；②境外单位或者个人向境内单位或者个人销售完全在境外使用的无形资产；③境外单位或者个人向境内单位或者个人出租完全在境外使用的有形动产。

1. 销售服务

销售服务，是指提供交通运输服务、邮政服务、电信服务、建筑服务、金融服务、现代服务、生活服务。

（1）交通运输服务，是指利用运输工具将货物或者旅客送达目的地，使其空间位置得到转移的业务活动，包括陆路运输服务、水路运输服务、航空运输服务和管道运输服务。

陆路运输服务，是指通过陆路（地上或者地下）运送货物或者旅客的运输业务活动，包括铁路运输、公路运输、缆车运输、索道运输、地铁运输、城市轻轨运输等。出租车公司向使用本公司自有出租车的出租车司机收取的管理费用，按陆路运输服务缴纳增值税。

水路运输服务，是指通过江、河、湖、川等天然、人工水道或者海洋航道运送货物或者旅客的运输业务活动。水路运输的程租、期租业务属于水路运输服务。

航空运输服务，是指通过空中航线运送货物或者旅客的运输业务活动。航空运输的湿租业务，属于航空运输服务。航天运输服务按照航空运输服务征收增值税。

管道运输服务，是指通过管道设施输送气体、液体、固体物质的运输业务活动。

无运输工具承运业务，按照交通运输服务缴纳增值税。无运输工具承运业务是指经营者

以承运人身份与托运人签订运输服务合同，收取运费并承担承运人责任，然后委托实际承运人完成运输服务的经营活动。

拓展资料

干租、湿租、光租、程租和期租

干租是指任何通过协议，由出租人（可能是航空运营人、银行或租机公司）向承租人（航空运营人）仅提供航空器而不提供飞行机组的租赁。

湿租是租用飞机的一种方法。由出租人提供飞机并附带完整的机组人员和维修、燃油等设备，承租人只经营使用，向出租人支付租金。

光租是指远洋运输企业将船舶在约定的时间内出租给他人使用，不配备操作人员，不承担运输过程中发生的各种费用，只收取固定租赁费的业务。

程租是指远洋运输企业为租船人完成某一特定航次的运输任务并收取租赁费的业务。

期租是指远洋运输企业将配备有操作人员的船舶承租给他人使用一定期限，期限内无论失败与否，出租方都须支付固定费用的业务。

（2）邮政服务，是指中国邮政集团公司及其所属邮政企业提供邮件寄递、邮政汇兑和机要通信等邮政基本服务的业务活动，包括邮政普遍服务、邮政特殊服务和其他邮政服务。

邮政普遍服务，是指函件、包裹等邮件寄递，以及邮票发行、报刊发行和邮政汇兑等业务活动。

邮政特殊服务，是指义务兵平常信函、机要通信、盲人读物和革命烈士遗物的寄递等业务活动。

其他邮政服务，是指邮册等邮品销售、邮政代理等业务活动。

（3）电信服务，是指利用有线、无线的电磁系统或者光电系统等各种通信网络资源，提供语音通话服务，传送、发射、接收或者应用图像、短信等电子数据和信息的业务活动，包括基础电信服务和增值电信服务。

基础电信服务，是指利用固网、移动网、卫星、互联网，提供语音通话服务的业务活动，以及出租或者出售带宽、波长等网络元素的业务活动。

增值电信服务，是指利用固网、移动网、卫星、互联网、有线电视网络，提供短信和彩信服务、电子数据和信息的传输及应用服务、互联网接入服务等业务活动。卫星电视信号落地转接服务，按照增值电信服务计算缴纳增值税。

（4）建筑服务，是指各类建筑物、构筑物及其附属设施的建造、修缮、装饰，线路、管道、设备、设施等的安装以及其他工程作业的业务活动，包括工程服务、安装服务、修缮服务、装饰服务和其他建筑服务。

工程服务，是指新建、改建各种建筑物、构筑物的工程作业，包括与建筑物相连的各种设备或者支柱、操作平台的安装或者装设工程作业，以及各种窑炉和金属结构工程作业。

安装服务，是指生产设备、动力设备、起重设备、运输设备、传动设备、医疗实验设备以及其他各种设备、设施的装配、安置工程作业，包括与被安装设备相连的工作台、梯子、栏杆的装设工程作业，以及被安装设备的绝缘、防腐、保温、油漆等工程作业。

修缮服务，是指对建筑物、构筑物进行修补、加固、养护、改善，使之恢复原来的使用价值或者延长其使用期限的工程作业。

　　装饰服务，是指对建筑物、构筑物进行修饰装修，使之美观或者具有特定用途的工程作业。

　　其他建筑服务，是指上列工程作业之外的各种工程作业服务。

　　（5）金融服务，是指经营金融保险的业务活动，包括贷款服务、直接收费金融服务、保险服务和金融商品转让。

　　贷款服务，是指将资金贷与他人使用而取得利息收入的业务活动。各种占用、拆借资金取得的收入，以及融资性售后回租、押汇、罚息、票据贴现、转贷等业务取得的利息及利息性质的收入和以货币资金投资收取的固定利润或者保底利润，按照贷款服务缴纳增值税。

　　直接收费金融服务，是指为货币资金融通及其他金融业务提供相关服务并且收取费用的业务活动。

　　保险服务，是指投保人根据合同约定，向保险人支付保险费，保险人对于合同约定的可能发生的事故因其发生所造成的财产损失承担赔偿保险金责任，或者当被保险人死亡、伤残、疾病或者达到合同约定的年龄期限等条件时承担给付保险金责任的商业保险行为，包括人身保险服务和财产保险服务。

　　金融商品转让，是指转让外汇、有价证券、非货物期货和其他金融商品所有权的业务活动。包括基金、信托、理财产品等各类资产管理产品和各种金融衍生品的转让。金融商品转让不得开具增值税专用发票。

　　（6）现代服务，是指围绕制造业、文化产业、现代物流产业等提供技术性、知识性服务的业务活动，包括研发和技术服务、信息技术服务、文化创意服务、物流辅助服务、租赁服务、鉴证咨询服务、广播影视服务、商务辅助服务和其他现代服务。

　　研发和技术服务，包括研发服务、技术转让服务、技术咨询服务、合同能源管理服务、工程勘察勘探服务。

　　信息技术服务，是指利用计算机、通信网络等技术对信息进行生产、收集、处理、加工、存储、运输、检索和利用，并提供信息服务的业务活动。包括软件服务、电路设计及测试服务、信息系统服务和业务流程管理服务和信息系统增值服务。

　　文化创意服务，包括设计服务、知识产权服务、广告服务和会议展览服务。

　　物流辅助服务，包括航空服务、港口码头服务、货运客运场站服务、打捞救助服务、装卸搬运服务、仓储服务和收派服务。

　　租赁服务，包括融资租赁服务和经营租赁服务。水路运输的光租业务、航空运输干租业务，属于经营租赁。

　　鉴证咨询服务，包括认证服务、鉴证服务和咨询服务。翻译服务和市场调查服务按照咨询服务缴纳增值税。

　　广播影视服务，包括广播影视节目（作品）的制作服务、发行服务和播映（含放映，下同）服务。

　　商务辅助服务，包括企业管理服务、经纪代理服务、人力资源服务、安全保护服务。纳税人提供武装守护押运服务，按安全保护服务缴纳增值税。

　　其他现代服务，是指除研发和技术服务、信息技术服务、文化创意服务、物流辅助服务、租赁服务、鉴证咨询服务、广播影视服务和商务辅助服务以外的现代服务。纳税人对安装运行后的电梯提供的维护保养服务，纳税人提供植物养护服务，均按"其他生活服务"缴纳增值税。

（7）生活服务，是指为满足城乡居民日常生活需求提供的各类服务活动，包括文化体育服务、教育医疗服务、旅游娱乐服务、餐饮住宿服务、居民日常服务和其他生活服务。

文化体育服务，包括文化服务和体育服务。文化服务是指为满足社会公众文化生活需求提供的各种服务。体育服务是指组织举办体育比赛、体育表演、体育活动，以及提供体育训练、体育指导、体育管理的业务活动。纳税人在游览场所经营索道、摆渡车、电瓶车、游船等取得的收入，按"文化体育服务"缴纳增值税。

教育医疗服务，包括教育服务和医疗服务。教育服务是指提供学历教育服务、非学历教育服务、教育辅助服务的业务活动。医疗服务是指提供医学检查、诊断、治疗、康复、预防、保健、接生、计划生育、防疫服务等方面的服务，以及与这些服务有关的提供药品、医用材料器具、救护车、病房住宿和伙食的业务。

旅游娱乐服务，包括旅游服务和娱乐服务。旅游服务是指根据旅游者的要求，组织安排交通、游览、住宿、餐饮、购物、文娱、商务等服务的业务活动。娱乐服务是指为娱乐活动同时提供场所和服务的业务。

餐饮住宿服务，包括餐饮服务和住宿服务。餐饮服务是指通过同时提供饮食和饮食场所的方式为消费者提供饮食消费服务的业务活动。住宿服务是指提供住宿场所及配套服务等的活动。

居民日常服务，是指主要为满足居民个人及其家庭日常生活需求提供的服务，包括市容市政管理、家政、婚庆、养老、殡葬、照料和护理、救助教济、美容美发、按摩、桑拿、氧吧、足疗、沐浴、洗染、摄影扩印等服务。

其他生活服务，是指除文化体育服务、教育医疗服务、旅游娱乐服务、餐饮住宿服务和居民日常服务之外的生活服务。

2. 销售无形资产

销售无形资产是指转让无形资产所有权或者使用权的业务活动。无形资产包括技术、商标、著作权、商誉、自然资源使用权和其他权益性无形资产。

技术，包括专利技术和非专利技术；自然资源使用权，包括土地使用权、海域使用权、探矿权、采矿权、取水权和其他自然资源使用权；其他权益性无形资产，包括基础设施资产经营权、公共事业特许权、配额、经营权（包括特许经营权、连锁经营权、其他经营权）、经销权、分销权、代理权、会员权、席位权、网络游戏虚拟道具、域名、名称权、肖像权、冠名权、转会费等。

3. 销售不动产

销售不动产是指转让不动产所有权的业务活动。不动产，是指不能移动或者移动后会引起性质、形状改变的财产，包括建筑物、构筑物等。

需要注意的是：①转让建筑物有限产权或者永久使用权的，转让在建的建筑物或者构筑物所有权的，以及在转让建筑物或者构筑物时一并转让其所占土地的使用权的，按照销售不动产缴纳增值税。②个人转让住房，在2016年4月30日前已签订转让合同，2016年5月1日以后办理产权变更事项的，应缴纳增值税，不缴纳营业税。

（四）进口货物

进口货物是指将货物从我国境外移送至我国境内的行为。税法规定，凡进入我国海关境内的货物，应于进口报关时向海关缴纳进口环节增值税。

二、属于增值税征税范围的特殊行为

（一）视同销售货物

单位或个体经营者的下列行为，视同销售货物，征收增值税。

（1）将货物交付其他单位或个人代销；

（2）销售代销货物；

（3）设有两个以上机构并实行统一核算的纳税人，将货物从一个机构移送到其他机构用于销售，但相关机构设在同一县（市）的除外；

（4）将自产或委托加工的货物用于非增值税应税项目；

（5）将自产或委托加工的货物用于集体福利或个人消费；

（6）将自产、委托加工或购买的货物作为投资，提供给其他单位或个体工商户；

（7）将自产、委托加工或购买的货物分配给股东或投资者；

（8）将自产、委托加工或购买的货物无偿赠送给其他单位或者个人。

（二）视同销售服务、无形资产或者不动产

下列情形视同销售服务、无形资产或者不动产。

（1）单位或者个体工商户向其他单位或者个人无偿提供服务，但用于公益事业或者以社会公众为对象的除外；

（2）单位或者个人向其他单位或者个人无偿转让无形资产或者不动产，但用于公益事业或者以社会公众为对象的除外；

（3）财政部和国家税务总局规定的其他情形。

把视同销售行为纳入征税范围有两个目的：一是防止通过这些行为逃避纳税，造成税基被侵蚀，税款流失；二是避免税款抵扣链条的中断，导致各环节间税负的不均衡，形成重复征税。

（三）混合销售行为

一项销售行为如果既涉及货物又涉及服务，为混合销售。混合销售强调的是在同一项销售行为中存在着两类经营项目的混合，销售货款及劳务价款是同时从一个购买方取得的。混合销售行为纳税的主要原则是按"经营主业"划分，分别按照"销售货物"或"销售服务"征收增值税。从事货物的生产、批发或者零售的单位和个体工商户的混合销售行为，按照销售货物缴纳增值税；其他单位和个体工商户的混合销售行为，按照销售服务缴纳增值税。

上述从事货物的生产、批发或者零售的单位和个体工商户，包括以从事货物的生产、批发或者零售为主，并兼营销售服务的单位和个体工商户在内。

（四）兼营行为

兼营行为是指纳税人的经营范围中包含销售货物、劳务、服务等。兼营行为强调的是在同一纳税人的经营活动中存在着两类经营项目，但这两类经营项目不是在同一项销售行为中发生的。兼营行为的纳税原则是分别核算，分别按照适用税率征收增值税；对兼营行为不分别核算的，从高适用税率征收增值税。

纳税人销售货物、加工修理修配劳务、服务、无形资产或者不动产，适用不同税率或者征收率的，应当分别核算适用不同税率或者征收率的销售额，未分别核算销售额的，按照以

下方法适用税率或者征收率：

（1）兼有不同税率的销售货物、加工修理修配劳务、服务，无形资产或者不动产，从高适用税率。

（2）兼有不同征收率的销售货物、加工修理修配劳务、服务，无形资产或者不动产，从高适用征收率。

（3）兼有不同税率和征收率的销售货物、加工修理修配劳务、服务、无形资产或者不动产，从高适用税率。

纳税人兼营免税、减税项目的，应当分别核算免税、减税项目的销售额，未分别核算的，不得免税、减税。

（五）代购货物

代购货物，凡同时具备下列条件，代购环节货物本身不征收增值税，仅按其手续费收入计缴增值税；如果不同时具备以下条件，无论会计准则规定如何处理，均应缴纳增值税。

（1）受托方不垫付资金。

（2）销售方将发票开具给委托方，由受托方将发票转交给委托方。

（3）受托方按销售方实际收取的销售额和增值税税额与委托方结算款项，并另收手续费。代理进口货物的行为，属于代购货物行为，应按增值税代购货物的征税规定执行。

第四节　增值税的税率和征收率

一、增值税税率

从 2019 年 4 月 1 日起我国增值税税率分为 13%、9%、6% 和 0 四档。增值税执行税率具体如下。

（一）基本税率

增值税一般纳税人销售或进口货物，提供加工或修理修配劳务，提供有形动产租赁服务，除低税率适用范围和销售个别旧货适用低税率外，税率一律为 13%，这就是所说的基本税率。

（二）低税率

低税率主要有 9% 和 6% 两档。

1. 9% 的税率

纳税人销售交通运输、邮政、基础电信、建筑、不动产租赁服务，销售不动产，转让土地使用权，销售或者进口下列货物，税率为 9%。

（1）粮食等农产品、食用植物油、食用盐；

（2）自来水、暖气、冷气、热水、煤气、石油液化气、天然气、二甲醚、沼气、居民用煤炭制品；

（3）图书、报纸、杂志、音像制品、电子出版物；

（4）饲料、化肥、农药、农机、农膜；

（5）国务院规定的其他货物。

2. 6%的税率

6%的增值税税率主要适用于营改增行业中部分现代服务业，包括增值电信服务、金融服务、生活服务、销售无形资产（转让土地使用权除外）等。

（三）零税率

纳税人出口货物和符合条件的服务、无形资产，税率为零。但国务院另有规定的除外。

（1）出口货物实行零税率是对出口货物的一种税收优惠，这意味着不仅在货物报关出口销售时不征税，而且还要将该出口货物在报关出口以前各经营环节所承担的增值税予以全部退还。

（2）符合条件的服务或者无形资产适用零税率。中华人民共和国境内（以下称境内）的单位和个人销售的下列服务或者无形资产，适用增值税零税率：

1）国际运输服务，是指在境内载运旅客或者货物出境；在境外载运旅客或者货物入境；在境外载运旅客或者货物。

2）航天运输服务。

3）向境外单位提供的完全在境外消费的下列服务：①研发服务；②合同能源管理服务；③设计服务；④广播影视节目（作品）的制作和发行服务；⑤软件服务；⑥电路设计及测试服务；⑦信息系统服务；⑧业务流程管理服务；⑨离岸服务外包业务，包括信息技术外包服务（ITO）、技术性业务流程外包服务（BPO）、技术性知识流程外包服务（KPO），其所涉及的具体业务活动，按照《销售服务、无形资产、不动产注释》相对应的业务活动执行；⑩转让技术。

完全在境外消费，是指服务的实际接受方在境外，且与境内的货物和不动产无关；无形资产完全在境外使用，且与境内的货物和不动产无关；财政部和国家税务总局规定的其他情形。

4）财政部和国家税务总局规定的其他服务。

表 2-1　增值税税率表

序号	基本税率	税率
1	销售或进口货物	13%
2	提供加工、修理修配劳务	13%
3	提供有形动产租赁服务	13%
	低税率	
4	粮食、食用植物油、食用盐	9%
5	自来水、暖气、冷气、热水、煤气、石油液化气、天然气、沼气、居民用煤炭制品	9%
6	图书、报纸、杂志、音像制品、电子出版物	9%
7	饲料、化肥、农药、农机、农膜	9%
8	国务院及其有关部门规定的其他货物	9%
	销售服务、无形资产、不动产	
9	交通运输、邮政、基础电信、建筑、不动产租赁	9%

续表

序号	基本税率	税率
10	销售不动产、转让土地使用权	9%
11	销售无形资产、电信服务、金融服务、生活服务、现代服务	6%
零税率		
12	出口货物	0
13	境内单位和个人发生的跨境应税行为	0

二、征收率

（一）征收率的一般规定

小规模纳税人以及一般纳税人选择简易办法计税的，征收率为3%。另有规定除外。具体如下：

（1）一般纳税人销售自己使用过的属于《增值税暂行条例》第10条规定不得抵扣且未抵扣进项税额的固定资产，按简易办法依3%征收率减按2%征收增值税。

（2）一般纳税人销售自己使用过的其他固定资产（以下简称已使用过的固定资产）应区分不同情形征收增值税：

1）销售自己使用过的2009年1月1日以后购进或者自制的固定资产，按照适用税率征收增值税。

2）2008年12月31日以前未纳入扩大增值税抵扣范围试点的纳税人，销售自己使用过的2008年12月31日以前购进或者自制的固定资产，按照简易办法依照3%征收率减按2%征收增值税。

3）2008年12月31日以前已纳入扩大增值税抵扣范围试点的纳税人，销售自己使用过的在本地区扩大增值税抵扣范围试点以前购进或者自制的固定资产，按照简易办法依照3%征收率减按2%征收增值税；销售自己使用过的在本地区扩大增值税抵扣范围试点以后购进或者自制的固定资产，按照适用税率征收增值税。

（3）一般纳税人销售自己使用过的除固定资产以外的物品，应当按照适用税率征收增值税。

（4）小规模纳税人（除其他个人外，下同）销售自己使用过的固定资产，减按2%征收率征收增值税。小规模纳税人销售自己使用过的除固定资产以外的物品，应按3%的征收率征收增值税。

（5）纳税人销售旧货，按照简易办法依照3%征收率减按2%征收增值税。旧货，是指进入二次流通的具有部分使用价值的货物（含旧汽车、旧摩托和旧游艇），但不包括自己使用过的物品。

（6）一般纳税人销售自产的下列货物，可选择按照简易办法依照3%征收率计算缴纳增值税，选择简易办法计算缴纳增值税后，36个月内不得变更，具体适用范围如下：

1）县级及县级以下小型水力发电单位生产的电力。小型水力发电单位，是指各类投资主体建设的装机容量为5万千瓦以下（含5万千瓦）的小型水力发电单位。

2）建筑用和生产建筑材料所用的砂、土、石料。

3）以自己采掘的砂、土、石料或其他矿物连续生产的砖、瓦、石灰（不含黏土实心砖、瓦）。

4）用微生物、微生物代谢产物、动物毒素、人或动物的血液或组织制成的生物制品。

5）自来水（对属于一般纳税人的自来水公司销售自来水按简易办法依照 3% 的征收率征收增值税，不得抵扣其购进自来水取得增值税扣税凭证上注明的增值税税款）。

6）商品混凝土（仅限于以水泥为原料生产的水泥混凝土）。

（7）一般纳税人销售货物属于下列情形之一的，暂按简易办法依照 3% 的征收率计算缴纳增值税：

1）寄售商店代销寄售物品（包括居民个人寄售的物品在内）；

2）典当业销售死当物品。

（8）建筑企业一般纳税人提供建筑服务属于老项目的，可以选择简易办法依照 3% 的征收率征收增值税。

（9）自 2018 年 5 月 1 日起，增值税一般纳税人生产销售和批发、零售抗癌药品，可选择按简易计税方法依照 3% 征收率计算缴纳增值税。上述纳税人选择简易计税方法计算缴纳增值税后，36 个月内不得变更。自 2018 年 5 月 1 日起，对进口抗癌药品，减按 3% 征收进口环节增值税。纳税人应单独核算抗癌药品的销售额。未单独核算的，不得适用简易计税方法。

（二）征收率的特殊规定

（1）小规模纳税人转让其取得的不动产，按照 5% 的征收率征收增值税。

（2）一般纳税人转让其 2016 年 4 月 30 日前取得的不动产，选择简易计税方法计税的，按照 5% 的征收率征收增值税。

（3）小规模纳税人出租其取得的不动产（不含个人出租住房），按照 5% 的征收率征收增值税。

（4）一般纳税人出租其 2016 年 4 月 30 日前取得的不动产，选择简易计税方法计税的，按照 5% 的征收率征收增值税。

（5）房地产开发企业（一般纳税人）销售自行开发的房地产老项目，选择简易计税方法计税的，按照 5% 的征收率征收增值税。

（6）房地产开发企业（小规模纳税人）销售自行开发的房地产项目，按照 5% 的征收率征收增值税。

（7）纳税人提供劳务派遣服务，选择差额纳税的，按照 5% 的征收率征收增值税。

第五节　增值税应纳税额的计算

一、一般纳税人应纳税额的计算

我国对一般纳税人采用的计税方法是国际上通行的购进扣税法，即先按当期销售额和适用税率计算出销项税额，然后对当期购进项目已经缴纳的税款进行抵扣。

增值税一般纳税人销售货物、劳务、服务、无形资产（以下简称应税销售行为）的应纳税额，等于当期销项税额抵扣当期进项税额的余额。当期销项税额小于当期进项税额不足抵扣时，其不足部分可以结转下期继续抵扣。计算公式为：

当期应纳税额＝当期销项税额－当期进项税额

增值税一般纳税人当期所纳税额的多少，取决于当期销项税额和进项税额这两个因素。

（一）销项税额的计算

销项税额是指纳税人发生应税销售行为，按照销售额和规定的税率计算并向购买方收取的增值税税额。销项税额的计算公式为：

销项税额＝销售额×适用税率

可见销项税额的计算取决于销售额和适用税率两个因素。在适用税率既定的前提下，销项税额的大小主要取决于销售额的大小。

1. 销售额的确定

销售额是指纳税人发生应税行为向购买方收取的全部价款和价外费用，不包括向购买方收取的销项税额。价外费用，包括价外向购买方收取的手续费、补贴、基金、集资费、返还利润、奖励费、违约金、滞纳金、延期付款利息、赔偿金、代收款项、代垫款项、包装费、包装物租金、储备费、优质费、运输装卸费以及其他种性质的价外收费，上述价外费用无论其会计制度如何核算，均应并入销售额计算销项税额。但下列项目不包括在销售额内：

（1）受托加工应征消费税的消费品所代收代缴的消费税。

（2）同时符合以下条件代为收取的政府性基金或者行政事业性收费：由国务院或者财政部批准设立的政府性基金；由国务院或者省级人民政府及其财政、价格主管部门批准设立的行政事业性收费；收取时开具省级以上财政部门印制的财政票据；所收款项金额上缴财政。

（3）销售货物的同时代办保险等而向购买方收取的保险费，以及向购买方收取的代购买方缴纳的车辆购置税、车辆牌照费。

（4）以委托方名义开具发票代委托方收取的款项。

2. 含税销售额的换算

增值税实行价外税，计算销项税额时，销售额中不应含有增值税款。如果销售额中包含了增值税款即销项税额，则应将含税销售额换算成不含税销售额。其计算公式为：

不含税销售额＝含税销售额÷（1+增值税税率）

3. 视同销售货物的销售额的确定

《增值税暂行条例实施细则》规定了8种视同销售货物行为，这8种视同销售行为一般不以资金的形式反映出来，因而会出现无销售额的情况。在此情况下，税务机关有权按照下列顺序核定其销售额：

（1）按纳税人最近时期同类货物、劳务、服务、无形资产或者不动产的平均销售价格确定；

（2）按其他纳税人最近时期同类货物、劳务、服务、无形资产或者不动产的平均销售价格确定；

（3）按组成计税价格确定。其计算公式为：

组成计税价格＝成本×（1+成本利润率）

征收增值税的货物，同时又征收消费税的，其组成计税价格中应包含消费税税额，其计算公式为：

组成计税价格＝成本×（1+成本利润率）+消费税税额

或者组成计税价格＝成本×（1+成本利润率）÷（1-消费税税率）

公式中的成本分两种情况：一是销售自产货物的为实际生产成本；二是销售外购货物的为实际采购成本。公式中的成本利润率为10%。但属于应从价定率征收消费税的货物，其组成计税价格公式中的成本利润率，为《消费税若干具体问题的规定》中规定的成本利润率。

4. 特殊销售方式下的销售额的确定

在销售活动中为了达到销售目的，有多种销售方式。不同销售方式下，销售者取得的销售额会有所不同。税法对以下几种销售方式分别做了规定：

（1）采取折扣方式销售。

折扣销售是指销货方在销售货物或应税劳务时，因购货方购货数量较大等原因而给予购货方的价格优惠。这里需要明确：

第一，折扣销售不同于销售折扣。销售折扣是指销货方在销售货物或应税劳务后，为了鼓励购货方及早偿还货款而协议许诺给予购货方的一种折扣优待。销售折扣发生在销货之后，销售折扣不得从销售额中扣除。企业在确定销售额时应把折扣销售与销售折扣严格区分开。另外，销售折扣又不同于销售折让。销售折让是指货物销售后，由于其品种、质量等原因购货方要求销货方给予购货方一种价格折让。销售折让与销售折扣相比较，虽然都是在货物销售后发生的，但因为销售折让是因为货物的品种和质量引起销售额的减少，因此，应以销售折让后的货款为销售额。

第二，折扣销售仅限于货物价格的折扣，如果销货者将自产、委托加工和购买的货物用于实物折扣的，则该实物款额不能从货物销售额中扣除，且该实物应按增值税条例"视同销售货物"中的"赠送他人"计征增值税。

"纳税人采取折扣方式销售货物，如果销售额和折扣额在同一张发票上同时注明的，可按折扣后的销售额征收增值税"。纳税人采取折扣方式销售货物，销售额和折扣额在同一张发票上的"金额"栏分别注明的，可按折扣后的销售额征收增值税。未在同一张发票"金额"栏注明折扣额，而仅在发票的"备注"栏注明折扣额的，折扣额不得从销售额中减除。

（2）采取以旧换新方式销售。

以旧换新是指纳税人在销售自己的货物时，有偿收回旧货物的行为。根据税法规定，采取以旧换新方式销售货物的，应按新货物的同期销售价格确定销售额，不得扣减旧货物的收购价格。考虑到金银首饰以旧换新业务的特殊情况，对金银首饰以旧换新业务，可以按销售方实际收取的不含增值税的全部价款征收增值税。

【例题 2-1】 甲公司是增值税一般纳税人，2020 年 9 月采取以旧换新方式销售 A 型洗衣机 50 台，A 型洗衣机含增值税销售单价3 390元/台，旧洗衣机作价113 元/台。甲公司当月以旧换新方式销售 A 型洗衣机的增值税销项税额应如何计算：

解析：

由于甲公司是以旧换新销售洗衣机，因此洗衣机的销售额就是新货物的同期销售价格，不扣减旧货物的收购价格。所以

$$销项税额＝50×3 390÷（1+13\%）×13\%＝19 500（元）$$

【例题 2-2】 甲公司是增值税一般纳税人，2020 年 9 月采取以旧换新方式销售 A 型铂金项链 50 条，A 型铂金项链不含增值税销售单价3 390元/条，旧铂金项链不含增值税作价113 元/条。有关甲公司当月以旧换新方式销售 A 型铂金项链的增值税销项税额计算应是？

解析：

由于甲公司是以旧换新销售铂金项链，因此铂金项链的销售额可以按销售方实际收取的不含增值税的全部价款来确定，因此，

$$销项税额 = 50 \times （3\ 390 - 113）\times 13\% = 21\ 300.5 （元）$$

（3）采取还本销售方式销售。

还本销售是指纳税人在销售货物后，到一定期限由销售方一次或分次退还给购货方全部或部分货款。这种方式实际上是一种筹资，是以货物换取资金的使用价值，到期还本不付息的方法。税法规定，采取还本销售方式销售货物，其销售额就是货物的销售价格，不得从销售额中减除还本支出。

（4）采取以物易物方式销售。

以物易物是一种较为特殊的购销活动，是指购销双方不是以货币结算，而是以同等价款的货物相互结算，实现货物购销的一种方式。正确的方法应该是以物易物双方都应做购销处理，以各自发出的货物核算销售额并计算销项税额，以各自收到货物按规定核算购货额并计算进项税额。应注意的是，在以物易物活动中，应分别开具合法的票据，如收到的货物不能取得相应的增值税专用发票或其他合法票据的，不能抵扣进项税额。

（5）包装物押金是否计入销售额。

包装物是指纳税人包装本单位货物的各种物品。纳税人销售货物时另收取包装物押金，目的是促使购货方及早退回包装物以便周转使用。对包装物的押金是否计入销售额呢？

根据税法规定，纳税人为销售货物而出租出借包装物收取的押金，单独记账核算的，时间在1年以内，又未过期的，不并入销售额征税，但对因逾期未收回包装物不再退还的押金，应按所包装货物的适用税率计算销项税额。

上述规定中，"逾期"是指按合同约定实际逾期或以1年为期限，对收取一年以上的押金，无论是否退还均并入销售额征税。当然，在将包装物押金并入销售额征税时，需要先将该押金换算为不含税价，再并入销售额征税。纳税人为销售货物出租出借包装物而取得的押金，无论包装物周转使用期限长短，超过1年（含1年）以上仍不退还的均并入销售额征税。

另外，国家税务总局1995年192号文件规定，从1995年6月1日起，对销售除啤酒、黄酒外的其他酒类产品而收取的包装物押金，无论是否返还以及会计上如何核算，均应并入当期销售额征税。对销售啤酒、黄酒所收取的押金，按上述一般押金的规定处理。

（6）营改增行业销售额的规定。

①贷款服务，以提供贷款服务取得的全部利息及利息性质的收入为销售额。

②直接收费金融服务，以提供直接收费金融服务收取的手续费、佣金、酬金、管理费、服务费、经手费、开户费、过户费、结算费、转托管费等各类费用为销售额。

③金融商品转让，按照卖出价扣除买入价后的余额为销售额。

转让金融商品出现的正负差，按盈亏相抵后的余额为销售额。若相抵后出现负差，可结转下一纳税期与下期转让金融商品销售额相抵，但年末时仍出现负差的，不得转入下一个会计年度。

金融商品的买入价，可以选择按照加权平均法或者移动加权平均法进行核算，选择后36个月内不得变更。

金融商品转让，不得开具增值税专用发票。

④经纪代理服务，以取得的全部价款和价外费用，扣除向委托方收取并代为支付的政府性基金或者行政事业性收费后的余额为销售额。向委托方收取的政府性基金或者行政事业性收费，不得开具增值税专用发票。

⑤航空运输企业的销售额，不包括代收的机场建设费和代售其他航空运输企业客票而代收转付的价款。

⑥试点纳税人中的一般纳税人提供客运场站服务，以其取得的全部价款和价外费用，扣除支付给承运方运费后的余额为销售额。

⑦试点纳税人提供旅游服务，可以选择以取得的全部价款和价外费用，扣除向旅游服务购买方收取并支付给其他单位或者个人的住宿费、餐饮费、交通费、签证费、门票费和支付给其他接团旅游企业的旅游费用后的余额为销售额。

选择上述办法计算销售额的试点纳税人，向旅游服务购买方收取并支付的上述费用，不得开具增值税专用发票，可以开具普通发票。

⑧试点纳税人提供建筑服务适用简易计税方法的，以取得的全部价款和价外费用扣除支付的分包款后的余额为销售额。

⑨房地产开发企业中的一般纳税人销售其开发的房地产项目（选择简易计税方法的房地产老项目除外），以取得的全部价款和价外费用，扣除受让土地时向政府部门支付的土地价款后的余额为销售额。

房地产老项目，是指《建筑工程施工许可证》注明的合同开工日期在 2016 年 4 月 30 日前的房地产项目。

（7）销售额确定的特殊规定。

①纳税人兼营免税、减税项目的，应当分别核算免税、减税项目的销售额；未分别核算的，不得免税、减税。

②纳税人发生应税销售行为，开具增值税专用发票后，发生开票有误或者销售折让、中止、退回等情形的，应当按照国家税务总局的规定开具红字增值税专用发票；未按照规定开具红字增值税专用发票的，不得扣减销项税额或者销售额。

（8）外币销售额的折算。

纳税人按人民币以外的货币结算销售额的，其销售额的人民币折合率可以选择销售额发生的当天或者当月 1 日的人民币外汇中间价。纳税人应在事先确定采用何种折合率，确定后在 1 年内不得变更。

（二）进项税额的确定

纳税人购进货物或者接受应税劳务和应税服务支付或者负担的增值税税额为进项税额。在同一项购销业务中，进项税额与销项税额相对应，即销售方收取的销项税额，就是购买方支付的进项税额。

一般纳税人应纳增值税的核心是用收取的销项税额抵扣其支付的进项税额，余额就是纳税人应实际缴纳的增值税额。但并不是所有的进项税额都可以抵扣。对此，税法明确规定进项税额的抵扣范围。

1. 准予抵扣的进项税额

一般纳税人购进货物、加工修理修配劳务、服务、无形资产或者不动产所支付的进项税准予从销项税额中抵扣的情形包括：

（1）从销售方取得的增值税专用发票（含税控机动车销售统一发票）上注明的增值税额。

（2）从海关取得的海关进口增值税专用缴款书上注明的增值税额。

（3）购进农产品，除取得增值税专用发票或者海关进口增值税专用缴款书外，按照农产品收购发票或者销售发票上注明的农产品买价和9%的扣除率计算的进项税额。增值税一般纳税人购进农产品，取得流通环节小规模纳税人开具的增值税普通发票，不得计算抵扣进项税额。对增值税一般纳税人购进用于生产或者委托加工13%税率货物的农产品，按照10%扣除率计算进项税额。

拓展思维

增值税一般纳税人（农产品深加工企业除外）购进农产品，从小规模纳税人取得增值税专用发票的，如何计算进项税额？

解析：增值税一般纳税人购进农产品，从按照简易计税方法依照3%征收率计算缴纳增值税的小规模纳税人取得增值税专用发票的，以增值税专用发票上注明的金额和9%的扣除率计算进项税额。

资料来源：国家税务总局网站 http：//www.chinatax.gov.cn/

进项税额计算公式：

$$进项税额＝买价×扣除率$$

①所谓"农业产品"，是指直接从事植物的种植、收割和动物的饲养、捕捞的单位和个人销售的自产而且免征增值税的农业产品。

②购买农业产品的买价，包括纳税人购进农产品在农产品收购发票或者销售发票上注明的价款和按规定缴纳的烟叶税。

拓展思维

增值税一般纳税人，购进的农产品既用于生产13%税率的货物又用于生产销售其他货物服务，目前未分别核算。可以按照10%的扣除率计算进项税额吗？

解析：不可以。按照《财政部税务总局关于简并增值税税率有关政策的通知》（财税〔2017〕37号）规定的原则，纳税人购进农产品既用于生产13%税率货物又用于生产销售其他货物服务的，需要分别核算。未分别核算的，统一以增值税专用发票或海关进口增值税专用缴款书上注明的增值税额为进项税额，或以农产品收购发票或销售发票上注明的农产品买价和9%的扣除率计算进项税额。

资料来源：国家税务总局网站 http：//www.chinatax.gov.cn/

（4）增值税一般纳税人购进国内旅客运输服务，可以抵扣进项税额。

自2019年4月1日起，增值税一般纳税人购进国内旅客运输服务，其进项税额允许从销项税额中抵扣。增值税一般纳税人购进国内旅客运输服务，可以作为进项税额抵扣的凭证包括：增值税专用发票、增值税电子普通发票，注明旅客身份信息的航空运输电子客票行程单、铁路车票以及公路、水路等其他客票。纳税人取得增值税专用发票的，以发票上注明的税额为进项税额。纳税人未取得增值税专用发票的，暂按照以下规定确定进项税额：

①取得增值税电子普通发票的，为发票上注明的税额。

②取得注明旅客身份信息的航空运输电子客票行程单的，为按照下列公式计算的进项

税额：

$$航空旅客运输进项税额 = （票价+燃油附加费）÷（1+9\%）×9\%$$

③取得注明旅客身份信息的铁路车票的，为按照下列公式计算的进项税额：

$$铁路旅客运输进项税额 = 票面金额÷（1+9\%）×9\%$$

④取得注明旅客身份信息的公路、水路等其他客票的，按照下列公式计算进项税额：

$$公路、水路等其他旅客运输进项税额 = 票面金额÷（1+3\%）×3\%$$

拓展资料

车票、机票抵扣增值税的注意事项

1. 与本单位建立了合法用工关系的雇员，其所发生的国内旅客运输费用允许抵扣其进项税额。

2. 纳税人为非雇员支付的旅客运输费用，不能纳入抵扣范围。

3. 允许抵扣的进项税额，应用于生产经营所需，如属于集体福利或者个人消费，其进项税额不得从销项税额中抵扣。

4. 未注明旅客身份信息的其他票证（手写无效），暂不允许作为扣税凭证。因此纳税人不能凭长途客运手撕票抵扣进项税额。

5. 现行政策未对除增值税专用发票以外的国内旅客运输服务凭证设定抵扣期限。即取得增值税电子普通发票，以及注明旅客身份信息的航空运输电子客票行程单、铁路车票、公路、水路等其他客票，未设定抵扣期限。

6. 航空代理公司收取的退票费，属于现代服务业的征税范围，应按照6%税率计算缴纳增值税。企业因公务支付的退票费，属于可抵扣的进项税范围，其增值税专用发票上注明的税额，可以从销项税额中抵扣。

7. 增值税一般纳税人购进国际旅客运输服务，不能抵扣进项税额。纳税人提供国际旅客运输服务，适用增值税零税率或免税政策。相应地，购买国际旅客运输服务不能抵扣进项税额。

资料来源：国家税务总局网站　http：//www.chinatax.gov.cn/

（5）自境外单位或者个人购进劳务、服务、无形资产或者境内的不动产，从税务机关或者扣缴义务人取得的代扣代缴税款的完税凭证上注明的增值税额。

（6）有关一般纳税人进项税额的加计抵减。自2019年4月1日至2021年12月31日，允许生产、生活性服务业纳税人按照当期可抵扣的进项税额加计10%，抵减增值税应纳税额。

①生产、生活性服务业纳税人，是指提供邮政服务、电信服务、现代服务、生活服务（以下称"四项服务"）取得的销售额占全部销售额的比重超过50%的纳税人。"四项服务"的具体范围按照《销售服务、无形资产、不动产注释》（财税〔2016〕36号印发）执行。

2019年3月31日前设立的纳税人，自2018年4月至2019年3月期间的销售额（经营期不满12个月的，按照实际经营期的销售额）符合上述规定条件的，自2019年4月1日起适用加计抵减政策。

2019年4月1日后设立的纳税人，自设立之日起3个月的销售额符合上述规定条件的，自登记为一般纳税人之日起适用加计抵减政策。

纳税人确定适用加计抵减政策后，当年内不再调整，以后年度是否适用，根据上年度销售额计算确定。

纳税人可计提但未计提的加计抵减额，可在确定适用加计抵减政策当期并计提。

②纳税人应按照当期可抵扣进项税额10%计提当期加计抵减额。按照现行规定不得从销项税额中抵扣的进项税额，不得计提加计抵减额；已计提加计抵减额的进项税额，按规定做进项税额转出的，应在进项税额转出当期，相应调减加计抵减额。计算公式如下：

$$当期计提加计抵减额 = 当期可抵扣进项税额 \times 10\%$$

$$当期可抵减加计抵减额 = 上期末加计抵减额余额 + 当期计提加计抵减额 - 当期调减加计抵减额$$

拓展思维

纳税人因前期购买不动产尚未抵扣完毕的待抵扣进项税额，在2019年4月1日以后转入抵扣时，是否可以计算加计抵减额？

按照39号公告规定，纳税人取得不动产尚未抵扣完毕的待抵扣进项税额，可自2019年4月税款所属期起从销项税额中抵扣。对于该部分进项税额，适用加计抵减政策的纳税人，可在转入抵扣的当期，计算加计抵减额。

资料来源：国家税务总局网站　http://www.chinatax.gov.cn/

纳税人购进货物、劳务、服务、无形资产、不动产，取得的增值税扣税凭证不符合法律、行政法规或者国务院税务主管部门有关规定的，其进项税额不得从销项税额中抵扣。

增值税扣税凭证，是指增值税专用发票、海关进口增值税专用缴款书、农产品收购发票、农产品销售发票和完税凭证。

纳税人凭完税凭证抵扣进项税额的，应当具备书面合同、付款证明和境外单位的对账单或者发票。资料不全的，其进项税额不得从销项税额中抵扣。

拓展资料

增值税税控系统、专用设备、技术维护费

增值税税控系统包括：增值税防伪税控系统、货物运输业增值税专用发票税控系统、机动车销售统一发票税控系统和公路、内河货物运输业发票税控系统。

增值税防伪税控系统的专用设备包括金税卡、IC卡、读卡器或金税盘和报税盘；货物运输业增值税专用发票税控系统专用设备包括税控盘和报税盘；机动车销售统一发票税控系统和公路、内河货物运输业发票税控系统专用设备包括税控盘和传输盘。

根据财税〔2012〕15号的规定，增值税纳税人2011年12月1日以后初次购买增值税税控系统专用设备（包括分开票机）支付的费用，可凭购买增值税税控系统专用设备取得的增值税专用发票，在增值税应纳税额中全额抵减（抵减额为价税合计额），不足抵减的可结转下期继续抵减。增值税纳税人非初次购买增值税税控系统专用设备支付的费用，由其自行负担，不得在增值税应纳税额中抵减。

增值税纳税人2011年12月1日以后缴纳的技术维护费（不含补缴的2011年11月30日以前的技术维护费），可凭技术维护服务单位开具的技术维护费发票，在增值税应纳税额中全额抵减，不足抵减的可结转下期继续抵减。技术维护费按照价格主管部门核定的标准执行。

资料来源：国家税务总局网站　http://www.chinatax.gov.cn/

2. 不得从销项税额中抵扣的进项税额

（1）用于简易计税方法计税项目、免征增值税项目、集体福利或者个人消费的购进货物、劳务、服务、无形资产和不动产。其中涉及的固定资产、无形资产、不动产，仅指专用于上述项目的固定资产、无形资产（不包括其他权益性无形资产）、不动产。

拓展思维

甲公司准备购买 20 张"上海—三亚"往返机票，用于奖励公司优秀员工团队。请问购票支出对应的进项税额，甲公司能否从销项税额中抵扣？

按照《营业税改征增值税试点实施办法》（财税〔2016〕36 号印发）第二十七条第（一）项规定，纳税人购买货物、加工修理修配劳务、服务、无形资产和不动产，用于集体福利或者个人消费项目的进项税额不得从销项税额中抵扣。甲公司用于奖励员工的 20 张机票，属于集体福利项目，对应的进项税额不得从销项税额中抵扣。

资料来源：国家税务总局网站 http://www.chinatax.gov.cn/

（2）非正常损失的购进货物，以及相关的劳务和交通运输服务。

（3）非正常损失的在产品、产成品所耗用的购进货物（不包括固定资产）、劳务和交通运输服务。

（4）非正常损失的不动产，以及该不动产所耗用的购进货物、设计服务和建筑服务。

（5）非正常损失的不动产在建工程所耗用的购进货物、设计服务和建筑服务。纳税人新建、改建、扩建、修缮、装饰不动产，均属于不动产在建工程。

（6）购进的贷款服务、餐饮服务、居民日常服务和娱乐服务。

（7）纳税人接受贷款服务向贷款方支付的与该笔贷款直接相关的投融资顾问费、手续费、咨询费等费用，其进项税额不得从销项税额中抵扣。

（8）财政部和国家税务总局规定的其他情形。

固定资产，是指使用期限超过 12 个月的机器、机械、运输工具以及其他与生产经营有关的设备、工具、器具等有形动产。

非正常损失，是指因管理不善造成货物被盗、丢失、霉烂变质，以及因违反法律法规造成货物或者不动产被依法没收、销毁、拆除的情形。

3. 适用一般计税方法的纳税人

兼营简易计税方法计税项目、免征增值税项目而无法划分不得抵扣的进项税额，按照下列公式计算不得抵扣的进项税额：

不得抵扣的进项税额=当期无法划分的全部进项税额×（当期简易计税方法计税项目销售额+免征增值税项目销售额）÷当期全部销售额

【例题 2-3】 某企业为一般纳税人，提供货物运输服务和装卸搬运服务，其中货物运输服务适用一般计税方法，装卸搬运服务选择适用简易计税方法。该纳税人 2019 年 9 月缴纳了当月电费，取得增值税专用发票上注明的税款 10 000 元，并于当月认证抵扣，且该进项税额无法在货物运输服务和装卸搬运服务间划分。该纳税人当月取得货物运输不含税收入 60 000 元，装卸搬运服务不含税收入 40 000 元。

解析：

纳税人因兼营简易计税项目而无法划分所取得进项税额的，计算不得抵扣的进项税额，即在会计处理上，做"进项税额转出"处理。

不得抵扣的进项税（进项税额转出）= 10 000×40 000÷（40 000+60 000）= 4 000（元）

4. 扣减进项税额

（1）一般纳税人当期购进的货物、劳务、服务用于生产经营，其进项税额符合规定的在当期销项税额中予以抵扣。但已抵扣进项税额的购进货物（不含固定资产）、劳务、服务，如果事后改变用途，用于集体福利或者个人消费、发生非正常损失、在产品或产成品发生非正常损失等，应当将该项购进货物、劳务、服务的进项税额从当期的进项税额中扣减。无法确定该项进项税额的，按当期外购项目的实际成本计算应扣减的进项税额。

（2）已抵扣进项税额的固定资产、无形资产或者不动产，发生不得从销项税额中抵扣进项税额的情形的，按照下列公式计算不得抵扣的进项税额：

$$不得抵扣的进项税额 = 固定资产、无形资产或者不动产净值×适用税率$$

净值，是指纳税人根据财务会计制度计提折旧或摊销后的余额。

（3）纳税人适用一般计税方法计税的，因销售折让、中止或者退回而退还给购买方的增值税额，应当从当期的销项税额中扣减；因销售折让、中止或者退回而收回的增值税额，应当从当期的进项税额中扣减。

5. 适用一般计税方法的试点纳税人

2016年5月1日后取得并在会计制度上按固定资产核算的不动产或者2016年5月1日后取得的不动产在建工程，其进项税额应自取得之日起分2年从销项税额中抵扣，第一年抵扣比例为60%，第二年抵扣比例为40%。

自2019年4月1日起，纳税人取得不动产或者不动产在建工程的进项税额不再分2年抵扣。此前按照规定尚未抵扣完毕的待抵扣进项税额，可自2019年4月税款所属期起从销项税额中抵扣。

自2019年4月1日起，对原有不动产进行修缮改造，增加不动产原值超过50%，购进的材料、设备、中央空调等进项税额一次性抵扣。纳税人之前购建尚未抵扣完毕的待抵扣进项税额，可从销项税额中抵扣。

按照《营业税改征增值税试点实施办法》第二十七条第一项的规定，不得抵扣且未抵扣进项税额的固定资产、无形资产、不动产，发生用途改变，用于允许抵扣进项税额的应税项目，可在用途改变的次月按照下列公式计算可以抵扣的进项税制：

$$可以抵扣的进项税额 = 固定资产、无形资产、不动产净值÷（1+适用税率）×适用税率$$

取得不动产，包括以直接购买、接受捐赠、接受投资入股、自建以及抵债等各种形式取得不动产，不包括房地产开发企业自行开发的房地产项目融资租入的不动产以及在施工现场修建的临时建筑物、构筑物。

6. 租入固定资产的进项税额的抵扣

自2018年1月1日起，纳税人租入固定资产、不动产，既用于一般计税方法计税项目，又用于简易计税方法计税项目、免征增值税项目、集体福利或者个人消费的，其进项税额准予从销项税额中全额抵扣。

7. 一般纳税人发生下列应税行为可以选择适用简易计税方法计税，不允许抵扣进项税额

（1）公共交通运输服务，包括轮客渡、公交客运、地铁、城市轻轨、出租车、长途客运、班车。

（2）经认定的动漫企业为开发动漫产品提供的动漫脚本编撰、形象设计，背景设计、动画设计、分镜、动画制作、摄制、描线、上色，画面合成、配音、配乐、音效合成、剪辑、字幕制作、压缩转码（面向网络动漫、手机动漫格式适配）服务，以及在境内转让动漫版权（包括动漫品牌、形象或者内容的授权及再授权）。

（3）电影放映服务、仓储服务、装卸搬运服务、收派服务和文化体育服务。

（4）以营改增试点之日前取得的有形动产为标的物提供的经营租赁服务。

（5）在纳入营改增试点之日前签订的尚未执行完毕的有形动产租赁合同。

（三）一般纳税人应纳税额计算

1. 一般纳税人应纳税额计算公式

增值税销项税额与进项税额确定后就可以得出实际应缴纳的增值税税额，增值税一般纳税人应纳税额的计算方法如下：

$$应纳税额 = 当期销项税额 - 当期进项税额$$

上式计算结果得正数，为当期应纳增值税；如果计算结果为负数，则形成留抵税额，待下期抵扣，下期应纳税额的计算公式变为：

$$应纳税额 = 当期销项税额 - 当期进项税额 - 上期留抵税额$$

自 2019 年 4 月 1 日至 2021 年 12 月 31 日，允许生产、生活性服务业纳税人按照当期可抵扣进项税额加计 10%，因此发生加计抵减进项税情形的应纳税额计算公式为：

$$应纳税额 = 当期销项税额 - 当期进项税额 - 上期留抵税额 - 当期进项税额 \times 10\%$$

2. 一般纳税人应纳税额计算实例

【例题 2-4】甲企业为增值税一般纳税人，本月生产经营活动发生以下业务：

（1）销售乙产品，开具普通发票，取得含税销售额 1 130 万元。

（2）购进原材料一批，取得增值税专用发票，进项税额 18 万元，但购进货物因管理不善发生霉烂变质损失 1/3。

（3）向农业生产者购进免税农产品一批作为生产乙产品的原材料，支付收购价 30 万元，本月下旬将购进的农产品的 20% 用于本企业职工福利。

已知：乙产品增值税税率 13%，当月有上月结转的进项税额 5 万元，票据符合税法规定，计算该企业本月应纳的增值税额。

解析：

本题有 4 个知识要点：一是含税销售额的换算，二是不允许抵扣的进项税额转出，三是对增值税一般纳税人购进用于生产或者委托加工 13% 税率货物的农产品，按照 10% 扣除率计算进项税额，四是上期不足抵扣的进项税额可以结转下期继续抵扣。

销售乙产品的销项税额 = 1 130 ÷（1+13%）×13% = 130（万元）

购进原材料可抵扣的进项税额 = 18×（1-1/3）= 12（万元）

外购免税农产品可抵扣的进项税额 = 30×10%×（1-20%）= 2.4（万元）

该企业本月应缴纳的增值税额 = 130-12-2.4-5 = 110.6（万元）

【例题 2-5】甲电信集团某分公司为增值税一般纳税人。2019 年 9 月，该分公司利用固网、移动网、卫星、互联网、有线电视网络提供语音通话服务业务，取得价税合计收入 327 万元；提供彩信服务，取得价税合计收入 212 万元；提供电子数据和信息的传输及应用服务，取得价税合计收入 424 万元；提供互联网接入服务，取得价税合计收入 636 万元；提供卫星电视信号落地转接服务，取得价税合计收入742万元。同时，该分公司在提供电信业服务时，还附带赠送用户识别卡、电信终端等货物或者电信业服务，给客户提供增值电信服务价税合计106万元。已知该分公司当月认证增值税专用发票的进项税额为40万元，且符合进项税额抵扣规定。请问该分公司2019年9月应如何申报缴纳增值税？

解析：

本题的知识要点为电信服务分为基础电信服务和增值电信服务，分别适用9%和适用6%的增值税税率；应将其提供不同类别服务取得的全部价款和价外费用进行分别核算，按各自适用的税率计算缴纳增值税。如果未分别核算，从高适用税率。

$$应纳增值税 = 327 \div (1+9\%) \times 9\% + (212+424+636+742+106) \div (1+6\%) \times 6\% - 40$$
$$= 27+120-40 = 107（万元）$$

【例题2-6】某银行一级分行甲为增值税一般纳税人，从事"传世之宝"品牌金的自销业务。

甲分行所在省规定，从事实物黄金交易业务，增值税预征率为零。甲分行2019年9月有关增值税业务事项如下：

（1）甲分行取得贷款利息收入7 000万元、中间业务收入2 000万元。

（2）甲分行金融商品买卖收入：全部5家辖属分行买卖正差之和为212万元。

（3）甲分行购入一批贵金属作为职工抽奖的奖品，增值税专用发票注明价款150 000元、增值税19 500元。

（4）甲分行及辖内各支行"传世之宝"品牌金的销售收入（不含增值税）共计5 000 000元，不包括客户提金时支付的差价60 000元（不含增值税）。甲分行从总行清算中心取得相应增值税专用发票60张，进项税额共计560 000元。

（5）甲分行从某电脑生产厂商处取得的作为抵债资产的一批未使用过的笔记本电脑进行拍卖，获得含增值税价款226 000元；取得该抵债资产时，生产厂商向甲分行开具了增值税专用发票，该发票通过认证并于当月进行了抵扣。

（6）甲分行处置了部分使用过的固定资产，取得含增值税收入61 800元（原值为140 000元）。该固定资产购于2008年4月30日，购入时取得的增值税发票未进行抵扣。

（7）甲分行购入一批机械设备，增值税专用发票注明设备价款200万元、增值税26万元；买入一栋大楼，取得增值税专用发票注明价款2 400万元、增值税216万元。

已知上月结转的进项税2.4万元。金融业增值税税率6%，请计算甲分行2019年9月应纳增值税。

解析：

（1）贷款利息收入、中间业务收入征收增值税，则

$$当期销项税额 = 7\,000 \div (1+6\%) \times 6\% + 2\,000 \div (1+6\%) \times 6\%$$
$$= 509.43（万元）$$

（2）金融商品买卖收入按买卖差价征收增值税，则

$$当期销项税额 = 212 \div (1+6\%) \times 6\% = 12（万元）$$

（3）将外购的贵金属产品发放给员工用于个人消费，取得的增值税专用发票不得抵扣进项税额。

（4）实物贵金属销售征收增值税，则

$$当期销项税额 = (5\,000\,000+60\,000) \times 13\% = 657\,800（元）= 65.78（万元）$$

当期进项税额＝560 000（元）＝56（万元）

（5）处置未使用过的抵债电脑应征收增值税，则

当期销项税额＝226 000÷（1+13%）×13%＝26 000（元）＝2.60（万元）

（6）处置自己使用过的固定资产：一般纳税人销售自己使用过的、不得抵扣且未抵扣进项税额的固定资产，按简易计税方法依照3%征收率减按2%征收增值税，则

当期销项税额＝61 800÷（1+3%）×2%＝1 200（元）＝0.12（万元）

（7）购入机器设备，其进项税额可以全额抵扣。

当期进项税额＝200×13%＝26（万元）

购入一栋大楼，其进项税额允许购入时一次性抵扣，则

当期进项税额＝216（万元）

由此可知，甲分行2019年9月应纳增值税为：

应纳增值税＝当期销项税额－当期进项税额－上期结转税额

＝（509.43+12+65.78+2.60+0.12）－（56+26+216）－2.4＝289.53（万元）

二、小规模纳税人应纳税额的计算

（一）小规模纳税人应纳税额计算的一般规定

小规模纳税人发生应税销售行为，实行按照销售额和征收率计算应纳税额的简易办法，并不得抵扣进项税额。其应纳税额计算公式为：

应纳税额＝销售额×征收率

这里需要解释两点：第一，小规模纳税人取得的销售额是发生应税销售行为向购买方收取的全部价款和价外费用，但是不包括按3%的征收率收取的增值税税额。第二，小规模纳税人会计核算不健全，不能准确核算销项税额和进项税额，因而实行简易计税办法；且小规模纳税人实行3%的征收率，是结合增值税13%、9%和6%税率税收负担水平而设计的，其税收负担与一般纳税人基本一致，因此不能再抵扣进项税额。

小规模纳税人在销售货物或应税劳务和服务时，如果销售额中含有增值税税额，那么为了符合增值税作为价外税的要求，小规模纳税人在计算应纳税额时，必须将含税销售额换算为不含税的销售额后才能计算应纳税额。

销售额＝含税销售额÷（1+征收率）

纳税人提供适用简易计税方法计税的应税服务，因服务折让、中止而退还给购买方的销售额，应当从当期销售额中扣减。扣减当期销售额后仍有余额造成多缴的税款，可以从以后的应纳税额中扣减。

（二）小规模纳税人购进税控收款机的进项税额抵扣

自2004年12月1日起，增值税小规模纳税人购置税控收款机的，经主管税务机关审核批准后，可凭购进税控收款机取得的增值税专用发票，按照发票上注明的增值税税额，抵免当期应纳增值税；也可以按照购进税控收款机取得的增值税普通发票上注明的价款，依照下列公式计算可抵免的税额。

可抵免的增值税税额＝购置税控收款机价款÷（1+13%）×13%

应纳增值税＝当期销售额（不含税）×征收率－可抵免的增值税税额

（三）　小规模纳税人销售自己使用过的固定资产应纳增值税的计算

小规模纳税人（除其他个人外）销售自己使用过的固定资产，减按2%的征收率征收增值税。其计算公式为：

$$不含税销售额=含税销售额÷（1+3\%）$$
$$应纳增值税=不含税销售额×2\%$$

（四）　小规模纳税人销售或者出租不动产应纳税额计算的相关规定

（1）小规模纳税人销售其取得（不含自建）的不动产（不含个体工商户销售购买的住房和其他个人销售不动产），应以取得的全部价款和价外费用减去该项不动产购置原价或者取得不动产时的作价后的余额为销售额，按照5%的征收率计算应纳税额。纳税人按照上述方法在不动产所在地预缴税款后，向机构所在地主管税务机关进行纳税申报。

（2）小规模纳税人销售其自建的不动产，应以取得的全部价款和价外费用为销售额，按照5%的征收率计算应纳税额。纳税人按照上述方法在不动产所在地预缴税款后，向机构所在地主管税务机关进行纳税申报。

（3）房地产开发企业中的小规模纳税人，销售自行开发的房地产项目，按照5%的征收率计税。

（4）小规模纳税人出租其取得的不动产（不含个人出租住房），按照5%的征收率计算应纳税额。如果不动产与机构所在地不在同一县的，纳税人按照上述方法在不动产所在地预缴税款后，向机构所在地主管税务机关进行纳税申报。

（5）小规模纳税人跨县（市）提供建筑服务，应以取得的全部价款和价外费用扣除支付的分包款后的余额为销售额，按照3%的征收率计算应纳税额。纳税人应按照上述计税方法在建筑服务发生地预缴税款后，向机构所在地主管税务机关进行纳税申报。

（五）　小规模纳税人应纳税额计算实例

【例2-7】某企业为增值税小规模纳税人，2020年9月取得产品销售收入总额12.36万元。购进生产用原材料支付货款5万元，计算该企业2020年9月应缴纳的增值税税额。

解析：

本题有2个知识要点：一是小规模纳税人的计税依据为不含税销售额；二是不进行税款抵扣。

$$9月取得的不含税销售额=12.36÷（1+3\%）=12（万元）$$
$$9月应缴纳增值税税额=12×3\%=0.36（万元）$$

【例题2-8】某商业零售企业为增值税小规模纳税人，2020年9月购进商品取得普通发票，支付货款20 000元，购进税控收款机一台，取得增值税普通发票注明的价款1.13万元；销售2008年9月购进的设备一台，售价3.09万元（购进时价格5万元），本月销售货物取得零售收入共计8.24万元，计算该企业应纳的增值税。

解析：

本题有3个知识点：一是一般情形下小规模纳税人购进商品进项税额不允许抵扣；二是购进税控收款机负担的增值税额可以税额抵免应纳税额；三是销售自己使用过的固定资产应纳税额的计算。

$$应纳税额=8.24÷（1+3\%）×3\%+3.09÷（1+3\%）×2\%-1.13÷（1+13\%）×13\%$$
$$=0.24+0.06-0.13=0.17（万元）$$

三、进口货物应纳税额的计算

（一）进口货物应纳税额的计算的一般规定

进口货物的收货人或者办理报关手续的单位和个人，为进口货物增值税的纳税义务人。也就是说，进口货物增值税纳税人的范围较宽，无论是一般纳税人还是小规模纳税人，申报进口货物，都应按照组成计税价格和规定的税率计算缴纳增值额。其计算公式为：

$$应纳税额 = 组成计税价格 \times 税率$$

（1）如果进口的货物不征收消费税，则组成计税价格的计算公式为：

$$组成计税价格 = 关税完税价格 + 关税$$

（2）如果进口的货物征收消费税，则组成计税价格的计算公式为：

$$组成计税价格 = 关税完税价格 + 关税 + 消费税$$

$$或组成计税价格 = （关税完税价格 + 关税）\div（1 - 消费税税率）$$

纳税人在计算进口货物的增值税时应该注意以下问题：

1）进口货物增值税的组成计税价格中包括已纳关税税额。如果进口货物属于消费税应税消费品，其组成计税价格中还要包括进口环节已纳消费税税额。

2）按照《中华人民共和国海关法》和《中华人民共和国进出口关税条例》的规定，一般贸易项下进口货物的关税完税价格以海关审定的成交价格为基础的到岸价格作为完税价格。所谓成交价格是指一般贸易项下进口货物的买方为购买该项货物向卖方实际支付或应当支付的价格；到岸价格，是指货价加上货物运抵我国关境内输入地点起卸前的包装费、运费、保险费和其他劳务费等费用构成的一种价格。特殊贸易项下进口的货物，由于进口时没有"成交价格"可做依据，《进出口关税条例》对这些进口货物制定了确定其完税价格的具体办法。

（二）进口货物应纳税额计算实例

【例2-9】某商场2020年10月进口货物一批。该批货物的关税完税价格为80万元。货物报关后，商场按规定缴纳了进口环节的增值税并取得了海关开具的海关进口增值税专用缴款书。假定该批进口货物在国内全部销售，取得不含税销售额120万元。

已知：货物进口关税税率15%，增值税税率13%。请按下列顺序回答问题：

（1）计算进口环节应缴纳增值税的税额。

（2）计算国内销售环节应缴纳增值税税额。

解析：

本题有2个知识要点：一是组成计税价格的确定，二是国内销售环节可以抵扣的进项税额的凭证是海关开具的专用缴款书。

（1）应缴纳进口关税 = 80×15% = 12（万元）。

（2）进口环节应纳增值税的组成计税价格 = 80+12 = 92（万元）。

（3）进口环节应缴纳增值税的税额 = 92×13% = 11.96（万元）。

（4）国内销售环节的销项税额 = 120×13% = 15.6（万元）。

（5）国内销售环节应缴纳增值税税额 = 15.6-11.96 = 3.64（万元）。

第六节　出口货物、劳务、服务退（免）税

出口货物、劳务、服务退免税，是指在国际贸易中，对报关出口的货物或者劳务和服务退还在国内各生产环节和流转环境按照税法规定已经缴纳的增值税，或者免征应缴纳的增值税。

出口货物、劳务、服务以不含国内流转税的价格参与全球市场竞争是国际通行的惯例。我国依照国际惯例实行出口货物、劳务、服务退（免）税政策，目的是平衡税负，使本国出口货物、劳务、服务与其他国家或地区生产的货物和提供的劳务、服务具有相对平等的税收条件，这在客观上有利于发展外向型经济，增加出口、扩大出口的创汇。

一、出口货物退（免）税的基本政策

我国出口货物纳税的基本政策分为以下三种情况：出口免税并退税、出口免税、不免税也不退税。

（一）出口免税并退税

该政策是指对货物在出口销售环节不征增值税。对货物在出口前实际承担的税收负担，按规定的出口退税率计算后予以退还。具体适用对象包括：

（1）生产企业自营或委托外贸企业代理出口自产货物；

（2）有出口经营权的外贸企业收购后直接出口或委托其他外贸企业代理出口的货物；

（3）出口企业从小规模纳税人购进并取得增值税专用发票的抽纱、工艺品、香料油、山货、草柳竹藤制品、渔网渔具、松香、五倍子、生漆、聚尼、山羊板皮、纸制品 12 类货物；

（4）特定企业出口的特定货物。

（二）出口免税但不退税

该政策是指出口环节免征增值税。适用该政策的货物因为在前一道生产、销售环节或进口环节是免税的，其价格本身就是不含税的，因此也无须退税。具体适用对象包括：

（1）属于生产企业的小规模纳税人自营出口或委托外贸企业代理出口的自产货物；

（2）外贸企业从小规模纳税人购进并持普通发票的货物出口；

（3）外贸企业直接购进国家规定的免税货物（包括免税农业产品）出口的；

（4）其他的免税货物或项目。

（三）出口环节不免税也不退税

出口不免税是指对国家限制或禁止出口的某些货物，出口环节视同内销环节，照常征收增值税。出口不退税是指不退还其所负担的增值税。具体适用对象包括：

（1）国家计划外货物出口的原油；

（2）援外出口货物；

（3）天然牛黄、麝香、铜及铜基合金、白银等。

二、出口货物退（免）税的范围

对出口的凡属于已征或应征增值税的货物，除国家明文规定不予退（免）税的货物，以及出口企业从小规模纳税人购进，持有普通发票的部分货物外，其他出口货物都属于出口退（免）税的范围。一般而言，出口退税应同时具备以下四个条件：

（1）属于增值税范围的货物；

（2）报关离境的货物；

（3）财务上做销售处理的货物；

（4）出口收汇并已核销的货物。

生产企业承接国外修理修配业务以及利用国际金融组织或外国政府贷款采用国际招标方式、国内企业中标或外国企业中标后分包给国内企业销售的货物，可以比照出口货物，实行免、抵、退税管理办法。

出口的机械手表（含机芯）、化妆品、乳胶制品和其他橡胶制品、黄金首饰、珠宝玉石、水貂皮、鱼翅、鲍鱼、海参、鱼唇、干贝、燕窝等货物，除国家指定的出口企业可以退税外，其他非指定的企业不能享受出口退税。

三、出口货物增值税退（免）税的退税率

（一）退税率的一般规定

出口货物的增值税退税率，是出口货物的实际退税额与退税计税依据的比例。退税率是出口退税的中心环节。出口退税率的高低，体现着国家在一定时期的财政、价格和对外贸易政策，也体现着出口货物的实际税负水平和在国际市场上的竞争力。

根据财政部和国家税务总局的一般规定，出口退税率为其适用的税率。但我国出口退税率会根据国家的贸易政策每年进行适当调整。

根据《财政部　税务总局关于调整增值税税率的通知》（财税〔2018〕32号）和《财政部　税务总局　海关总署关于深化增值税改革有关政策的公告》（财政部税务总局海关总署公告2019年第39号）的规定，我国原适用17%税率且出口退税率为17%的出口货物，出口退税率调整至13%；原适用11%税率且出口退税率为11%的出口货物、跨境应税行为，出口退税率调整至9%。

财政部、国家税务总局、海关总署联合发布《关于深化增值税改革有关政策的公告》，自2019年4月1日起，增值税一般纳税人发生增值税应税销售行为或者进口货物，原适用16%税率的，税率调整为13%；原适用10%税率的，税率调整为9%。

（二）退税率的特殊规定

（1）外贸企业购进按简易计税方法征税的出口货物、从小规模纳税人购进的出口货物，其退税率分别为简易计税方法实际执行的征收率、小规模纳税人征收率。上述出口货物取得增值税专用发票的，退税率按照增值税专用发票上的税率和出口货物退税率孰低的原则确定。

（2）出口企业委托加工修理修配劳务，其加工修理修配费用的退税率，为出口货物的退税率。

（3）中标机电产品、出口企业向海关报关进入特殊区域销售给特殊区域内生产企业生产

耗用的列名原材料、输入特殊区域的水电气，其退税率为适用税率。如果国家调整列名原材料的退税率，应当自调整之日起按调整后的退税率执行。

（4）海洋工程结构物退税率的适用范围根据财税〔2012〕39号文附件3确定。

适用不同退税率的货物，应分开报关、核算并申报退（免）税；未分开报关、核算或划分不清的，从低适用退税率。

四、出口应税服务、无形资产增值税退（免）税的范围

单位和个人提供适用零税率的应税服务和无形资产，如果属于适用增值税一般计税方法的，生产企业实行免抵退税办法；外贸企业外购服务或者无形资产出口，实行免退税办法；外贸企业直接将服务或自行研发的无形资产出口，视同生产企业连同其出口货物，统一实行免抵退税办法；如果属于适用简易计税方法的，实行免征增值税办法。

（一）适用增值税零税率的范围

自2016年5月1日起，我国境内单位和个人销售下列服务和无形资产适用增值税零税率：

（1）国际运输服务：在境内载运旅客或货物出境；在境外载运旅客或货物入境；在境外载运旅客或货物。

（2）航天运输服务。

（3）向境外单位提供的完全在境外消费的下列服务：研发服务；合同能源管理服务；设计服务；广播影视节目（作品）的制作和发行服务；软件服务；电路设计及测试服务；信息系统服务；业务流程管理服务；离岸服务外包业务；转让技术。

（4）财政部和国家税务总局规定的其他服务。

（二）适用增值税免税的范围

单位和个人提供的下列应税服务或无形资产免征增值税，但财政部和国家税务总局规定适用零税率的除外：

（1）下列服务：工程项目在境外的建筑服务；工程项目在境外的工程监理服务；工程、矿产资源在境外的工程勘察勘探服务；会议展览地点在境外的会议展览服务；存储地点在境外的仓储服务；标的物在境外使用的有形动产租赁服务；在境外提供的广播影视节目（作品）的播映服务；在境外提供的文化体育服务、教育医疗服务、旅游服务。

（2）为出口货物提供的邮政服务、收派服务、保险服务。

（3）向境外单位提供的完全在境外消费的下列服务和无形资产：电信服务；知识产权服务；物流辅助服务（仓储服务、收派服务除外）；鉴证咨询服务；专业技术服务；商务辅助服务；广告投放地在境外的广告服务；无形资产。

（4）以无运输工具承运方式提供的国际运输服务。

（5）为境外单位之间的货币资金融通及其他金融业务提供的直接收费金融服务，且该服务与境内的货物、无形资产和不动产无关。

（6）财政部和国家税务总局规定的其他服务：

按照国家有关规定应取得相关资质的国际运输服务项目，纳税人取得相关资质的，适用增值税零税率政策；未取得的，适用增值税免税政策。

五、出口服务或者无形资产的增值税退（免）税的退税率

出口服务或者无形资产的退税率是境内提供服务或者无形资产的增值税税率，即6%、9%、13%三档。有形动产租赁服务的退税率是13%；交通运输业、邮政业服务的退税率是9%；现代服务业（有形动产租赁服务除外）的退税率是6%。

六、增值税退（免）税额的计算

不同的出口货物（服务）适用不同的税收政策，因此不是所有出口的货物（服务）都要计算退税额。出口货物（服务）只有在适用既免税又退税的政策时，才会涉及如何计算退税问题。

由于各类企业对于出口货物或服务的会计核算不同，有的对出口货物或服务单独核算，有的对出口货物或服务和内销货物统一核算。我国目前主要有两种退税计算方法：一是"免、抵、退"办法，主要适用于自营和委托出口自产货物的生产企业以及提供适用零税率的应税服务和无形资产的企业；二是"先征后退"办法，主要适用于收购货物出口的外贸企业。

七、出口货物退（免）税管理

（一）出口货物退（免）税登记

出口企业持商务部及其授权单位批准其出口经营权的批件和工商营业执照，于批准之日起30日内向所在地主管退税业务的税务机关办理退税登记。

出口企业如发生撤销、变更情况，应于批准撤销变更之日起30日内，向所在地主管出口退税业务的税务机关办理注销或变更退税登记手续。

（二）出口货物退（免）税申报

（1）出口企业应设专职或兼职办理出口退税的人员，经税务机关培训考核后，发给《办税员证》，没有《办税员证》的人员不得办理出口退税业务。

（2）出口企业应在货物报关出口并在财务上做销售处理后，按月填报出口货物退（免）税申报表和经征税部门审核签章的当期《增值税纳税申报表》及有关退税凭证。出口货物退免税申报表分两类：生产企业的申报表有《生产企业出口货物免抵退税申报明细表》《生产企业出口货物免抵退税申报汇总表》；外贸企业的申报表有《外贸企业出口退税汇总申报表》。

（3）出口企业代理其他企业出口后，应在货物报关出口之日起60天内凭出口货物报关单、代理出口协议，向主管国家税务机关申请开具《代理出口货物证明》并及时转给委托出口企业。

（三）办理出口退税必须提供的凭证

（1）购进出口货物的增值税专用发票（抵扣联）、出口销售发票。

（2）盖有海关验讫章的出口货物报关单（出口退税专用）。

（3）查账时提供出口货物销售明细账。

（4）有委托业务的须提供由受托方税务机关签发的代理出口证明，有远期收汇业务的须提供由当地外经贸主管部门签发的中、远期结汇证明。

第七节　增值税的税收优惠

一、《增值税暂行条例》及其实施细则规定的免税项目

（1）农业生产者销售的自产农产品：

农业，是指种植业、养殖业、林业、牧业、水产业。农业生产者，包括从事农业生产的单位和个人。农产品，是相对初级农产品，具体范围由财政部、国家税务总局确定。

（2）避孕药品和用具。

（3）古旧图书，是指向社会收购的古书和旧书。

（4）直接用于科学研究、科学试验和教学的进口仪器、设备。

（5）外国政府、国际组织无偿援助的进口物资和设备。

（6）由残疾人的组织直接进口供残疾人专用的物品。

（7）销售自己使用过的物品，是指其他个人自己使用过的物品。

二、营业税改征增值税试点过渡政策的规定

（一）免征增值税的项目

（1）托儿所、幼儿园提供的保育和教育服务。

（2）养老机构提供的养老服务。

（3）残疾人福利机构提供的育养服务。

（4）婚姻介绍服务。

（5）殡葬服务。

（6）残疾人员本人为社会提供的服务。

（7）医疗机构提供的医疗服务。

（8）从事学历教育的学校提供的教育服务。

（9）学生勤工俭学提供的服务。

（10）农业机耕、排灌、病虫害防治、植物保护、农牧保险以及相关技术培训业务，家禽、牲畜、水生动物的配种和疾病防治。

（11）纪念馆、博物馆、文化馆、文物保护单位管理机构、美术馆、展览馆、书画院、图书馆在自己的场所提供文化体育服务取得的第一道门票收入。

（12）寺院、宫观，清真寺和教堂举办文化、宗教活动的门票收入。

（13）行政单位之外的其他单位收取的符合《试点实施办法》第十条规定条件的政府性基金和行政事业性收费。

（14）个人转让著作权。

（15）个人销售自建自用住房。

（16）2018 年 12 月 31 日前公共租赁住房经营管理单位出租公共租赁住房。

（17）台湾航运公司、航空公司从事海峡两岸海上直航、空中直航业务在大陆取得的运输收入。

（18）纳税人提供的直接或者间接国际货物运输代理服务。

（19）符合条件的利息收入。

（20）被撤销金融机构以货物、不动产、无形资产、有价证券、票据等财产清偿债务。

（21）保险公司开办的1年期以上人身保险产品取得的保费收入。

（22）符合条件的金融商品转让收入。

（23）金融同业往来利息收入。

（24）符合条件的担保机构从事中小企业信用担保或者再担保业务取得的收入（不含信用评级、咨询、培训等收入）3年内免征增值税。

（25）国家商品储备管理单位及其直属企业承担商品储备任务，从中央或者地方财政取得的利息补贴收入和价差补贴收入。

（26）纳税人提供技术转让、技术开发和与之相关的技术咨询、技术服务。

（27）符合条件的合同能源管理服务。

（28）2017年12月31日前，科普单位的门票收入，以及县级及以上党政部门和科协开展科普活动的门票收入。

（29）政府举办的从事学历教育的高等、中等和初等学校（不含下属单位），举办进修班、培训班取得的全部归该学校所有的收入。

（30）政府举办的职业学校设立的主要为在校学生提供实习场所、并由学校出资自办、由学校负责经营管理、经营收入归学校所有的企业，从事《销售服务、无形资产或者不动产注释》中"现代服务"（不含融资租赁服务、广告服务和其他现代服务）、"生活服务"（不含文化体育服务、其他生活服务和桑拿、氧吧）业务活动取得的收入。

（31）家政服务企业由员工制家政服务员提供家政服务取得的收入。

（32）福利彩票、体育彩票的发行收入。

（33）军队空余房产租赁收入。

（34）为了配合国家住房制度改革，企业、行政事业单位按房改成本价标准价出售住房取得的收入。

（35）将土地使用权转让给农业生产者用于农业生产。

（36）涉及家庭财产分割的个人无偿转让不动产、土地使用权。

（37）土地所有者出让土地使用权和土地使用者将土地使用权归还给土地所有者。

（38）县级以上地方人民政府或自然资源行政主管部门出让、转让或收回自然资源使用权（不含土地使用权）。

（39）随军家属就业。

（40）军队转业干部就业。

（二）营业税改征增值税过渡期间即征即退政策

（1）一般纳税人提供管道运输服务，对其增值税实际税负超过3%的部分实行增值税即征即退政策。增值税实际税负，是指纳税人当期提供应税服务实际缴纳的增值税额占纳税人当期提供应税服务取得的全部价款和价外费用的比例。

（2）经中国人民银行、中国银行业监督管理委员会或者商务部批准（含备案）从事融资租赁业务的试点纳税人中的一般纳税人，提供有形动产融资租赁服务和有形动产融资性售后回租服务，对其增值税实际税负超过3%的部分实行增值税即征即退政策。商务部授权的省级商务主管部门和国家经济技术开发区批准（含备案）的从事融资租赁业务和融资性售后回租业务的试点纳税人中的一般纳税人，2016年5月1日后实收资本达到1.7亿元的，从达到标准的当月起按照上述规定执行；2016年5月1日后实收资本未达到1.7亿元，但注册资本达到1.7亿元的，在2016年7月31日前仍可按照上述规定执行，2016年8月1日后开展的有形动产融资租赁业务和有形动产融资性售后回租业务不得按照上述规定执行。

（三）境外服务免税政策

境内的单位和个人销售的下列服务和无形资产免征增值税，但财政部和国家税务总局规定适用零税率的除外。

（1）服务：包括工程项目在境外的建筑服务；工程项目在境外的工程监理服务；工程、矿产资源在境外的工程勘察勘探服务；会议展览地点在境外的会议展览服务；存储地点在境外的仓储服务；标的物在境外使用的有形动产租赁服务；在境外提供的广播影视节目（作品）的播映服务；在境外提供的文化体育服务、教育医疗服务、旅游服务。

（2）为出口货物提供的邮政服务、收派服务、保险服务，为出口货物提供的保险服务，包括出口货物保险和出口信用保险。

（3）向境外单位提供的完全在境外消费的服务和无形资产：包括电信服务；知识产权服务；物流辅助服务（仓储服务、收派服务除外）；鉴证咨询服务；专业技术服务；商务辅助服务；广告投放地在境外的广告服务；无形资产。

（4）以无运输工具承运方式提供的国际运输服务。

（5）为境外单位之间的货币资金融通及其他金融业务提供的直接收费金融服务，且该服务与境内的货物、无形资产和不动产无关。

（6）财政部和国家税务总局规定的其他服务。

纳税人发生应税行为适用免税、减税规定的，可以放弃免税、减税，依照税法规定缴纳增值税。放弃免税、减税后，36个月内不得再申请免税、减税。纳税人发生应税行为同时适用免税和零税率规定的，纳税人可以选择适用免税或者零税率。

三、增值税的起征点

个人发生应税行为的销售额未达到增值税起征点的，免征增值税；达到起征点的，全额计算缴纳增值税。增值税起征点的适用范围仅限于个人，不包括登记为一般纳税人的个体工商户。

（一）原增值税纳税人的增值税起征点的幅度规定

（1）销售货物的，为月销售额5 000~20 000元；

（2）销售加工修理修配劳务的，为月销售额5 000~20 000元；

（3）按次纳税的，为每次（日）销售额300~500元。

（二）"营改增"试点纳税人的增值税起征点的幅度规定

（1）按期纳税的，为月销售额5 000~20 000元（含本数）。

（2）按次纳税的，为每次（日）销售额300~500元（含本数）。

起征点的调整由财政部和国家税务总局规定。省、自治区、直辖市财政厅（局）和国家税务局应当在规定的幅度内，根据实际情况确定本地区适用的起征点，并报财政部和国家税务总局备案。

四、小微企业税收优惠

自 2019 年 1 月 1 日至 2021 年 12 月 31 日，增值税小规模纳税人发生增值税应税销售行为，合计月销售额未超过 10 万元的，免征增值税。其中，以 1 个季度为纳税期限的增值税小规模纳税人，季度销售额未超过 30 万元的，免征增值税。

小规模纳税人发生增值税应税销售行为，合计月销售额超过 10 万元，但扣除本期发生的销售不动产的销售额后未超过 10 万元的，其销售货物、劳务、服务、无形资产取得的销售额免征增值税。

增值税小规模纳税人月销售额未超过 10 万元的，当期因开具增值税专用发票已经缴纳的税款，在专用发票全部联次追回或者按规定开具红字专用发票后，可以向税务机关申请退还。

其他个人采取一次性收取租金形式出租不动产，取得的租金收入，可在租金对应的租赁期内平均分摊，分摊后的月租金收入不超过 10 万元的，可享受小微企业免征增值税的优惠政策。

第八节　增值税专用发票的使用及管理

增值税专用发票，是增值税纳税人（以下简称一般纳税人）销售行为开具的发票，是购买方支付增值税额并可按照增值税有关规定据以抵扣增值税进项税额的凭证。增值税实行凭国家印发的增值税专用发票注明的税款进行抵扣的制度。增值税专用发票（以下简称专用发票）不仅是纳税人经济活动中的重要商业凭证，而且是兼记销货方销项税额和购货方进项税额进行税款抵扣的凭证，对增值税的计算和管理起着决定性的作用，因此，正确使用增值税专用发票是十分重要的。税法对专用发票的领购、填写、抵扣、保管与注销做出了严格的规定。

一、专用发票领购使用范围

（一）领购范围

一般纳税人可以凭《发票领购簿》、IC 卡和经办人身份证明领购增值税专用发票。一般纳税人有下列情形之一的，不得领购开具专用发票：

（1）会计核算不健全，不能向税务机关准确提供增值税销项税额、进项税额、应纳税额数据及其他有关增值税税务资料的。

（2）有《税收征收管理法》规定的税收违法行为，拒不接受税务机关处理的。

（3）有下列行为之一，经税务机关责令限期改正而仍未改正的：虚开增值税专用发票；私自印制专用发票；向税务机关以外的单位和个人买取专用发票；借用他人专用发票；未按《增值税专用发票使用规定》（国税发〔2006〕156 号）第十一条开具专用发票，未按规定保管专用发票和专用设备；未按规定申请办理防伪税控系统变更发行；未按规定接受税务机关检查。

（二）开具范围

一般纳税人发生应税行为，应当向索取增值税专用发票的购买方开具增值税专用发票；

根据国家税务总局公告（2019 年第 33 号）规定：小规模纳税人（其他个人除外）发生增值税应税行为，需要开具增值税专用发票的，可以自愿使用增值税发票管理系统自行开具。

属于下列情形之一的，不得开具增值税专用发票：

（1）向消费者个人销售货物、加工修理修配劳务、服务、无形资产或者不动产的。

（2）适用免征增值税规定的应税行为。

拓展资料

在新办纳税人中实行增值税专用发票电子化

根据国家税务总局公告（2020 年第 22 号）规定：在全国新设立登记的纳税人（以下简称"新办纳税人"）中实行增值税专用发票电子化（以下简称"专票电子化"）。自 2020 年 12 月 21 日起，在天津、河北、上海、江苏、浙江、安徽、广东、重庆、四川、宁波和深圳等 11 个地区，自 2021 年 1 月 21 日起，在北京、山西、内蒙古、辽宁、吉林、黑龙江、福建、江西、山东、河南、湖北、湖南、广西、海南、贵州、云南、西藏、陕西、甘肃、青海、宁夏、新疆、大连、厦门和青岛等 25 个地区的新办纳税人中实行专票电子化，受票方范围为全国。

资料来源：国家税务总局 http://www.chinatax.gov.cn/

二、增值税专用发票的基本内容和开具要求

增值税专用发票由基本联次或者基本联次附加其他联次构成。基本联次为三联，依次为记账联、抵扣联和发票联。记账联，作为销售方核算销售收入和增值税销项税额的凭证；抵扣联，作为购买方报送主管税务机关认证和留存备查的凭证；发票联，作为购买方核算采购成本和增值税进项税额的凭证。其他联次用途，由一般纳税人自行确定。

增值税一般纳税人应通过增值税防伪税控系统开具专用发票。防伪税控系统是指经国务院同意推行的使用专用设备和通用设备运用数字密码和电子存储技术管理专用发票的计算机管理系统。其中专用设备包括金税卡、IC 卡、读卡器等，通用设备包括计算机、打印机、扫描器具等。增值税专用发票应按照增值税纳税义务的发生时间开具，应与实际交易相符，不得提前或滞后。开具时应项目齐全，字迹清楚，不得压线、错格，发票联和抵扣联加盖财务专用章或者发票专用章。对不符合上列要求的专用发票，购买方有权拒收。

对已开具增值税专用发票的销售货物、加工修理修配劳务、服务、无形资产或者不动产，销售方要及时足额计入当期销售额计税，凡开具了增值税专用发票，其销售额未按规定计入销售账户核算的，一律按偷税论处。

三、增值税专用发票进项税额的抵扣

除国家税务总局另有规定的除外，用于抵扣增值税进项税额的专用发票应经税务机关认证相符，自 2017 年 7 月 1 日起，纳税人应在增值税专用发票开具之日起 360 日内到税务机关认证，经过认证的增值税专用发票，应在认证通过的当月按规定核算当期进项税额并申报抵扣，否则不予抵扣进项税额，税务机关认证后，应向纳税人提供一份《增值税专用发票抵扣联认证清单》，以备企业作为纳税申报附列资料。自 2018 年 4 月 1 日起，纳税信用分为 A 级、

B级、M级、C级纳税人，对取得的增值税专用发票可以不再进行认证，通过增值税发票税控开票软件登录本省增值税发票查询平台，查询选择用于申报抵扣或者出口退税的增值税发票信息（以下简称"选择抵扣"）。

四、开具增值税专用发票后发生退货或销售折让的处理

一般纳税人在开具专用发票当月，发生销货退回、开票有误等情形，收到退回的发票联、抵扣联符合作废条件的（即：收到退回的发票联、抵扣联时间未超过销售方开票当月；销售方未报税并且未记账；购买方未认证或者认证结果为"纳税人识别号认证不符""专用发票代码、号码认证不符"），按作废处理；开具时发现有误的，可即时作废。作废专用发票须在防伪税控系统中将相应的数据电文按"作废"处理，在纸质专用发票（含未打印的专用发票）各联次上注明"作废"字样，全部联次留存。

一般纳税人取得专用发票后发生销货退回、开票有误等情形但不符合作废条件的，或者因销货部分退回及发生销售折让的，购买方应向主管税务机关填报《开具红字增值税专用发票申请单》（以下简称《申请单》）。

主管税务机关对一般纳税人填报的《申请单》进行审核后出具《开具红字增值税专用发票通知单》（以下简称《通知单》）。《通知单》应与《申请单》一一对应。除不符合作废条件的销货退回、部分退回及销售折让等情况外，购买方必须暂依《通知单》所列增值税税额从当期进项税额中转出，未抵扣增值税进项税额的可列入当期进项税额，待取得销售方开具的红字专用发票后，与留存的《通知单》一并作为记账凭证，销售方凭购买方提供的《通知单》开具红字专用发票，在防伪税控系统中以销项负数开具。红字专用发票应与《通知单》一一对应。

五、丢失已开具增值税专用发票的处理

一般纳税人丢失已开具增值税专用发票的发票联和抵扣联，购买方凭销售方提供的相应增值税专用发票记账联复印件及销售方所在地主管税务机关出具的《丢失增值税专用发票已报税证明单》，经购买方主管税务机关审核同意后，可作为增值税进项税额的抵扣凭证。如果丢失前尚未认证的，购买方须凭销售方提供的相应增值税专用发票记账联复印件到主管税务机关进行认证。

一般纳税人丢失已开具专用发票的抵扣联，如果丢失前已认证相符的，可使用专用发票的发票联复印件留存备查；如果丢失前未认证的，可使用专用发票的发票联到主管税务机关认证，专用发票的发票联复印件留存备查。

一般纳税人丢失已开具专用发票的发票联，可将专用发票抵扣联作为记账凭证的附件，专用发票抵扣联复印件留存备查。

第九节　增值税的征收管理

一、纳税义务发生的时间

《增值税暂行条例》明确规定了增值税纳税义务的发生时间。纳税义务发生时间，是纳

税人发生应税行为应当承担纳税义务的起始时间。纳税人销售货物或者应税劳务、服务、无形资产和不动产的，其纳税义务发生时间为收讫销项税款或者取得销售款项凭据的当天；先开具发票的，为开具发票的当天。按销售结算方式的不同，具体为：

（1）采取直接收款方式销售货物，不论货物是否发出，均为收到销售款或者取得索取销售款凭证的当天。

（2）采取托收承付和委托银行收款方式销售货物，为发出货物并办妥托收手续的当天。

（3）采取赊销和分期收款方式销售货物，为书面合同约定的收款日期的当天，无书面合同的或者书面合同没有约定收款日期的，为货物发出的当天。

（4）采取预收货款方式销售货物，为货物发出的当天，但销售生产工期超过12个月的大型机械设备、船舶、飞机等货物，为收到预收款或者书面合同约定的收款日期的当天。纳税人提供租赁服务采取预收款方式的，其纳税义务发生时间为收到预收款的当天。

（5）纳税人提供建筑服务取得预收款，应在收到预收款时，以取得的预收款扣除支付的分包款后的余额，按照规定的预征率预缴增值税。按照现行规定应在建筑服务发生地预缴增值税的项目，纳税人收到预收款时在建筑服务发生地预缴增值税。按照现行规定无须在建筑服务发生地预缴增值税的项目，纳税人收到预收款时在机构所在地预缴增值税。适用一般计税方法计税的项目预征率为2%，适用简易计税方法计税的项目预征率为3%。

（6）委托其他纳税人代销货物的，为收到代销单位的代销清单或者收到全部或者部分货款的当天。未收到代销清单及货款的，为发出代销货物满180天的当天。

（7）纳税人从事金融商品转让的，为金融商品所有权转移的当天。

（8）证券公司、保险公司、金融租赁公司、证券基金管理公司、证券投资基金以及其他经中国人民银行、银监会、证监会、保监会批准成立且经营金融保险业务的机构发放贷款后，自结息日起90天内发生的应收未收利息按现行规定缴纳增值税；自结息日起90天后发生的应收未收利息暂不缴纳增值税，待实际收到利息时按规定缴纳增值税。

（9）纳税人提供建筑服务，被工程发包方从应支付的工程款中扣押的质押金、保证金，未开具发票的，以纳税人实际收到质押金、保证金的当天为纳税义务发生时间。

（10）纳税人发生视同销售货物行为（不包括代销行为），为货物移送的当天。纳税人发生视同销售服务、无形资产或者不动产行为的，其纳税义务发生时间为销售服务、无形资产或者不动产权属变更的当天。

（11）纳税人进口货物，纳税义务发生时间为报关进口的当天。

（12）增值税扣缴义务发生时间为纳税人增值税纳税义务发生的当天。

二、纳税期限

根据《增值税暂行条例》的规定，增值税的纳税期限分别为1日、3日、5日、10日、15日、1个月或者1个季度。以1个季度为纳税限期的规定仅适用于小规模纳税人、银行、财务公司、信托投资公司、信用社以及财政部国家税务总局规定的其他纳税人。纳税人的具体纳税期限，由主管税务机关根据纳税人应纳税额的大小分别核定，不能按照固定期限纳税的，可以按次纳税。

纳税人以1个月或者1个季度为1个纳税期的，自期满之日起15日内申报纳税；以1日、3日、5日、10日或者15日为1个纳税期的，自期满之日起5日内预缴税款，于次月1

日起 15 日内申报纳税并结清上月应纳税款。

扣缴义务人解缴税款的期限，依照前两款规定执行。

纳税人进口货物，应当自海关填发进口增值税专用缴款书之日起 15 日内缴纳税款。

三、纳税地点

为了保证纳税人按期申报纳税，根据企业跨地区经营和搞活商品流通的特点及不同情况，税法还具体规定了增值税的纳税地点：

（1）固定业户应当向其机构所在地的主管税务机关申报纳税。总机构和分支机构不在同一县（市）的，应当分别向各自所在地的主管税务机关申报纳税；经国务院财政、税务主管部门或者其授权的财政、税务机关批准，可以由总机构汇总向总机构所在地的主管税务机关申报纳税。

固定业户到外县（市）销售货物或者应税劳务，应当向其机构所在地的主管税务机关申请开具外出经营活动税收管理证明，并向其机构所在地的主管税务机关申报纳税；未开具证明的，应当向销售地或者劳务发生地的主管税务机关申报纳税；未向销售地或者劳务发生地的主管税务机关申报纳税的，由其机构所在地的主管税务机关补征税款。

（2）非固定业户销售货物或者应税劳务，应当向销售地或者劳务发生地的主管税务机关申报纳税；未向销售地或者劳务发生地的主管税务机关申报纳税的，由其机构所在地或者居住地的主管税务机关补征税款。

（3）其他个人提供建筑服务、销售或者租赁不动产，转让自然资源使用权，应向建筑服务发生地、不动产所在地、自然资源所在地主管税务机关申报纳税。

（4）进口货物，应当向报关地海关申报纳税。

（5）扣缴义务人应当向其机构所在地或者居住地的主管税务机关申报缴纳其扣缴的税款。

四、增值税的纳税申报

增值税的纳税人应按主管税务机关核定的纳税期限，及时办理纳税申报手续。为加强增值税管理、堵塞漏洞、优化为纳税人服务，国家税务总局于 2003 年 7 月推行了增值税一般纳税人申报"一窗式"管理，即在一个窗口面对纳税人，统一办理防伪税控 IC 卡报税、专用发票抵扣联认证和纳税申报。

两个或两个以上"营改增"试点纳税人，经财政部和国家税务总局批准可以视为一个纳税人合并纳税，具体办法由财政部和国家税务总局另行制定。

拓展资料

"一窗式"管理

"一窗式"管理的核心内容是，征收单位办税大厅的纳税申报窗口进行"票表稽核"，以审核增值税纳税申报的真实性。其具体方法是，用防伪税控报税系统采集的专用发票存根联销项金额、税额信息，比对纳税人申报的防伪税控系统开具的销项金额、税额数据，两者的逻辑关系是必须相等；用防伪税控认证系统采集的专用发票抵扣联进项金额、税额信息，比对纳税人申报的防伪税控系统开具的进项金额、税额信息，且认证系统采集的进项信息必须大于或等于申报资料所填列的上述进项信息。不符合上述两项逻辑关系的则为申报异常，凡属申报异常的，应查明原因，视不同情况分别按有关规定处理。

基础训练

一、单项选择题

1. 收入型增值税的典型特点是(　　)。

A. 以所得为税基

B. 不允许抵扣购入固定资产所含增值税

C. 只允许部分抵扣购入固定资产所含增值税

D. 能够体现税收中性原则

2. 下列行为不属于增值税征税范围的是(　　)。

A. 保险服务　　　　　　　　　　　B. 人力资源服务

C. 雇员为雇主提供的服务　　　　　D. 企业之间相互提供的服务

3. 下列不属于在境内销售服务或者无形资产因而不应缴纳增值税的是(　　)。

A. 销售方在境内且接受方在境外　　B. 销售方在境外且接受方在境内

C. 销售方在境内且接受方在境内　　D. 销售方在境外且接受方在境外

4. 下列属于境内应税行为因而应缴纳增值税的是(　　)。

A. 境外单位或个人向境内单位或者个人销售完全在境外发生的服务

B. 境内单位或个人向境内单位或者个人销售完全在境外使用的无形资产

C. 境外单位或个人向境内单位或者个人销售完全在境外使用的无形资产

D. 境外单位或个人向境内单位或者个人出租完全在境外使用的有形动产

5. 下列属于视同销售应缴纳增值税的是(　　)。

A. 在一个县内将货物从一个机构移送至另一个机构用于销售

B. 将自产的货物作价抵债给债权人

C. 将购买的货物用于本企业在建工程

D. 向其他单位捐赠不动产用于公益事业

6. 一般纳税人发生的下列行为中不能选择适用简易计税方法计税的是(　　)。

A. 以旧换新销售业务　　　　　　　B. 公共交通运输服务

C. 电影放映服务　　　　　　　　　D. 装卸搬运服务

7. 2019年，某商业企业10月初购进一批饮料，取得专用发票上注明价款80 000元，税金10 400元，发票已通过认证，另支付运输企业不含税运输费1 000元，取得一般纳税人开具的增值税专用发票。月末将其中的8%作为福利发给职工，则本月可以抵扣的进项税为(　　)元。

A. 12 683.50　　　B. 9 650.8　　　C. 12 990　　　D. 13 670

8. 某企业（增值税一般纳税人）2020年2月生产货物用于销售，取得不含税销售收入100 000元，当月外购原材料取得增值税专用发票上注明增值税3 400元。当月从某公司（增值税一般纳税人）租入一台机器，取得的该公司开具的增值税专用发票上注明的租赁费20 000元，该机器既用于生产货物，又用于企业职工食堂。则该企业当期应纳增值税税额为(　　)元。

A. 13 000　　　　　B. 16 911.9　　　　C. 13 600　　　　D. 7 000

9. 增值税纳税人以 1 个月或 1 个季度为一期纳税的，应自期满之日起(　　)日内申报纳税。

A. 7　　　　　　　B. 10　　　　　　C. 15　　　　　　D. 30

10. 下列不得开具增值税专用发票的是(　　)。

A. 一般纳税人向消费者个人销售货物　　　B. 小规模纳税人销售货物

C. 房地产开发企业销售不动产　　　　　　D. 个体工商户销售无形资产

二、多项选择题

1. 下列说法正确的是(　　)。

A. 增值税属于一般流转税　　　　　　　　B. 我国目前实行消费型增值税

C. 当今世界发达国家都实行增值税　　　　D. 我国在 1984 年开始引进并实行增值税

2. 一般纳税人和小规模纳税人划分的标准是(　　)。

A. 经营方式　　　　　　　　　　　　　　B. 经营规模

C. 投资方式　　　　　　　　　　　　　　D. 财务会计健全程度

3. 判断小规模纳税人标准的年销售额含义包括(　　)。

A. 以一个纳税年度为限　　　　　　　　　B. 以一个连续不超过 12 个月的经营期为限

C. 以累计应征增值税的销售额为依据　　　D. 应征增值税销售包含减免税销售额

4. 按照经营租赁服务征收增值税的有(　　)。

A. 车辆停放服务　　B. 道路通行服务　　C. 融资性售后回租　　D. 认证服务

5. 下列按照金融服务项目征收增值税的是(　　)。

A. 贷款服务　　　　　　　　　　　　　　B. 直接收费金融服务

C. 保险服务　　　　　　　　　　　　　　D. 金融商品转让服务

6. 根据"营改增"相关规定，下列情形属于视同提供应税行为的有(　　)。

A. 某运输企业为地震灾区无偿提供公路运输服务

B. 某咨询公司为个人无偿提供技术咨询服务

C. 某动画公司聘用动画人才为本公司设计动画

D. 某运输公司为其他单位无偿提供交通运输服务

7. 下列属于视同销售行为应缴纳增值税的有(　　)。

A. 将自产的货物用于本企业简易征税项目

B. 将自产的货物无偿捐赠给灾区

C. 将购进的货物无偿捐赠给其他企业

D. 将委托加工收回的货物用于对外投资

8. 下列各项中可以作为增值税进项税额抵扣凭证的有(　　)。

A. 增值税专用发票

B. 接受境外单位提供的应税服务从税务机关取得的完税凭证

C. 增值税普通发票

D. 农产品收购发票

9. 一般纳税人购进的(　　)不得抵扣进项税额。

A. 旅客运输服务　　B. 贷款服务　　　C. 居民日常服务　　D. 娱乐服务

10. 下列关于增值税纳税义务发生时间的正确表述是(　　)。

A. 纳税义务发生时间为发生应税行为并收讫销售款或者索取销售款凭据的当天

B. 纳税人先开具发票的，纳税义务发生时间为开具发票的当天

C. 收讫销售款项是指纳税人销售服务、无形资产、不动产过程中或者完成后收到的款项

D. 取得索取销售款项凭据的当天是指交易完成的当天或者不动产权属变更的当天

三、判断题

1. 转让建筑物有限产权或者永久使用权的行为，属于销售无形资产。

2. 境外单位或个人向境内单位或者个人销售完全在境外发生的服务，不属于在境内销售服务，不征收增值税。

3. 纳税人将自产或购买的货物用于集体福利和个人消费，应视同销售，征收增值税。

4. 纳税人兼营销售货物、劳务、服务、无形资产或者不动产，适用不同税率或者征收率的，应当分别核算适用不同税率或者征收率的销售额；未分别核算的，从高适用税率。

5. 简易计税方法适用于小规模纳税人，不适用于一般纳税人。

6. 纳税人为实现货物销售而出租出借包装物所收取的押金，是一种价外收费，应计算缴纳增值税。

7. 增值税扣税凭证，包括增值税专用发票、海关进口增值税专用缴款书、农产品收购发票或农产品销售发票以及解缴税款的完税凭证等。

8. 一般纳税人用于简易计税项目的购进货物、加工修理修配劳务、服务、无形资产或者不动产，其所含进项税额即使取得合规的抵扣凭证，也不得从当期销项税额中抵扣。

9. 采取赊销、分期收款方式或预收款方式销售货物的，其纳税义务发生时间为按合同约定的收款日期的当天；无书面合同的，为货物发出的当天。

10. 适用免征增值税规定的应税行为不得开具增值税专用发票。

技能训练

一、某生产企业是增值税一般纳税人，2020年9月生产销售A型电视机，出厂不含增值税单价为4 800元/台，具体购销情况如下：

（1）向某商场销售500台A型电视机，由于商场采购量大，给予其10%的折扣，并将销售额和折扣额在同一张发票的金额栏内分别注明；同时，向运输企业（一般纳税人）支付运费，收到的增值税专用发票注明运费金额为3 600元。

（2）销售本企业2020年购进的自用生产设备一台，取得含增值税收入113 000元。

（3）销售电视机发出包装物收取押金24 000元，另没收逾期未退还的包装物押金16 950元。

（4）购进电视机零配件取得增值税专用发票上注明金额140 000元、增值税税额18 200元。

（5）从小规模纳税人处购进工具件，支付价税合计金额80 000元，取得税务机关代开的增值税专用发票。

（6）从消费者个人手中收购旧电视机，支付收购金额40 000元。

已知：电视机、设备、零配件、工具件适用的增值税税率均为13%，交通运输服务适用的税率为9%，纳税人取得的增值税专用发票均已通过认证并允许在当月抵扣，2020年8月留抵的增值税税额为3 200元。

要求：计算该企业当期应当缴纳的增值税税额。

二、某五金制造企业为增值税一般纳税人，2020年9月，该企业取得的增值税专用发票均符合规定，并已认证；购进和销售产品适用的增值税税率均为13%。发生的有关经济业务如下：

（1）购进一批原材料，取得增值税专用发票注明的金额为50万元、增值税为6.5万元。支付运费，取得增值税普通发票注明的金额为2万元、增值税为0.18万元。

（2）接受其他企业投资转入一批材料，取得增值税专用发票注明的金额为100万元、增值税为13万元。

（3）购进低值易耗品，取得增值税专用发展注明的金额6万元、增值税为0.78万元。

（4）销售产品一批，取得不含税销售额200万元，另外收取包装物租金1.13万元。

（5）采取以旧换新方式销售产品，新产品含税售价为7.91万元，旧产品作价2万元。

（6）因仓库管理不善，上月购进的一批工具被盗，该批工具的采购成本为9万元（购进工具的进项税额已经抵扣）。

问题：

业务（1）的进项税额是否可以全部抵扣？

业务（2）的进项税额是否可以抵扣？

业务（3）的进项税额是否可以抵扣？

计算业务（4）的销项税额是多少？

计算业务（5）的销项税额是多少？

业务（6）如何处理？

计算某五金制造厂2020年9月应纳的增值税。

三、某银行为增值税一般纳税人，2020年第三季度发生的有关经济业务如下（已知该银行取得的增值税专用发票均符合规定，并已认证；提供金融服务适用的增值税税率为6%）：

（1）购进5台自助存取款机，取得增值税专用发票注明的金额为50万元、增值税为6.5万元。

（2）租入一处底商作为营业部，租金总额为210万元，取得增值税专用发票注明的金额为200万元、增值税为10万元。

（3）办理公司业务，收取结算手续费（含税）42.4万元；收取账户管理费（含税）29.68万元。

（4）办理贷款业务，取得利息收入（含税）2.12亿元。

（5）吸收存款10亿元。

问题：计算某银行2020年第三季度应纳的增值税。

第三章　消费税法

问题导入

1. 消费税与增值税在征收范围上有什么不同?
2. 1994 年 1 月 1 日开征消费税是否加重了纳税人的负担?
3. 消费税纳税环节有哪些特别规定?
4. 消费税应纳税额计算的方式有几种?

案例思考

某鞭炮生产企业为增值税一般纳税人。2020 年 9 月向某公司销售鞭炮一批,开具增值税专用发票,取得不含增值税销售额 5 000 元,增值税税额为 650 元;向某单位销售鞭炮一批,开具增值税普通发票上注明的销售额为 4 520 元。两笔销售业共收取包装物租金 565 元,收取逾期包装物押金 904 元。已知鞭炮适用的增值税税率 13%、消费税税率 15%。

思考:

1. 两笔销售业务都需要缴纳消费税吗?
2. 收取的包装物租金如何处理?
3. 收取的预期包装物押金计入销售额吗?
4. 该鞭炮生产企业当月应纳消费税税额如何计算。

第一节　消费税法概述

一、消费税法的概念

消费税法是指国家制定的用以调整消费税征收与缴纳之间权利及义务关系的法律规范。现行消费税法的基本规范,是 2008 年 11 月 5 日经国务院第 34 次常务会议修订通过并颁布,自 2009 年 1 月 1 日起施行的《中华人民共和国消费税暂行条例》(以下简称《消费税暂行条例》),以及 2008 年 12 月 15 日财政部、国家税务总局第 51 号令颁布的《中华人民共和国消费税暂行条例实施细则》(以下简称《消费税暂行条例实施细则》)。

二、消费税的概念及其演变

(一) 消费税的概念

消费税是对我国境内外从事生产、委托加工和进口应税消费品的单位和个人,就其销售额或销售数量，在特定环节征收的一种流转税。简单地说，消费税是对特定的消费品和消费行为征收的一种流转税。征收消费税，主要是为了调节产品结构，引导消费方向，保证国际财政收入。

（二）消费税的演变

在西方国家，消费税是一个古老的税种，最早产生于古罗马帝国。当时农业和手工业发展，城市兴起，商业繁荣，于是相继开征了盐税、酒税等产品税，这是消费税的雏形。目前消费税是世界各国广泛实行的一个税种，在各开征国家的税收收入中占有相当比重，特别为发展中国家所重视。

我国对消费品征税由来已久，周朝征收的"山泽之赋"就具有消费税性质；西汉时对酒课征，体现了"寓禁于征"的政策，以后各代征收的酒税、烟税和茶税等均属于消费税范畴。中华人民共和国成立后，全国统一设置的14种税中就有特种消费行为税；1953年税制改革时取消特种消费行为税，但对筵席、舞场等课征的税并入营业税；1988年开征筵席税，属于对消费行为征税；1989年重新开征特别消费税，但仅对生产和进口小轿车、彩色电视机征收（1992年停征，1994年取消）。为调节消费结构、抑制不合理消费行为，国务院于1993年12月颁布了《中华人民共和国消费税暂行条例》并于1994年1月1日开始实施。中华人民共和国成立初期征收的货物税，20世纪50年代征收的商品流通税和1958年—1973年征收的工商统一税，以及1973年—1983年征收的工商税中相当于货物税的部分，1983年—1994年征收的产品税、增值税，实质上是相当于或其中部分相当于消费税性质的，只不过我国一直未称其为消费税，或没有单独成为一个税种。1994年税制全面改革时单独设立，是在增值税对货物普遍征收的基础上针对特定货物而进行的特殊调节。现行消费税法是2008年重新修订的《中华人民共和国消费税暂行条例》。2009年，我国对卷烟产品的税率、征收环节进行改革调整；2014年12月，我国又进一步提高了成品油消费税的税额，取消了酒精、汽车轮胎、小排量摩托等消费税税目；经国务院批准，自2015年2月1日起，对涂料、电池征收消费税；2016年9月30日，财政部和国家税务总局正式取消了普通化妆品消费税，只对高档化妆品征收消费税，其税率为15%。可见，消费税是随着我国产业政策、资源保护、居民消费水平等不断进行调整的，消费税会逐步完善。

三、消费税的特点和作用

（一）消费税的特点

我国消费税只对特殊消费品的销售额和销售数量进行征税，这与其他流转税尤其是增值税相比，有其特点：

1. 征税范围具有选择性

各国目前征收的消费税实际上都属于对特定消费品或消费行为征收的税种。为适应我国目前的产业结构、消费水平和消费结构以及节能、环保等方面的要求，选择了部分消费品（15大类）征收消费税，而不是对所有的消费品都征收消费税。

2. 征税环节具有单一性

消费税一般在应税消费品的生产、委托加工和进口环节一次征收（卷烟、超豪华小汽车除外），而不是在消费品生产、流通或消费的每个环节多次征收，即在以后的批发、零售等环节中，由于价款中已包含消费税，因此不必再缴纳消费税（自 1995 年 1 月 1 日起，金银首饰消费税由生产销售环节征收改为零售环节征收）。

3. 征收方法具有多样性

为了适应不同消费品的应税情况，消费税在征收方法上灵活多样，有些消费品采用从价定率的征收方式，有些消费品选择从量定额的征收方式，还有些消费品采用从价定率和从量定额的复合计税方式。

4. 税收调节具有特殊性

这一特殊性表现在两个方面：一是消费税往往同有关税种配合实行加重或双重调节；二是不同的征税项目税负差异较大。

5. 消费税具有转嫁性

无论在哪个环节征收消费税，消费品中所含的消费税税款最终都要转嫁到消费者身上，由消费者负担。消费税是间接税，税负具有转嫁性。

（二）消费税的作用

消费税的内涵及特点决定了其在税制和社会经济发展中的重要地位，集中体现了国家的产业政策，强化了国家对经济进行宏观调控的手段，其作用主要表现在以下几个方面：

1. 体现消费政策，优化资源配置

为了抑制对人体健康不利或者是过度消费会对人体有害消费品的生产，将烟、酒、鞭炮焰火列入消费税征税范围，达到"寓禁于征"的目的；为了调节特殊消费，将摩托、小汽车、贵重首饰、珠宝玉石、高尔夫球及球具、高档手表、游艇列入征税范围；为了节约一次性能源，限制过量消费，将汽油、一次性木制筷子、实木地板列入征税范围。通过对消费品课税，以消费需求拉动供给，使产业、产品结构得到优化，从而实现资源优化配置。

2. 调整消费结构，抑制超前消费

我国目前总体财力有限，个人生活水平还不够宽裕，需要在政策上正确引导人们的消费方向。在消费税立法过程中，对人们日常消费的基本生活用品和企业正常的生产消费物品不征收消费税。2006 年税制改革取消了对护肤护发品征收消费税，在此基础上增加了高尔夫球及球具、高档手表、游艇等属于奢侈品或超前消费的物品征收消费税，调整了税目和税率结构，起到引导消费、抑制高水平或超前消费的作用。

3. 稳定税收来源，保证财政收入

消费税是价内税，税额的实现不受成本等因素的影响，而且消费税的应税品目又大多属于使用广泛、消费量大的具有传统征收高税习惯的重点税源行业的商品，税源稳定、可靠的同时，消费税按消费品的销售额或销售数量征税，使税收与应税消费品生产的增长趋势相适应，保证了财政收入的稳定增长。

4. 调节支付能力，缓解分配不公

个人生活水平或贫富状况很大程度体现在支付能力上。通过对某些奢侈品或特殊消费品征收消费税，从调节个人支付能力的角度间接增加某些消费者的税收负担或增加消费支出的超额负担，使高收入者的高消费受到一定抑制，低收入者或消费基本生活用品的消费者则不负担消费税，支付能力不受影响。所以，开征消费税有利于配合个人所得税及其他有关税种进行调节，缓解目前存在的社会分配不公的矛盾。

第二节 消费税的纳税义务人

消费税纳税义务人是指在中华人民共和国境内生产、委托加工和进口《消费税暂行条例》规定的消费品的单位和个人，以及国务院确定的《销售消费税暂行条例》规定的应税消费品的其他单位和个人。

单位，是指企业、行政单位、军事单位、社会团体及其他单位。

个人，是指个体工商户及其他个人。

在中华人民共和国境内，是指生产、委托加工和进口的属于应当征收消费税的消费品的起运地或者所在地在境内。

消费税的纳税人具体包括以下五类：

（1）生产（含视为生产）应税消费品的单位和个人；

（2）进口应税消费品的单位和个人；

（3）委托加工应税消费品的单位和个人；

（4）零售金银首饰、钻石、钻石饰品、铂金首饰的单位和个人；

（5）从事卷烟批发业务的单位和个人。

第三节 消费税的税目及税率

一、消费税税目的基本法律规定

（一）消费税税目的确定原则

根据消费税暂行条例规定，消费税的应税项目为：在中华人民共和国境内生产、委托加工和进口《消费税暂行条例》规定的消费品。

总的原则是，立足于我国的经济发展水平、国家的消费政策和产业政策，充分考虑人民的生活水平、消费水平和消费结构状况，注重保证国家财政收入的稳定增长，并适当借鉴国外征收消费税的成功经验和国际通行做法。具体表现在以下几个方面：

（1）从保护身体健康、生态环境和社会秩序等方面需要出发，不提倡也不宜过度消费的某些消费品，如烟、酒、鞭炮、焰火。

（2）非生活必需品中的一些高档、奢侈的消费品，如贵重首饰、高档化妆品、高档手表、高尔夫球及球具等。

（3）不可再生和替代的资源类消费品，如实木地板、木制一次性筷子、成品油类。

（4）促进节能环保的消费品，如电池、涂料等。

（5）高能耗及高档消费品，如摩托、小轿车、游艇。

（二）应税项目的具体规定

1. 烟

凡是以烟叶为原料加工生产的产品，不论使用何种辅料，均属于本税目的征收范围。本税目下设卷烟、雪茄烟、烟丝三个子目。

（1）卷烟分为甲类卷烟和乙类卷烟。

甲类卷烟是指每标准条（200支）调拨价格在70元（不含增值税）以上（含70元）的卷烟。

乙类卷烟是指每标准条（200支）调拨价格在70元（不含增值税）以下的卷烟。

（2）雪茄烟。

雪茄烟是指以晾晒烟为原料或者以晾晒烟和烤烟为原料，用烟叶或卷烟纸、烟草薄片作为烟支内包皮，再用烟叶作为烟支外包皮，经机器或手工卷制而成的烟草制品。

（3）烟丝。

烟丝是指将烟叶切成丝状、粒状、片状、末状或其他形状，再加入辅料，经过发酵、储存，不经卷制即可供销售吸用的烟草制品。

2. 酒

本税目下设白酒（包括粮食白酒和薯类白酒）、黄酒、啤酒、其他酒（是指除粮食白酒、薯类白酒、黄酒、啤酒以外，酒度在1度以上的各种酒）。

对饮食业、商业、娱乐业举办的（啤酒坊）利用啤酒生产设备生产的啤酒，应当征收消费税。

对以黄酒为酒基生产的配制或炮制酒，按其他酒征收消费税。调味料酒不征收消费税。

3. 高档化妆品

高档化妆品包括高档美容、修饰类化妆品，高档护肤类化妆品和成套化妆品。高档美容修饰类化妆品和高档护肤类化妆品是指生产（进口）环节销售（完税）价格（不含增值税，在10元/毫升（克）或15元/片（张）及以上的美容、修饰类化妆品和护肤类化妆品。

舞台、戏剧、影视演员化妆用的化妆油、卸妆油、油彩，不属于本税目的征收范围。

4. 贵重首饰及珠宝玉石

贵重首饰及珠宝玉石包括凡以金、银、白金、宝石、珍珠、钻石、翡翠、珊瑚、玛瑙等高贵稀有物质以及其他金属、人造宝石等制作的各种纯金银首饰及镶嵌首饰和经采掘、打磨、加工的各种珠宝玉石，不包括镀金首饰和包金首饰。对出国人员免税商店销售的金银首饰也征收消费税。

5. 鞭炮、焰火

鞭炮、焰火包括各种类型的鞭炮、焰火。体育上用的发令纸、鞭炮药引线，不按本税目征收。

6. 成品油

成品油包括汽油、柴油、石脑油、溶剂油、航空煤油、润滑油、燃料油七个子目。

根据财税〔2010〕98号文规定，从2009年1月1日起，对成品油生产企业在生产成品油过程中，作为燃料、动力及原料消耗掉的自产成品油免征消费税；对用于其他用途或直接对外销售的成品油照章征收消费税。根据国家税务总局公告2012年第46号的规定，自2012年11月1日起，催化料、焦化料属于燃料油的征收范围，应当征收消费税。

7. 摩托

摩托包括轻便摩托和摩托两种。轻便摩托是指最大设计车速不超过50千米/小时、发动机气缸总工作容量不超过250毫升的两轮机动车；摩托是指最大设计车速超过50千米/小时、发动机气缸总工作容量超过 250 毫升、空车重量不超过 400 公斤的两轮或者三轮机动车。其中，带驾驶室的正三轮车和特种车的空车重量不受此限制。

8. 小汽车

小汽车是指由动力驱动，具有 4 个或 4 个以上车轮的非轨道承载的车辆。小汽车税目下设乘用车、中轻型商务客车子税目。乘用车征收范围包括含驾驶员座位在内最多不超过 9 个座位（含）的、在设计和技术特性上用于载运乘客和货物的各类乘用车。中轻型商务车征收范围包括含驾驶员座位在内的座位数在 10~23 座（含 23 座）的、在设计和技术特性上用于载运乘客和货物的各类中轻型商用客车。

电动车、沙滩车、雪地车、卡丁车、高尔夫车不属于消费税征税范围，不征收消费税。自 2016 年 12 月 1 日起，"小汽车"税目下增设"超豪华小汽车"子税目，征收范围为每辆零售价格 130 万元（不含增值税）及以上的乘用车和中轻型商用客车，即乘用车和中轻型商用客车子税目中的超豪华小汽车。

9. 高尔夫球及球具

高尔夫球及球具是指从事高尔夫球运动所需的各种专用装备，包括高尔夫球、高尔夫球杆及高尔夫球包（袋）等。高尔夫球杆的杆头、杆身和握把属于本税目的征收范围。

10. 高档手表

高档手表是指销售价格（不含增值税）每只在 10 000 元（含）及以上的各类手表。本税目征收范围包括符合以上标准的各类手表。

11. 游艇

游艇是指长度大于 8 米小于 90 米，船体由玻璃钢、钢、铝合金、塑料等多种材料制作，可以在水上移动的水上浮载体。按照动力划分，游艇分为无动力艇、帆艇和机动艇。

本税目征收范围包括艇身长度大于 8 米（含）小于 90 米（含），内置发动机，可以在水上移动，一般为私人或团体购置，主要用于水上运动和休闲娱乐等非牟利活动的各类机动艇。

12. 木制一次性筷子

木制一次性筷子，又称卫生筷子，是指以木材为原料经过锯段、浸泡、旋切、刨切、烘干、筛选、打磨、倒角、包装等环节加工而成的各类一次性使用的筷子。

本税目征收范围包括各种规格的木制一次性筷子。未经打磨、倒角的木制一次性筷子属于本税目征税范围。

13. 实木地板

实木地板是指天然木材经烘干、加工后形成的具有天然原木纹理色彩图案的地面装饰材料。包括实木地板、实木指接地板、实木复合地板。还包括用于装饰墙壁、天棚的侧端面为榫、槽的实木装饰板。未经涂饰的素板也属于本税目征税范围。

14. 电池

电池，是一种将化学能、光能等直接转换为电能的装置，一般由电极、电解质、容器、极端，通常还有隔离层组成的基本功能单元，以及用一个或多个基本功能单元装配成的电池组。范围包括原电池、蓄电池，燃料电池、太阳能电池和其他电池。

自 2015 年 2 月 1 日起对电池（铅蓄电池除外）征收消费税：对无汞原电池、金属氢化物镍蓄电池（又称"氢镍蓄电池"或"镍氢蓄电池"）、锂原电池、锂离子蓄电池、太阳能电池、燃料电池、全钒液流电池免征消费税。2015 年 12 月 31 日前对铅蓄电池缓征消费税；自 2016 年 1 月 1 日起，对铅蓄电池按 4% 税率征收消费税。

15. 涂料

涂料是指涂于物体表面能形成具有保护、装饰或特殊性能的固态涂膜的一类液体或固体材料之总称。自 2015 年 2 月 1 日起，对涂料征收消费税，其中施工状态下挥发性有机物（volatile organic compounds，VOC）含量低于 420 克/升（含）的涂料免征消费税。

拓展资料

国际上消费税征税范围的类型

按征税范围的宽窄，国际上消费税大体可分为以下 3 种类型：

（1）有限型消费税。其课征范围较窄，主要是一些传统的消费品，如烟草制品、酒精饮料、石油制品、机动车辆、游艇、糖、盐、软饮料、钟表、首饰、珠宝、化妆品、香水及各种形式的娱乐活动等。征税品目一般在 10~15 种之间。

（2）中间型消费税。其课征范围较有限型消费税宽一些，除了有限型消费税所涉及的征税品目外，一些消费广泛的消费品，如纺织品、皮革皮毛制品、鞋、药品、牛奶和谷物制品、咖啡、可可、家用电器、电子产品、摄影器材、打火机等也纳入课征范围。征税品目一般在 15~30 种之间。

（3）延伸型消费税。其课征范围比前两种更大，除上述两种类型所涉及的品目外，一些生产资料如水泥、建筑材料、钢材、铝制品、橡胶制品、塑料制品、木材制品、颜料和油漆等也被纳入征税范围。

资料来源：《税法学》，东北财经大学出版社出版。

二、消费税的税率

消费税实行比率税率、定额税率两种税率形式，以适应不同应税消费品的实际征收情况。

消费税根据不同的应税消费品确定不同的税率或定额税率。最高比例税率（如甲类卷烟）为 56%，最低比例税率（如汽缸容量在 1.0 升以下的乘用小汽车）为 1%；黄酒、啤酒及成品油分别按单位重量或单位体积确定单位税额。一般情况下，对一种消费品只选择一种税率形式，但为了更好、更有效地保全消费税税基，对卷烟和白酒则采取了比例税率和定额税率复合征收的形式。详见表 3-1：

表 3-1　消费税税目税率表

税　目	税　率
一、烟	
1. 卷烟	
（1）甲类卷烟	56% 加 0.003 元/支（生产环节）
（2）乙类卷烟	36% 加 0.003 元/支（生产环节）
（3）批发环节	11% 加 0.005 元/支
2. 雪茄烟	36%
3. 烟丝	30%

续表

税　目	税　率
二、酒	
1. 白酒	20%加 0.5 元/500 克（或者 500 毫升）
2. 黄酒	240 元/吨
3. 啤酒	
（1）甲类啤酒	250 元/吨
（2）乙类啤酒	220 元/吨
4. 其他酒	10%
三、高档化妆品	15%
四、贵重首饰及珠宝玉石	
1. 金银首饰、铂金首饰和钻石及钻石饰品	5%
2. 其他贵重首饰和珠宝玉石	10%
五、鞭炮、焰火	15%
六、成品油	
1. 汽油	1.52 元/升
2. 柴油	1.20 元/升
3. 航空煤油	1.20 元/升
4. 石脑油	1.52 元/升
5. 溶剂油	1.52 元/升
6. 润滑油	1.52 元/升
7. 燃料油	1.20 元/升
七、摩托	
1. 气缸容量（排气量，下同）在 250 毫升（含）以下的	3%
2. 气缸容量在 250 毫升（不含）以上的	10%
八、小汽车	
1. 乘用车	
（1）气缸容量（排气量，下同）在 1.0 升（含 1.0 升）以下的	1%
（2）气缸容量在 1.0 升以上至 1.5 升（含 1.5 升）的	3%
（3）气缸容量在 1.5 升以上至 2.0 升（含 2.0 升）的	5%
（4）气缸容量在 2.0 升以上至 2.5 升（含 2.5 升）的	9%
（5）气缸容量在 2.5 升以上至 3.0 升（含 3.0 升）的	12%
（6）气缸容量在 3.0 升以上至 4.0 升（含 4.0 升）的	25%
（7）气缸容量在 4.0 升以上的	40%
2. 中轻型商用客车	5%
3. 超豪华小汽车	10%（零售环节）
九、高尔夫球及球具	10%
十、高档手表	20%
十一、游艇	10%
十二、木制一次性筷子	5%

续表

税　目	税　率
十三、实木地板	5%
十四、电池	4%
十五、涂料	4%

注：在消费税税率运用中应注意以下问题：

①对兼营不同税率的应税消费品适用税目、税率的规定。对纳税人兼营不同税率的应税消费品，应当分别核算其销售额或销售数量，未分别核算销售额或销售数量的，或者将不同税率的应税消费品组成成套消费品销售的，从高适用税率征收。

②对卷烟适用税目、税率的具体规定。对白包卷烟、手工卷烟、自产自用没有同牌号规格调拨价格的卷烟、委托加工没有同牌号规格调拨价格的卷烟、未经国务院批准纳入计划的企业和个人生产的卷烟，除按定额税率征收外，一律按 56% 的比例税率征收。

③甲类卷烟，是指每标准条（200 支，下同）调拨价格在 70 元（不含增值税）以上（含 70 元）的卷烟；乙类卷烟，是指每标准条调拨价格在 70 元（不含增值税）以下的卷烟。

甲类啤酒，是指每吨出厂价（含包装物及包装物押金）在 3 000 元（不含增值税）以上（含 3 000 元）的啤酒；乙类啤酒，是指每吨出厂价（含包装物及包装物押金）在 3 000 元（不含增值税）以下的啤酒。

④消费税税目、税率（税额）的调整由国务院确定，地方无权调整。

第四节　消费税纳税环节

消费税的纳税环节主要有生产环节、委托加工环节、进口环节、批发环节（仅适用于卷烟）、零售环节（仅适用于超豪华小汽车、金银首饰等）。

一、消费税的基本纳税环节

纳税人生产的应税消费品，于纳税人销售（这里主要指出厂销售）时纳税。

纳税人自产自用的应税消费品，用于连续生产应税消费品的，不纳税；用于其他方面的，于移送使用时纳税。

委托加工的应税消费品，除受托方为个人外，由受托方在向委托方交货时代收代缴税款。

进口的应税消费品，于报关进口时纳税。

二、金银首饰的纳税环节

自 1995 年 1 月 1 日起，金银首饰消费税由生产销售环节征收改为零售环节征收。改在零售环节征收消费税的金银首饰仅限于金基、银基合金首饰以及金、银和金基、银基合金的镶嵌首饰；自 2002 年 1 月 1 日起，钻石及钻石饰品消费税改为零售环节征收；自 2003 年 5 月 1 日起，铂金首饰消费税改为零售环节征收。金银首饰消费税适用税率为 5%，在纳税人销售金银首饰、铂金首饰、钻石及钻石饰品时征收，其计税依据是不含增值税的销售额。

对既销售金银首饰，又销售非金银首饰的生产、经营单位，应将两类商品划分清楚，分别核算销售额。凡划分不清楚或不能分别核算的，在生产环节销售的，一律从高适用税率征收消费税；在零售环节销售的，一律按金银首饰征收消费税。金银首饰与其他产品组成成套消费品销售，应按销售额全额征收消费税。

金银首饰连同包装物销售的，无论包装物是否单独计价，也无论会计上如何核算，均应并入金银首饰的销售额，计征消费税。

带料加工的金银首饰，应按受托方销售同类金银首饰的销售价格确定计税依据征收消费税。没有同类金银首饰销售价格的，按照组成计税价格计算纳税。

纳税人采用以旧换新（含翻新改制）方式销售的金银首饰，应按实际收取的不含增值税的全部价款确定计税依据征收消费税。

三、卷烟的纳税环节

卷烟消费税在生产和批发两个环节征收。自 2009 年 5 月 1 日起，在卷烟批发环节加征一道从价税，即在中华人民共和国境内从事卷烟批发业务的单位和个人，批发销售的所有牌号规格的卷烟，按其销售额（不含增值税）征收 5% 的消费税。纳税人应将卷烟销售额与其他商品销售额分开核算，未分开核算的，一并征收消费税。纳税人销售给纳税人以外的单位和个人的卷烟于销售时纳税。纳税人之间销售的卷烟不缴纳消费税。卷烟批发企业的机构所在地，总机构与分支机构不在同一地区的，由总机构申报纳税。

自 2015 年 5 月 10 日起，将卷烟批发环节从价税税率由 5% 提高至 11%，并按 0.005 元/支加征从量税。纳税人兼营卷烟批发和零售业务的，应当分别核算批发和零售环节的销售额、销售数量；未分别核算批发和零售环节销售额、销售数量的，按照全部销售额、销售数量计征批发环节消费税。

四、"小汽车"税目下"超豪华小汽车"子税目的纳税环节

自 2016 年 2 月 1 日起，"小汽车"税目下增设"超豪华小汽车"子税目。征收范围为每辆零售价格 130 万元（不含增值税）及以上的乘用车和中轻型商用客车，即乘用车和中轻型商用客车子税目中的超豪华小汽车。对超豪华小汽车，在生产（进口）环节按现行税率征收消费税基础上，在零售环节加征消费税，税率为 10%。将超豪华小汽车销售给消费者的单位和个人为超豪华小汽车零售环节纳税人。

超豪华小汽车零售环节消费税应纳税额计算公式为：

应纳税额＝零售环节销售额（不含增值税，下同）×零售环节税率

国内汽车生产企业直接销售给消费者的超豪华小汽车，消费税税率按照生产环节税率和零售环节税率加总计算。消费税应纳税额计算公式为：

应纳税额＝销售额×（生产环节税率＋零售环节税率）

对我国驻外使领馆工作人员、外国驻华机构及人员、非居民常住人员、政府间协议规定等应税（消费税）进口自用且完税价格在 130 万元及以上的超豪华小汽车消费税，发展生产（进口）环节税率和零售环节税率（10%）加总计算，由海关代征。

第五节　消费税应纳税额的计算

一、直接对外销售应税消费品应纳消费税的计算

按照现行消费税法的基本规定，消费税应纳税额的计算主要分为从价定率计征、从量定额计征和从价从量复合计征三种计算方法。

（一）从价计征应纳税额的计算

在从价定率计算方法下，应纳税额等于应税消费品的销售额乘以适用税率，基本计算公式：

$$应纳税额＝应税消费品的销售额×比例税率$$

从公式中可知应纳税额的多少取决于应税消费品的销售额和适用税率两个因素。税率按照消费税税目、税率表中的消费品对应的税率执行。

1. 计税销售额的基本规定

销售额为纳税人销售应税消费品向购买方收取的全部价款和价外费用。销售，是指有偿转让应税消费品的所有权；有偿，是指从购买方取得货币、货物或者其他经济利益；价外费用，是指价外向购买方收取的手续费、补贴、基金、集资费、返还利润、奖励费、违约金、滞纳金、延期付款利息、赔偿金、代收款项、代垫款项、包装费、包装物租金、储蓄费、优质费、运输装卸费及其他各种性质的价外收费。但下列项目不包括在内：

（1）同时符合以下条件的代垫运输费用。

①承运部门的运输费用发票开具给购买方的；

②纳税人将该项发票转交给购买方的。

（2）同时符合以下条件代为收取的政府性基金或者行政事业性收费。

①由国务院或者财政部批准设立的政府性基金，由国务院或者省级人民政府及其财政、价格主管部门批准设立的行政事业性收费；

②收取时开具省级以上财政部门印制的财政票据；

③所收款项全额上缴财政。

其他价外费用，无论是否属于纳税人的收入，均应并入销售额计算征税。

2. 含税销售额的换算

应税消费品在缴纳消费税的同时，与一般货物一样，还应缴纳增值税。按照《消费税暂行条例实施细则》的规定，应税消费品的销售额，不包括应向购货方收取的增值税税款。如果纳税人应税消费品的销售额中未扣除增值税税款或者因不得开具增值税专用发票而发生价款和增值税税款合并收取的，在计算消费税时，应将含增值税的销售额换算为不含增值税税款的销售额。其换算公式为：

$$应税消费品的销售额＝含增值税的销售额÷（1＋增值税税率或征收率）$$

在使用换算公式时，应根据纳税人的具体情况分别使用增值税税率或征收率。

【例题3-1】某化妆品生产企业为增值税一般纳税人。2020年9月向某大型商场销售高档化妆品一批，开具增值税专用发票，取得不含增值税销售额260万元，增值税税额为33.8

万元；向某单位销售高档化妆品一批，开具增值税普通发票上注明的销售额为 33.9 万元。计算该化妆品生产公司当月应纳消费税税额（高档化妆品适用的增值税税率为 13%、消费税税率为 15%）。

解析：

应税销售额 = 260+33.9÷（1+13%）= 290（万元）

应纳消费税 = 290×15% = 43.5（万元）

3. 包装物及押金的销售额确定

实行从价定率办法计算应纳税额的应税消费品连同包装销售的，无论包装是否单独计价，也不论在会计上如何核算，均应并入应税消费品的销售额中征收消费税。

如果包装物不作价随同产品销售，而是收取押金，此项押金则不应并入应税消费品的销售额中征税。但对因逾期未收回的包装物不再退还的或者已收取的时间超过 12 个月的押金，应并入应税消费品的销售额，按照应税消费品的适用税率缴纳消费税。

对既作价随同应税消费品销售，又另外收取押金的包装物的押金，凡纳税人在规定的期限内没有退还的，均应并入应税消费品的销售额，按照应税消费品的适用税率缴纳消费税。

对酒类产品生产企业销售酒类产品（从价定率办法征收的）而收取的包装物押金，无论押金是否返还及会计上如何核算，均须并入酒类产品销售额中，依酒类产品的适用税率征收消费税，但以上规定不适用于实行从量定额征收消费税的啤酒和黄酒产品。

【例题 3-2】某鞭炮生产企业为增值税一般纳税人。2020 年 9 月向某公司销售鞭炮一批，开具增值税专用发票，取得不含增值税销售额 5 000 元，增值税税额为 650 元；向某单位销售鞭炮一批，开具增值税普通发票上注明的销售额为 4 520 元。两笔销售一共收取包装物租金 565 元，收取逾期包装物押金 904 元，计算该鞭炮生产企业当月应纳消费税税额（鞭炮适用的增值税税率为 13%、消费税税率为 15%）。

解析：

应税销售额 = 5 000+4 520÷（1+13%）+565÷（1+13%）+904÷（1+13%）= 10 300（元）

应纳消费税 = 10 300×15% = 1 545（元）

（二）从量计征消费税应纳税额的计算

在从量定额计算方法下，应纳税额等于应税消费品的销售数量乘以单位税额，应纳税额的多少取决于应税消费品的销售数量和单位税额两个因素。其基本计算公式为：

$$应纳税额 = 应税消费品的销售数量×定额税率$$

1. 销售数量的确定

销售数量是指纳税人生产、加工和进口应税消费品的数量。具体规定为：

（1）销售应税消费品的，为应税消费品的销售数量；

（2）自产自用应税消费品的，为应税消费品的移送使用数量；

（3）委托加工应税消费品的，为纳税人收回的应税消费品数量；

（4）进口应税消费品的，为海关核定的应税消费品进口征税数量。

2. 计量单位的换算标准

《消费税暂行条例》规定，黄酒、啤酒以吨为税额单位；成品油以升为税额单位。但是，考虑到在实际销售过程中，一些纳税人会把吨或升这两个计量单位混用，故规范了不同产品的计量单位，以准确计算应纳税额。吨与升两个计量单位的换算标准见表 3-2：

表 3-2　应税消费品计量单位换算表

序号	名称	计量单位的换算标准
1	黄酒	1 吨 = 962 升
2	啤酒	1 吨 = 988 升
3	汽油	1 吨 = 1 388 升
4	柴油	1 吨 = 1 176 升
5	航空煤油	1 吨 = 1 246 升
6	石脑油	1 吨 = 1 385 升
7	溶剂油	1 吨 = 1 282 升
8	润滑油	1 吨 = 1 126 升
9	燃料油	1 吨 = 1 015 升

【例题 3-3】 某啤酒厂 2020 年 9 月共销售啤酒 1 300 吨，其中 700 吨的啤酒出厂价格为 217 万元，600 吨的啤酒出厂价格为 168 万元，计算该啤酒厂 9 月应纳的消费税。

解析：

700 吨的啤酒出厂单价 = 217÷700 = 0.31 万元 = 3 100（元），因此适用 250 元/吨的税额；600 吨的啤酒出厂单价 = 168÷600 = 0.28（万元）= 2 800（元），因此适用 220 元/吨的税额。

9 月应纳消费税 = 700×250+600×220 = 307 000元 = 30.7（万元）

（三）从价从量复合计征

现行消费税的征税范围中，只有卷烟、粮食白酒、薯类白酒采用复合计征方法。应纳税额等于应税销售数量乘以定额税率再加上应税销售额乘以比例税率。其基本计算公式为：

应纳税额 = 应税消费品的销售额×比例税率+应税消费品的销售数量×复合税率

生产销售卷烟、粮食白酒、薯类白酒从量定额计税依据为实际销售数量。进口、委托加工、自产自用卷烟、粮食白酒、薯类白酒从量定额计税依据分别为海关核定的进口征税数量、委托方收回数量、移送使用数量。

【例题 3-4】 某白酒生产企业为增值税一般纳税人，2020 年 9 月销售粮食白酒 100 吨，取得含税销售额 678 万元，计算该白酒生产企业 9 月应纳消费税。

解析：

生产销售白酒缴纳消费税采用复合计税方式计算缴纳

从价定率征收的消费税税额 = 678÷（1+13%）×20% = 120（万元）

从量定额征收的消费税税额 = 100×2 000×0.5÷10 000 = 10（万元）

9 月应纳的消费税税额 = 120+10 = 130（万元）

（四）计税依据的特殊规定

（1）纳税人应税消费品的计税价格明显偏低并无正当理由的，由税务机关核定计税价格。其核定权限规定如下：

1）卷烟、白酒和小汽车的计税价格由国家税务总局核定，送财政部备案。

2）其他应税消费品的计税价格由省、自治区和直辖市税务局核定。

3）进口的应税消费品的计税价格由海关核定。

（2）纳税人通过自设非独立核算门市部销售的自产应税消费品，应当按照门市部对外销售额或者销售数量征收消费税。

（3）纳税人用于换取生产资料和消费资料、投资入股和抵偿债务等方面的应税消费品，应当以纳税人同类应税消费品的最高销售价格作为计税依据计算消费税。

（4）白酒生产企业向商业销售单位收取的"品牌使用费"是随着应税白酒的销售而向购货方收取的，属于应税白酒销售价款的组成部分，因此，不论企业采取何种方式或以何种名义收取价款，均应并入白酒的销售额中缴纳消费税。

（5）纳税人采用以旧换新（含翻新改制）方式销售的金银首饰，应按实际收取的不含增值税的全部价款确定计税依据征收消费税。

（6）纳税人销售的应税消费品，以人民币以外的货币结算销售额的，其销售额的人民币折合率可以选择销售额发生的当天或者当月1日的人民币汇率中间价。纳税人应在事先确定采取何种折合率，确定后1年内不得变更。

二、自产自用应纳消费税的计算

（一）自产自用应税消费品的确定

自产自用，就是纳税人生产应税消费品后，不是用于直接对外销售，而是用于自己连续生产应税消费品或用于其他方面。这种自产自用应税消费品形式，在实际经济活动中是很常见的，但也是在是否纳税或如何纳税上最容易出现问题的。

1. 用于连续生产应税消费品

纳税人自产自用的应税消费品，用于连续生产应税消费品的，不纳税。所谓"纳税人自产自用的应税消费品，用于连续生产应税消费品的"，是指作为生产最终应税消费品的直接材料、并构成最终产品实体的应税消费品。例如，卷烟厂生产出烟丝，烟丝已是应税消费品，卷烟厂再用生产出的烟丝连续生产卷烟，这样用于连续生产卷烟的烟丝就不缴纳消费税，只对生产的卷烟征收消费税。

2. 用于其他方面的应税消费品

纳税人自产自用的应税消费品，除用于连续生产的应税消费品外，凡用于其他方面的，于移送使用时纳税。用于其他方面的是指纳税人用于生产非应税消费品、在建工程、管理部门、非生产机构，提供劳务，以及用于馈赠、赞助、集资、广告、样品、职工福利、奖励等方面。所谓"用于生产非应税消费品"，是指把自产的应税消费品用于生产消费税条例税目税率表所列的15类产品以外的产品。所谓"用于在建工程"是指把自产的应税消费品用于本单位的各项建设工程。所谓"用于管理部门、非生产机构"是指把自己生产的应税消费品用于与本单位有隶属关系的管理部门或非生产机构。所谓"用于馈赠、赞助、集资、广告、样品、职工福利、奖励"，是指把自己生产的应税消费品无偿赠送给他人或以资金的形式投资于外单位某些事业或作为商品广告、经销样品或以福利、奖励的形式发给职工。

（二）自产自用应税消费品计税依据的确定及应纳税额的计算

1. 自产自用应税消费品计税依据的确定

纳税人自产自用的应税消费品，凡用于其他方面应当纳税的，其计税依据按照以下顺序确定：

（1）按照纳税人生产的同类消费品的销售价格计算纳税。同类消费品的销售价格是指纳税人当月销售的同类消费品的销售价格。

（2）如果当月同类消费品各期销售价格高低不同，应按销售数量加权平均计算。但销售的应税消费品有下列情况之一的不得列入加权平均计算：

1）销售价格明显偏低又无正当理由的。

2）无销售价格的。

（3）如果当月无销售额或者当月未完结，按照同类消费品上月或者最近月份的销售价格计算纳税。

（4）没有同类消费品销售价格的，按照组成计税价格计算纳税。

①实行从价定率办法计算纳税的，组成计税价格计算公式是：

$$组成计税价格 = （成本+利润）÷（1-比例税率）$$

②实行复合计税办法计算纳税的组成计税价格计算公式是：

$$组成计税价格 = （成本+利润+自产自用数量×定额税率）÷（1-比例税率）$$

上述公式中所说的"成本"，是指应税消费品的产品生产成本。

上述公式中所说的"利润"是指根据应税消费品的全国平均成本利润率计算的利润。应税消费品全国平均成本利润率由国家税务总局确定。全国平均成本利润率见表3-3：

表3-3　平均成本利润率

货物名称	利润率%	货物名称	利润率%
1. 甲类卷烟	10	11. 摩托	6
2. 乙类卷烟	5	12. 高尔夫球及球具	10
3. 雪茄烟	5	13. 高档手表	20
4. 烟丝	5	14. 游艇	10
5. 粮食白酒	10	15. 木制一次性筷子	5
6. 薯类白酒	5	16. 实木地板	5
7. 其他酒	5	17. 乘用车	8
8. 高档化妆品	5	18. 中轻型商用客车	5
9. 鞭炮、烟火	5	19. 电池	4
10. 贵重首饰及珠宝玉石	6	20. 涂料	7

2. 自产自用应税消费品用于其他方面应纳税额的计算

（1）实行从价定率办法计算纳税的，应纳税额计算公式为：

$$应纳税额 = 组成计税价格×比例税率$$

【例题3-5】某化妆品公司将一批自产的高档化妆品用作职工福利，化妆品的成本8 000元，该高档化妆品无同类产品的市场销售价格，但已知其成本利润率为5%，消费税税率为15%。计算该批高档化妆品应缴纳的消费税税额。

解析：

组成计税价格=成本×（1+成本利润率）÷（1-消费税税率）

$$= 8\,000×（1+5\%）÷（1-15\%）$$

$$= 8\,400÷0.85 = 9\,882.35（元）$$

$$应纳税额 = 9\,882.35×15\% = 1\,482.35（元）$$

【例题 3-6】 某汽车厂为增值税一般纳税人，主要生产小汽车和商用小客车，小汽车不含税出厂价为 12.5 万元/辆，商用小客车不含税出厂价为 6.8 万元/辆。2020 年 9 月发生如下业务：销售小汽车 8 600 辆，并将本厂生产的 2 辆小汽车移送本厂研究所做破坏性碰撞实验，3 辆小汽车作为广告样品；销售商用小客车 576 辆，并将本厂生产的 10 辆商用小客车移送改装分厂，将其改装为救护车。已知小汽车消费税税率为 3%，商用小客车消费税税率为 5%。请计算该汽车厂 2020 年 9 月应纳消费税。

解析：

2 辆小汽车移送本厂研究所做破坏性碰撞实验属于用于连续生产应税消费品，不纳税；3 辆作为广告样品的小汽车以及 10 辆改装成救护车的商用小客车属于用于其他方面，需要缴纳消费税。

$$应纳消费税 =（8\,600+3）×12.5×3\%+（576+10）×6.8×5\% = 3\,425.37（万元）$$

（2）从量定额计征的应税消费品应纳消费税的计算：

$$应纳税额 = 消费品移送使用数量×单位税额$$

【例题 3-7】 2020 年 9 月某炼油厂将自产的柴油 5 吨，赠送某知名车队参加汽车拉力赛。已知：柴油的消费税定额税率为 1.20 元/升，1 吨柴油 = 1 176 升。计算 9 月该炼油厂应纳的消费税。

解析：

柴油属于成品油的子目，采用从量定额征收方式计税，在计算时应先将 50 吨换算为以升为单位的数量。

$$用于其他方面的数量 = 5×1\,176 = 5\,880（升）$$

$$应纳消费税 = 5\,880×1.20 = 7\,056（元）$$

（3）实行复合计税办法计算纳税的，应纳税额计算公式为：

$$应纳税额 = 组成计税价格×比例税率+自产自用数量×定额税率$$

【例题 3-8】 某酒厂 2020 年 9 月生产一种新的粮食白酒，广告样品使用 0.4 吨，已知该种白酒无同类产品出厂价格，生产成本每吨 42 000 元，成本利润率为 10%，粮食白酒定额税率为每 500 克 0.5 元，比例税率为 20%。计算该酒厂 9 月应纳消费税。

解析：

本题中，需要将吨换算为斤或克；广告样品使用属于用于其他方面，应缴纳消费税；粮食白酒消费税采用复合计税方式，从价定率征收没有同类消费品销售额，按组成计税价格为计税依据。

$$1 吨 = 1\,000 千克 = 1\,000×2 = 2\,000 斤$$

$$白酒从量计征的消费税 = 0.4×2\,000×0.5 = 400（元）$$

$$白酒从价计征的消费税 = [0.4×42\,000×（1+10\%）+400] ÷（1-20\%）×20\% = 4\,720（元）$$

$$该厂当月应纳消费税 = 400+4\,720 = 5\,120（元）$$

三、委托加工环节应税消费品应纳税的计算

（一）委托加工应税消费品的确定

委托加工的应税消费品是指由委托方提供原料和主要材料，受托方只收取加工费和代垫部分辅助材料加工的应税消费品。对于由受托方提供原材料生产的应税消费品，或者受托方先将原材料卖给委托方，然后再接受加工的应税消费品，以及由受托方以委托方名义购进原材料生产的应税消费品，不论纳税人在财务上是否做销售处理，都不得作为委托加工应税消费品，而应当按照销售自制应税消费品缴纳消费税。

委托加工的应税消费品，除受托方为个人外，由受托方在向委托方交货时代收代缴税款。委托加工收回的应税消费品，委托方用于连续生产应税消费品的，所纳税款准予按规定抵扣。委托加工的应税消费品收回后直接出售的，不再缴纳消费税。委托方将收回的应税消费品，以不高于受托方的计税价格出售的，为直接出售，不再缴纳消费税；委托方以高于受托方的计税价格出售的，不属于直接出售，须按照规定申报缴纳消费税，在计税时准予扣除受托方已代收代缴的消费税。委托个人加工的应税消费品，由委托方收回后缴纳消费税。

（二）委托加工应税消费品计税依据的确定

委托加工的应税消费品，按照受托方的同类消费品的销售价格计算纳税，同类消费品的销售价格是指受托方（即代收代缴义务人）当月销售的同类消费品的销售价格，如果当月同类消费品各期销售价格高低不同，应按销售数量加权平均计算。但销售的应税消费品有下列情况之一的，不得列入加权平均计算：

（1）销售价格明显偏低又无正当理由的；

（2）无销售价格的。

如果当月无销售或者当月未完结，应按照同类消费品上月或最近月份的销售价格计算纳税。没有同类消费品销售价格的，按照组成计税价格计算纳税。组成计税价格的计算公式为：

实行从价定率办法计算纳税的组成计税价格计算公式：

$$组成计税价格 = （材料成本 + 加工费）÷ （1 - 比例税率）$$

实行复合计税办法计算纳税的组成计税价格计算公式：

$$组成计税价格 = （材料成本 + 加工费 + 委托加工数量 × 定额税率）÷ （1 - 比例税率）$$

上述组成计税价格公式中有两个重要的专用名词需要解释。

1. 材料成本

按照《消费税暂行条例实施细则》的解释，"材料成本"是指委托方所提供加工材料的实际成本。

委托加工应税消费品的纳税人，必须在委托加工合同上如实注明（或以其他方式提供）材料成本，凡未提供材料成本的，受托方所在地主管税务机关有权核定其材料成本。从这一条规定可以看出，税法对委托方提供原料和主要材料，并要以明确的方式如实提供材料成本，要求是很严格的，其目的就是为了防止假冒委托加工应税消费品或少报材料成本，逃避纳税的现象。

2. 加工费

《消费税暂行条例实施细则》规定，"加工费"是指受托方加工应税消费品向委托方所收取的全部费用（包括代垫辅助材料的实际成本，不包括增值税税金），这是税法对受托方的

要求。受托方必须如实提供向委托方收取的全部费用，这样才能既保证组成计税价格及代收代缴消费税准确地计算出来，也使受托方按加工费得以正确计算其应纳的增值税。

（三）委托加工应税消费品应纳税额的计算

1. 实行从价定率办法计算纳税的委托加工应税消费品应纳税额的计算

（1）受托方有同类消费品销售价格的：

$$应纳税额=同类应税消费品单位销售价格×委托加工数量×比例税率$$

（2）受托方没有同类消费品销售价格的：

$$应纳税额=组成计税价格×比例税率$$

2. 实行从量定额办法计算纳税的委托加工应税消费品应纳税额的计算

$$应纳税额=委托加工数量×定额税率$$

3. 实行复合计税办法计算纳税的委托加工应税消费品应纳税额的计算

（1）受托方有同类消费品销售价格的：

$$应纳税额=同类应税消费品单位销售价格×委托加工数量×比例税率+委托加工数量×定额税率$$

（2）受托方没有同类消费品销售价格的：

$$应纳税额=组成计税价格×比例税率+委托加工数量×定额税率$$

【例题3-9】某化妆品生产企业2020年9月受委托为某单位加工一批高档化妆品，委托单位提供的原料金额为60万元，收取委托单位不含增值税的加工费8万元，化妆品生产企业当地无加工高档化妆品的同类产品市场价格。计算化妆品生产企业应代收代缴的消费税。

解析：

（1）高档化妆品的消费税税率为15%

（2）组成计税价格=（60+8）÷（1-15%）=80（万元）

（3）应代收代缴的消费税=80×15%=12（万元）

四、进口环节应纳消费税的计算

进口的应税消费品，于报关进口时缴纳消费税；进口的应税消费品的消费税，由海关代征；进口的应税消费品，由进口人或其代理人向报关的海关申报纳税；纳税人进口应税消费品，应当自海关填发海关进口消费税专用缴款书日起15日内缴纳税款。

纳税人进口应税消费品，按照组成计税价格和规定的税率计算应纳税额。计算方法如下：

（一）从价定率计征应纳税额的计算

应纳税额的计算公式：

$$组成计税价格=（关税完税价格+关税）÷（1-消费税比例税率）$$
$$应纳税额=组成计税价格×消费税比例税率$$

公式中所称"关税完税价格"，是指海关核定的关税计税价格。

（二）实行从量定额计征应纳税额的计算

应纳税额的计算公式：

$$应纳税额=应税消费品报关进口数量×消费税定额税率$$

（三）实行从价定率和从量定额复合计税办法应纳税额的计算

应纳税额的计算公式：

组成计税价格＝（关税完税价格＋关税＋进口数量×消费税定额税率）÷（1－消费税比例税率）

应纳税额＝组成计税价格×消费税税率＋应税消费品进口数量×消费税定额税率

进口环节消费税除国务院另有规定者外，一律不得给予减税免税。

【例题3－10】某商贸公司，2020年9月从国外进口一批应税消费品，已知该批应税消费品的完税价格为90万元，按规定应缴纳关税18万元，假定进口的应税消费品的消费税税率为10%，请计算该批消费品进口环节应缴纳的消费税税额。

解析

（1）组成计税价格＝（90＋18）÷（1－10%）＝120（万元）。

（2）应缴纳消费税税额＝120×10%＝12（万元）。

拓展资料

跨境电商零售进口应税消费品应纳消费税的计算

我国自2016年4月8日起，对跨境电子商务零售进口商品按照货物征收关税和进口环节的增值税及消费税。购买跨境电子商务零售进口商品的个人作为纳税义务人，以实际成交价格（包括货物零售价格、运费和保险费）作为完税价格，电子商务企业、电子商务平台企业或者物流企业作为代收代缴义务人。

单次交易限值为2 000元，个人年度交易限值为20 000元。在交易限值以内进口的跨境电子商务零售商，关税税率暂设为零。但进口环节增值税、消费税取消免征税额，暂按法定应纳税额的70%征收。

如果单次超过限额、累计后超过限额，以及完税价格超过2 000元限值的单个不可分割的商品，按照一般贸易方式全额征税。

跨境电子商务零售进口商品自海关放行之日起30日内退货的，可申请退税，并相应调整个人年度交易总额。

资料来源：国家税务总局网站　http：//www.chinatax.gov.cn/

五、已纳消费税扣除的计算

为了避免重复征税，现行消费税法规定，将外购应税消费品和委托加工回收的应税消费品继续生产应税消费品销售的，可以将外购应税消费品和委托加工回收的应税消费品已缴纳的消费税给予扣除。

（一）外购应税消费品已纳税款的扣除

由于某些应税消费品是用外购已缴纳消费税的应税消费品连续生产出来的，在对这些连续生产出来的应税消费品计算征税时，税法规定应按当期生产领用数量计算准予扣除外购的应税消费品已纳的消费税税款。扣除范围包括：

（1）外购已税烟丝生产的卷烟；

（2）外购已税高档化妆品生产的高档化妆品；

（3）外购已税珠宝、玉石原料生产的贵重首饰及珠宝、玉石；

（4）外购已税鞭炮、焰火生产的鞭炮、焰火；

（5）外购已税杆头、杆身和握把为原料生产的高尔夫球杆；

（6）外购已税木制一次性筷子为原料生产的木制一次性筷子；

（7）外购已税实木地板为原料生产的实木地板；

（8）外购已税石脑油、润滑油、燃料油为原料生产的成品油；

（9）外购已税汽油、柴油为原料生产的汽油、柴油。

上述当期准予扣除外购应税消费品已纳消费税税款的计算公式为：

当期准予扣除的外购应税消费品已纳税款＝当期准予扣除的外购应税消费品买价×外购应税消费品适用税率

当期准予扣除的应税消费品买价＝期初库存的外购应税消费品的买价＋当期购进的应税消费品的买价－期末库存的外购应税消费品的买价

外购已税消费品的买价是购货发票上注明的销售额（不包括增值税税款）。

纳税人用外购的已税珠宝玉石生产的改在零售环节征收消费税的金银首饰（镶嵌首饰），在计税时一律不得扣除外购珠宝玉石的已纳税款。允许扣除已纳税款的应税消费品只限于从工业企业购进的应税消费品和进口环节已缴纳消费税的应税消费品，对从境内商业企业购进应税消费品的已纳税款一律不得扣除。

实行从量定额办法计算纳税的应税消费品的扣税额，其计算公式如下：

当期准予扣除的外购应税消费品已纳税款＝当期准予扣除的外购应税消费品数量×外购应税消费品定额税率

当期准予扣除的外购应税消费品数量＝期初库存的外购应税消费品数量＋当期购进的外购应税消费品数量－期末库存的外购应税消费品数量

【例题3-11】甲化妆品生产企业2020年10月从另一化妆品生产企业购进高档保湿精华一批，取得增值税专用发票上注明价款为200万元；当月领用其中的40%用于生产高档粉底液并全部销售，取得不含增值税销售收入1 000万元。已知高档化妆品适用消费税税率为15%。计算甲化妆品生产企业上述业务应当缴纳的消费税。

解析：用外购应税消费品连续生产应税消费品，已纳税款可以按当期生产领用数量抵扣。

当期准予扣除的外购保湿精华已纳税款＝200×15%×40%＝12（万元）

应纳消费税＝1 000×15%－12＝138（万元）

（二）委托加工收回的应税消费品已纳税款的扣除

委托加工收回的应税消费品因为已由受托方代收代缴消费税，因此，委托方回收货物后用于连续生产应税消费品的，其已纳税款准予按照规定从连续生产的应税消费品应纳消费税税额中抵扣。扣除范围包括：

（1）以委托加工收回的已税烟丝为原料生产的卷烟；

（2）以委托加工收回的已税高档化妆品为原料生产的高档化妆品；

（3）以委托加工收回的已税珠宝玉石为原料生产的贵重首饰及珠宝玉石；

（4）以委托加工收回的已税鞭炮、焰火为原料生产的鞭炮、焰火；

（5）以委托加工收回的已税杆头、杆身和握把为原料生产的高尔夫球杆；

（6）以委托加工收回的已税木制一次性筷子为原料生产的木制一次性筷子；

（7）以委托加工收回的已税实木地板为原料生产的实木地板；

（8）以委托加工收回的已税石脑油、润滑油、燃料油为原料生产的成品油；

（9）以委托加工收回的已税汽油、柴油为原料生产汽油、柴油。

上述当期准予扣除委托加工收回的应税消费品已纳消费税税款的计算公式为：

当期准予扣除的委托加工应税消费品已纳税款＝期初库存的委托加工应税消费品已纳税款＋当期收回的委托加工应税消费品已纳税款－期末库存的委托加工应税消费品已纳税款

纳税人用委托加工收回的已税珠宝玉石生产的改在零售环节征收消费税的金银首饰，在计税时一律不得扣除委托加工收回的珠宝玉石的已纳消费税税款。

【例题3—12】某烟厂2020年9月委托某烟丝加工厂（小规模纳税人）加工一批烟丝，卷烟厂提供的烟叶在委托加工合同上注明成本8万元，烟丝加工完，卷烟厂提货时，加工厂收取加工费，开具普通发票，注明金额1.13万元，并代收代缴了烟丝的消费税。卷烟厂将这批加工收回的烟丝的50%对外直接销售，取得收入6.5万元；另50%当月全部用于生产卷烟。本月销售卷烟40标准箱，取得不含税收入60万元。已知烟丝的消费税税率30%；卷烟的税率比例税率为甲类卷烟56%，乙类卷烟36%，定额税率0.003元/支；每标准箱卷烟250条，每条10盒，每盒20支。计算该厂销售卷烟应纳的消费税。

解析：

（1）受托方代收代缴消费税＝［8+1.13÷（1+13%）］÷（1-30%）×30%＝3.86（万元）

（2）销售卷烟适用税率：

每条卷烟价格＝600 000÷（40×250）＝60（元），小于70元

因此该卷烟适用消费税税率36%。

（3）销售卷烟应纳消费税＝60×36%+40×250×10×20×0.003÷10 000-3.86÷2＝20.27（万元）

第六节　消费税出口退税

一、出口应税消费品的税收政策

纳税人出口应税消费品与已纳增值税出口货物一样，国家都给予退（免）税优惠。出口应税消费品退（免）税在政策上分为以下三种情况：

（一）出口免税并退税

该政策的适用范围是，有出口经营权的外贸企业购进应税消费品直接出口，以及外贸企业受其他外贸企业委托代理出口应税消费品。

值得注意的是，外贸企业受其他企业（主要是非生产性商贸企业）委托，代理出口应税消费品不予办理退（免）税。该政策与出口货物退（免）增值税的政策规定一致。

（二）出口免税不退税

该政策的适用范围是，有进出口经营权的生产企业自营出口应税消费品，生产企业委托外贸企业代理出口自产的应税消费品，依据其实际出口数量免征消费税，但不予办理消费税退税。

免征消费税是指对生产性企业按照其实际出口数量免征生产环节的消费税。不予办理退还消费税，是因为已经免征了生产环节的消费税，该应税消费品出口时已经不含消费税，所以无须办理退还消费税。这与增值税的政策有所不同，主要原因在于消费税的征税环节相对单一，我国大部分应税消费品是在生产环节征收消费税，而增值税属于多环节征收。

（三）出口不免税也不退税

该政策的适用范围是，除生产企业、外贸企业外的其他企业（指一般商贸企业），委托外贸企业代理出口应税消费品，一律不予退（免）消费税。

二、出口应税消费品的退税率

出口应税消费品应退消费税的税率或者单位税额，依据《消费税暂行条例》所附的《消费税税目税率（税额）表》执行，也就是说，出口应税消费品的退税率（额）与征税时对应的消费税税率或者单位税额相同。

办理出口货物退（免）税的企业，应将不同税率的出口应税消费品分开核算和申报，凡是因未分开核算而划分不清适用消费税税率的，一律从低适用消费税税率计算退（免）税税额。

三、出口应税消费品退税额的计算

（一）从价定率征收计算退税额

属于从价定率方法计征消费税的应税消费品，应依照外贸企业从工厂购进货物时征收消费税的价格计算消费税应退税额。其计算公式为：

$$消费税应退税额＝出口货物工厂销售额×消费税税率$$

公式中，出口货物工厂销售额不包含增值税。对含增值税的销售额应换算为不含增值税的销售额。

（二）从量定额征收计算退税额

属于从量定额方法计征消费税的应税消费品，应依照货物购进和报关出口的数量计算消费税应退税额。其计算公式为：

$$消费税应退税额＝出口数量×消费税单位税额$$

（三）从价从量复合计征计算退税额

属于从价从量复合计税方法计征消费税的应税消费品，应依照出口货物的工厂销售额和出口数量计算。其计算公式为：

$$消费税应退税额＝出口货物工厂销售额×消费税税率＋出口数量×消费税单位税额$$

拓展资料

出口应税消费品的退税管理

除国务院另有规定外，对纳税人出口应税消费品免征消费税。出口应税消费品的免税办法，由国务院财政、税务主管部门规定。

出口应税消费品办理退税后，发生退关或国外退货，进口时予以免税的，报关出口者必须及时向其机构所在地或居住地主管税务机关申报补缴已退的消费税税款。

纳税人直接出口应税消费品办理免税后，发生退关或国外退货，进口时已予以免税的，经机构所在地或居住地主管税务机关批准，可暂不办理补税，待其转为国内销售时，再申报补缴消费税。

纳税人销售应税消费品，如因质量等原因由购买者退回，经机构所在地或居住地主管税务机关审核批准后，可退还已缴纳的消费税税款。

资料来源：《中华人民共和国消费税暂行条例实施细则》

第七节　消费税的税收优惠

总体上看，消费税选择征收的应税消费品为非生活必需品，其消费者有较强的税收负担能力。为确保国家财政收入，发挥消费税调节社会经济的特殊作用，对纳税人消费的应税消费品，一般不予减免税。

一、消费税的免税项目

（1）除国家限制出口消费品以外出口的应税消费品。

（2）航空煤油（暂缓征收）。

（3）对用外购或委托加工收回的已税汽油生产的乙醇汽油。

（4）生产企业将自产的石脑油、燃料油用于本企业连续生产乙烯、芳烃类化工产品的，以及按照国家税务总局规定定点直供计划销售自产石脑油、燃料油的。

（5）施工状态下挥发性有机物含量低于420克/升（含）的涂料。

二、消费税的其他优惠

境内货物进入保税物流中心（国家规定的名单）视同出口，实行出口退（免）消费税政策；保税物流中心内货物进入境内视同进口，依据货物的实际状态办理进口报关手续，并按照进口的有关规定征收或免征进口增值税、消费税。

第八节　消费税的征收管理

一、纳税义务发生时间

纳税人生产的应税消费品于销售时纳税，进口消费品应当于应税消费品报关进口环节纳税，但金银首饰、钻石及钻石饰品在零售环节纳税。消费税纳税义务发生的时间，以货款结算方式或行为发生时间分别确定。

（1）纳税人销售的应税消费品，其纳税义务的发生时间为：

1）纳税人采取赊销和分期收款结算方式的，其纳税义务的发生时间，为销售合同规定的收款日期的当天。书面合同没有约定收款日期或者无书面合同的，为发出应税消费品的当天。

2）纳税人采取预收货款结算方式的，其纳税义务的发生时间，为发出应税消费品的当天。

3）纳税人采取托收承付和委托银行收款方式销售的应税消费品，其纳税义务的发生时间，为发出应税消费品并办妥托收手续的当天。

4）纳税人采取其他结算方式的，其纳税义务的发生时间，为收讫销售款或者取得索取销售款的凭据的当天。

（2）纳税人自产自用的应税消费品，其纳税义务的发生时间，为移送使用的当天。

（3）纳税人委托加工的应税消费品，其纳税义务的发生时间，为纳税人提货的当天。

（4）纳税人进口的应税消费品，其纳税义务的发生时间，为报关进口的当天。

二、纳税期限

按照《消费税暂行条例》规定，消费税的纳税期限分别为 1 日、3 日、5 日、10 日、15 日、1 个月或者 1 个季度。纳税人的具体纳税期限，由主管税务机关根据纳税人应纳税额的大小分别核定；不能按照固定期限纳税的，可以按次纳税。

纳税人以 1 个月或以 1 个季度为一期纳税的，自期满之日起 15 日内申报纳税；以 1 日、3 日、5 日、10 日或者 15 日为一期纳税的，自期满之日起 5 日内预缴税款，于次月 1 日起至 15 日内申报纳税并结清上月应纳税款。

纳税人进口应税消费品，应当自海关填发海关进口消费税专用缴款书之日起 15 日内缴纳税款。

如果纳税人不能按照规定的纳税期限依法纳税，将按《税收征收管理法》的有关规定处理。

三、纳税地点

（1）纳税人销售的应税消费品，以及自产自用的应税消费品，除国家另有规定的外，应当向纳税人机构所在地或居住地主管税务机关申报纳税。

（2）委托个人加工的应税消费品，由委托方向其机构所在地或者居住地主管税务机关申报纳税。除此之外，由受托方向所在地主管税务机关代收代缴消费税税款。

（3）进口的应税消费品，由进口人或者其代理人向报关地海关申报纳税。

（4）纳税人到外县（市）销售或者委托外县（市）代销自产应税消费品的，于应税消费品销售后，向机构所在地或者居住地主管税务机关申报纳税。

纳税人的总机构与分支机构不在同一县（市）的，应当分别向各自机构所在地的主管税务机关申报纳税；经财政部、国家税务总局或者其授权的财政、税务机关批准，可以由总机构汇总向总机构所在地的主管税务机关申报纳税。

（5）纳税人销售的应税消费品，如因质量等原因由购买者退回时，经所在地主管税务机关审核批准后，可退还已征收的消费税税款。但不能自行直接抵减应纳税款。

基础训练

一、单项选择题

1. 下列关于委托加工的说法错误的是（　　　）。

A. 委托加工是指委托方提供原料和主要材料，受托方只收取加工费和代垫部分辅助材料的交易模式

B. 在中国境内从事委托加工应税消费品业务的，以委托单位或个人为消费税的纳税人

C. 由受托方提供原材料和主要材料的行为，一律不得视为委托加工

D. 由受托方提供原材料和主要材料的应税消费品委托加工业务，委托方是消费税的纳税人

2. 下列属于奢侈消费品的是(　　)。

A. 化妆品　　　　　　B. 鞭炮、焰火　　　　C. 实木地板　　　　D. 摩托

3. 下列不属于消费税特点的是(　　)。

A. 征税范围具有选择性　　　　　　　B. 纳税环节具有多环节性

C. 税收调节具有特殊性　　　　　　　D. 征收方法具有灵活性

4. 纳税人销售应税消费品的销售额不包括(　　)。

A. 向购买方收取的滞纳金　　　　　　B. 向购买方收取的包装费

C. 向购买方收取的增值税税款　　　　D. 向购买方收取的消费税税款

5. 下列应税消费品属于采用从量定额计征消费税的是(　　)。

A. 高档化妆品　　　B. 卷烟　　　　C. 成品油　　　　D. 白酒

6. 纳税人通过自设非独立核算门市部销售的自产应税消费品，应当按照下列方法，征收消费税(　　)。

A. 按照门市部对外销售额或者销售数量征收消费税

B. 按照纳税人当期平均销售价格征收消费税

C. 按照纳税人当期最高销售价格征收消费税

D. 按照纳税人当期最低销售价格征收消费税

7. 纳税人采用以旧换新方式销售的金银首饰应当按照下列方法确定计税依据征收消费税(　　)。

A. 按照当期同类金银首饰的平均销售价格确定

B. 按照实际收取的不含增值税的全部价款确定

C. 按照当期纳税人销售金银首饰的最高销售价格确定

D. 按照当期纳税人销售金银首饰的最低销售价格确定

8. 下列有关消费税计税依据销售数量确定错误的是(　　)。

A. 销售应税消费品的，为应税消费品的销售数量

B. 自产自用应税消费品的，为应税消费品的移送使用数量

C. 委托加工应税消费品的，为应税消费品的加工数量

D. 进口应税消费品的，为海关核定的应税消费品进口数量

9. 2020 年 9 月，某酒厂销售自产红酒，取得含增值税价款 45.2 万元，另收取包装物押金 2.26 万元，手续费 1.13 万元，已知红酒增值税税率为 13%，消费税税率为 10%。某酒厂该笔业务应缴纳消费税税额的下列计算式中正确的是(　　)。

A. (45.2+1.13) ÷ (1+13%) ×10%

B. 45.2÷ (1+13%) ×10%

C. (45.2+2.26+1.13) ÷ (1+13%) ×10%

D. (45.2+2.26) ÷ (1+13%) ×10%

10. 2020 年 9 月甲啤酒厂生产 150 吨啤酒，销售 100 吨，取得不含增值税销售额 30 万元，增值税税额 3.9 万元。甲啤酒厂当月销售啤酒消费税计税依据为(　　)。

A. 100 吨　　　　B. 33.9 万元　　　　C. 30 万元　　　　D. 150 吨

11. 我国对于投入物已纳消费税扣除的方法采用(　　)。

A. 领用扣税法　　　　B. 购进扣税法　　　　C. 移送扣税法　　　　D. 耗用扣税法

12. 进口应税消费品所支付的金额不包括(　　)。

A. 海关审定的关税完税价格　　　　　　　B. 关税

C. 应纳消费税　　　　　　　　　　　　　D. 应纳增值税

13. 2020 年 8 月甲化妆品厂将一批自产的新型高档化妆品作为福利发给职工。该批高档化妆品生产成本34 000元，无同类高档化妆品销售价格。已知高档化妆品消费税税率15%，成本利润率5%，计算甲化妆品厂当月该笔业务应缴纳消费税税额的下列算式中正确的是(　　)。

A. 34 000×（1+5%）÷（1-15%）×15%　　B. 34 000÷（1-15%）×15%

C. 34 000×15%　　　　　　　　　　　　D. 34 000×（1+5%）×15%

14. 2020 年 10 月甲公司进口一批高档手表。海关审定的关税完税价格为 100 万元，交纳关税30 万元。已知高档手表消费税税率为20%，甲公司当月进口高档手表应交纳消费税税额的下列计算中正确的是(　　)。

A.（100+30）×20%　　　　　　　　　　B.（100+30）÷（1-20%）×20%

C. 100×20%　　　　　　　　　　　　　D. 100÷（1-20%）×20%

二、多项选择题

1. 下列属于我国消费税纳税人的有(　　)。

A. 应税消费品的进口者　　　　　　　　　B. 应税消费品的自产自销者

C. 应税消费品的委托加工者　　　　　　　D. 卷烟的批发销售者

2. 下列关于消费税说法正确的是(　　)。

A. 果啤属于啤酒，应当征收消费税

B. 调味料酒属于调味品，不征收消费税

C. 舞台、戏剧、影视演员化妆用的上妆油、卸妆油、油彩，不征收消费税

D. 体育上用的发令纸、鞭炮药引线，不征收消费税

3. 在零售环节征收消费税的应税消费品有(　　)。

A. 金银首饰　　　　B. 钻石及钻石饰品　　C. 超豪华小汽车　　D. 卷烟

4. 实行多环节征收消费税的应税消费品有(　　)。

A. 钻石及钻石饰品　　B. 卷烟　　　　　　C. 白酒　　　　　　D. 超豪华小汽车

5. 生产销售下列货物应当征收消费税的是(　　)。

A. 中轻型商用客车　　B. 电动汽车　　　　C. 雪地车　　　　　D. 超豪华小汽车

6. 消费税应纳税额的计算分为下列几种方法(　　)。

A. 从价计征　　　　B. 从量计征　　　　C. 核定计征　　　　D. 从价从量复合计征

7. 下列属于价外费用的是(　　)。

A. 向购买方收取的手续费　　　　　　　　B. 向购买方收取的包装物押金

C. 向购买方收取的包装物租金　　　　　　D. 向购买方收取的延期付款赔偿金

8. 纳税人发生下列行为的应税消费品应当以纳税人同类应税消费品的最高销售价格作为计税依据计算消费税(　　)。

A. 换取生产资料和消费资料　　　　　　　B. 投资入股

C. 抵偿债务　　　　　　　　　　　　　　D. 通过非独立核算门市部销售自产应税消费品

9. 我国消费税的征税范围中哪些消费品采用复合计算方法(　　)。

A. 卷烟　　　　　　　B. 烟丝　　　　　　　C. 白酒　　　　　　　D. 啤酒

10. 甲酒厂主要从事白酒生产销售业务。该酒厂销售白酒收取的下列款项中应并入销售额缴纳消费税的有(　　)。

A. 向乙公司收取的产品优质费　　　　　B. 向丙公司收取的包装物租金

C. 向丁公司收取的品牌使用费　　　　　D. 向戊公司收取的储备费

11. 下列关于生产投入物已纳消费税可以扣除的说法错误的是(　　)。

A. 用外购或委托加工收回的已税烟丝生产的卷烟

B. 用外购或委托加工收回的已税珠宝玉石生产的金银首饰

C. 以投资或抵债的方式取得的已税实木地板为原料生产的实木地板

D. 以外购或委托加工收回的已税杆头为原料生产的高尔夫球杆

12. 根据消费税法律制度的规定，下列项目中可以抵扣已纳税款的是(　　)。

A. 用外购已税烟丝继续加工成卷烟

B. 用自制的高档化妆品继续加工高档化妆品

C. 委托加工收回的已税木制一次性筷子继续加工木制一次性筷子

D. 委托加工收回的已税鞭炮继续加工鞭炮

三、判断题

1. 自 2013 年 1 月 1 日起，工业企业以外的单位和个人将外购的消费税非应税产品以消费税应税产品对外销售的，不征收消费税。

2. 消费税的征税范围是对日常生活消费品征收消费税。

3. 所有的应税消费品的征税环节都具有单一性。

4. 征收消费税的应税消费品生产销售时一定征收增值税。但征收增值税的货物生产销售时不一定征收消费税。

5. 烟草批发企业将卷烟销售给其他烟草批发企业的不缴纳消费税。

6. 实行从价定率办法计算应纳税额的应税消费品连同包装销售的，如果包装单独计价，不并入应税消费品的销售额中征收消费税。

7. 白酒生产企业向商业销售单位收取的品牌使用费，应并入白酒的销售额中缴纳消费税。

8. 金银首饰连同包装物销售的，无论包装物是否单独计价，也不论会计上如何核算，均应并入金银首饰的销售额计征消费税。

9. 纳税人自产的应税消费品，如用于连续生产其他应税消费品的，既不纳消费税，也不纳增值税。

技能训练

一、某礼花厂将其生产的焰火以分期收款方式对外销售，合同约定不含税销售额 36 万元，2020 年 9 月 28 日收取货款的 70%，10 月 28 日收取货款的 30%。9 月的应收货款当月收讫，而 10 月的应收货款直至 12 月初仍未收到。已知，鞭炮、焰火适用消费税税率为 15%。根据消费税法律制度的规定，计算礼花厂 9、10 月应缴纳的消费税。

二、甲公司为增值税一般纳税人，主要生产和销售高档化妆品。2020 年 10 月有关经济业务如下：

(1) 销售高档面膜，取得不含增值税价款 290 万元，另收取品牌使用费 11.3 万元。

(2) 受托加工高档粉饼，收取不含增值税加工费 5 万元，委托方提供的原材料成本 80 万元，甲公司无同类产品销售价格。

(3) 销售高档口红两批，第一批不含增值税单价为 0.2 万元/箱，共 100 箱；第二批不含增值税单价为 0.16 万元/箱，共 200 箱。

(4) 将高档口红 50 箱赞助给国内某化妆品展销会。

已知：高档化妆品增值税税率为 13%，消费税税率为 15%。要求：

根据上述资料，分析回答下列问题。

1. 甲公司本月销售高档面膜应缴纳的消费税税额。

2. 甲公司受托加工高档粉饼应代收代缴的消费税。

3. 关于甲公司销售高档口红应缴纳的消费税。

4. 关于甲公司将高档口红赞助给国内某化妆品展销会应缴纳的消费税。

三、甲公司为增值税一般纳税人，主要从事高档化妆品生产和销售业务。2019 年 10 月有关经营情况如下：

(1) 进口一批高档香水精，海关审定的货价为 210 万元，运抵我国关境内输入地点起卸前的包装费 11 万元、运输费 20 万元、保险费 4 万元。

(2) 接受乙公司委托加工一批高档口红，不含增值税加工费 35 万元，乙公司提供原材料成本 84 万元，该批高档口红无同类产品销售价格。

(3) 销售高档香水，取得不含增值税价款 695 万元，另收取包装费 5.65 万元。已知：高档化妆品消费税税率为 15%，关税税率为 10%，增值税税率为 13%。

要求：根据上述资料，分析回答下列小题。

1. 甲公司进口高档香水精应缴纳消费税税额。

2. 甲公司受托加工高档口红应代收代缴的消费税税额。

3. 甲公司销售高档香水应缴纳消费税税额。

第四章　关税法

问题导入

1. 关境和国境的内涵是一致的吗？
2. 关税的纳税人法律是如何规定的？
3. 一般进口货物的关税计税依据是什么？
4. 进口货物的报关时间怎样确定？

案例思考

某进出口公司 2020 年 10 月从美国进口一批化工原料，到岸价格为950 000美元，另外在货物成交过程中，公司向卖方支付佣金50 000美元。已知当时外汇牌价为 1 美元＝6.6 元人民币，该原料的进口关税税率为 18%。

思考：

1. 进口关税的组成计税价格如何确定？
2. 公司向卖方支付的佣金如何处理？
3. 该公司进口该批货物应缴纳的关税是多少？

第一节　关税法概述

一、关税法的含义

关税法是指国家制定的调整关税征收与缴纳权利义务关系的法律规范。其基本法律规范是全国人民代表大会于 2013 年 12 月修订并颁布的《中华人民共和国海关法》（以下简称《海关法》）、国务院于 2010 年 12 月发布的《中华人民共和国进出口关税条例》（以下简称《进出口条例》），以及由国务院关税税则委员会发布实施的《中华人民共和国海关进出口税则（2019 年）》和《2018 年关税调整方案》等。

二、关税的概念、特点、分类

（一）关税的概念

关税是世界各国普遍征收的一个税种，指国家海关机构依法对进出境的货物或者物品征收的一种税。关税作为一种税收，其征税的主体也是政府或者国家。但与国内其他税收有所不同，关税一般由海关征收。

拓展资料

关境与国境

关境是一国关税领域的界限。在关境之内，适用同一海关法或实行同一关税制度。

一般情况下，一国的关境与国境是一致的，即关境等同于国境；特殊情况下，关境可能大于或小于国境。国境是指一个国家行使全部国境主权的国家空间，包括领陆、领海、领空。第二次世界大战后，关税同盟和自由区、自由港大量出现，国境等于关境的原则被突破，国家政治国境和关境有时不完全一致。例如在几个国家结成关税同盟时，其关境是几个国境之和，关境便大于国境；而一国设立自由港、自由贸易区或其他特区，其关境便小于国境。

在我国，海关的关境是除单独关境以外的中华人民共和国全部领域。目前，我国法律已明确的单独关境有香港特别行政区、澳门特别行政区和台、澎、金、马关税区。因此，我国关境是小于国境的。

（二）关税的特点

1. 纳税上的统一性和一次性

按照全国统一的进出口关税条例和税则征收关税，在征收一次性关税后，货物就可在整个关境内流通，不再另行征收关税。

2. 征收上的过"关"性

是否征收关税，是以货物是否通过关境为标准。凡是进出关境的货物才征收关税；凡未进出关境的货物则不属于关税的征税对象。

3. 税率上的复式性

同一进口货物设置优惠税率和普通税率的复式税则制。充分反映了关税具有维护国家主权、平等互利发展国际贸易往来和经济技术合作的特点。

4. 征管上的权威性

关税是通过海关征收的。海关是设在关境上的国家行政管理机构，其任务是根据有关政策、法令和规章，对进出口货物、货币、金银、行李、邮件、运输工具等实行监督管理。

5. 对进出口贸易的调节性

许多国家通过制定和调整关税税率来调节进出口贸易。在出口方面，通过低税、免税和退税来鼓励商品出口；在进口方面，通过税率的高低、减免来调节商品的进口。

（三）关税的分类

关税按照不同的标准可以分为不同的种类，有多种分类方法。

1. 按货物流向分类

关税可分为进口关税、出口关税和过境关税三种。

（1）进口关税：是海关对进口货物和物品所征收的关税。进口税是关税中最重要的一种，在许多废除了出口税和过境税的国家，进口税是唯一的关税。

（2）出口关税：是海关对出口货物和物品所征收的关税。目前，世界上大多数国家都不征收出口关税。我国仅对一小部分关系到国计民生的重要出口商品征收出口关税，其余的不征税。

（3）过境关税：是对外国经过本国国境（关境）运往另一国的货物所征收的关税。目前，世界上大多数国家都不征收过境关税，只有伊朗、委内瑞拉等少数国家仍在征收过境关税。

2. 按征收关税的计税标准分类

关税可以分为从价关税、从量关税、复合关税、滑准关税。

（1）从价关税。

从价关税是以货物的价格或者价值为征税标准，依据税率按一定比例计算征收的关税。

（2）从量关税。

从量关税是以货物的数量、重量、体积、容量等计量单位为计税标准，按每一计量单位的税额计征的关税。

（3）复合关税。

复合关税又称混合关税，即订立从价、从量两种税率，对进口货物分别按价格和数量计算从价关税和从量关税，两个税额之和作为该货物的应纳税额的一种关税。我国对广播用录像机、放像机、摄像机等进口商品征收复合税。

（4）滑准关税。

滑准税是根据货物的不同价格适用不同税率的一类特殊的从价关税。它是一种关税税率随进口货物价格由高至低而由低至高设置计征关税的方法。通俗地讲，就是进口货物的价格越高，其进口关税税率越低，进口商品的价格越低，其进口关税税率越高。我国目前对进口棉花实行滑准税。

3. 按征收目的分类

关税可以分为财政关税和保护关税

（1）财政关税。又称收入关税，是以增加国家财政收入为主要目的而课征的关税。财政关税的税率比保护关税低，因为过高就会阻碍进出口贸易的发展，达不到增加财政收入的目的。随着世界经济的发展，财政关税的意义逐渐减低，而为保护关税所代替。

（2）保护关税。它是以保护本国经济发展为主要目的而课征的关税。通过征收高额进口税，使进口商品成本较高，从而削弱它在进口国市场的竞争能力，甚至阻碍其进口，以达到保护本国经济发展的目的。保护关税是实现一个国家对外贸易政策的重要措施之一，所以又称"关税壁垒"。

4. 按关税的差别待遇分类

关税可以分为优惠关税和歧视关税

（1）优惠关税，是指对来自特定受惠国的进口货物征收的低于普通税率的优惠税率关税。使用优惠关税的目的是增进与受惠国之间的友好贸易往来。

（2）歧视关税，是指对某些国家的进口货物按照较一般税率更高的税率征收的关税。使用歧视关税的目的是通过提高关税税率，作为保护和报复的手段，加重关税负担。

第二节　关税的纳税义务人、征税对象

一、关税的纳税义务人

贸易性商品的纳税人是经营进口货物的收货人、出口货物的发货人。进出口货物的收、发货人是依法取得对外贸易经营权，并进口或者出口货物的法人或者其他社会团体，对虽然从事进出口业务，但没有自营进出口权的企业，必须委托专门的报关人代理报关和申报纳税。

进出境物品的纳税人是物品的所有人和推定为所有人的人，具体包括：①对于携带进境的物品，推定其携带人为所有人；②对分离运输的行李，推定相应的进出境旅客为所有人；③对以邮递方式进境的物品，推定其收件人为所有人；④以邮递或其他运输方式出境的物品，推定其寄件人或托运人为所有人。

二、关税的征税对象

关税的征税对象是国家准许进出境的货物和物品。货物是指贸易性进出口商品；物品是指非贸易性的进出境商品，包括入境旅客随身携带的行李物品、个人邮递物品、各种运输工具上的服务人员携带进口的自用物品、馈赠物品以及以其他方式进境的个人物品。例如，同是一块手表，如果是为经营进口就是货物，如果是私人带入国内就是物品。一般情况下，我国对大部分进口货物征收关税，出口货物一般不征税，仅对少数货物征收出口关税。具体征税范围由进出口税则详细列示。

（一）进口货物的征税范围

国家准许进口的货物，除《海关进出口税则》列明免税外，均应征收进口关税。我国进口应税货物包括四大类：

（1）必需品，国内不能生产或者生产较少的货物；

（2）需要品，即非必需品但仍需要的货物；

（3）非必需品，即在国内已经大量生产或者非国计民生必需物品；

（4）限制进口类，主要是奢侈性货物。

（二）出口货物的征税范围

我国选择了一些需要限制出口的货物征收出口关税，这些货物主要是少数资源性产品、需要规范出口秩序的半制成品等。其他货物一般不征出口关税。我国目前对 102 个税目的货物计征出口关税，主要是鳗鱼苗、部分有色金属矿砂及其精矿、部分合金、铜铝原材料、锑、山羊板皮等。《进出口税则》对出口货物征收关税的范围进行了详细列举。

（三）入境物品的征税范围

对入境旅客的行李物品和个人邮寄物品进口关税的征税范围为：一切入境旅客随身携带的行李和物品、各种运输工具上服务人员携带进口的自用物品、个人邮寄物品、馈赠物品以及以其他方式入境的个人物品。

第三节 关税的税率

关税税率是整个关税制度的核心要素。目前我国的关税税率主要有以下几种：

一、进口货物税率

改革开放后，我国多次降低进口关税税率。我国关税总水平从 1992 年初的 44.4%（简单算术平均下同），降至 2006 年的 9.9%。2015 年 6 月 1 日、2016 年 1 月 1 日、2017 年 1 月 1 日、2017 年 12 月 1 日，三年内四次降低关税税率。2018 年 7 月 1 日起，我国再次降低关税，将服装鞋帽、厨房和体育健身用品等进口关税平均税率由 15.9% 降至 7.1%；将洗衣机、冰箱等家用电器进口关税平均税率由 20.5% 降至 8%；将洗涤用品和护肤、美发等化妆品及部分医药健康类产品进口关税平均税率由 8.4% 降至 2.9%。

进口关税设置最惠国税率、协定税率、特惠税率、普通税率、配额税率等，进口货物在一定期限内可以实行暂定税率。

1. 最惠国税率

适用原产于与我国共同适用最惠国待遇条款的世界贸易组织成员国或地区的进口货物；或原产于与我国签订有相互给予最惠国待遇条款的双边贸易协定的国家或地区的进口货物，以及原产于中华人民共和国境内的进口货物。如果税率中间有 "#"，则 "#" 前后分为当年上半年和下半年适用税率。

2. 协定税率

适用原产于我国参加的含有关税优惠条款的区域性贸易协定的有关缔约方的进口货物。协定税率及其适用国别或者地区在《进出口税则》协定税率栏中标示。当最惠国税率低于或等于协定税率时，按相关协定的规定执行。

自 2019 年 1 月 1 日起，我国对新西兰、秘鲁、哥斯达黎加、瑞士、冰岛、韩国、澳大利亚、格鲁吉亚以及亚太贸易协定国家的协定税率进一步降低。

3. 特惠税率

适用原产于与我国签订有特殊优惠关税协定的国家或地区的进口货物。特惠税率及其适用国别或者地区在特惠税率栏目中标示。

4. 普通税率

适用原产于上述国家或地区以外的国家或地区的进口货物。

5. 配额税率

配额内关税是对部分实行关税配额的货物，按低于配额外税率的进口税率征收的关税。按照国家规定实行关税配额管理的进口货物，关税配额内的，适用关税配额税率；关税配额外的，其税率的适用按照前述的规定执行。

6. 暂定税率

根据《进出口关税条例》的规定，适用最惠国税率、协定税率、特惠税率、配额税率的货物在一定期限内可以实行暂定税率。适用最惠国税率的进口货物有暂定税率的，应当适用暂定税率；适用协定税率、特惠税率的进口货物有暂定税率的，应当从低适用税率；适用普通税率的进口货物，不适用暂定税率。

最惠国暂定税率在最惠国税率栏中以前置"△"标示。配额暂定税率在最惠国税率脚注中列明。自 2019 年 1 月 1 日起，我国对 706 项商品实施进口暂定税率。

二、出口货物税率

出口货物税率没有普通税率和优惠税率之分。为鼓励国内企业出口创汇，我国对绝大部分出口货物不征收出口关税，国家仅对少数资源性产品以及易于竞相杀价、盲目出口、需要规范出口秩序的半制成品征收出口关税。

出口关税设置出口税率。根据《进出口关税条例》的规定，对出口货物在一定时期内可以实行暂定税率。适用出口税率的货物有暂定税率的，应当适用暂定税率。现行税则中对于鳗鱼苗的出口税率暂定为 20%。

自 2019 年 1 月 1 日起继续对铬铁等 108 项出口商品征收出口关税或实行出口暂定税率，税率维持不变，取消 94 项出口暂定税率；自 2019 年 1 月 1 日起，对化肥、磷灰石、铁矿砂、矿渣、煤焦油、木浆等 94 项商品不再征收出口关税。

三、原产地标准

为便于正确运用进口税则的各栏税率，对产自不同国家或地区的进口货物适用不同的关税税率，我国采用了"全部产地生产标准""实质性加工标准"两种国际上通用的原产地标准。

（一）全部产地生产标准

全部产地生产标准是指进口货物"完全在一个国家内生产或制造"，生产或制造国即为该货物的原产国。完全在一国生产或制造的进口货物包括：

（1）在该国领土或领海内开采的矿产品；

（2）在该国领土上收获或采集的植物产品；

（3）在该国领土上出生或由该国饲养的活动物及从其所得产品；

（4）在该国领土上狩猎或捕捞所得的产品；

（5）在该国的船只上卸下的海洋捕捞物，以及由该国船只在海上取得的其他产品；

（6）在该国加工船加工上述第 5 项所列物品所得的产品；

（7）在该国收集的只适用于做再加工制造的废碎料和废旧物品；

（8）在该国完全使用上述 7 项所列产品加工成的制成品。

（二）实质性加工标准

实质性加工标准是适用于确定有两个或两个以上国家参与生产的产品的原产国的标准，其基本含义是：经过几个国家加工、制造的进口货物，以最后一个对货物进行经济上可以视为实质性加工的国家作为有关货物的原产国。"实质性加工"是指产品加工后，在《进出口税则》中 4 位数税号一级的税则归类已经有了改变，或者加工增值部分所占新产品总价值的比例已超过 30% 级以上的。其他对机器、仪器、器材或车辆所用零件、部件、配件、备件及工具，如与主件同时进口且数量合理的，其原产地按主件的原产地确定，分别进口的则按各自的原产地确定。

我国为正确确定进口货物的原产地，有效实施各项贸易措施，促进对外贸易发展，制定了《中华人民共和国进出口货物原产地条例》。我国实施最惠国待遇、反倾销和反补贴、保障措施、原产地标记管理、国别数量限制、关税配额等非优惠性贸易措施以及进行政府采购、贸易统计等活动对进出口货物的原产地的确定，都适用该条例的规定。根据该条例的规定，我国在原产地认定时，完全在一个国家（地区）获得的货物，以该国（地区）为原产地；两个以上国家（地区）参与生产的货物，以最后完成实质性改变的国家（地区）为原产地。

第四节 关税应纳税额的计算

关税的基本计算公式为：关税应纳税额＝关税完税价格×关税税率

可见，关税的计税依据是关税的完税价格。

一、关税完税价格

（一）一般进口货物的完税价格

1. 以成交价格为基础的完税价格

进口货物的完税价格包括货物的货价、货物运抵我国境内输入地点起卸前的运输及其相关费用、保险费。进口货物的成交价格是指买方为购买该货物，并按《完税价格办法》有关规定调整后的实付或应付价格。具体注意以下几点：

（1）下列费用或者价值未包括在进口货物的实付或者应付价格中，应当一并计入完税价格：

①买方负担的除购货佣金以外的佣金和经纪费。

②由买方负担的与该货物视为一体的容器费用。

③由买方负担的包装材料和包装劳务费用。

④与该货物的生产和向中华人民共和国境内销售有关的，由买方以免费或者以低于成本的方式提供并可以按适当比例分摊的料件、工具、模具、消耗材料及类似货物的价款，以及在境外开发、设计等相关服务的费用。

⑤与该货物有关并作为卖方向我国销售该货物的一项条件，应当由买方直接或间接支付的特许权使用费。

⑥卖方直接或间接从买方对该货物进口后转售、处置或使用所得中获得的收益。

（2）下列费用，如能与该货物实付或者应付价格区分，不得计入完税价格：

①工业设施、机械设备等货物进口后的基建、安装、装配、维修和技术服务的费用；

②货物运抵境内输入地点之后的运输费用、保险费和其他相关费用；

③口关税及其他国内税收；

④为在境内复制进口货物而支付的费用；

⑤境内外技术培训及境外考察费用。

（3）进口货物完税价格中的运输及相关费用、保险费的计算

①进口货物的运费，应当按照实际支付的费用计算。如果进口货物的运费无法确定的，

海关应当按照该货物的实际运输成本或该货物进口同期运输行业公布的运费率（额）计算运费。运输工具作为进口货物，利用自身动力进境的，海关在审查确定完税价格时，不再另行计入运费。

②进口货物的保险费，应当按照实际支付的费用计算。如果进口货物的保险费无法确定或未实际发生，海关应当按照该"货价加运费"两者总额的3%计算保险费。

③邮运的进口货物，应当以邮费作为运输及其相关费用、保险费；以境外边境口岸价格条件成交的铁路或公路运输进口货物，海关应当按照货价的1%计算运输及其相关费用、保险费；作为进口货物的自驾进口的运输工具，海关在审定完税价格，可以不另行计入运费。

④以境外边境口岸价格条件成交的铁路或者公路运输进口货物，海关应当按照境外边境口岸价格的1%计算运输及其相关费用、保险费。

2. 进口货物海关估价方法

进口货物的价格不符合成交价格条件或者成交价格不能确定的，海关应当理解有关情况，与纳税人进行磋商后，依次以下列方法审查确定该货物的完税价格。

（1）相同或类似货物成交价格方法。

即以与被估的进口货物同时或大约同时进口的相同或类似货物的成交价格为基础，估定完税价格。

（2）倒扣价格方法。

即以被估的进口货物、相同或类似进口货物在境内销售的价格为基础估定完税价格。以该方法估定完税价格时，下列各项应当扣除：境内发生的关税和进口环节海关代征税及其他国内税、运费、保险费、利润等。

（3）计算价格方法。

即按下列各项的总和计算出的价格估定完税价格。有关项目包括：生产该货物所使用的原材料价值和进行装配或其他加工的费用；向境内出口销售同等级或同种类货物的利润和一般费用，该货物运抵境内输入地点起卸前的运输及相关费用、保险费。

（4）其他合理方法。

使用其他合理方法时，应当根据《完税价格办法》规定的估价原则，以在境内获得的数据资料为基础估定完税价格。

（二）特殊进口货物的完税价格

1. 运往境外修理的货物的完税价格

运往境外修理的机械器具、运输工具或其他货物，出境时已向海关报明，并在海关规定期限内复运进境的，应当以海关审定的境外修理费和料件费为完税价格。

2. 运往境外加工的货物的完税价格

运往境外加工的货物，出境时已向海关报明，并在海关规定期限内复运进境的，应当以海关审定的境外加工费和料件费，以及该货物复运进境的运输及其相关费用、保险费，估定完税价格。

3. 暂时进境货物的完税价格

对于经海关批准的暂时进境的货物，应当按照一般进口货物估价办法的规定，估定完税价格。

4. 租赁方式进口货物的完税价格

租赁方式进口的货物中，以租金方式对外支付的租赁货物，在租赁期间以海关审定的租金作为完税价格；留购的租赁货物，以海关审定的留购价格作为完税价格；承租人申请一次性缴纳税款的，经海关同意，按照一般进口货物估价办法的规定估定完税。

5. 留购的进口货样等货物的完税价格

国内单位留购的进口货样、展览品及广告陈列品，以海关审定的留购价格作为完税价格。

（三）出口货物的完税价格

1. 以成交价格为基础的完税价格

出口货物的完税价格，由海关以该货物向境外销售的成交价格为基础审查确定，并应包括货物运至我国境内输出地点装载前的运输及其相关费用、保险费，但其中包含的出口关税额，应当扣除。

出口货物的成交价格，是指该货物出口销售到我国境外时买方向卖方实付或应付的价格。出口货物的成交价格中含有支付给境外的佣金的，如果单独列明，应当扣除。

出口货物完税价格的计算公式为：

$$完税价格 = 离岸价格 \div （1 + 出口关税税率）$$

2. 出口货物海关估价方法

出口货物的成交价格不能确定时，完税价格由海关依次使用下列方法估定：

（1）同时或大约同时向同一国家或地区出口的相同货物的成交价格；

（2）同时或大约同时向同一国家或地区出口的类似货物的成交价格；

（3）根据境内生产相同或类似货物的成本、利润和一般费用、境内发生的运输及其相关费用、保险费计算所得的价格；

（4）按照合理方法估定的价格。

另外，出口货物的销售价格如果包括离境口岸至境外口岸之间的运输、保险费的，该运费、保险费应当扣除。

二、关税应纳税额的计算

（一）进口货物应纳关税的计算

1. 进口从价计征的关税，应纳税额计算公式：

$$关税税额 = 应税进口货物数量 \times 单位完税价格 \times 税率$$

具体分以下几种情况：

（1）以我国口岸到岸价格（CIF）成交的，或者和我国毗邻的国家以两国共同边境地点交货价格成交的进口货物，其成交价格即为完税价格。应纳关税的计算公式为：

$$应纳关税 = 口岸到岸价格（CIF） \times 关税税率$$

【例题4-1】某进出口公司2020年10月从美国进口一批化工原料，到岸价格为950 000美元，另外在货物成交过程中，公司向卖方支付佣金50 000美元。已知当时外汇牌价为1美元 = 6.6元人民币，该原料的进口关税税率为18%。请计算该公司进口该批货物应纳的关税。

解析：

该批原料的完税价格包括到岸价格和支付给卖方的佣金，则

完税价格＝（950 000+50 000）×6.60＝6 600 000（元）

应纳关税＝6 600 000×18%＝1 188 000（元）

（2）以国外口岸离岸价格（FOB）或国外口岸到岸价格成交的，应另加从发货口岸或国外交货口岸运到我国口岸以前的运杂费和保险费作为完税价格。应纳关税的计算公式为：

应纳关税＝（国外口岸高岸价格（FOB）+运杂费+保险费）×关税税率

在国外口岸成交情况下，完税价格中包括的运杂费、保险费，原则上应按实际支付的金额计算；若无法得到实际支付金额，也可以按外贸系统海运进口运杂费率或按协商规定的固定运杂费率计算运杂费，保险费按中国人民保险公司的保险费率计算。其计算公式为：

应纳关税＝（国外口岸离岸价格（FOB）+运杂费）×（1+保险费率）×关税税率

【例题4-2】光明公司委托宏光进出口贸易公司代理进口材料一批。该批材料实际支付离岸价为460 000美元，海外运输费、包装费、保险费共计18 000美元（支付日市场汇价为1美元＝6.64元人民币）。进口报关当日中国人民银行公布的市场汇价为1美元＝6.60元人民币，进口关税税率为20%。请计算该公司进口该批货物应纳的关税。

解析：

进口报关时应纳关税为：

应纳关税＝（460 000+18 000）×6.60×20%＝630 960（元）

（3）以国外口岸离岸价格加运费（即CFR价格）成交的，应另加保险费作为完税价格。其计算公式为：

应纳关税＝（国外口岸离岸价格加运费（CFR）+保险费）×关税税率

＝（国外口岸离岸价格十运费十保险费）×关税税率

【例题4-3】强运机械制造企业从中国香港进口原产地为新加坡的设备4台，该设备的总成交价格为200 000元（CFR价格），保险费率为0.3%，设备进口关税率为10%，当日外汇牌价为1港元＝0.88元人民币，请计算应纳关税。

解析：

完税价格＝200 000×0.88×（1+0.3%）＝176 528（元）

应纳关税＝176 528×10%＝17 652.8（元）

（4）特殊进口商品关税的计算。特殊进口货物种类繁多，需要在确定完税价格的基础再计算应纳关税税额，应纳关税的计算公式为：

应纳关税＝特殊商品完税价格×进口商品数量×关税税率

2. 从量税应纳税额的计算

关税税额＝应税进口货物数量×单位货物税额

3. 复合税应纳税额的计算

我国目前实行的复合税都是先计征从量关税，再计征从价关税。

关税税额＝应税进口货物数量×单位货物税额+应税进口货物量×单位完税价格×税率

4. 滑准税应纳税额的计算

关税税额＝应税进口货物数量×单位完税价格×滑准税税率

（二）出口货物应纳关税的计算

1. 从价计征的关税的计算

其计算公式为：

$$应纳关税 = 应税出口货物数量 \times 单位完税价格 \times 关税税率$$

具体分以下几种情况：

（1）以我国口岸离岸价格（FOB）成交的，出口关税计算公式为：

$$应纳关税 = FOB \div (1 + 关税税率) \times 关税税率$$

（2）以国外口岸到岸价格（CIF）成交的，出口关税计算公式为：

$$应纳关税 = (CIF - 保险费 - 运费) \div (1 + 关税税率) \times 关税税率$$

（3）以国外口岸价格加运费价格（CFR）成交的，出口关税计算公式为：

$$应纳关税 = (CFR - 运费) \div (1 + 关税税率) \times 关税税率$$

【例题4-4】远航进出口公司自营出口商品一批，我国口岸离岸价格折合人民币为750 000元，出口关税税率为20%，根据海关开出的专用缴款书，以银行转账支票付讫税款。计算该公司出口该批商品应纳的出口关税。

解析：

出口关税 = 750 000 ÷ (1 + 20%) × 20% = 125 000（元）

2. 从量计征的关税的计算

其计算公式为：

$$应纳关税 = 应税出口货物数量 \times 关税单位税额$$

3. 复合计征的关税的计算

我国目前实行的复合税都是先计征从量税、再计征从价税。其计算公式为：

$$出口关税 = 应税出口货物数量 \times 关税单位税额 + 应税出口货物数量 \times 单位完税价格 \times 关税税率$$

【例题4-5】某公司进口3台日本产电视摄像机，价格为CIF 18 000美元。已知外汇折算率为1美元=6.24元人民币，适用优惠税率为每台完税价格高于5 000美元的，从量税单位税额为每台13 380元，从价税税率为3%，请计算该公司进3台摄像机应纳的关税。

解析：

应纳关税 = 3 × 13 380 + 18 000 × 6.24 × 3% = 40 140 + 3 369.6 = 43 509.6（元）

4. 滑准关税的计算

其计算公式为：

$$应纳关税 = 应税进口货物数量 \times 单位完税价格 \times 滑准税率$$

第五节　关税的税收优惠

关税减免是贯彻国家关税政策的一项重要措施，分为法定减免税、特定减免税和临时减免税。除法定减免税外的其他减免税均由国务院决定。

一、法定减免税

符合税法规定可予减免税的进出口货物，纳税义务人无须提出申请，海关可按规定直接予以减免税。我国《海关法》和《进出口条例》明确规定，下列货物、物品予以减免关税：

（1）关税税额在人民币 50 元以下的一票货物，可免征关税。

（2）无商业价值的广告品和货样，可免征关税。

（3）外国政府、国际组织无偿赠送的物资，可免征关税。

（4）进出境运输工具装载的途中必需的燃料、物料和饮食用品，可予免税。

（5）经海关核准暂时进境或者暂时出境，并在 6 个月内复运出境或者复运进境的货样、展览品、施工机械、工程车辆、工程船舶、供安装设备时使用的仪器和工具、电视或者电影摄制器械、盛装货物的容器以及剧团服装道具，在货物收发货人向海关缴纳相当于税款的保证金或者提供担保后，可予暂时免税。

（6）为境外厂商加工、装配成品和为制造外销产品而进口的原材料、辅料、零件、部件、配套件和包装物料，海关按照实际加工出口的成品数量免征进口关税；或者对进口料、件先征进口关税，再按照实际加工出口的成品数量予以退税。

（7）因故退还的中国出口货物，经海关审查属实，可予免征进口关税，但已征收的出口关税不予退还。

（8）因故退还的境外进口货物，经海关审查属实，可予免征出口关税，但已征收的进口关税不予退还。

（9）进口货物如有以下情形，经海关查明属实，可酌情减免进口关税：

1）在境外运输途中或者在起卸时，遭受损坏或者损失的；

2）起卸后海关放行前，因不可抗力遭受损坏或者损失的；

3）海关查验时已经破漏、损坏或者腐烂，经证明不是保管不慎造成的。

（10）无代价抵偿货物，即进口货物在征税放行后，发现货物残损、短少或品质不良，而由国外承运人、发货人或保险公司免费补偿或更换的同类货物，可以免税。但有残损或质量问题的原进口货物如未退运国外，其进口的无代价抵偿货物应照章征税。

（11）我国缔结或者参加的国际条约规定减征、免征关税的货物、物品，按照规定予以减免关税。

（12）法律规定减征、免征的其他货物。

二、特定减免的关税

特定减免税是在法定减免税之外，国家按照国际通行规则和我国实际情况，制定发布的有关进出口货物减免关税的政策。特定减免税货物一般有地区、企业和用途的限制，海关需要进行后续管理，也需要进行减免税统计。包括：

（1）科教用品；

（2）残疾人专用品；

（3）扶贫、慈善性捐赠物资；

（4）加工贸易产品；

（5）边境贸易进口物资；

（6）保税区进出口货物；

（7）出口加工区进出口货物；

（8）进口设备；

（9）特定行业或用途的减免税政策。

三、关税的临时减免

临时减免是除法定减免和特定减免以外的其他减免。一般由国务院对某个单位、某类商品、某个项目或者某批货物的特殊情况，给予特别照顾，一案一批，专文下达的减免税政策。一般有单位、品种、期限、金额或者数量限制，不能比照执行。如为支持"一带一路"和自由贸易区建设，加快推进我国与相关国家的经济贸易合作，营造有利于经济长期健康稳定发展的外部条件，2019 年我国对原产于 23 个国家或地区的部分商品实施协定税率。

第六节　关税的征收管理

一、进出口货物的报关

（一）报关时间

进口货物的纳税人应当自运输工具申报进境之日起 14 日内，向货物的进境地海关申报，如实填写海关进口货物报关单，并提交进口货物的发票、装箱清单、进口货物提货单或运单，关税免税或免予查验的证明文件等。

出口货物的发货人除海关特准外，应当在装货的 24 小时以前，填报出口货物报关单，交验出口许可证和其他证件，申报出口，由海关放行，否则货物不得离境出口。

（二）报关应提交的相关材料

进出口货物时应当提交以下材料：

（1）进出口货物报关单；

（2）合同；

（3）发票；

（4）装箱清单；

（5）载货清单（舱单）；

（6）提（运）单；

（7）代理报关授权委托协议；

（8）进出口许可证件；

（9）海关要求的加工贸易手册（纸质或电子数据的）及其他进出口有关单证。

二、关税的申报与缴纳

（一）关税的纳税申报

进口货物自运输工具申报进境之日起 14 日内，出口货物在货物运抵海关监管区后装货的 24 小时以前，应由进出口货物的纳税义务人向货物进（出）境地海关申报，海关根据税则归类和完税价格计算应缴纳的关税和进口环节代征税款，并填发税款缴款书。

（二）关税的缴纳

1. 纳税地点

根据纳税人申请及进出口货物的具体情况，关税可以在关境地缴纳，也可在主管地缴纳。关境地缴纳是指进出口货物在哪里通关，纳税人即在哪里缴纳关税，这是最常见的做法。主管地纳税是指纳税人住址所在地海关监管其通关并征收关税。它只适用于集装箱运载的货物。

2. 纳税期限

纳税义务人应当自海关填发税款缴款书之日起 15 日内，向指定银行缴纳税款。如果关税缴纳期限的最后 1 日是周末或法定节假日，则关税缴纳期限顺延至周末或法定节假日过后的第 1 个工作日。纳税义务人因不可抗力或者在国家税收政策调整的情形下，不能按期缴纳税款的，经海关总署批准，可以延期缴纳税款，但最长不得超过 6 个月。

三、关税的强制执行

根据《海关法》规定纳税人或其代理人应当在海关规定的缴款期限内缴纳税款，逾期未缴的即构成关税滞纳。为保证海关决定的有效执行和国家财政收入的及时入库，《海关法》赋予海关对滞纳关税的纳税人强制执行的权力。强制措施主要有两类：

（一）征收滞纳金

滞纳金自关税缴纳期限届满滞纳之日起，至纳税人缴纳关税之日止，按滞纳税款万分之五的比例按日征收，周末或法定节假日不予扣除。其计算公式为：

$$关税滞纳金金额 = 滞纳关税税额 \times 0.5‰ \times 滞纳天数$$

（二）强制征收

纳税人自海关填发缴款书之日起 3 个月仍未缴纳税款的，经海关关长批准，海关可以采取强制措施扣缴，强制措施主要有强制扣缴和变价抵缴两种。

1. 强制扣缴

强制扣缴是指海关依法自行或向人民法院申请采取从纳税人的开户银行或者其他金融机构的存款中将相当于纳税人应纳税款的款项强制划拨入国家金库的措施，即书面通知其开户银行或者其他金融机构从其存款中扣缴税款。

2. 变价抵缴

变价抵缴是指如果纳税人的银行账户中没有存款或存款不足以强制扣缴时，海关可以将未放行的应税货物依法变卖，以销售货物所得价款抵缴应缴税款。如果该货物已经放行，海关可以将该纳税人的其他价值相当于应纳税款的货物或其他财产依法变卖，以变卖所得价款抵缴应缴税款。

强制扣缴和变价抵缴的税款含纳税人未缴纳的税款滞纳金。

四、关税退还

关税退还是关税纳税义务人按海关核定的税额缴纳关税后，因某种原因的出现，海关将实际征收多于应当征收的税额（称为溢征关税）退还给原纳税义务人的一种行政行为。有下列情形之一的，进出口货物的纳税义务人可以自缴纳税款之日起 1 年内，书面声明理由，连同原纳税收据向海关申请退税并加算银行同期活期存款利息，逾期不予受理：

（1）因海关误征，多纳税款的。

（2）海关核准免验进口的货物，在完税后发现有短卸情形，经海关审查认可的。

（3）已征出口关税的货物，因故未将其运出口，申报退关，经海关查验属实的。

对已征出口关税的出口货物和已征进口关税的进口货物，因货物品种或规格原因（非其他原因）原状复运进境或出境的，经海关查检属实的，也应退还已征关税，海关应当在受理退税申请之日起 30 日内做出书面答复并通知退税申请人。

五、关税补征和追征

补征和追征是海关在关税纳税义务人按海关核定的税额缴纳关税后，发现实际征收税额少于应当征收的税额（称为短征关税）时，责令纳税义务人补缴所差税款的一种行政行为。由于纳税人违反海关规定造成短征关税的，称为追征；非因纳税人违反海关规定造成短征关税的，称为补征。根据《海关法》规定，进出境货物和物品放行后，海关发现少征或者漏征税款，应当自缴纳税款或者货物、物品放行之日起 1 年内，向纳税义务人补征；因纳税义务人违反规定而造成的少征或者漏征的税款，自纳税义务人应缴纳税款之日起 3 年以内可以追征，并从缴纳税款之日起按日加收少征或者漏征税款 0.5‰ 的滞纳金。

六、关税的纳税争议

为保护纳税人合法权益，我国《海关法》和《关税条例》都规定了纳税人对海关确定的进出口货物的征税、减税、补税或者退税等有异议时，有提出申诉的权利。在纳税义务人同海关发生纳税争议时，可以向海关申请复议，但同时应当在规定期限内按海关核定的税额缴纳关税，逾期则构成滞纳，海关有权按规定采取强制执行措施。

纳税争议的内容一般为进出境货物和物品的纳税人对海关在原产地认定、税则归类、税率或汇率适用、完税价格确定、关税减征、免征、追征、补征和退还等征税行为是否合法或适当，是否侵害了纳税人的合法权益，而对海关征收关税的行为表示异议。

纳税争议的申诉程序：纳税义务人自海关填发税款缴款书之日起 30 日内，向原征税海关的上一级海关书面申请复议。逾期申请复议的，海关不予受理。海关应当自收到复议申请之自起 60 日内做出复议决定，并以复议决定书的形式正式答复纳税人；纳税人对海关复议决定仍然不服的，可以自收到复议决定书之日起 15 日内，向人民法院提起诉讼。

基础训练

一、单项选择题

1. 某进出口公司进口一批设备，经海关审定的成交价格折合成人民币（下同）为 200 万元。另外，货物运抵我国境内输入地点起卸前的运输费 8 万元、保险费 2 万元。根据关税法律制度规定，下列计算正确的是(   )。

A. 该批设备关税完税价格 = 200+2 = 202 万元

B. 该批设备关税完税价格 = 200+8 = 208 万元

C. 该批设备关税完税价格 = 200+8+2 = 210 万元

D. 该批设备关税完税价格为 200 万元

2. 对原产于与我国共同适用最惠国待遇条款的 WTO 成员的进口货物，或原产于与我国签订有相互给予最惠国待遇条款的双边贸易协定的国家或地区进口的货物，以及原产我国境内的进口货物，采用的税率称为(　　)。

　A. 最惠国税率　　　　B. 协定税率　　　　C. 定额税率　　　　D. 优惠税率

3. 进出口货物完税后，如发现少征或漏征税款，海关有权在一定期限内予以补征；如因收发货人或其代理人违反规定而造成少征或者漏征关税税款的，海关在一定期限内可以追缴。根据关税法律制度的规定，该两项期限分别为(　　)。

　A. 1 年，1 年　　　　B. 1 年，3 年　　　　C. 3 年，3 年　　　　D. 3 年，1 年

4. 下列各项中，符合关税对特殊进口货物完税价格规定的是(　　)。

　A. 运往境外加工的货物，应以加工后货物进境时的到岸价格为完税价格

　B. 准予暂时进口的施工机械，应当按照一般进口货物估价办法的规定估定完税价格

　C. 转让进口的免税旧货，以原入境的到岸价格为完税价格

　D. 留购的进口货样，以进口价格作为完税价格

5. 以下关于关税税率的表述，不正确的是(　　)。

　A. 一般情形下，进口货物的补税和退税，适用该进口货物原申报进口之日所实施的税率

　B. 暂时进口货物转为正式进口须补税时，应按申报正式进口之日实施的税率征税

　C. 按照特定减免税办法批准予以减免税的进口货物，后因情况改变经海关批准转让或出售或移作他用须补税的，应当适用海关接受申报办理纳税手续之日实施的税率征税

　D. 进口货物到达前，经海关核准先行申报的，应该按照先行申报进境之日实施的税率征税

6. 加工贸易进口料件及其制成品须征税的，海关按照一般进口货物的规定审定完税价格。下列各项中，符合审定完税价格规定的是(　　)。

　A. 进口时须征税的进料加工进口料件以该料件原申报进口时的价格估定

　B. 内销的进料加工进口料件或其制成品以该料件申报时的价格估定

　C. 内销的来料加工进口料件或其制成品以该料件申报进口时的价格估定

　D. 出口加工区内的加工企业内销的制成品以该料件申报进口时的价格估定

7. 依据关税征收管理规定，进口货物关税申报时间为(　　)。

　A. 进口货物自运输工具申报进境 7 日内

　B. 进口货物自运输工具申报进境 14 日内

　C. 进口货物自运输工具申报进境 15 日内

　D. 出口货物自运抵海关监管区装货后 14 小时内

8. 以成交价格为基础审查确定进口货物的关税完税价格时，下列由买方负担的费用，不应当计入完税价格的是(　　)。

　A. 购货佣金　　　　　　　　　　　B. 购货佣金以外的其他佣金

　C. 与该货物视为一体的容器费用　　　D. 包装材料费用

二、多项选择题

1. 下列各项中，属于关税纳税人的有(　　)。

　A. 进口货物的收货人　　　　　　　B. 出口货物的收货人

　C. 入境旅客随身携带的行李的持有人　　D. 个人邮递物品的收件人

2. 在法定减免税之外，国家按照国际通行规则和我国实际情况，制定发布的有关进出口

货物减免关税的政策，称为特定或政策性减免。下列货物中，属于特定减免税的有(　　)。

　　A. 残疾人专用品　　　　　　　　B. 境外捐赠用于扶贫、慈善性捐赠物资

　　C. 出口加工区进出口货物　　　　D. 科教用品

　　3. 下列有关关税税率的表述中，正确的有(　　)。

　　A. 进口货物适用何种关税税率以进口货物的原产地为标准

　　B. 我国进口税率和出口税率实行统一标准

　　C. 进出口货物，一般应当按照收发货人或者他们的代理人申报进口或者出口之日实施的税率征税

　　D. 进口货物到达前，经海关核准先行申报的，应当按照装载此货物的运输工具"申报进境之日"实施的税率征税

　　4. 下列费用中，能与该货物实付或者应付价格区分，不得计入关税完税价格的有(　　)。

　　A. 厂房、机械，设备等货物进口后的基建、安装、装配、维修和技术服务的费用

　　B. 货物运抵境内输入地点之后的运输费用、保险费和其他相关费用

　　C. 进口关税及其他国内税收

　　D. 进口前的境外考察费

　　5. 下列进口货物中，实行复合计征关税的有(　　)。

　　A. 啤酒　　　　　　B. 原油　　　　　C. 广播用放像机　　　D. 广播用录像机

　　6. 根据关税法律制度的规定，旅客携运进出境的下列行李物品中，海关不予放行的有(　　)。

　　A. 旅客不能当场缴纳进境物品税款的

　　B. 进出境的物品属于许可证件管理的范围，但旅客不能当场提交的

　　C. 进出境的物品超出自用合理数量，按规定应当办理货物报关手续或其他海关手续，其尚未办理的

　　D. 对进出境物品的属性、内容存疑，需要由有关主管部门进行认定、鉴定、验核的

　　7. 下列进口货物中，属于经海关审查无误后可以免税的情形有(　　)。

　　A. 无商业价值的广告品和货样

　　B. 在境外运输途中遭受损坏的进口货物

　　C. 国际组织无偿赠送的物资

　　D. 起卸后海关放行前，因不可抗力遭受损坏的进口货物

　　8. 进口货物的完税价格由海关以符合条件的成交价格为基础审查确定，下列项目中，进口货物完税价格中应包括的费用有(　　)。

　　A. 进口人支付的与进口货物有关的计算机软件等费用

　　B. 进口人负担的与该货物视为一体的容器费用

　　C. 进口人在货物成交过程中向自己的采购代理人支付的劳务费用

　　D. 卖方直接从买方处置该货物时取得的收益

　　9. 下列进口货物中，海关可以酌情减免关税的有(　　)。

　　A. 在境外运输途中或者在起卸时，遭受损坏或者损失的货物

　　B. 起卸后海关放行前，因不可抗力遭受损坏或者损失的货物

　　C. 海关查验时已经破漏、损坏或者腐烂，经证明为保管不慎造成的货物

　　D. 因不可抗力，不能按期缴纳税款的货物

三、判断题

1. 按照全国统一的进出口关税条例和税则征收关税，在征收一次性关税后，货物就可在整个关境内流通，不再另行征收关税。

2. 滑准关税是根据货物的不同价格适用相同税率的一类特殊的从价关税。

3. 全部产地生产标准是指进口货物"完全在一个国家内生产或制造"，生产或制造国即为该货物的原产国。

4. 关税税额在人民币 50 元以下的一票货物，可免征关税。

5. 临时减免一般由海关对某个单位、某类商品、某个项目或者某批货物的特殊情况，给予特别照顾，一案一批，专文下达的减免税政策。

6. 进口货物的纳税人应当自运输工具申报进境之日起 15 日内，向货物的进境地海关申报。

7. 纳税义务人应当自海关填发税款缴款书之日起 15 日内，向指定银行缴纳税款。

8. 根据《海关法》规定，进出境货物和物品放行后，海关发现少征或者漏征税款，应当自缴纳税款或者货物、物品放行之日起 3 年内，向纳税义务人补征。

9. 根据《海关法》规定，因纳税义务人违反规定而造成的少征或者漏征的税款，自纳税义务人应缴纳税款之日起 1 年以内可以追征。

10. 如果纳税人的银行账户中没有存款或存款不足以强制扣缴时，海关可以将未放行的应税货物依法变卖，以销售货物所得价款抵缴应缴税款。

技能训练

一、某商贸公司于 2020 年 9 月进口一批化妆品。该批货物在国外的买价为 140 万元，货物运抵我国入关前发生的运输费、保险费和其他费用分别为 12 万元、7 万元、5 万元。货物报关后，该商贸公司按规定缴纳了进口环节的增值税和消费税并取得了海关开具的缴款书。从海关将化妆品运往商贸公司所在地发生运输费用 6 万元，取得运费增值税专用发票，该批化妆品当月在国内全部销售，取得不含税销售额 550 万元（假定化妆品进口关税税率 20%、增值税税率 13%、运输业增值税税率 9%、消费税税率 15%）。

计算：该批化妆品进口环节应缴纳的关税、增值税、消费税；

该批化妆品国内销售环节应缴纳的增值税、消费税。

二、坐落在市区的某日化厂为增值税一般纳税人，2020 年 9 月进口一批香水精，出口地离岸价格 85 万元，境外运费及保险费共计 5 万元，海关于 9 月 15 日开具了完税凭证，日化厂缴纳进口环节税金后海关放行。日化厂将进口的香水精的 80% 用于生产高档化妆品。9 月从国内购进材料取得增值税专用发票，注明价款 120 万元，增值税 15.6 万元，销售高档化妆品取得不含税销售额 500 万元。假定本月取得的增值税抵扣凭证在本月认证并抵扣，关税税率为 50%、增值税税率 13%、消费税税率 15%。请计算该企业 9 月应缴纳的各种税金。

第五章　企业所得税法

问题导入

1. 企业所得税的纳税人是怎样分类的?
2. 会计利润与应纳税所得额的区别是什么?
3. 有关企业所得税的计税依据税法是如何规定的?
4. 计算应纳税所得额时扣除范围和具体标准是什么?

案例思考

某企业为居民企业,2020年发生经营业务如下:取得产品销售收入4 000万元;发生产品销售成本2 600万元;发生销售费用770万元(其中广告费650万元);管理费用480万元(其中业务招待费25万元);财务费用60万元。销售税金160万元(含增值税120万元);营业外收入80万元,营业外支出50万元(含通过公益性社会团体向贫困山区捐款30万元,支付税收滞纳金6万元)。计算成本、费用中的实发工资总额200万元,拨缴职工工会经费5万元,发生职工福利费31万元,发生职工教育经费17万元。

思考:

1. 该企业2020年度的会计利润是多少?
2. 该企业发生的广告费、业务招待费按照税法规定如何进行调整?
3. 企业的销售税金是否全额扣除?
4. 企业向贫困地区的捐款在计算所得额时怎样处理?
5. 职工教育经费、工会经费及福利费如何处理?
6. 企业计算纳税时的应纳税所得额是多少?

第一节　企业所得税法概述

一、企业所得税法的概念

企业所得税法,是指国家制定的用以调整企业所得税征收与缴纳之间权利及义务关系的法律规范。现行企业所得税法的基本规范,是2007年3月16日第十届全国人民代表大会第五次全体会议通过的《中华人民共和国企业所得税法》和2007年12月国务院颁布的《中华人民共和国企业所得税法实施条例》。

二、企业所得税概述

（一）企业所得税的概念

企业所得税是对我国境内的企业和其他取得收入的组织的生产经营所得和其他所得征收的一种税。它是国家参与企业纯收益分配的重要手段，在我国税收体系中占有重要的地位。

（二）企业所得税的特点和作用

1. 企业所得税的特点

我国的企业所得税与其他税种相比，具有如下特点：

（1）实行法人税制。企业所得税的纳税人是法人，个人独资企业和合伙企业等非法人组织不适用企业所得税法。目前大多数实行综合所得税的国家都采用法人税制，我国的税法规定符合国际惯例，有利于国际经济交往。

（2）税负公平。对企业不分所有制、地区、行业和层次，实行统一的比例税率。在普遍征收的基础上，使企业所得税的负担水平和纳税人直接关联，即所得多的多征，所得少的少征，无所得的不征，能使各类企业税负公平。

（3）征管复杂。企业所得税的税基是应纳税所得额，在性质上与会计利润相似，但为保护税基的严谨性，《企业所得税法》明确了收入总额、扣除项目金额、亏损弥补以及资产的税务处理等内容，应纳税所得额的计算要在会计利润基础上进行复杂的纳税调整，使征管工作难度更大。

（4）税负不易转嫁。企业实现的会计利润总额应按税法的规定调整为应纳税所得额并计算缴纳企业所得税，扣除企业所得税后的余额即为生产经营的净利润。企业所得税属于直接税，纳税人是直接的负税人，两者是一致的，纳税人缴纳的所得税一般不易转嫁。

2. 企业所得税的作用

（1）企业所得税是调控经济发展的重要方式。国家按企业所得多寡征税，可有效调节企业的利润水平。特别是国家通过制定企业所得税优惠政策与措施，充分体现国家的产业政策和发展方向，进而直接或间接地调整国家产业布局，促进经济的快速协调发展。

（2）企业所得税是强化经济监督的重要工具。企业所得税按应纳税所得额征税，可直接反映企业对成本、费用和利润等财务制度的执行情况，对经济活动起到监督、审核和检查的作用。

（3）企业所得税是筹集财政收入的重要渠道。目前在各个国家的财政收入中，企业所得税是财政收入的重要支柱。

（4）企业所得税是维护国家主权的重要手段。国家间通过签订双边税收协定的方式，达到避免所得双重课税及防止偷逃税的目的。

第二节　纳税义务人、征税对象与税率

一、纳税义务人

企业所得税的纳税义务人，是指在中华人民共和国境内的企业和其他取得收入的组织。

企业所得税的纳税人包括各类企业、事业单位、社会团体、民办非企业单位和从事经营活动的其他组织。依照中国法律、行政法规成立的个人独资企业、合伙企业，不属于企业所得税纳税义务人，不缴纳企业所得税。企业所得税的纳税人分为居民企业和非居民企业，这是收入来源地管辖权和居民管辖权相结合的双重管辖权进行的分类，不同的企业在向中国政府缴纳所得税时，纳税义务不同。

（一）居民企业

居民企业，是指依法在中国境内成立，或者依照外国（地区）法律成立但实际管理机构在中国境内的企业。居民企业应当就其来源于中国境内、境外的所得缴纳企业所得税。

实际管理机构，是指对企业的生产经营、人员、账务、财产等实施实质性全面管理和控制的机构。

（二）非居民企业

非居民企业，是指依照外国（地区）法律成立且实际管理机构不在中国境内，但在中国境内设立机构、场所，或者在中国境内未设立机构、场所，但有来源于中国境内所得的企业。

上述所称机构、场所，是指在中国境内从事生产经营活动的机构、场所，包括：

（1）管理机构、营业机构、办事机构。

（2）工厂、农场、开采自然资源的场所。

（3）提供劳务的场所。

（4）从事建筑、安装、装配、修理、勘探等工程作业的场所。

（5）其他从事生产经营活动的机构、场所。

非居民企业委托营业代理人在中国境内从事生产经营活动的，包括委托单位或者个人经常代其签订合同，或者储存、交付货物等，该营业代理人视为非居民企业在中国境内设立的机构、场所。

二、征税对象

企业所得税的征税对象，是指企业的生产经营所得、其他所得和清算所得。

（一）居民企业的征税对象

居民企业应就来源于中国境内、境外的所得作为征税对象。所得，包括销售货物所得、提供劳务所得、转让财产所得、股息红利等权益性投资所得、利息所得、租金所得、特许权使用费所得、接受捐赠所得和其他所得。

（二）非居民企业的征税对象

非居民企业在中国境内设立机构、场所的，应就其所设机构、场所取得的来源于中境内的所得，以及发生在中国境外但与其所设机构、场所有实际联系的所得，缴纳企业所得税。非居民企业在中国境内未设立机构、场所，或者虽设立机构、场所但取得的所得与其所设机构、场所没有实际联系的，应就其来源于中国境内的所得缴纳企业所得税。

上述所称实际联系，是指非居民企业在中国境内设立的机构、场所拥有的据以取得所得股权、债权以及拥有、管理、控制据以取得所得的财产。

来源于中国境内境外的所得来源的确定原则如下：

（1）销售货物所得，按交易活动发生地确定。

（2）提供劳务所得，按照劳务发生地确定。

（3）转让财产所得：①不动产转让所得按照不动产所在地确定。②动产转让所得按照转让动产的企业或者机构、场所所在地确定。③权益性投资资产转让所得按照被投资企业所在地确定。

（4）股息、红利等权益性投资所得，按照分配所得的企业所在地确定。

（5）利息所得、租金所得、特许权使用费所得，按照负担、支付所得的企业或者机构、场所所在地确定，或者按照负担、支付所得的个人住所地确定。

（6）其他所得，由国务院财政、税务主管部门确定。

三、企业所得税的税率

企业所得税税率是体现国家与企业分配关系的核心要素。税率设计的原则是体现国家、企业、职工个人三者间利益，既要保证财政收入的稳定增长，又要使企业在发展生产、经营方面有一定的财力保证；既要考虑到企业的实际情况和负担能力，又要维护税率的统一性。

企业所得税实行比例税率。比例税率简便易行，透明度高，不会因征税而改变企业间收入分配比例，有利于促进效率的提高。现行规定是：

1. 基本税率为 25%

适用于居民企业和在中国境内设有机构、场所且所得与机构、场所有实际联系的非居民企业。

2. 低税率为 20%

适用于在中国境内未设立机构、场所的，或者虽设立机构、场所但取得的所得与其所设机构、场所没有实际联系的非居民企业。但实际征税时适用 10% 的税率。

拓展资料

全球主要国家企业所得税税率

近年来，许多国家进行了以降低企业税负为主的企业所得税制改革，各国企业所得税税率均有所降低。从 2016 年全球主要国家企业所得税税率看，法国 34.43%，德国 15.83%，日本 23.4%，韩国 22%，英国 19%，意大利 24%，美国企业所得税税率 35%，远高于 OECD 平均水平，是 34 个 OECD 国家中企业所得税最高的国家，"避税天堂"瑞士最低 8.5%。中国在 2008 年把企业所得税税率降至 25%，与巴西相当。经税收减免之后，本土公司及跨国公司的实际税率都在 22% 左右。

资料来源：搜狐网 https：//m. sohu. com/a/208 948 668_ 597 671/

第三节　企业所得税应纳税所得额的确定

应纳税所得额是企业所得税的计税依据，按照企业所得税法的规定，应纳税所得额为企业每一个纳税年度的收入总额，减除不征税收入、免税收入、各项扣除以及允许弥补的以前年度亏损后的余额。基本公式为：

$$应纳税所得额＝收入总额－不征税收入－免税收入－各项扣除－以前年度亏损$$

企业应纳税所得额的计算以权责发生制为原则，属于当期的收入和费用，不论款项是否收付，均作为当期的收入和费用；不属于当期的收入和费用，即使款项已经在当期收付，均不作为当期的收入和费用。应纳税所得额的正确计算直接关系到国家财政收入和企业的税收负担，并且同成本、费用核算关系密切。因此，企业所得税法对应纳税所得额计算做了明确规定。主要内容包括收入总额、扣除范围和标准、资产的税务处理、亏损弥补等。

一、收入总额

企业的收入总额包括以货币形式和非货币形式从各种来源取得的收入。具体包括：销售货物收入，提供劳务收入，转让财产收入，股息、红利等权益性投资收益，利息收入，租金收入，特许权使用费收入，接受捐赠收入以及其他收入。

企业取得收入的货币形式，包括现金、存款、应收账款、应收票据、准备持有至到期的债券投资以及债务的豁免等；纳税人以非货币形式取得的收入，包括固定资产、生物资产、无形资产、股权投资、存货、不准备持有至到期的债券投资、劳务以及有关权益等，这些非货币资产应当按照公允价值确定收入额，公允价值是指按照市场价格确定的价值。收入的具体构成为：

（一）一般收入的确认

（1）销售货物收入，是指企业销售商品、产品、原材料、包装物、低值易耗品以及其他存货取得的收入。

（2）提供劳务收入，是指企业从事建筑安装、修理修配、交通运输、仓储租赁、金融保险、邮电通信、咨询经纪、文化体育、科学研究、技术服务、教育培训、餐饮住宿、中介代理、卫生保健、社区服务、旅游、娱乐、加工以及其他劳务服务活动取得的收入。

（3）转让财产收入，是指企业转让固定财产、生物财产、无形财产、股权、债权等财产取得的收入。

（4）股息、红利等权益性投资收益，是指企业因权益性投资从被投资方取得的收入。股息、红利等权益性投资收益，除国务院财政、税务主管部门另有规定外，按照被投资方做出利润分配决定的日期确认收入的实现。

（5）利息收入，是指企业将资金提供他人使用但不构成权益性投资，或者因他人占用本企业资金所取得的收入，包括存款利息、贷款利息、债券利息、欠款利息等收入。利息收入应按照合同约定的债务人应付利息的日期确认收入的实现。

（6）租金收入，是指企业提供固定资产、包装物或者其他有形资产的使用取得的收入。租金收入应按照合同约定的承租人应付租金的日期确认收入的实现。

（7）特许权使用费收入，是指企业提供专利权、非专利技术、商标权、著作权以及其他特许权的使用权取得的收入。特许权使用费收入，按照合同约定的特许权使用人应付特许权使用费的日期确认收入的实现。

（8）接收捐赠收入，是指企业接受的来自其他企业、组织或者个人无偿给予的货币性资产、非货币性资产。接收捐赠收入，按照实际收到捐赠资产的日期确认收入的实现。

（9）其他收入，是指企业取得的除以上收入外的其他收入，包括企业资产溢余收入、逾期未退包装物押金收入、确实无法偿付的应付款项、已做坏账损失处理后又收回的应付款项、债务重组收入、补贴收入、违约金收入、汇兑收益等。

企业取得财产（包括各类资产、股权、债权等）转让收入、债务重组收入、接受捐赠收入、无法偿付的应付款收入等，不论是以货币形式还是以非货币形式体现，除另有规定外，均应一次性计入确认收入的年度计算缴纳企业所得税。

（二）特殊收入的确认

（1）以分期收款方式销售货物的，按照合同约定的收款日期确认收入的实现。

（2）采用售后回购方式销售商品的，销售的商品按售价确认收入，回购的商品作为购进商品处理。有证据表明不符合销售收入确认条件的，如以销售商品方式进行融资的，收到的款项应确认为负债，回购价格大于原售价的，差额应在回购期间确认为利息费用。

（3）销售商品以旧换新的，销售商品应当按照销售商品收入确认条件确认收入，回收的商品作为购进商品处理。

（4）企业为促进商品销售而在商品价格上给予的价格扣除属于商业折扣，商品销售涉及商业折扣的，应当按照扣除商业折扣后的金额确定销售商品收入金额。

债权人为鼓励债务人在规定的期限内付款而向债务人提供的债务的扣除属于现金折扣，销售商品涉及现金折扣的，应当按扣除现金前的金额确定销售商品收入金额，现金折扣在实际发生时作为财务费用扣除。

企业因售出商品的质量不合格等原因在售价上给予的减让属于销售折让；企业因售出商品质量、品种不符合要求等原因而发生的退货属于销售退回。企业已经确认销售收入的售出商品发生销售折让和销售退回，应当在发生期冲减销售商品收入。

【例题5-1】 甲企业2020年9月销售一批产品，含增值税价格为56.5万元，由于购买数量多，甲企业给予购买方8折优惠，销售额和折扣额在同一张发票"金额栏"内分别列示，增值税税率为13%。甲企业在计算企业所得税应纳税所得额时，应确认的产品销售收入为多少？

解析：

①企业为促进商品销售而在商品价格上给予价格折扣属于商业折扣；②商品销售涉及商业折扣的，企业所得税上按照扣除商业折扣后的金额（不含增值税）确定销售商品收入金额；③应确认的产品销售收入 = $56.5 \div (1+13\%) \times 80\% = 40$（万元）。

（5）采取"买一赠一"等方式组合销售本企业商品，不属于捐赠，应将总的销售金额按各项商品的公允价值的比例来分摊确认各项的销售收入。

【例题5-2】 甲公司是居民企业，主要从事化妆品的生产和销售，2020年9月为了推广新型口红，公司推出了"买一赠一"的促销活动，凡购买一件售价80元（不含税）新型口红的，附赠一瓶原价20元（不含税）的护手霜。假设当年甲公司销售了1万件新型口红。

解析：

①在企业所得税的处理上，甲公司应当确认销售新型口红收入 = $80 \div (80+20) \times 80 = 64$（万元）

销售护手霜收入 = $20 \div (80+20) \times 80 = 16$（万元）

共计确认销售货物收入80万元；假定不考虑成本、税金等其他因素，此次"买一赠一"促销活动应纳企业所得税 = $80 \times 25\% = 20$（万元）。

②在增值税处理上，将自产的护手霜赠送购买新型口红的客户，应当视同销售货物、核

定销售额，甲公司此次"买一赠一"促销活动的增值税销项税额＝（80＋20）×13％＝13（万元）。

（6）企业受托加工制造大型机器设备、船舶、飞机，以及从事建筑、安装、装配工程业务或者提供其他劳务等，持续时间超过12个月的，按照应纳税年度内完工进度或者完成的工作量确认收入的实现。

（7）采取产品分成方式取得收入的，按照企业分得产品的日期确认收入的实现，其收入额按照产品的公允价值确认。

（8）企业发生非货币性资产交换，以及将货物、财产、劳务用于捐赠、偿债、赞助、集资、广告、样品、职工福利或者利润分配等用途的，应当视同销售货物、转让财产或者提供劳务，但国务院财政、税务主管部门另有规定的除外。

（三）处置资产收入的确认

（1）企业发生下列情形的处置资产，除将资产转移至境外以外，由于资产所得权属在形式和实质上均不发生改变，可作为内部处置资产，不视同销售确认收入，相关财产的计税基础延续计算。

1）将资产用于生产、制造、加工另一产品。

2）改变资产形状、结构或性能。

3）改变资产用途（如自建商品房转为自用或经营）。

4）将资产在总机构及其分支机构之间转移。

5）上述两种或两种以上情况的混合。

6）其他不改变资产所有权属的用途。

（2）企业将资产移送他人的下列情形，因资产所有权属已发生改变而不属于内部处置资产，应按规定视同销售确定收入。

1）用于市场推广或销售。

2）用于交际应酬。

3）用于职工奖励或福利。

4）用于股息分配。

5）用于对外捐赠。

6）其他改变资产所有权属的用途。

（3）企业发生第（2）条规定情形时，属于企业自制的资产，应按企业同类资产同期对外销售价格确定销售收入；属于外购资产的，可按购入时的价格确定销售收入。

二、不征税收入和免税收入

国家为了扶持和鼓励某些特殊的纳税人和特定的项目，或者避免因征税影响企业的正常经营，对企业取得的某些收入予以不征税或免税的特殊政策，以减轻企业的负担，促进经济的协调发展。

（一）不征税收入

（1）财政拨款，是指各级人民政府对纳入预算管理的事业单位、社会团体等组织拨付的财政资金，但国务院和国务院财政、税务主管部门另有规定的除外。

（2）依法收取并纳入财政管理的行政事业性收费、政府性基金。行政事业性收费是指依照法律法规等有关规定，按照国务院规定程序批准，在实施社会公共管理，以及在向公民、法人或者其他组织提供公共服务过程中，向特定对象收取并纳入财政管理的费用。政府性基金，是指企业依照法律、行政法规等有关规定，代政府收取的具有专项用途的财政资金。

（3）国务院规定的其他不征税收入，是指企业取得的，有国务院财政、税务主管部门规定专项用途并经国务院批准的财政性资金。

财政性资金，是指企业取得的来源于政府及其有关部门的财政补助、补贴、贷款贴息，以及其他各类财政专项资金，包括直接减免的增值税和即征即退、先征后退、先征后返的各种税收，但不包括企业按规定取得的出口退税款。

上述不征税收入用于支出所形成的费用，不得在计算应纳税所得额时扣除；用于支出所形成的资产，其计算的折旧、摊销不得在计算应纳税所得额时扣除。

（二）免税收入

（1）国债利息收入。为鼓励企业积极购买国债，支援国家建设，税法规定，企业因购买国债所得的利息收入，免征企业所得税。

（2）符合条件的居民企业之间的股息、红利等权益性收益，是指居民企业直接投资于其他居民企业取得的投资收益，该收益不包括连续持有居民企业公开发行并上市流通的股票不足 12 个月取得的投资收益。

（3）在中国境内设立机构、场所的非居民企业从居民企业取得与该机构、场所有实际联系的股息、红利等权益性投资收益。（该收益不包括连续持有居民企业公开发行并上市流通的股票不足 12 个月取得的投资收益。）

（4）符合条件的非营利组织的收入。

（5）非营利组织的下列收入为免税收入：

1）接受其他单位或者个人捐赠的收入。

2）除《中华人民共和国企业所得税法》第七条规定的财政拨款以外的其他政府补助收入，但不包括因政府购买服务取得的收入。

3）按照省级以上民政、财政部门规定收取的会费。

4）不征税收入和免税收入孳生的银行存款利息收入。

5）财政部、国家税务总局规定的其他收入。

三、扣除原则和范围

（一）税前扣除项目的原则

企业申报的扣除项目和金额要真实、合法。所谓真实是指能提供证明有关支出确属已经实际发生；合法是指符合国家税法的规定，若其他法规规定与税收法规规定不一致，应以税收法规的规定为标准。除税收法规另有规定外，税前扣除一般应遵循以下原则：

1. 权责发生制原则

是指企业费用应在发生的所属期扣除，而不是在实际支付时确认扣除。

2. 配比原则

是指企业发生的费用应当与收入配比扣除。除特殊规定外，企业发生的费用不得提前或滞后申报扣除。

3. 相关性原则

企业可扣除的费用从性质和根源上必须与取得应税收入直接相关。

4. 确定性原则

即企业可扣除的费用不论何时支付，其金额必须是确定的。

5. 合理性原则

符合生产经营活动常规，应当计入当期损益或者有关资产成本的必要和正常的支出。

（二）扣除项目的范围

企业所得税法规定，企业实际发生的与取得收入有关的、合理的支出，包括成本、费用、税金、损失和其他支出，准予在计算应纳税所得额时扣除。

1. 成本

是指企业在生产经营活动中发生的销售成本、销货成本、业务支出以及其他耗费，即企业销售商品（产品、材料、下脚料、废料、废旧物资等）、提供劳务、转让固定资产、无形资产（包括技术转让）的成本。

2. 费用

是指企业每一个纳税年度为生产、经营商品和提供劳务等所发生的销售（经营）费用、管理费用和财务费用。已经计入成本的有关费用除外。

3. 税金

是指企业发生的除企业所得税和允许抵扣的增值税以外的企业缴纳的各项税金及其附加。即企业按规定缴纳的消费税、城市维护建设税、关税、资源税、土地增值税、房产税、车船税、土地使用税、印花税、教育费附加及产品销售税金及附加。

4. 损失

是指企业在生产经营活动中发生的固定资产和存货的盘亏、毁损、报废损失，转让财产损失，呆账损失，坏账损失，自然灾害等不可抗力因素造成的损失以及其他损失。企业发生的损失，减除责任人赔偿和保险赔款后的余额，依照国务院财政、税务主管部门的规定扣除。

5. 扣除的其他支出

是指除成本、费用、税金、损失外，企业在生产经营活动中发生的与生产经营活动有关的、合理的支出。

（三）扣除项目及其标准

在计算应纳税所得额时，下列项目可按照实际发生额或规定的标准扣除。

（1）工资、薪金支出。企业发生的合理的工资、薪金支出准予据实扣除。合理的工资、薪金，是指企业按照股东大会、董事会、薪酬委员会或相关管理机构制定的工资薪金制度规定实际发放给员工的工资薪金。工资、薪金支出是企业每一纳税年度支付给本企业任职或与其有雇佣关系的员工的所有现金或非现金形式的劳动报酬，包括基本工资、奖金、津贴、补贴、年终加薪、加班工资，以及与任职或者是受雇有关的其他支出。

工资、薪金总额是企业实际发放的工资、薪金总和，但不包括企业的职工福利费、职工教育经费、工会经费，以及养老保险费、医疗保险费、失业保险费、工伤保险费、生育保险费等社会保险费和住房公积金。属于国有性质的企业，其工资、薪金不得超过政府有关部门给予的限定数额；超过部分，不得计入企业工资、薪金总额，也不得在计算企业应纳税所得额时扣除。

（2）职工福利费、工会经费、职工教育经费。

企业发生的职工福利费、工会经费、职工教育经费按标准扣除，未超过标准的按实际数扣除，超过标准的只能按标准扣除。

1）企业发生的职工福利费支出，不超过工资薪金总额14%的部分准予扣除。

2）企业拨缴的工会经费，不超过工资薪金总额2%的部分准予扣除。

3）企业发生的职工教育经费支出，不超过工资薪金总额8%的部分准予扣除，超过部分准予结转以后纳税年度扣除。

对于软件生产企业发生的职工教育经费中的职工培训费用，可以据实全额在企业所得税前扣除。软件生产企业应准确划分职工教育经费中的职工培训费用，对于不能准确划分以及准确划分后职工教育经费中扣除职工培训费后的余额，一律按照工资、薪金总额8%的比例扣除。

【例题5-3】某机械厂为居民企业，2020年度实际发生的工资、薪金支出为100万元，本期"三项经费"实际发生额为15万元，其中福利费为10万元，拨缴的工会经费为2万元并已取得工会拨缴收据，实际发生职工教育经费9万元。该企业允许扣除的三项经费支出为：

福利费扣除限额＝100×14%＝14（万元），实际发生10万元可据实扣除。

工会经费扣除限额＝100×2%＝2（万元），实际发生2万元可据实扣除。

职工教育经费扣除限额＝100×8%＝8（万元），实际发生9万元，可扣除8万元，另外1万元调增应纳税所得额，并结转下年继续抵扣。

允许扣除三项经费支出合计＝10+2+8＝20（万元）

（3）社会保险费。

1）企业依照国务院有关主管部门或者省级人民政府规定的范围和标准为职工缴纳的五险一金，即基本养老保险费、基本医疗保险费、失业保险费、工伤保险费、生育保险费等基本社会保险费和住房公积金，准予扣除。

2）企业为投资者或者职工支付的补充养老保险费、补充医疗保险费，分别在不超过职工工资总额5%标准以内的部分，准予扣除。企业依照国家有关规定为特殊工种职工支付的人身安全保险费和符合国务院财政、税务主管部门规定可以扣除的商业保险费准予扣除。

3）企业参加财产保险，按照规定缴纳的保险费，准予扣除。企业为投资者或者职工支付的商业保险费，不得扣除。

拓展资料

"五险一金"将变为"四险一金"

《关于全面推进生育保险和职工基本医疗保险合并实施的意见》指出，2019年底前将实现生育保险和职工基本医疗保险的合并。到时，"五险一金"将变为"四险一金"。

资料来源：《关于全面推进生育保险和职工基本医疗保险合并实施的意见》

【例题5-4】某公司2020年度支出合理的工资薪金总额900万元，按规定标准为职工缴纳基本社会保险费130万元，为受雇的全体员工支付补充养老保险费60万元、补充医疗保险费100万元，为公司高管购买重大疾病险缴纳商业保险费20万元。本案发生的保险费中，

解析：

（1）基本社会保险费 130 万元可以全额扣除；

（2）补充养老保险费的扣除限额＝900×5%＝45（万元），实际发生额 60 万元超过扣除限额，只能按限额扣除；

（3）补充医疗保险费的扣除限额＝900×5%＝45（万元），实际发生额 100 万元超过扣除限额，只能按限额扣除；

（4）为公司高管缴纳商业保险费并不属于准予扣除的"职工因公出差乘坐交通工具发生的人身意外保险费"或者"依法为特殊工种职工支付的人身安全保险费"，该 20 万元不得扣除；

（5）该公司 2020 年度发生的上述保险费在企业所得税税前准予扣除的数额＝130＋45＋45＝220（万元）。

（4）利息费用。

企业在生产、经营活动中发生的利息费用，按下列规定扣除。

1）非金融企业向金融企业借款的利息支出、金融企业的各项存款利息支出和同业拆借利息支出、企业经批准发行债券的利息支出可据实扣除。

2）非金融企业向非金融企业借款的利息支出，不超过按照金融企业同期同类贷款利率计算的数额的部分可据实扣除，超过部分不许扣除。

3）关联企业利息费用的扣除。企业从其关联方接受的债权性投资与权益性投资的比例超过规定标准而发生的利息支出，不得在计算应纳税所得额时扣除。

①在计算应纳税所得额时，企业实际支付给关联方的利息支出，不超过债权性投资与权益性投资金融企业 5∶1、其他企业 2∶1 计算的部分准予扣除，超过的部分不得在发生当期和以后年度扣除。

【例题 5-5】某企业注册资本为 3 000 万元。2020 年按同期金融机构贷款利率从其关联方借款 6 500 万元，发生借款利息 390 万元。该企业在计算企业所得税应纳税所得额时，准予扣除的利息金额为：

解析：

根据规定，企业实际支付给关联方的利息支出，除另有规定外，其接受关联方债权性投资与其权益性投资比例为：除金融企业外的其他企业为 2∶1。该企业的注册资本为 3 000 万元，关联方债权性投资不应超过 3 000×2＝6 000（万元），现借款 6 500 万元，准予扣除的利息金额是 6 000 万元产生的利息，即 390÷6 500×6 000＝360（万元）。

②企业如果能够按照税法及其实施条例的有关规定提供相关资料，并证明相关交易活动符合独立交易原则的；或者该企业的实际税负不高于境内关联方的，其实际支付给境内关联方的利息支出，在计算应纳税所得额时准予扣除。

4）企业向自然人借款的利息支出在企业所得税税前的扣除。

①企业向股东或其他与企业有关联关系的自然人借款的利息支出，应根据企业所得税法及企业关联方利益支出税前扣除标准有关税收政策规定的条件，计算企业所得税扣除额。

②企业向内部职工及个人股东等非关联方个人以外的其他个人借款的利息支出，其借款情况同时符合以下条件的，其利息支出在不超过按照金融企业同期同类贷款利率计算的数额的部分，准予扣除。条件是，企业与个人之间的借贷是真实、合法、有效的，并且不具有非法集资目的或其他违反法律、法规的行为；企业与个人之间签订了借款合同。

（5）借款费用。

1）企业在生产经营活动中发生的合理的不需要资本化的借款费用，准予抵扣。

2）企业为购置、建造固定资产、无形资产和经过12个月以上的建造才能达到预定可销售状态的存货发生借款的，在有关资产购置、建造期间发生的合理的借款费用，应予以资本化，作为资本性支出计入有关资产的成本；有关资产交付使用后发生的借款利息，可在发生当期扣除。

【例题5-6】某机械制造企业2020年1月1日向银行借款4 000万元，借期1年，年利率为10%，其中3 000万元用于一车间基建工程，该车间于2020年10月1日交付使用；1 000万元用于采购原料从事生产经营。企业在2020年按权责发生制原则计提了贷款利息支出400万元，全部记入"财务费用"科目借方，并在会计利润中扣除。请问该利息支出的企业所得税应如何处理？

解析：

4 000万元的借款中有3 000万元借款发生的利息用于基建工程，在建造期间发生的利息需要资本化，计入在建工程，以后通过折旧的方式扣除。

资本化的利息支出 = 3 000×10%÷12×9 = 225（万元）

计入财务费用的利息支出 = 1 000×10%+3 000×10%÷12×3 = 175（万元）因此，利息支出当年应调增应纳税所得额为400-175 = 225万元。

（6）汇兑损益。企业在货币交易中，以及纳税年度终了时将人民币以外的货币性资产、负债按照期末即期人民币汇率中间价折算为人民币时产生的汇兑损益，除已经计入有关资产成本以及与向所有者进行利润分配相关的部分外，准予扣除。

（7）业务招待费。企业发生的与生产经营活动有关的业务招待费支出，按照发生额的60%扣除，但最高不得超过当年销售（营业）收入的5‰。

对从事股权投资业务的企业（包括集团公司总部、创业投资企业等），其从被投资企业所分配的股息、红利以及股权转让收入，可以按规定的比例计算业务招待费扣除限额。

【例题5-7】某机械制造企业2020年度发生业务招待费60万元，当年可作为业务招待费计算依据的销售收入为1 800万元。请计算该企业当年可以扣除的业务招待费。

解析：

实际发生额的60%即60×60% = 36（万元），

当年销售收入的5‰即1 800×5‰ = 9（万元），

两个标准中较小者为扣除标准，所以可以扣除9万元。

（8）广告费和业务宣传费。企业发生的符合条件的广告费和业务宣传费支出，除国务院财政、税务主管部门另有规定外，不超过当年销售（营业）收入15%的部分，准予扣除；超过部分，准予结转以后纳税年度扣除。

需要说明的是：对化妆品制造或销售、医药制造和饮料制造（不含酒类制造）企业发生的广告费和业务宣传费支出，不超过当年销售（营业）收入30%的部分准予扣除，超过部分准予在以后纳税年度结转扣除；对采取特许经营模式的饮料制造企业，饮料品牌使用方发生的不超过当年销售（营业）收入30%的广告费和业务宣传费支出可在本企业扣除，也可将其中的部分或全部归集至饮料品牌持有方或管理方，由饮料品牌持有方或管理方作为销售费用据实在企业所得税前扣除。

烟草企业的烟草广告费和业务宣传费，一律不得在计算应纳税所得额时扣除。

【例题 5-8】 某机械制造企业 2020 年度的销售收入为 1 800 万元，实际发生的符合条件的广告费支出和业务宣传费支出为 500 万元，请问该企业可以税前扣除的广告费和业务宣传费是多少？

解析：

扣除限额 = 1 800×15% = 270（万元）

企业广告费和业务宣传费支出为 500 万元，而扣除限额为 270 万元，所以当年企业可以税前扣除的广告费和业务宣传费为 270 万元，超过的 230 万元可以结转以后纳税年度扣除。

（9）环境保护专项资金。企业依照法律、行政法规有关规定提取的用于环境保护、生态恢复等方面的专项资金，准予扣除。上述专项资金提取后改变用途的，不得扣除。

（10）保险费。企业参加财产保险，按照规定缴纳的保险费，准予扣除。

（11）租赁费。企业根据生产经营活动的需要租入固定资产支付的租赁费，按照以下方法扣除：

1）以经营租赁方式租入固定资产发生的租赁费支出，按照租赁期限均匀扣除。经营性租赁是指所有权不转移的租赁。

2）以融资租赁方式租入固定资产发生的租赁费支出，按照规定构成融资租入固定资产价值的部分应当提取折旧费用分期扣除。

（12）劳动保护费。企业发生的合理的劳动保护支出，准予扣除。由企业统一制作并要求员工工作时统一着装所发生的工作服饰费用，可以作为企业合理的支出给予税前扣除。

（13）公益性捐赠支出。公益性捐赠，是指企业通过公益性社会团体或者县级（含县级）以上人民政府及其部门，用于《中华人民共和国公益事业捐赠法》规定的公益事业的捐赠。

企业发生的公益性捐赠支出，不超过年度利润总额 12% 的部分，准予扣除。超过年度利润总额 12% 的部分，准予结转以后 3 年内在计算应纳税所得额时扣除，企业直接对受赠人的捐赠和非公益性捐赠，不得在税前扣除。

【例题 5-9】 某机械制造企业 2020 纳税年度利润总额为 5 000 万元，全年发生公益性捐赠 620 万元、非公益性捐赠 80 万元。无其他调整项目，该企业的应纳税所得额为：

解析：

公益性捐赠扣除限额 = 5 000×12% = 600（万元）

应纳税所得额 = 5 000 +（620-600）+80 = 5 100（万元）

（14）有关资产的费用。企业转让各类固定资产发生的费用，允许扣除。企业按规定计算的固定资产折旧费、无形资产和递延资产的摊销费，准予抵扣。

（15）总机构分摊的费用。非居民企业在中国境内设立的机构、场所，就其中国境外总机构发生的与该机构、场所生产经营有关的费用，能够提供总机构出具的费用汇集范围、定额、分配依据和方法等证明文件，并合理分摊的，准予扣除。

（16）资产损失。企业当期发生的固定资产和流动资产盘亏、毁损净损失，由其提供清查盘存资料经主管税务机关审核后，准予扣除。

（17）依照有关法律、行政法规和国家有关税法规定准予扣除的其他项目。如会员费、合理的会议费、差旅费、违约金、诉讼费用等。

（18）手续费及佣金支出。

1）企业发生的与生产经营有关的手续费及佣金支出，不超过以下规定计算限额以内的部分，准予扣除；超过部分，不得扣除。

①保险企业：财产保险企业按当年全部保费收入扣除退保金等后余额的15%（含本数，下同）计算限额；人身保险企业按当年全部保费收入扣除退保金等后余额的10%计算限额。

②其他企业：按与具有合法经营资格中介服务机构或个人（不含交易双方及其雇员、代理人和代表人等）所签订服务协议或合同确认的收入金额的5%计算限额。

2）企业应与具有合法经营资格的中介服务企业或个人签订代办协议或合同，并按国家有关规定支付手续费及佣金。除委托个人代理外，企业以现金等非转账方式支付的手续费及佣金不得在税前扣除。企业为发行权益性证券支付给有关证券承销机构的手续费及佣金不得在税前扣除。

3）企业不得将手续费及佣金支出计入回扣、业务提成、返利、进场费等费用。

4）企业已计入固定资产、无形资产等相关资产的手续费及佣金支出，应当通过折旧、摊销等方式分期扣除，不得在发生当期直接扣除。

5）企业支付的手续费及佣金不得直接冲减服务协议或合同金额，并如实入账。

6）企业应当如实向当地主管税务机关提供当年手续费及佣金计算分配表和其他相关资料，并依法取得合法真实凭证。

四、不得扣除的项目

在计算应纳税所得额时，下列支出不得扣除：

（1）向投资者支付的股息、红利等权益性投资收益款项。

（2）企业所得税税款。

（3）税收滞纳金，是指纳税人违反税收法规，被税务机关处以的滞纳金。

（4）罚金、罚款和被没收财物的损失，是指纳税人违反国家有关法律、法规规定，被有关部门处以的罚款，以及被司法机关处以的罚金和被没收财物。

（5）超过规定标准的捐赠支出。

（6）赞助支出，是指企业发生的与生产经营活动无关的各种非广告性质支出。

（7）未经核定的准备金支出，是指不符合国务院财政、税务主管部门规定的各项资产减值准备、风险准备等准备金支出。

（8）企业之间支付的管理费、企业内营业机构之间支付的租金和特许权使用费，以及非银行企业内营业机构之间支付的利息，不得扣除。

（9）与取得收入无关的其他支出。

五、亏损弥补

亏损是指企业按照企业所得税法及其暂行条例的规定，将每一纳税年度的收入总额减除不征税收入、免税收入和各项扣除后小于零的数额。税法规定，企业某一纳税年度发生的亏损可以用下一年度的所得弥补，下一年度的所得不足以弥补的，可以逐年延续弥补，但最长不得超过5年（高新技术企业和科技型中小企业亏损结转年限为10年）。5年（或10年）当中无论盈亏，均作为实际弥补期连续计算，先亏先补，顺序弥补。但企业在汇总计算缴纳企业所得税时，其境外营业机构的亏损不得抵减境内营业机构的盈利。

【例题5-10】某机械制造企业，2013年—2019年应纳税所得额情况如下：2013年530万元；2014年180万元；2015年100万元；2016年110万元；2017年140万元；2018年150

万元；2019 年 190 万元。请问该企业的亏损应如何弥补？

解析：

2013 年的亏损，可以用 2014—2018 年的所得进行弥补，因为 2014 年出现亏损，所以从 2015 年开始到 2018 年共能弥补 100＋110＋140＋150＝500（万元），剩下 30 万元因为超过 5 年弥补期，所以不能再弥补。2014 年的亏损应该用 2015 年—2019 年的所得进行弥补，因为 2015 年—2018 年的所得已经全部弥补了 2013 年的亏损，所以 2014 年的亏损只可以用 2019 年的所得进行弥补，即 190－180＝10（万元），剩下的所得 10 万元按照规定缴纳企业所得税。

第四节　企业各项资产的税务处理

企业所得税法关于资产的税务处理的规定与新会计准则的规定基本相同。企业所得税法规定纳税人资产的税务处理，其目的是要通过对资产的分类，区别资本性支出与收益性支出，确定准予扣除和不准扣除的项目，正确计算应纳税所得额。企业持有各项资产期间资产增值或减值，除国务院财政、税务主管部门规定可以确认损益外，不得调整该资产的计税基础。根据税法的规定，资产的税务处理如下：

一、固定资产的税务处理

固定资产是指企业为生产产品、提供劳务、出租或经营管理而持有的、使用时间超过 12 个月的非货币性资产，包括房屋、建筑物、机器、机械、运输工具和其他与生产经营活动有关的设备、器具和工具等。

（一）固定资产的计税基础

（1）外购的固定资产，以购买价款和支付的相关税费，以及直接归属于使该资产达到预定用途发生的其他支出为计税基础；

（2）自行建造的固定资产，以竣工结算前发生的支出为计税基础；

（3）融资租入的固定资产，以租赁合同约定的付款总额和承租人在签订租赁合同过程中发生的相关费用为计税基础，租赁合同未约定付款总额的，以该资产的公允价值和承租人在签订租赁合同过程中发生的相关费用为计税基础。

（4）盘盈的固定资产，以同类固定资产的重置完全价值为计税基础；

（5）通过捐赠、投资、非货币性资产交换、债务重组等方式取得的固定资产，以该资产的公允价值和支付的相关税费为计税基础。

（6）改建的固定资产，除已足额提取折旧的固定资产和租入固定资产外，以改建过程中发生的改建支出增加为计税基础。

（二）固定资产的折旧范围

企业在计算应纳税所得额时按规定计算的固定资产折旧准予扣除。下列固定资产不得扣除：

（1）房屋、建筑物以外未投入使用的固定资产；

（2）以经营租赁方式租入的固定资产；

（3）以融资租赁方式租出的固定资产；

（4）已足额提取折旧仍继续使用的固定资产；

（5）与经营活动无关的固定资产；

（6）单独估价作为固定资产入账的土地；

（7）其他不得计算折旧扣除的固定资产。

（三）固定资产的折旧方法

固定资产按照直线法计算的折旧，准予扣除。企业应当自固定资产投入使用月份的次月起计算折旧；停止使用的固定资产，应当自停止使用月份的次月起停止计算折旧。

（四）固定资产的预计净残值

企业应当根据固定资产的性质和使用情况，合理确定固定资产的预计净残值。固定资产的预计净残值一经确定，不得变更。

（五）固定资产的折旧年限

除国务院财政、税务主管部门另有规定外，固定资产折旧的最低年限如下：

（1）房屋，建筑物，为20年。

（2）飞机、火车、轮船、机器、机械和其他生产设备，为10年。

（3）与生产经营活动有关的器具、工具、家具等，为5年。

（4）飞机、火车、轮船以外的运输工具，为4年。

（5）电子设备，为3年。

从事开采石油、天然气等矿产资源的企业，在开始商业性生产前发生的费用和有关固定资产的折耗、折旧方法，由国务院财政、税务主管部门另行规定。

【例题5-11】甲生产企业（增值税一般纳税人）2020年8月5日为其销售部门购进1辆轿车，取得增值税专用发票，注明价款15万元，税额2.55万元，发生运杂费及上牌照税费2万元，该轿车于当月投入使用，假定该企业固定资产预计净残值率为5%，该企业按照轿车的最低折旧年限采用直线法计提折旧。计算甲企业购买的轿车在当年企业所得税税前扣除的折旧额。

解析：

从2014年8月1日起，企业购入轿车的进项税可以抵扣，轿车折旧年限最低为4年，由于2020年8月5日购买，因此从2020年9月起开始计提折旧。

该轿车账面成本=15+2=17（万元）

当年依照税法规定可扣除的折旧额=17×（1-5%）÷（4×12）×4=1.346（万元）

二、生物资产的税务处理

生物资产是指有生命的动物和植物，分为消耗性生物资产、生产性生物资产和公益性生物资产。上述生物资产中，只有生产性生物资产可以计提折旧，消耗性生物资产是指为出售而持有的或在将来收获为农产品的生物资产，包括生长中的农田作物、蔬菜、用材林以及存栏待售的牲畜等。生产性生物资产是指为产出农产品、提供劳务或出租等目的而持有的生物资产，包括经济林、薪炭林、产畜和役畜等。公益性生物资产是指以防护、环境保护为主要目的的生物资产，包括防风固沙林、水土保持林和水源涵养林等。

（一）生物资产的计税基础

生产性生物资产按照以下方法确定计税基础：

（1）外购的生产性生物资产，以购买价款和支付的相关税费为计税基础。

（2）通过捐赠、投资、非货币性资产交换、债务重组等方式取得的生产性生物资产，以该资产的公允价值和支付的相关税费为计税基础。

（二）生物资产的折旧方法和折旧年限

生产性生物资产按照直线法计算的折旧，准予扣除。企业应当自生产性生物资产投入使用月份的次月起计算折旧；停止使用的生产性生物资产，应当自停止使用月份的次月起停止计算折旧。

企业应当根据生产性生物资产的性质和使用情况，合理确定生产性生物资产的预计净残值。生产性生物资产的预计净残值一经确定，不得变更。

生产性生物资产计算折旧的最低年限为：

（1）林木类生产性生物资产为 10 年；

（2）畜类生产性生物资产为 3 年。

三、无形资产的税务处理

无形资产，是指企业长期使用但没有实物形态的资产，包括专利权、商标权、著作权、土地使用权、非专利技术、商誉等。

（一）无形资产的计税基础

无形资产按照以下方法确定计税基础：

（1）外购的无形资产，以购买价款和支付的相关税费及直接归属于使该资产达到预定用途发生的其他支出为计税基础。

（2）自行开发的无形资产，以开发过程中该资产符合资本化条件后至达到预定用途前发生的支出为计税基础。

（3）通过捐赠、投资、非货币性资产交换、债务重组等方式取得的无形资产，以该资产的公允价值和支付的相关税费为计税基础。

（二）无形资产摊销的范围

在计算应纳税所得额时，企业按照规定计算的无形资产摊销费用，准予扣除。下列无形资产不得计算摊销费用扣除：

（1）自行开发的支出已在计算应纳税所得额时扣除的无形资产。

（2）自创商誉。

（3）与经营活动无关的无形资产。

（4）其他不得计算摊销费用扣除的无形资产。

（三）无形资产的摊销方法及年限

无形资产的摊销，采取直线法计算，年限不得低于 10 年。作为投资或者受让的无形资产，有关法律规定或者合同约定了使用年限的，可以按照规定或者约定的使用年限分期摊销。外购商誉的支出，在企业整体转让或者清算时，准予扣除。

四、长期待摊费用的税务处理

长期待摊费用，是指企业发生的应在一个年度以上或几个年度进行摊销的费用。在计算应纳税所得额时，企业发生的下列支出作为长期待摊费用，按照规定摊销的，准予扣除。

（1）已足额提取折旧的固定资产的改建支出。

（2）租入固定资产的改建支出。

（3）固定资产的大修理支出。

（4）其他应当作为长期待摊费用的支出。

企业的固定资产修理支出（非固定资产大修理支出）可在发生当期直接扣除。企业的固定资产改良支出，如果有关固定资产尚未提足折旧，可增加固定资产价值；如有关固定资产已提足折旧，可作为长期待摊费用，在规定的期间内平均摊销。

固定资产的改建支出，是指改变房屋或者建筑物结构、延长使用年限等发生的支出。已足额提取折旧的固定资产的改建支出，按照固定资产预计尚可使用年限分期摊销；租入固定资产的改建支出，按照合同约定的剩余租赁期限分期摊销；改建的固定资产延长使用年限的，除已足额提取折旧的固定资产、租入固定资产的改建支出外，其他的固定资产发生改建支出，应当适当延长折旧年限。

大修理支出，按照固定资产尚可使用年限分期摊销。《企业所得税法》所指固定资产的大修理支出，是指同时符合以下条件的支出：

（1）修理支出达到取得固定资产时的计税基础50%以上；

（2）修理后固定资产的使用年限延长2年以上。

其他应当作为长期待摊费用的支出，自支出发生月份的次月起，分期摊销，摊销年限不得低于3年。

五、存货的税务处理

存货，是指企业持有以备出售的产品或者商品、处在生产过程中的在产品、在生产或者提供劳务过程中耗用的材料和物料等。

（一）存货的计税基础

存货按照以下方法确定成本：

（1）通过支付现金方式取得的存货，以购买价款和支付的相关税费为成本。

（2）通过支付现金以外的方式取得的存货，以该存货的公允价值和支付的相关税费为成本。

（3）生产性生物资产收获的农产品，以产出或者采收过程中发生的材料费、人工费和分摊的间接费用等必要支出为成本。

（二）存货的成本计算方法

企业使用或者销售的存货的成本计算方法，可以在先进先出法、加权平均法、个别计价法中选用一种。成本计算方法一经选用，不得随意变更。

企业转让以上资产，在计算企业应纳税所得额时，资产的净值允许扣除。其中，资产的净值是指有关资产、财产的计税基础减除已经按照规定扣除的折旧、折耗、摊销、准备金等后的余额。

除国务院财政、税务主管部门另有规定外，企业在重组过程中，应当在交易发生时确认有关资产的转让所得或者损失，相关资产应当按照交易价格重新确定计税基础。

六、投资资产的税务处理

投资资产，是指企业对外进行权益性投资和债权性投资而形成的资产。

（一）投资资产的成本

投资资产按以下方法确定投资成本：

（1）通过支付现金方式取得的投资资产，以购买价款为成本。

（2）通过支付现金以外的方式取得的投资资产，以该资产的公允价值和支付的相关税费为成本。

（二）投资资产成本的扣除方法

企业对外投资期间，投资资产的成本在计算应纳税所得额时不得扣除；企业在转让或者处置投资资产时，投资资产的成本准予扣除。

（三）投资企业撤回或减少投资的税务处理

投资企业从被投资企业撤回或减少投资，其取得的资产中，相当于初始出资的部分，应确认为投资收回；相当于被投资企业累计未分配利润和累计盈余公积按减少实收资本比例计算的部分，应确认为股息所得；其余部分确认为投资资产转让所得。被投资企业发生的经营亏损，由被投资企业按规定结转弥补；投资企业不得调整降低其投资成本，也不得将其确认为投资损失。

第五节　企业重组的所得税处理

一、企业重组的含义

企业重组，是指企业发生结构重大改变的交易，包括企业法律形式改变、债务重组、股权收购、资产收购、合并、分立等。

1. 企业法律形式改变

是指企业注册名称、住所以及企业组织形式等的简单改变，但符合财政部、国家税务总局关于企业重组业务相关规定其他重组的类型除外。

2. 债务重组

是指在债务人发生财务困难的情况下，债权人按照其与债务人达成的书面协议或者法院裁定书，就其债务人的债务做出让步的事项。

3. 股权收购

是指一家企业（以下称为收购企业）购买另家企业（以下称为被收购企业）的股权，以实现对被收购企业控制的交易。收购企业支付对价的形式包括股权支付、非股权支付或两者的组合。

4. 资产收购

是指一家企业（以下称为受让企业）购买另一家企业（以下称为转让企业）实质经营性资产的交易。受让企业支付对价的形式包括股权支付、非股权支付或两者的组合。

5. 合并

是指一家或多家企业（以下称为被合并企业）将其全部资产和负债转让给另一家现存或新设企业（以下称为合并企业），被合并企业股东换取合并企业的股权或非股权支付，实现两个或两个以上企业的依法合并。

6. 分立

是指一家企业（以下称为被分立企业）将部分或全部资产分离转让给现存或新设的企业（以下称为分立企业），被分立企业股东换取分立企业的股权或非股权支付，实现企业的依法分立。

上面所说的股权支付，是指企业重组中购买、换取资产的一方支付的对价中，以本企业或其控股企业的股权、股份作为支付的形式；非股权支付，是指以本企业的现金、银行存款、应收款项，本企业或其控股企业股权和股份以外的有价证券、存货、固定资产、其他资产及承担债务等作为支付的形式。

二、企业重组的一般性税务处理

（1）企业由法人转变为个人独资企业、合伙企业等非法人组织，或将登记注册地转移至中华人民共和国境外，应视同企业进行清算、分配，股东重新投资成立新企业。企业的全部资产以及股东投资的计税基础均应以公允价值为基础确定。

企业发生其他法律形式简单改变的，可直接变更税务登记，除另有规定外，有关企业所得税纳税事项（包括亏损结转、税收优惠等权益和义务）由变更后的企业承继，但因住所发生变化而不符合税收优惠条件的除外。

（2）企业债务重组，相关交易应按以下规定处理：

1）以非货币资产清偿债务，应当分解为转让（销售）相关非货币性资产、按非货币性资产公允价值清偿债务两项业务，确认相关资产的所得或损失。

2）发生债权转股权的，应当分解为债务清偿和股权投资两项业务，确认有关债务清偿所得或损失。

3）债务人应当按照支付的债务清偿额低于债务计税基础的差额，确认债务重组所得；债权人应当按照收到的债务清偿额低于债权计税基础的差额，确认债务重组损失。

4）债务人的相关所得税纳税事项原则上保持不变。

【例题5-12】甲企业2020年12月与乙公司达成债务重组协议，甲企业以一批库存商品抵偿所欠乙公司一年前发生的债务25.4万元。该批库存商品的账面成本为16万元，市场不含税销售价为20万元，该批商品的增值税税率为13%。该企业适用25%的企业所得税税率。假定城市维护建设税和教育费附加不予考虑。

计算甲企业该项重组业务应纳的企业所得税、乙企业的债务重组损失。

解析：

（1）甲企业分解成两个行为的两项所得：

销售货物所得 = 20-16 = 4（万元）

债务清偿所得 = 25.4- 20×（1+13%）= 2.8（万元）

因该重组事项一共应确认应纳税所得额 = 20-16+2 = 6.8（万元）

6.8 万元含两方面的所得：此项债务重组利得 2.8 万元和货物销售所得 4 万元。

甲企业应纳企业所得税 = 6×25% = 1.7（万元）

（2）乙企业的债务重组损失 = 25.4-20-3.4 = 2（万元）

（3）企业股权收购、资产收购重组交易，相关交易应按以下规定处理：

1）被收购方应确认股权、资产转让所得或损失。

2）收购方取得股权或资产的计税基础应以公允价值为基础确定。

3）被收购企业的相关所得税事项原则上保持不变。

【例题 5-13】2020 年 9 月，A 公司以 500 万元的银行存款购买取得 B 公司的部分经营性资产，A 公司购买 B 公司该部分经营性资产的账面价值为 420 万元，计税基础为 460 万元，公允价值为 500 万元。

对 A 公司（受让方/收购方）、B 公司（转让方/被收购方）的上述业务进行相关税务处理。

解析：

（1）B 公司（转让方/被收购方）的税务处理。

B 公司应确认资产转让所得 = 500-460 = 40（万元）

（2）A 公司（受让方/收购方）的税务处理。A 公司购买该经营性资产后，应以该资产的公允价值 500 万元为基础确定计税基础。

（4）企业合并，当事各方应按下列规定处理：

1）合并企业应按公允价值确定接受被合并企业各项资产和负债的计税基础。

2）被合并企业及其股东都应按清算进行所得税处理。

3）被合并企业的亏损不得在合并企业结转弥补。

（5）企业分立，当事各方应按下列规定处理：

1）被分立企业对分立出去的资产应按公允价值确认资产转让所得或损失。

2）分立企业应按公允价值确认接受资产的计税基础。

3）被分立企业继续存在时，其股东取得的对价应视同被分立企业分配进行处理。

4）被分立企业不再继续存在时，被分立企业及其股东都应按清算进行所得税处理。

5）企业分立相关企业的亏损不得相互结转弥补。

三、企业重组的特殊性税务处理

（1）企业重组同时符合下列条件的，适用特殊性税务处理规定：

1）具有合理的商业目的，且不以减少、免除或者推迟缴纳税款为主要目的。

2）被收购、合并或分立部分的资产或股权比例符合下述（二）规定的比例。

3）企业重组后的连续 12 个月内不改变重组资产原来的实质性经营活动。

4）重组交易对价中涉及股权支付金额符合下述（二）规定比例。

5）企业重组中取得股权支付的原主要股东，在重组后连续 12 个月内，不得转让所取得的股权。

（2）企业重组符合上述五个条件的，交易各方对其交易中的股权支付部分，可以按以下规定进行特殊性税务处理：

1）企业债务重组确认的应纳税所得额占该企业当年应纳税所得额50%以上，可以在5个纳税年度内，均匀计入各年度的应纳税所得额。

企业发生债权转股权业务的，对债务清偿和股权投资两项业务暂不确认有关债务清偿所得或损失，股权投资的计税基础以原债权的计税基础确定，企业的其他相关所得税事项保持不变。

2）股权收购，收购企业购买的股权不低于被收购企业全部股权的50%，且收购企业在该股权收购发生时的股权支付金额不低于其交易支付总额的85%，可以选择按以下规定处理：

①被收购企业的股东取得收购企业股权的计税基础，以被收购股权的原有计税基础确定。

②收购企业取得被收购企业股权的计税基础，以被收购股权的原有计税基础确定。

③收购企业、被收购企业的原有各项资产和负债的计税基础和其他相关所得税事项保持不变。

3）资产收购，受让企业收购的资产不低于转让企业全部资产的50%，且受让企业在该资产收购发生时的股权支付金额不低于其交易支付总额的85%，可以选择按以下规定处理：

①转让企业取得受让企业股权的计税基础，以被转让资产的原有计税基础确定。

②受让企业取得转让企业资产的计税基础，以被转让资产的原有计税基础确定。

4）企业合并，企业股东在该企业合并发生时取得的股权支付金额不低于其交易支付总额的85%，以及同一控制下且不需要支付对价的企业合并，可以选择按以下规定处理：

①合并企业接受被合并企业资产和负债的计税基础，以被合并企业的原有计税基础确定。

②被合并企业合并前的相关所得税事项由合并企业承继。

③可由合并企业弥补的被合并企业亏损的限额：被合并企业净资产公允价值×截至合并业务发生当年年末国家发行的最长期限的国债利率。

④被合并企业股东取得合并企业股权的计税基础，以其原持有的被合并企业股权的计税基础确定。

因为企业合并实际上相当于收购企业购买了被收购企业的全部股权，即股权的100%，由于100%>50%，因此自然会满足上述条件。

【例题5-14】2020年10月6日，甲摩托生产企业合并一家小型股份公司，股份公司全部资产的公允价值为5 700万元，全部负债为3 200万元，未超过弥补年度的亏损额为620万元。合并时摩托生产企业给股份公司的股权支付额为2 300万元、银行存款200万元。由于2 300÷（2 300+200）＝92%>85%，因此该合并业务符合企业重组特殊性税务处理的条件且选择此方法执行（假定当年国家发行的最长期限的国债年利率为6%）。

计算可由合并企业弥补被合并企业的亏损。

解析：

可由合并企业弥补的被合并企业亏损的限额＝（5 700－3 200）×6%＝150（万元）

由于620>150，因此可由合并企业弥补被合并企业的亏损为150万元。

5）企业分立，被分立企业所有股东按原持股比例取得分立企业的股权，分立企业和被分立企业均不改变原来的实质经营活动，且被分立企业股东在该企业分立发生时取得的股权支付金额不低于其交易支付总额的85%，可以选择按以下规定处理：

①分立企业接受被分立企业资产和负债的计税基础，以被分立企业的原有计税基础确定。

②被分立企业已分立出去的资产相应的所得税事项由分立企业承继。

③被分立企业未超过法定弥补期限的亏损额可按分立资产占全部资产的比例进行分配，由分立企业继续弥补。

④被分立企业的股东取得分立企业的股权（以下简称"新股"），如需部分或全部放弃原持有的被分立企业的股权（以下简称"旧股"），"新股"的计税基础应以放弃"旧股"的计税基础确定。如不须放弃"旧股"，则其取得"新股"的计税基础可从以下两种方法中选择确定：直接将"新股"的计税基础确定为零；以被分立企业分立出去的净资产占被分立企业全部净资产的比例先调减原持有的"旧股"计税基础，再将调减的计税基础平均分配到"新股"上。

6）重组交易各方按上述1至2项规定对交易中股权支付暂不确认有关资产的转让所得或损失的，其非股权支付仍应在交易当期确认相应的资产转让所得或损失，并调整相应资产的计税基础。

非股权支付对应的资产转让所得或损失 =（被转让资产的公允价值−被转让资产的计税基础）×（非股权支付金额 ÷被转让资产的公允价值）

【例题5-15】 甲公司共有股权1 000万股，为了更好地发展，欲将80%的股权由乙公司收购，从而成为乙公司的子公司。假定收购日甲公司每股资产的计税基础为7元，每股资产的公允价值为9元。在收购对价中乙公司以股权形式支付6 480万元，以银行存款支付720万元。

计算甲公司该项业务的应税所得及应纳企业所得税。

解析：

甲公司取得非股权支付额对应的资产转让所得的计算如下：

①从股权收购比重以及股权支付金额占交易额的比重看是否适用于特殊税务处理。

股权收购比重 = 80% > 50%

股权支付金额占交易额的比重 = 6 480÷（6 480+720）= 90% > 85%

因此，适用企业重组的特殊性税务处理方法。

②公允价值中的高于原计税基础的增加值 = 1 000×80%×（9−7）= 1 600（万元）

③非股权支付比例 = 720÷（6 480+720）= 10%

④甲公司取得股权支付额对应的所得不确认损益，但是非股权支付额对应的收益应确认资产转让所得，则

资产转让所得 = 1 600×10% = 160（万元）

⑤甲公司应纳企业所得税 = 160×25% = 40（万元）

（3）企业发生涉及中国境内与境外之间的股权和资产收购交易，除应符合企业重组的特殊性税务处理中规定的条件外，还应同时符合下列条件，才可选择适用特殊性税务处理规定。

1）非居民企业向其100%直接控股的另一非居民企业转让其拥有的居民企业股权，没有因此造成以后该项股权转让所得预提税负变化，并且转让方非居民企业向主管税务机关书面承诺在3年（含3年）内不转让其拥有受让方非居民企业的股权。

2）非居民企业向与其具有100%直接控股关系的居民企业转让其拥有的另一居民企业股权。

3）居民企业以其拥有的资产或股权向其100%直接控股的非居民企业进行投资。

4）财政部、国家税务总局核准的其他情形。

（4）在企业吸收合并中，合并后的存续企业性质及适用税收优惠的条件未发生改变的，可以继续享受合并前该企业剩余期限的税收优惠，其优惠金额按存续企业合并前一年的应纳税所得额（亏损计为零）计算。

在企业存续分立中，分立后的存续企业性质及适用税收优惠的条件未发生改变的，可以继续享受分立前该企业剩余期限的税收优惠，其优惠金额按该企业分立前一年的应纳税所得额（亏损计为零）乘以分立后存续企业资产占分立前该企业全部资产的比例计算。

（5）企业在重组发生前后连续 12 个月内，分步对其资产、股权进行交易，应根据"实质重于形式"原则将上述交易作为一项企业重组交易进行处理。

（6）企业发生符合规定的特殊性重组条件并选择特殊性税务处理的，当事各方应在该重组业务完成当年企业所得税年度申报时，向主管税务机关提交书面备案资料，证明其符合各类特殊性重组规定的条件。企业未按规定书面备案的一律不得按特殊重组业务进行税务处理。

第六节　应纳税额的计算

一、居民企业应纳税额的计算

居民企业应纳所得税额等于应纳税所得额乘以试用税率，基本计算公式为：

应纳税额＝应纳税所得额×试用税率－减免税额－抵免税额

根据计算公式可以看出，应纳税额的多少，取决于应纳税所得额和税率两个因素。在实际过程中，应纳税所得额的计算一般有两种方法。

（一）直接计算法

在直接计算法下，企业每一纳税年度的收入总额减除不征税收入、免税收入、各项扣除以及允许弥补的以前年度亏损后的余额为应纳税所得额。计算公式与前述相同，即为：

应纳税所得额＝收入总额－不征税收入－免税收入－各项扣除金额－弥补亏损

（二）间接计算法

在间接计算法下，在会计利润总额的基础上加或减按照税法规定调整的项目金额后，即为应纳税所得额。计算公式为：

应纳税所得额＝会计利润总额±纳税调整项目金额

税收调整项目金额包括两方面的内容：一是企业的财务会计处理和税收规定不一致的应予以调整的金额；二是企业按税法规定准予扣除的税收金额。

【例5-16】某企业为居民企业，2020 年发生经营业务如下：

（1）取得产品销售收入 4 000 万元。

（2）发生产品销售成本 2 600 万元。

（3）发生销售费用 770 万元（其中广告费 650 万元）；管理费用 480 万元（其中业务招待费 25 万元）；财务费用 60 万元。

（4）销售税金 160 万元（含增值税 120 万元）。

（5）营业外收入 80 万元，营业外支出 50 万元（含通过公益性社会团体向贫困山区捐款 30 万元，支付税收滞纳金 6 万元）。

（6）计算成本、费用中的实发工资总额200万元、拨缴职工工会经费5万元、发生职工福利费31万元、发生职工教育经费17万元。

要求：计算该企业2019年度实际应纳的企业所得税。

解析：

1）会计利润总额=4 000+80-2 600-770-480-60-40-50=80（万元）

2）广告费和业务宣传费调增所得额=650-4 000×15%=650-600=50（万元）

3）业务招待费调增所得额=25-25×60%=25-15=10（万元）

4 000×5‰=20（万元）>25×60%=15（万元）

4）捐赠支出应调增所得额=30-80×12%=20.4（万元）

5）工会经费应调增所得额=5-200×2%=1（万元）

6）职工福利费应调增所得额=31-200×14%=3（万元）

7）职工教育经费应调增所得额=17-200×8%=1（万元）

8）应纳税所得额=80+50+10+20.4+6+1+3+1=171.4（万元）

9）2019年应缴企业所得税=171.4×25%=42.85（万元）

【例5-17】某工业企业为居民企业，2020年度发生经营业务如下：

全年取得产品销售收入5 600万元，发生产品销售成本4 000万元；其他业务收入800万元，其他业务成本694万元；取得购买国债的利息收入40万元；缴纳非增值税销售税金及附加300万元；发生的管理费用760万元，其中新技术的研究开发费用60万元，业务招待费70万元；发生财务费用200万元；取得直接投资其他居民企业的权益性收益34万元；取得营业外收入100万元，发生营业外支出250万元（其中含公益捐赠38万元）。

要求：计算该企业2020年应纳税的企业所得税。

解析：

（1）利润总额=5 600+800+40+34+100-4 000-694-300-760-200-250=370（万元）

（2）国债利息收入免征企业所得税，应调减所得税额40万元

（3）技术开发费调减所得额=60×75%=45（万元）

（4）按实际发生业务招待费的60%计算=70×60%=42（万元）

按销售（营业）收入的5‰计算=（5 600+800）×5‰=32（万元）

按照规定税前扣除限额为32万元，实际应调增应纳税所得额=70-32=38（万元）

（5）取得直接投资其他居民企业的权益性收益属于免税收入，应调减应纳税所得额34万元

（6）捐赠扣除标准=370×12%=44.4（万元）

实际捐赠额38万元小于扣除标准44.4万元，可按实捐数扣除，不做纳税调整。

（7）应纳税所得额=370-40-45+38-34=289（万元）

（8）该企业2011年应缴纳企业所得额=289×25%=72.25（万元）

二、企业取得境外所得计税时的抵免

（一）有关抵免境外已纳所得税额的规定

（1）税法规定允许抵免的两种情况：①居民企业来源于中国境外的应税所得；②非居民企业在中国境内设立机构、场所，取得发生在中国境外但与该机构、场所有实际联系的应税

所得。

（2）税法规定，企业取得的上述所得已在境外缴纳的所得税税额，可以从其当期应纳税额中抵免，抵免限额为该项所得依照本法规定计算的应纳税额；超过抵免限额的部分，可以在以后5个年度内，用每年度抵免限额抵免当年应抵税额后的余额进行抵补。

其中：①已在境外缴纳的所得税税额，是指企业来源于中国境外的所得依照中国境外税收法律以及相关规定应当缴纳并已经实际缴纳的企业所得税性质的税款。②抵免限额，是指企业来源于中国境外的所得，依照我国税法的相关规定计算的应纳税额。我国采用的是限额抵免法，即抵免限额不得超过按我国税法规定计算的额度，超过部分不得在当期抵免，但可以用今后5年内抵免余额抵补。

（3）税收抵免的计算。

企业可以选择按国（地区）别分别计算［即"分国（地区）不分项"］，或者不按国（地区）别汇总计算［即"不分国（地区）不分项"］其来源于境外的应纳税所得额，并按照税法规定的税率，分别计算其可抵免境外所得税税额和抵免限额。上述方法一经选择，5年内不得改变。

按分国（地区）不分项方式计算抵免限额，计算公式如下：

$$抵免限额 = 来源于某国的所得 \times 我国税法规定的税率$$

按不分国不分项计算抵免限额，计算公式如下：

$$抵免限额 = 来源于境外的所得 \times 我国税法规定的税率$$

（二）有关享受抵免境外所得税的范围及条件

税法规定居民企业从其直接或者间接控制的外国企业分得的来源于中国境外的股息、红利等权益性投资收益，外国企业在境外实际缴纳的所得税税额中属于该项所得负担的部分，可以作为该居民企业的可抵免境外所得税税额，在该法规定的抵免限额内抵免。

1. 直接控制

是指居民企业直接持有外国企业20%以上股份。

2. 间接控制

是指居民企业以间接持股方式持有外国企业20%以上股份。

我国采用多层抵免制度，但对享受税收抵免的境外投资企业规定了范围和条件，即不论直接控制的境外企业，还是间接控制的境外企业，其持股比例不得低于20%。只有高于20%持股比例的境外投资企业才可以享受税收抵免优惠，低于20%持股比例的境外投资企业不得享受税收抵免优惠。

企业依照税法规定抵免企业所得税税额时，应当提供中国境外税务机关出具的税款所属年度的有关纳税凭证。

【例5-18】某企业2020年度应纳税所得额为100万元，适用25%的企业所得税税率。另外，该企业分别在A、B两国设有分支机构（我国与A、B两国已经缔结避免双重征税协定），在A国分支机构的应纳税所得额为50万元，A国税率为20%；在B国的分支机构的应纳税所得额为30万元，B国税率为30%。假设该企业在A、B两国所得按我国税法计算的应纳税所得额和按A、B两国税法计算的应纳税所得额一致，两个分支机构在A、B两国分别缴纳了10万元和9万元的企业所得税。

要求：计算该企业汇总时在我国应缴纳的企业所得税税额。

解析：

（1）该企业按我国税法计算的境内、境外所得的应纳税额：

应纳税额＝（100＋50＋30）×25％＝45（万元）

（2）A、B两国的扣除限额：

A国扣除限额＝45×［50÷（100＋50＋30）］＝12.5（万元）

B国扣除限额＝45×［30÷（100＋50＋30）］＝7.5（万元）

在A国缴纳的所得税为10万元，低于扣除限额12.5万元，可全额扣除。

在B国缴纳的所得税为9万元，高于扣除限额7.5万元，其超过扣除限额的部分1.5万元当年不能扣除。

（3）汇总时在我国应缴纳的所得税＝45－10－7.5＝27.5（万元）

三、居民企业核定征收应纳税额的计算

为了加强企业所得税征收管理，根据《中华人民共和国企业所得税法》及其实施条例、《中华人民共和国税收征收管理法》及其实施细则的有关规定，核定征收企业所得税的有关规定如下：

（一）核定征收企业所得税的范围

本办法适用于居民企业纳税人，纳税人具有下列情形之一的，核定征收企业所得税：

（1）依照法律、行政法规的规定可以不设置账簿的。

（2）依照法律、行政法规的规定应当设置但未设置账簿的。

（3）擅自销毁账簿或者拒不提供纳税资料的。

（4）虽设置账簿，但账簿混乱或者成本资料、收入凭证、费用凭证残缺不全，难以查账的。

（5）发生纳税义务，未按照规定的期限办理纳税申报，经税务机关责令限期申报，逾期仍不申报。

（6）申报的计税依据明显偏低，又无正当理由的。

特殊行业、特殊类型的纳税人和一定规模以上的纳税人不适用本办法。上述特定纳税人由国家税务总局另行确定。

（二）核定征收的办法

税务机关应根据纳税人具体情况，对核定征收企业所得税的纳税人，核定应税所得率或者核定应纳所得额。

（1）具有下列情形之一的，核定其应税所得率：

1）能正确核算（查实）收入总额，但不能正确核算（查实）成本费用总额的。

2）能正确核算（查实）成本费用总额，但不能正确核算（查实）收入总额的。

3）通过合理方法，能计算和推定纳税人收入总额或成本费用总额的。

纳税人不属于以上情形的，核定其应纳所得税额。

（2）税务机关采用下列方法核定征收企业所得税：

1）参照当地同类行业或者类似行业中经营规模和收入水平相近的纳税人的税负水平核定。

2）按照应税收入额或成本费用支出额定率核定。

3）按照耗用的原材料、燃料、动力等推算或测算核定。

4）按照其他合理方法核定。

采用一种方法不足以正确核定应纳税所得额或应纳税额的，可以同时采用两种以上方法核定。采用两种以上方法测算的应纳税额不一致时，可按测算的应纳税额从高核定。

采用应税所得率方式核定征收企业所得税的，应纳所得额计算公式如下：

$$应纳所得税额＝应纳税所得额×适用税率$$

$$应纳税所得额＝应税收入额×应税所得率$$

或： 　　应纳税所得额＝成本（费用）支出额÷（1−应税所得率）×应税所得率

实行应税所得率方式核定征收企业所得税的纳税人，经营多业的，无论其经营项目是否单独核算，均由税务机关根据其主营项目确定适应的应税所得率。

主营项目应为纳税人所经营项目中，收入总额或者成本（费用）支出额或者耗用原材料、燃料、动力数量所占比重最大项目。

应税所得率按下表规定的幅度标准确定：

表 5−1　应税所得率表

行业	应税所得率%
农、林、牧、渔业	3～10
制造业	5～15
批发和零售贸易业	4～15
交通运输业	7～15
建筑业	8～20
饮食业	8～25
娱乐业	15～30
其他行业	10～30

四、非居民企业应纳税额的计算

对于在中国境内未设立机构、场所的，或者虽设立机构、场所但取得的所得与其所设机构、场所没有实际联系的非居民企业，其来源于中国境内的所得按照下列方法计算应纳税所得额：

（1）股息、红利等权益性投资收益和利息、租金、特许权使用费所得，以收入全额为应纳税所得额。

（2）转让财产所得，以收入全额减除财产净值后的余额为应纳税所得额。

（3）其他所得，参照前两项规定的方法计算应纳所得额。

财产净值是指财产的计税基础减除已经按照规定扣除的折旧、折耗、摊销、准备金等后的余额。

对于在中国境内未设立机构、场所的，或者虽设立机构、场所但取得的所得与其所设机构、场所没有实际联系的非居民企业的应纳税额计算公式：

$$应纳税额＝应纳税所得额×税率（减按 10\%）$$

五、非居民企业所得税核定征收办法

非居民企业因会计账簿不健全，资料残缺难以查账，或者其他原因不能准确计算并据实申报其应纳税所得额的，税务机关有权采取以下方法核定其应纳税所得额。

（1）按收入总额核定应纳税所得额：适用于能够正确核算收入或通过合理的方法推定收入总额，但不能正确核算成本费用的非居民企业。计算公式如下：

$$应纳税所得额＝收入总额×经税务机关核定的利润率$$

（2）按成本费用核定应纳税所得额：适用于能够正确计算核算成本费用，但不能正确核算收入总额的非居民企业。计算公式如下：

$$应纳所得额＝成本费用总额÷（1－经税务机关核定的利润率）×经税务机关核定的利润率$$

（3）按经费支出换算收入核定应纳税所得额：适用于能够正确核算经费支出总额，但不能正确核算收入总额和成本费用的非居民企业。计算公式如下：

$$应纳税所得额＝经费支出总额÷（1－经税务机关核定的利润率）×经税务机关核定的利润率$$

（4）非居民企业与中国居民企业签订机器设备或货物销售合同，同时提供设备安装、装配、技术培训、指导、监督服务等劳务，其销售货物合同中未列明提供上述劳务服务收费金额，或者计价不合理的，主管税务机关可以根据实际情况，参照相同或相近业务的计价标准核定劳务收入，无参照标准的，以不低于销售货物合同总价款的10%为原则，确定非居民企业的劳务收入。

（5）非居民企业为中国境内客户提供劳务取得的收入，凡其提供的劳务全部发生在中国境内的，应全额在中国境内申报缴纳企业所得税；凡其提供的劳务同时发生在中国境内外的，应以劳务发生地为原则划分其境内外收入，并就其在中国境内取得的劳务收入申报缴纳企业所得税。税务机关对其境内外收入划分的合理性和真实性有疑义的，可要求非居民企业提供真实有效的证明，并根据工作量、工作时间、成本费用等因素合理划分其境内外收入；如非居民企业不能提供真实有效的证明，税务机关可视同其提供的服务全部发生在中国境内，确定其劳务收入并据以征收企业所得税。

（6）采取核定征收方式征收企业所得税的非居民企业，在中国境内从事适用不同核定利润率的经营活动，并取得应税所得的，应分别核算并适用相应的利润率计算缴纳企业所得税；凡不能分别核算的，应从高适用利润率计算缴纳企业所得税。

（7）拟采取核定征收方式的非居民企业应填写"非居民企业所得税征收方式鉴定表"（简称"鉴定表"），报送主管税务机关。主管税务机关应对企业报送的"鉴定表"的适用行业及所适用的利润率进行审核，并签注意见。对经审核不符合核定征收条件的非居民企业，主管税务机关应自收到企业提交的"鉴定表"后15个工作日内向其下达"税务事项通知书"，将鉴定结果告知企业。非居民企业未在上述期限内收到"税务事项通知书"的，其征收方式视同已被认可。

（8）税务机关发现非居民企业采用核定征收方式计算申报的应纳税所得额不真实，或者明显与其承担的功能风险不相匹配的，有权予以调整。

第七节　企业所得税的税收优惠

税收优惠，是指国家对某一部分特定企业和课税对象给予减轻或免除税收负担的一种措施。税法规定的企业所得税的税收优惠方式包括免税、减税、加计扣除、加速折旧、减计收入、税额抵免等。

一、定期或定额免征与减征优惠

企业的下列所得，可以免征、减征企业所得税。企业如果从事国家限制和禁止发展的项目，不得享受企业所得税优惠。

（一）从事农林牧渔项目的所得

企业从事农、林、牧、渔项目的所得，可以免征企业所得税。

（1）企业从事下列项目的所得，免征企业所得税：

1）蔬菜、谷物、薯类、油料、豆类、棉花、麻类、糖料、水果、坚果的种植。

2）农作物新品种的选育。

3）中草药的种植。

4）林木的培育和种植。

5）牲畜、家禽的饲养。

6）林产品的采集。

7）灌溉、农产品初加工、兽医、农技推广、农机作业和维修等农、林、牧、渔服务业项目。

8）远洋捕捞。

（2）企业从事下列项目的所得，减半征收企业所得税：

1）花卉、茶以及其他饮料作物和香料作物的种植。

2）海水养殖、内陆养殖。

（二）从事国家重点扶持的公共基础设施项目投资经营所得

企业所得税法所称国家重点扶持的公共基础设施项目，是指《公共基础设施项目企业所得税优惠目录》规定的港口码头、机场、铁路、公路、电力、水利等项目。

（1）企业从事国家重点扶持的公共基础设施项目的投资经营所得，自项目取得第一笔生产经营收入所属纳税年度起，第1年至第3年免征企业所得税，第4年至第6年减半征收企业所得税。

（2）企业承包经营、承包建设和内部自建自用本条规定的项目，不得享受本条规定的企业所得税优惠。

（三）从事符合条件的环境保护、节能节水项目的所得

环境保护、节能节水项目的所得，自项目取得第1笔生产经营收入所属纳税年度起，第1年至第3年免征企业所得税，第4年至第6年减半征收企业所得税。

但是以上规定享受减免税优惠的项目，在减免税期限内转让的，受让方自受让之日起，

可以在剩余期限内享受规定的减免税优惠；减免税期限届满后转让的，受让方不得就该项目重复享受减免税优惠。

（四）符合条件的技术转让所得

（1）企业所得税法所称符合条件的技术转让所得免征、减征企业所得税，是指一个纳税年度内，居民企业转让技术所有权所得不超过 500 万元的部分，免征企业所得税；超过 500 万元的部分，减半征收企业所得税。

（2）技术转让的范围，包括居民企业转让专利技术、计算机软件、著作权、集成电路布图设计权、植物新品种、生物医药新品种，以及财政部和国家税务总局确定的其他技术。

（3）享受技术转让所得减免企业所得税优惠的企业，应单独计算技术转让所得，并合理分摊企业的期间费用；没有单独计算的，不得享受技术转让所得企业所得税优惠。

二、低税率优惠

（1）小型微利企业，减按 20% 的税率征收企业所得税。

税法规定凡符合条件的小型微利企业，减按 20% 的税率征收企业所得税。对小型微利企业年应纳税所得额不超过 100 万元的部分，减按 25% 计入应纳税所得额，按 20% 的税率缴纳企业所得税；对年应纳税所得额超过 100 万元但不超过 300 万元的部分，减按 50% 计入应纳税所得额，按 20% 的税率缴纳企业所得税。

上述小型微利企业是指从事国家非限制和禁止行业，且同时符合年度应纳税所得额不超过 300 万元、从业人数不超过 300 人、资产总额不超过 5 000 万元等三个条件的企业。

（2）对国家需要重点扶持的高新技术企业和对经认定的技术先进型服务企业（服务贸易类），减按 15% 的优惠征收企业所得税。

1）国家需要重点扶持的高新技术企业，是指拥有核心自主知识产权，并同时符合下列条件的企业：

①对企业主要产品（服务）发挥核心支持作用的技术属于《国家重点支持的高新技术领域》（2016）规定的范围。

②研究开发费用占销售收入的比例不低于规定比例，即销售收入 2 亿元以上的，研发费用比例不低于 3%；销售收入在 5 000 万~2 亿元的，研发费用比例不低于 4%；销售收入在 5 000 万元以下的，研究费用比例不低于 6%。

③高新技术产品（服务）收入占企业总收入的比例不低于 60%。

④科技人员占企业职工总数的比例不低于 30%。

⑤高新技术企业认定管理办法规定的其他条件。

2）技术先进型企业税收优惠。

对经认定的技术先进型服务企业（服务贸易类），减按 15% 的税率征收企业所得税。

（3）在中国境内未设立机构、场所的，或者虽设立机构、场所但取得的所得与其所设机构、场所没有实际联系的，应当就其来源于中国境内的所得，减按 10% 的税率征收企业所得税。

税法规定，对汇出境外利润减按 10% 的税率征收企业所得税。

中国居民企业向境外 H 股非居民企业股东派发 2008 年及以后年度股息时，按 10% 的税率代扣代缴企业所得税。

合格境外机构投资者（以下简称 QFII）取得来源于中国境内的股息、红利和利息收入，应当按照 10%缴纳企业所得税。

同时规定，下列所得可以免征企业所得税：

1）外国政府向中国政府提供贷款取得的利息所得。

2）国际金融组织向中国政府和居民企业提供优惠贷款取得的利息所得。

国际金融组织，包括国际货币基金组织、世界银行，亚洲开发银行、国际开发协会、国际农业发展基金、欧洲投资银行以及财政部和国家税务总局确定的其他国际金融组织。

3）经国务院批准的其他所得。

三、区域税收优惠

（一）民族地区税收优惠

民族自治地方的自治机关对本民族自治地方的企业应缴纳的企业所得税中属于地方分享的部分，可以决定减征或者免征。对民族自治地方内国家限制和禁止行业的企业，不得减征或者免征企业所得税。

企业所得税属于中央政府与地方政府的共享税，其 60%收入归中央财政，40% 收入归地方财政。民族自治地方只能对地方财政分享的 40%企业所得税收入部分实行减征、免征。自治州、自治县决定减征或者免征的，须报省、自治区、直辖市人民政府批准。

（二）国家西部大开发税收优惠

自 2011 年至 2020 年，对设在西部地区以《西部地区鼓励类产业目录》中规定的产业项目为主营业务，且当年度主营业务收入占企业收入总额 70%以上的企业，可减按 15%税率征收企业所得税。享受原定期减免税优惠的企业可以继续执行税收优惠至期满，涉及享受减半征税优惠的，可以按照企业适用税率计算的应纳税额减半征收。

四、特别项目税收优惠

（一）加计扣除税收优惠

企业为开发新技术、新产品、新工艺发生的研究开发费用，未形成无形资产计入当期损益的，在按照规定据实扣除的基础上，再按照研究开发费用的 50%加计扣除；形成无形资产的，按照无形资产成本的 150%摊销。

企业开展研发活动中实际发生的研发费用，未形成无形资产计入当期损益的，在按规定据实扣除的基础上，在 2018 年 1 月 1 日至 2020 年 12 月 31 日期间，再按照实际发生额的 75%在税前加计扣除；形成无形资产的，在上述期间按照无形资产成本的 175%在税前摊销。

企业在计算应纳税所得额时有关加计扣除的项目及方法：

（1）企业从事规定项目的研究开发活动，其在一个纳税年度中实际发生的费用允许按照规定实行加计扣除。主要包括以下内容：

1）新产品设计费、新工艺规程制定费以及与研发活动直接相关的技术图书资料费、资料翻译费；

2）从事研发活动直接消耗的材料、燃料和动力费用；

3）在职直接从事研发活动人员的工资、薪金、奖金、津贴、补贴；

4）专门用于研发活动的仪器、设备的折旧费或租赁费；

5）专门用于研发活动的软件、专利权、非专利技术等无形资产的摊销费用；

6）专门用于中间试验和产品试制的模具、工艺装备开发及制造费；

7）勘探开发技术的现场试验费；

8）研发成果的论证、评审、验收费用。

（2）对企业共同合作开发的项目，由合作各方就自身承担的研发费用分别按照规定计算加计扣除。对企业委托给外单位进行开发的研发费用，由委托方按照规定计算加计扣除，受托方不得再进行加计扣除。对委托开发的项目，除关联方外委托方加计扣除时不再需要提供研发项目的费用支出明细情况。委托境外进行研发活动所发生的费用，按照费用实际发生额的80%计入委托方的委托境外研发费用。委托境外研发费用不超过境内符合条件的研发费用三分之二的部分，可以按规定在企业所得税前加计扣除。

（3）企业未设立专门的研发机构或企业研发机构同时承担生产经营任务的，应对研发费用和生产经营费用分开进行核算，准确、合理地计算各项研究开发费用支出，对划分不清的，不得实行加计扣除。

（二）安置残疾人员及国家鼓励安置的其他就业人员税收优惠

税法规定，企业安置残疾人员所支付的工资允许实行加计扣除。

按照企业安置残疾人员数量，在企业支付给残疾职工工资据实扣除的基础上，按照支付给残疾职工工资的100%加计扣除。

（三）减计收入

企业以《资源综合利用企业所得税优惠目录》规定的资源作为主要原材料，生产国家非限制和禁止并符合国家和行业相关标准的产品取得的收入，减按90%计入收入总额。其中，原材料占生产产品材料的比例不得低于前述优惠目录规定的标准。

（四）抵免应纳税额

企业购置并实际使用《环境保护专用设备企业所得税优惠目录》《节能节水专用设备企业所得税优惠目录》《安全生产专用设备企业所得税优惠目录》规定的环境保护、节能节水、安全生产等专用设备的，该专用设备的投资额的10%可以从企业当年的应纳税额中抵免，当年不足抵免的，可以在以后5个纳税年度结转抵免。

（五）抵免应纳税所得额

（1）创业投资企业采取股权投资方式投资于未上市的中小高新技术企业2年以上的，可以按照其投资额的70%在当年抵扣该企业的应纳税所得额，但股权持有须满2年。当年不足抵扣的，可以在以后纳税年度结转抵扣。

投资于未上市的中小高新技术企业2年以上的，包括发生在2008年1月1日以前满2年的投资；中小高新技术企业是指按照《高新技术企业认定管理办法》和《高新技术企业认定管理工作指引》取得高新技术企业资格，且年销售额和资产总额均不超过2亿元、从业人数不超过500人的企业。

（2）有限合伙制创业投资企业采取股权投资方式投资于未上市的中小高新技术企业满2年（24个月）的，其法人合伙人可按照对未上市中小高新技术企业投资额的70%抵扣该法人合伙人从该有限合伙制创业投资企业分得的应纳税所得额，当年不足抵扣的，可以在以后纳税年度结转抵扣。

（六）加速折旧

企业的固定资产由于技术进步等原因，确须加速折旧的，可以缩短折旧年限或者采取加速折旧的方法。

（1）可以采取缩短折旧年限或者采取加速折旧的方法的固定资产，包括：

1）由于技术进步，产品更新换代较快的固定资产；

2）常年处于强震动、高腐蚀状态的固定资产。

（2）采取缩短折旧年限方法的，最低折旧年限不得低于法定折旧年限的60%；采取加速折旧方法的，可以采取双倍余额递减法或者年数总和法。

（3）为贯彻落实国务院完善固定资产加速折旧政策精神，自2014年1月1日起，对生物药品制造业、专用设备制造业、铁路、船舶、航空航天和其他运输设备制造业、计算机、通信和其他电子设备制造业、仪器仪表制造业、信息传输、软件和信息技术服务业等6个行业的企业，2014年1月1日后新购进的固定资产，可缩短折旧年限或采取加速折旧的方法。对上述6个行业的小型微利企业2014年1月1日后新购进的研发和生产经营共用的仪器、设备，单位价值不超过100万元的，允许一次性计入当期成本费用在计算应纳税所得额时扣除，不再分年度计算折旧；单位价值超过100万元的，可缩短折旧年限或采取加速折旧的方法。对所有行业企业2014年1月1日后新购进的专门用于研发的仪器、设备，单位价值不超过100万元的，允许一次性计入当期成本费用在计算应纳税所得额时扣除，不再分年度计算折旧；单位价值超过100万元的，可缩短折旧年限或采取加速折旧的方法。对所有行业企业持有的单位价值不超过5 000元的固定资产，允许一次性计入当期成本费用在计算应纳税所得额时扣除，不再分年度计算折旧。自2015年1月1日起，对轻工、纺织、机械、汽车4个领域重点行业的企业2015年1月1日后新购进的固定资产，可由企业选择缩短折旧年限或采取加速折旧的方法。对上述4个行业的小型微利企业2015年1月1日后新购进的研发和生产经营共用的仪器、设备，单位价值不超过100万元的，允许一次性计入当期成本费用在计算应纳税所得额时扣除，不再分年度计算折旧；单位价值超过100万元的，可由企业选择缩短折旧年限或采取加速折旧的方法。所谓缩短折旧年限，是指最低折旧年限不得低于《企业所得税法实施条例》第六十条规定折旧年限的60%；加速折旧方法可采取双倍余额递减法或者年数总和法。企业在2018年1月1日至2020年12月31日期间新购进（包括自行建造）的设备、器具，单位价值不超过500万元的，允许一次性计入当期成本费用在计算应纳税所得额时扣除，不再分年度计算折旧。

五、专项政策税收优惠

经报国务院批准，财政部、国家税务总局具体制定了若干企业所得税专项优惠政策。

（一）鼓励软件产业和集成电路产业发展的优惠政策

符合条件的软件生产企业按规定实行增值税即征即退政策所退还的税款，由企业专款用于软件产品的研发和扩大再生产并单独进行核算，可以作为不征税收入，在计算应纳税所得额时从收入总额中扣除。

（二）鼓励证券投资基金发展的优惠政策

对证券投资基金从证券市场中取得的收入，包括买卖股票、债券的差价收入，股权的股息、红利收入，债券的利息收入及其他收入，暂不征收企业所得税。

第八节　企业所得税的征收管理

一、纳税地点

（1）居民企业以企业登记注册地为纳税地点；但登记注册地在境外的，以实际管理机构所在地为纳税地点，另有规定的除外。

（2）非居民企业在中国境内设立机构、场所的，以机构、场所所在地为纳税地点。

非居民企业在中国境内设立两个或者两个以上机构、场所的，经税务机关审核批准，可以选择由其主要机构、场所汇总缴纳企业所得税。在中国境内未设立机构、场所的，或者虽设立机构、场所但取得的所得与其所设机构、场所没有实际联系的非居民企业，以扣缴义务人所在地为纳税地点。

1）主要机构、场所认定条件，应当同时符合下列规定：

①对其他各机构、场所的生产经营活动负有监督管理责任；

②设有完整的账簿、凭证，能够准确反映各机构、场所的收入、成本、费用和盈亏情况。

2）有两个或两个以上机构、场所的，其纳税地点应经各机构、场所所在地税务机关的共同上级税务机关审核批准后确定。

非居民企业经批准汇总缴纳企业所得税后，需要增设、合并、迁移、关闭机构、场所或者停止机构、场所业务的，应当事先向主管税务机关报告；需要变更汇总缴纳企业所得税的主要机构、场所的，依照前述规定办理。

二、纳税方式

居民企业在中国境内设立不具有法人资格营业机构的，应当汇总计算并缴纳企业所得税。企业汇总计算并缴纳企业所得税时，应当统一核算应纳税所得额。除国务院另有规定外，企业之间不得合并缴纳企业所得税。

三、纳税年度

企业所得税按纳税年度计算。纳税年度自公历 1 月 1 日起至 12 月 31 止。企业在一个纳税年度中间开业，或者终止经营活动，使该纳税年度的实际经营期不足 12 个月的，应当以其实际经营期为 1 个纳税年度。企业依法清算时，应当以清算期间作为 1 个纳税年度。

四、纳税申报

企业所得税分月或者分季预缴。企业应当自月份或者季度终了之日起 15 日内，向税务机关报送预缴企业所得税纳税申报表，预缴税款。

企业分月或者分季预缴企业所得税时，应当按照月度或者季度的实际利润额预缴；按照月度或者季度的实际利润额预缴有困难的，可以按照上一纳税年度应纳税所得额的月度或者季度平均额预缴，或按者照经税务机关认可的其他方法预缴。预缴方法一经确定，该纳税年度内不得随意变更。

企业应当自年度终了之日起 5 个月内，向税务机关报送年度企业所得税纳税申报表，并汇算清缴，结清应缴应退税款。企业应当在办理注销登记前，就其清算所得向税务机关申报并依法缴纳企业所得税。

企业在报送企业所得税申报表时，无论纳税年度内是营利或者是亏损，都应当依照规定期限，向税务机关报送预缴企业所得税纳税申报表、年度企业所得税纳税申报表、财务会计报告和税务机关规定应当报送的其他有关资料。

五、企业所得税纳税申报表

企业所得税纳税申报表包括适用于居民企业的《中华人民共和国企业所得税年度纳税申报表（A 类）》以及《中华人民共和国企业所得税月（季）度预缴纳税申报表（A 类）》等，适用于非居民企业的《中华人民共和国非居民企业所得税年度纳税申报表》以及《中华人民共和国非居民企业所得税季度纳税申报表》等。

2017 年，国家税务总局修订后的适用于居民企业的《中华人民共和国企业所得税年度纳税申报表（A 类）》以企业会计核算为基础，对税收与会计差异进行纳税调整，并形成了相关的纳税申报信息。申报表的体系由 37 张表构成，包括：1 张基础信息表、1 张主表，6 张收入费用明细表、13 张纳税调整表、1 张亏损弥补表、9 张税收优惠表、4 张境外所得抵免表，以及 2 张汇总纳税表。

（一）基础信息表

《企业基础信息表》反映纳税人的基本信息，包括名称、注册地、行业、注册资本、从业人数、股东结构、会计政策、存货办法、对外投资情况等，这些信息，既可以替代企业备案资料（如资产情况及变化、从业人数，可以判断纳税人是否属于小微企业，小微企业享受优惠政策后，就无须再报送其他资料），也是税务机关进行管理所需要的信息。

（二）主表

《中华人民共和国企业所得税年度纳税申报表（A 类）》为主表，其结构体现了企业所得税的纳税流程，即在会计利润的基础上，按照税法进行纳税调整，计算应纳税所得额，扣除税收优惠数额，进行境外税收抵免，最后计算应补（退）税款。

（三）收入费用明细表

收入费用明细表包括：《一般企业收入明细表》《一般企业成本支出明细表》《期间费用明细表》等，其主要反映企业按照会计政策所发生的成本、费用情况，也是企业进行纳税调整的主要数据来源。

（四）纳税调整表

纳税调整是所得税管理的重点和难点，纳税调整表包括：《纳税调整项目明细表》《职工薪酬纳税调整明细表》《广告费和业务宣传费跨年度纳税调整明细表》《资产折旧、摊销情况及纳税调整明细表》《资产损失税前扣除及纳税调整明细表》《企业重组纳税调整明细表》等。这些表格将所有的税费差异需要调整的事项，按照收入、成本和资产三大类，通过表格的方式进行计算反映。

（五）亏损弥补表

《企业所得税弥补亏损明细表》反映企业发生亏损如何结转问题，用于准确计算亏损结转年度和限额。

（六）税收优惠表

税收优惠表将目前我国企业所得税的 39 项税收优惠项目，按照税基、应纳税所得额、税额扣除等进行分类，通过表格的方式计算税收优惠享受情况、过程，具体包括《免税、减计收入及加计扣除优惠明细表》《符合条件的居民企业之间的股息、红利等权益性投资收益优惠明细表》《研发费用加计扣除优惠明细表》《高新技术企业优惠情况及明细表》等。

（七）境外所得抵免表

境外所得抵免表包括：《境外所得税收抵免明细表》等，反映企业发生境外所得税如何抵免以及抵免的具体计算问题。

（八）汇总纳税表

汇总纳税表包括《跨地区经营汇总纳税企业年度分摊企业所得税明细表》和《企业所得税汇总纳税分支机构所得税分配表》，反映汇总纳税企业的总分机构如何分配税额问题。

企业在年度纳税申报时，并不需要填写全部 37 张表格，仅需要根据企业实际的性质、类型及发生的业务选择相关的表格进行填报。

六、计税货币

依法缴纳的企业所得税，以人民币计算。企业所得以人民币以外货币计算的，应当折合成人民币计算并缴纳税款。

企业以外币计算并预缴企业所得税时，应当按照月度或者季度最后 1 日的人民币汇率中间价，折合成人民币计算应纳税所得额。

年度终了汇算清缴时，对已经按照月度或者季度预缴税款的，不再重新折合计算，只就该纳税年度内未缴纳企业所得税的部分，按照纳税年度最后一日的人民币汇率中间价，折合成人民币计算应纳税所得额。

七、跨地区经营汇总纳税的征收管理

企业汇总计算并缴纳企业所得税时，应当统一核算应纳税所得额。由于企业所得税是中央与地方共享收入，按 60：40 的比例分享，中央财政分享的 60% 部分不论在何省市入库都不影响分配总额，而地方财政分享的 40% 部分如何分配则会影响到跨省市所在地财政分配利益，所以，跨省市企业缴纳的企业所得税地方分享的 40% 部分如何在各地区之间进行合理分配是做好企业所得税征缴和分配管理工作的关键。

（一）基本方法

对跨省市总分机构企业缴纳的企业所得税，实行"统一计算、分级管理、就地预缴、汇总清算、财政调库"的处理办法（以下简称该处理办法）。

（1）企业总分机构统一计算当期应纳税额的地方分享部分，即按 40% 比例计算总分机构应缴地方财政的应纳税额。计算出的应纳税额按 100% 计，其中 25% 由总机构所在地分享，

50%由各分支机构所在地分享，25%按一定比例由中央财政在各地间进行分配。

（2）总机构根据企业本期经营结果统一计算企业实际利润额、应纳税额，并由总机构和分支机构按月或按季就地预缴企业所得税。具体预缴办法：应纳税总额50%部分由总机构预缴，其中，25%部分就地办理缴库，剩余25%部分由总机构全额缴入中央国库；其他50%应纳税款则由总机构统一计算并在各分支机构间分摊，由分支机构就地办理缴库，缴库后的税款收入按60：40分享。

（3）总机构和分支机构应分期预缴的企业所得税，50%在各分支机构间分摊预缴，50%由总机构预缴。

（4）分支机构分摊的预缴税款，则由总机构按照以前年度分支机构的经营收入、职工工资和资产总额三个因素综合计算各分支机构应分摊所得税款的比例，三个因素的权重依次为0.35、0.35、0.30。分摊预缴计算公式如下：

各分支机构分摊预缴额＝所有分支机构应分摊的预缴总额×该分支机构分摊比例

该分支机构分摊比例＝0.35×（该分支机构营业收入÷各分支机构营业收入之和）＋0.35×（该分支机构工资总额÷各分支机构工资总额之和）＋0.30×（该分支机构资产总额÷各分支机构资产总额之和）

总机构和分支机构处于不同税率地区的，先由总机构统一计算全部应纳税所得额，然后依照规定的比例、三个因素及其权重，计算划分不同税率地区机构的应纳税所得额后，再分别按总机构和分支机构所在地的适用税率计算应纳税额。同时规定，当年新设立的分支机构第2年起参与分摊，当年撤销的分支机构第2年起不参与分摊。

（二）适用范围

（1）该处理办法适用于在中国境内跨地区设立不具有法人资格营业机构、场所（以下简称分支机构）的居民企业，该居民企业为汇总纳税企业。

（2）实行就地预缴办法的企业暂定为总机构和具有主体生产经营职能的二级分支机构，三级及三级以下分支机构应并入二级机构测算。

（三）分级管理与汇算清缴

（1）居民企业总机构、分支机构分别由所在地主管税务机关属地监督和管理。各企业总分机构在规定比例内按月或按季向所在地主管税务机关申报、预缴企业所得税。

（2）各分支机构不进行企业所得税汇总清缴，统一由总机构按照相关规定进行。总机构所在地税务机关根据汇总计算的企业年度全部应纳税额，扣除总机构和各境内分支机构已缴纳的税款，多退少补。

当年应补缴的所得税款，由总机构缴入中央国库。当年多缴的所得税款，由总机构所在地主管税务机关开具《税收收入退还书》等凭证，按规定程序从中央国库办理退库。

基础训练

一、单项选择题

1. 下列不属于企业所得税纳税人的是(　　)。

A. 在外国成立但实际管理机构在中国境内的企业

B. 在中国境内成立的外商独资企业

C. 在中国境内成立的个人独资企业

D. 在中国境内未设立机构、场所，但有来源于中国境内所得的企业

2. 依照企业所得税法的规定，下列所得不属于来源于中国境内所得的是（　　）。

A. 位于美国的某企业在山东销售一批货物给英国一家公司

B. 位于我国的外商投资企业分配股息、红利给外国投资者

C. 某外商投资企业转让位于杭州的某处厂房给其他企业

D. 美国某企业支付给我国境内企业的一笔租金

3. 企业的下列收入中不属于货币形式的有（　　）。

A. 存货　　　　　　　B. 债务的豁免　　　C. 应收账款　　　D. 现金

4. 根据企业所得税法律制度的规定下列各项中属于特许权使用费收入的是（　　）。

A. 提供生产设备使用权取得的收入　　　B. 提供运输工具使用权取得的收入

C. 提供房屋使用权取得的收入　　　　　D. 提供商标权的使用权取得的收入

5. 下列项目收入中，不需要计入应纳税所得额的有（　　）。

A. 企业债券利息收入　　　　　　　　　B. 符合条件的居民企业之间股息收益

C. 债务重组收入　　　　　　　　　　　D. 接受捐赠的实物资产价值

6. 根据企业所得税法律制度的规定下列各项中属于不征税收入的是（　　）。

A. 国债利息收入　　　B. 违约金收入　　　C. 股息收入　　　D. 财政拨款收入

7. 下列各项中属于免税收入的是（　　）。

A. 财政拨款收入

B. 转让企业债券取得的收入

C. 企业购买国债取得的利息收入

D. 县级以上人民政府将国有资产无偿划入企业并指定专门用途并按照规定进行管理

8. 甲公司 2020 年度取得销售收入 1 000 万元，发生的与生产经营活动有关的业务招待费支出 6 万元。计算甲公司在 2020 年度企业所得税应纳税所得额时准予扣除的业务招待费支出为（　　）。

A. 6 万元　　　　　　B. 5 万元　　　　　C. 4.97 万元　　　D. 3.6 万元

9. 2020 年某企业实现利润总额 600 万元。发生公益性捐赠支出 62 万元。上年度未在税前扣除完的符合条件的公益性捐赠支出 12 万元。计算该企业 2020 年度企业所得税应纳税所得额时准予扣除的公益性捐赠支出是（　　）。

A. 74 万元　　　　　B. 60 万元　　　　　C. 84 万元　　　　D. 72 万元

10. 某企业 2020 年实现利润总额 30 万元，直接向受灾地区群众捐款 6 万元。通过公益性社会组织向受灾地区捐款 4 万元。该公司在计算 2020 年度企业所得税应纳税所得额时准予扣除的捐赠额为（　　）。

A. 6 万元　　　　　　B. 10 万元　　　　　C. 3.6 万元　　　D. 4 万元

11. 2020 年某企业取得销售收入 3 000 万元。广告费支出 400 万元。上一年度结转广告费 60 万元，该企业 2020 年准予扣除的广告费是（　　）。

A. 460 万元　　　　　B. 510 万元　　　　C. 450 万元　　　D. 340 万元

二、多项选择题

1. 依照企业所得税法的规定，下列关于所得来源地的确定的说法，正确的有（　　）。

A. 销售货物所得按照交易活动发生地确定

B. 提供劳务所得按照提供劳务的企业或者机构、场所所在地确定

C. 不动产转让所得按照转让不动产的企业或者机构、场所所在地确定

D. 权益性投资资产转让所得按照被投资企业所在地确定

2. 注册地与实际管理机构所在地均在法国的某银行，取得的下列各项所得中，应按规定缴纳我国企业所得税的有(　　)。

A. 转让位于我国的一处不动产取得的财产转让所得

B. 在香港证券交易所购入我国某公司股票后取得的分红所得

C. 在我国设立的分行为我国某公司提供理财咨询服务取得的服务费收入

D. 在我国设立的分行为位于日本的某电站提供流动资金贷款取得的利息收入

3. 下列企业不属于企业所得税法所称居民企业的是(　　)。

A. 依照英国法律成立且实际管理机构在英国的企业

B. 依照挪威法律成立且实际管理机构不在中国境内，但在中国境内设立机构、场所的企业

C. 依照韩国法律成立但实际管理机构在中国境内的企业

D. 依照美国法律成立且实际管理机构不在中国境内，并且在中国境内未设立机构、场所，但有来源于中国境内所得的企业

4. 下列各项中属于转让财产收入的有(　　)。

A. 销售原材料取得的收入　　　　　　B. 转让无形资产取得的收入

C. 转让股权取得的收入　　　　　　　D. 提供专利权的使用权取得的收入

5. 下列各项中在计算企业所得税应纳税所得额时应计入收入总额的有(　　)。

A. 转让专利权收入　　　　　　　　　B. 债务重组收入

C. 接受捐赠收入　　　　　　　　　　D. 确实无法偿付的应付款项

6. 下列各项属于在以后年度结转扣除的有(　　)。

A. 职工教育经费　　B. 广告费　　　　C. 业务宣传费　　　D. 业务招待费

7. 根据企业所得税法律制度的规定，下列各项中计入税金及附加在当期扣除的有(　　)。

A. 增值税　　　　　　B. 城建税　　　　C. 教育费附加　　　D. 印花税

8. 甲企业2020年利润总额为2 000万元。工资薪金支出为1 500万元。下列支出中允许在计算2020年企业所得税应纳税所得额时全额扣除的有(　　)。

A. 业务招待费支出20万元　　　　　　B. 职工福利费支出160万元

C. 职工教育经费支出40万元　　　　　D. 职工工会经费支出20万元

9. 某企业2020年利润总额为2 000万元。工资薪金支出为1 500万元。下列支出中，允许在计算2020年企业所得税，应纳税所得额时全额扣除的有(　　)。

A. 公益性捐赠支出200万元

B. 职工福利费支出160万元

C. 职工教育经费支出40万元

D. 2019年7月至2020年6月期间的厂房租金支出50万元

10. 根据企业所得税法律制度的规定，在计算企业所得税应纳税所得额时准予扣除的有(　　)。

A. 向客户支付的合同违约金　　　　　B. 向税务机关支付的税收滞纳金

C. 向银行支付的逾期借款利息　　　　D. 向公安部门缴纳的交通违章罚款

11. 在计算企业所得税应纳税所得额时，允许扣除的保险费用有(　　)。

A. 为特殊工种职工支付的法定人身安全保险费

B. 为职工个人支付的家庭财产保险费

C. 企业参加财产保险按规定支付的财产保险费

D. 按规定支付的职工基本养老保险费

12. 企业发生下列情形，适用居民企业核定征收企业所得税的有(　　)。

A. 擅自销毁账簿或者拒不提供纳税资料的

B. 依照法律、行政法规的规定可以不设账簿的

C. 发生纳税义务，未按照规定的期限办理纳税申报的

D. 依照法律、行政法规的规定应当设置但未设置账簿的

三、判断题

1. 个人独资企业和合伙企业为企业所得税的纳税人。

2. 依照外国法律成立但实际管理机构在中国境内的企业为我国的非居民企业。

3. 企业因购买国债所得的利息收入免征企业所得税。

4. 企业为在本企业任职或受雇的全体员工支付的补充养老保险费补充医疗保险费，不得在企业所得税前扣除。

5. 企业发生的职工教育经费支出在不超过工资薪金总额8%以内的部分，准予扣除。超过的部分，准予在以后纳税年度结转扣除。

6. 非金融企业向非金融企业借款的利息支出在计算应纳税所得额时可以全额扣除。

7. 对烟草企业的烟草广告费和业务宣传费支出可以按照当年销售收入15%以内的部分进行扣除。

8. 企业发生的公益性捐赠支出不超过年度利润总额12%的部分准予扣除，超过部分准予结转以后纳税年度继续扣除。

9. 自2018年1月1日起，高新技术企业发生年度亏损的亏损弥补期限最长不得超过五年。

10. 企业在纳税年度内无论营利或者亏损，都应当依照规定期限向税务机关报送预缴企业所得税纳税申报表等有关资料。

技能训练

一、宏大机械制造企业为居民企业，2020年发生经营业务如下：

(1) 取得产品销售收入3 000万元。

(2) 发生产品销售成本1 500万元。

(3) 发生销售费用650万元（其中广告费550万元），管理费用450万元（其中业务招待费22万元，新技术开发费用38万元），财务费用55万元。

(4) 销售税金150万元（含增值税110万元）。

(5) 营业外收入70万元，营业外支出50万元（含通过公益性社会团体向贫困山区捐款45万元，支付税收滞纳金2万元）。

(6) 计入成本、费用中的实发工资总额150万元，拨缴职工工会经费4万元，发生职工福利费30万元，发生职工教育经费15万元。

请计算该企业 2020 年度实际应纳的企业所得税。

二、2020 年度某企业会计报表上的利润总额为 100 万元，已累计预缴企业所得税 25 万元，该企业 2020 年度其他有关情况如下：

（1）发生的公益性捐赠支出 18 万元。

（2）开发新技术的研究开发费用 20 万元已计入管理费用，假定税法规定研究开发费用可实行 75%加计扣除政策。

（3）支付在建办公楼工程款 20 万元，已列入当期费用。

（4）直接向某足球队捐款 15 万元，已列入当期费用。

（5）支付诉讼费 2.3 万元，已列入当期费用。

（6）支付违反交通法规罚款 0.8 万元，已列入当期费用。

已知：该企业适用所得税税率为 25%。

要求：

（1）计算该企业公益性捐赠支出所得税前纳税调整额。

（2）计算该企业研究开发费用所得税前扣除数额。

（3）计算该企业 2020 年度应纳税所得额。

（4）计算该企业 2020 年度应纳所得税。

（5）计算该企业 2020 年度应汇算清缴的所得税。

第六章　个人所得税法

问题导入

1. 个人所得税的概念、特点和类型及征税范围是什么？
2. 个人所得税纳税人划分的标准是什么？
3. 个人所得税的工资薪金所得和劳务报酬所得如何区分？
4. 版税是税吗？
5. 个人所得税专项附加扣除的具体规定是什么？

案例思考

居民纳税人王某 2020 年 6 月取得收入情况是：到期国债利息收入 198 元；购买福利彩票支出 800 元，取得一次性中奖收入18 000元；股票转让所得12 000元；转让自用住房一套，取得转让收入 200 万元，该套住房购买价为 100 万元，购买时间为 2014 年并且是唯一的家庭生活用房。

思考：

1. 到期国债利息收入可以享受免税吗？
2. 中奖18 000元按照什么项目征收税款，买彩票支出 800 可以扣除吗？
3. 个人股票转让所得需要缴纳个人所得税吗？
4. 转让家庭生活唯一住房缴纳个人所得税的规定是什么？

第一节　个人所得税法概述

一、个人所得税法概念

个人所得税法是指国家制定的用以调整个人所得税征收与缴纳之间权利及义务关系的法律规范。

个人所得税的基本规范是 1980 年 9 月 10 日第五届全国人民代表大会第三次会议制定，根据 1993 年 10 月 31 日第八届全国人民代表大会常务委员会第四次会议决定修改的《中华人民共和国个人所得税法》（以下简称《个人所得税法》），经过了多次修改，目前适用的是 2018 年第十三届全国人民代表大会常务委员会第 5 次会议修订通过的《中华人民共和国个人所得税法》（以下简称《个人所得税法》），以及 2018 年 12 月国务院修订通过的《中华人民共和国个人所得税法实施条例》（以下简称《个人所得税法实施条例》）等。

我国于 1980 年制定了《个人所得税法》，统一适用于中国公民和在我国取得收入的外籍人员。根据经济发展的形势，为适应对个体工商业户和个人收入调节的需要，1986 年和 1987 年国家又先后颁布了《中华人民共和国城乡个体工商业户所得税暂行条例》和《中华人民共和国个人收入调节税暂行条例》，形成了对个人所得征税"三税"并存的格局。随着社会主义市场经济体制的确立，我国在原有 3 个对个人所得课税制度的基础上，进行合并、修订与完善，1993 年 10 月修订《个人所得税法》（第一次修订），并于 1994 年 1 月起施行。此后，全国人大常务委员会分别于 1999 年、2005 年、2007 年（6 月和 12 月）、2011 年和 2018 年对《个人所得税法》进行了多次修订，使我国的个人所得税法建设走上了科学化、规范化和法制化的轨道。

二、个人所得税的概念及特点

（一）个人所得税的概念

个人所得税一般是对个人应税所得征收的一种税。我国的个人所得税是指对居民个人来源于中国境内、外的全部所得和非居民个人来源于中国境内的所得征收的一种税。

个人所得税是世界各国参与个人收入分配、缓解贫富悬殊的重要手段。最早产生于 1799 年的英国，以纳税人的综合所得为计税依据，税率为 10%。目前有 140 多个国家和地区开征了个人所得税，在部分国家个人所得税已成为主体税种。

我国对个人所得税的开征起步较晚，在 1950 年全国公布的 14 种税中包括对个人征收的薪给报酬所得税和存款利息所得税两个税种，但未能开征。改革开放以后，我国相继制定了有关个人所得税方面的法律法规，使个人所得税制度更加规范和完善。

（二）个人所得税的类型

世界各国的个人所得税征收制度，大体上可以分为分类所得税制、综合所得税制和混合所得税制 3 种类型。各类型的税制各有所长，各国可根据本国的具体情况选择运用。

1. 分类所得税制

分类所得税制是指对纳税人不同类型的所得规定不同税种的所得税制。这类税制的立法依据是纳税人获得不同性质所得时，所要付出的劳动不同，应在课税时对不同性质所得征收不同的税种，确定不同的税率，实行差别征税。英国是分类所得税制的典范，我国 2018 年底之前个人所得税也属于此类。

2. 综合所得税制

综合所得税制是指对纳税人各种类型的所得按照同一征收方式和同一税率征收的法律制度。其特点是：不论收入来源于何种渠道、采取何种形式，均按所得全额统一计税。其立法依据是课税考虑纳税人的综合负担能力，应税所得是纳税人的所得总额。美国属于这一类型的个人所得税制。

3. 混合所得税制

混合所得税制又称分类综合所得税制，是指兼有综合和分类两类所得税制性质的所得税制。其特点是：对纳税人收入综合计税，坚持量能负担原则；区分不同性质的收入分别计税，体现区别对待原则。分类综合所得税制为当今各国所普遍采用。瑞典、日本等国采取的是这种所得税制类型。

（三）个人所得税的特点

我国个人所得税与其他税种相比，有一定的特殊性和优越性。其特点主要表现在：

1. 实行混合所得税制

自 2019 年 1 月起，我国个人所得税将工资薪金、劳务报酬、稿酬和特许权使用费等 4 项所得实行综合征收，将个体工商户的生产经营所得和企事业单位的承包承租经营所得合并为"经营所得"，取消"其他所得"项目等。混合所得税制一直是我国个税改革的方向，体现税收公平原则。

2. 个人所得税指数化

我国个人所得税指数化主要是免征额和纳税档次的指数调整，以避免个人因通货膨胀其收益贬值、税率档次爬升。根据指数化原理，我国个人所得税免征额从 1994 年的 800 元，提高到 2006 年的 1 600 元、2008 年的 2 000 元、2011 年的 3 500 元和 2018 年的 5 000 元。

3. 累进税率与比例税率相结合

自 2019 年 1 月起，我国个人所得税对 9 项应税所得，分别采取累进税率与比例税率计算征收。比例税率对个人收入征税影响均衡，累进税率对平衡贫富悬殊差异、合理调节收入更有成效。

4. 自行申报与源泉扣缴相结合

取得综合所得的，需要办理汇算清缴；经营所得、应税所得没有扣缴义务人、扣缴义务人未扣缴税款、境外所得、因移居境外注销中国户籍、非居民个人在中国境内从两处以上取得工资、薪金所得的纳税人等实行自行申报纳税，其他所得实行源泉扣缴征收。采取源泉扣缴和自行申报相结合的办法，有利于节约征收成本、提高征管效率。

第二节　个人所得税纳税人、征税范围和税率

一、个人所得税纳税人

个人所得税的纳税人包括中国公民（包括港澳台同胞）、个体工商业户、个人独资企业、合伙企业投资者、在中国境内有所得的外籍人员（包括无国籍人员），但不包括法人或其他组织。参照国际惯例和属人兼属地的税收管辖权原则，我国个人所得税根据住所标准和时间标准，将纳税人分为居民个人和非居民个人。居民个人负有无限纳税义务，非居民个人负有有限纳税义务。

（一）居民纳税人和非居民纳税人

1. 居民纳税人

在中国境内有住所，或者无住所而一个纳税年度内在中国境内居住累计满 183 天的个人，为居民个人。居民个人从中国境内和境外取得的所得，缴纳个人所得税。

2. 非居民纳税人

在中国境内无住所又不居住，或者无住所而一个纳税年度内在中国境内居住累计不满

183 天的个人，为非居民个人。非居民个人从中国境内取得的所得，缴纳个人所得税。

在中国境内有住所，是指因户籍、家庭、经济利益关系而在中国境内习惯性居住。从中国境内和中国境外取得的所得，分别是指来源于中国境内的所得和来源于中国境外的所得。在中国境内居住的时间按照在中国境内的时间计算。纳税年度，自公历 1 月 1 日至 12 月 31 日。

这里所称居住满 183 天，《中华人民共和国个人所得税法实施条例》（简称《个人所得税法实施条例》）将其规定为在一个纳税年度内在中国境内居住满 183 天。无住所个人一个纳税年度内在中国境内累计居住天数，按照个人在中国境内累计停留的天数计算。在中国境内停留的当天满 24 小时的，计入中国境内居住天数；在中国境内停留的当天不足 24 小时的，不计入中国境内居住天数。

【例题 6-1】 王先生为我国澳门居民，在深圳工作，每周一早上来深圳上班，周五晚上回澳门。请问王先生是否为我国居民个人？

解析：

王先生在周一和周五当天在境内停留都不足 24 小时，因此不计入境内居住天数；再加上周六、周日 2 天也不计入，这样，每周可计入境内停留的天数仅为 3 天。按全年 52 周计算，王先生全年在境内居住天数为 156 天，未超过 183 天，不构成居民个人。因此，王先生只就来源于境内的所得在中国缴纳个人所得税。

（二）所得来源的确定

除国务院财政、税务主管部门另有规定外，下列所得，不论支付地点是否在中国境内，均为来源于中国境内的所得。

（1）因任职、受雇、履约等而在中国境内提供劳务取得的所得。

（2）在中国境内开展经营活动而取得与经营活动相关的所得。

（3）将财产出租给承租人在中国境内使用而取得的所得。

（4）许可各种特许权在中国境内使用而取得的所得。

（5）转让中国境内的不动产、土地使用权取得的所得；转让对中国境内企事业单位和其他经济组织投资形成的权益性资产取得的所得；在中国境内转让动产以及其他财产取得的所得。

（6）由中国境内企事业单位和其他经济组织以及居民个人支付或负担的稿酬所得、偶然所得。

（7）从中国境内企事业单位和其他经济组织或者居民个人取得的利息、股息、红利所得。

二、个人所得税应税所得项目

按应纳税所得的来源划分，现行个人所得税共分为 9 个应税项目。

（一）工资、薪金所得

1. 关于工资、薪金所得的一般规定

工资、薪金所得，是指个人因任职或者受雇而取得的工资、薪金、奖金、年终加薪、劳动分红、津贴、补贴以及与任职或者受雇有关的其他所得。

下列项目不属于工资、薪金性质的补贴、津贴，不予征收个人所得税。这些项目包括：①独生子女补贴；②执行公务员工资制度未纳入基本工资总额的补贴、津贴差额和家属成员的副食补贴；③托儿补助费；④差旅费津贴、误餐补助；⑤远洋运输船员的伙食费补贴等。

2. 关于工资、薪金所得的特殊规定

根据税法规定，下列所得属于工资薪金所得征税范围，应征收个人所得税：

（1）个人因退职、退养和解除劳动关系而取得的收入。

（2）个人因内部退养取得的一次性补偿收入。

（3）个人因劳动人事制度改革，与用人单位解除劳动关系而取得的一次性补偿收入。

（4）公司职工取得的用于购买企业国有股权的劳动分红，按工资薪金所得项目缴纳个人所得税。

（5）出租汽车经营单位对出租车驾驶员采取单车承包或承租方式运营，其出租车从事客货营运取得的收入。

（二）劳务报酬所得

劳务报酬所得，是指个人独立从事非雇用的各种劳务所取得的所得。内容包括：设计、装潢、安装、制图、化验、测试、医疗、法律、会计、咨询、讲学、新闻、广播、翻译、审稿、书画、雕刻、影视、录音、录像、演出、表演、广告、展览、技术服务、介绍服务、经纪服务、代办服务、其他劳务。

区分"劳务报酬所得"和"工资、薪金所得"，主要看是否存在雇用与被雇用的关系。"工资、薪金所得"是个人从事非独立劳动，从所在单位（雇主）领取的报酬，存在雇用与被雇用的关系，即在机关、团体、学校、部队、企事业单位及其他组织中任职、受雇而得到的报酬。而"劳务报酬所得"则是指个人独立从事某种技艺，独立提供某种劳务而取得的报酬，一般不存在雇佣关系。个人所得税所列各项"劳务报酬所得"一般属于个人独立从事自由职业取得的所得或属于独立个人劳动所得。如果从事某项劳务活动取得的报酬是以工资、薪金形式体现的，如演员从其所属单位领取工资，教师从学校领取工资，就属于"工资、薪金所得"，而不属于"劳务报酬所得"。如果从事某项劳务活动取得的报酬不是来自聘用、雇用或工作单位，如演员"走穴"演出取得的报酬，教师自行举办学习班、培训班等取得的收入，就属于"劳务报酬所得"或"经营所得"。

（三）稿酬所得

稿酬所得是指个人因其作品以图书、报刊形式出版、发表而取得的所得，包括文学作品、书画作品、摄影作品等出版、发表取得的所得，以及财产继承人取得的遗作稿酬。不以图书、报刊形式出版、发表的翻译、审稿、书画所得，归为劳务报酬所得。

（四）特许权使用费所得

特许权使用费所得是指个人提供专利权、商标权、著作权、非专利技术和其他特许权使用权取得的所得。但提供著作权使用权取得的所得，不包括稿酬所得。作者将自己的文学作品手稿原件或复印件公开拍卖取得的所得，应按本项目计税。

（1）我国个人所得税法律制度规定，提供著作权的使用权取得的所得，不包括稿酬所得，对于作者将自己的文字作品手稿原件或复印件公开拍卖（竞价）取得的所得，属于提供著作权的使用所得，故应按"特许权使用费所得"项目征收个人所得税。个人拍卖除文字作品原稿及复印件外的其他财产，按"财产转让所得"项目缴纳个人所得税。

（2）个人取得特许权的经济赔偿收入，应按特许权使用费所得项目缴纳个人所得税，税款由支付赔偿的单位或个人代扣代缴。

（3）从2002年5月1日起，编剧从电视剧的制作单位取得的剧本使用费，不再区分剧本的使用方是否为其任职单位，统一按"特许权使用费所得"项目征收个人所得税。

（五）经营所得

经营所得包括：

（1）个人通过在中国境内注册登记的个体工商户、个人独资企业、合伙企业从事生产、经营活动取得的所得；

（2）个人依法取得执照，从事办学、医疗、咨询以及其他有偿服务活动取得的所得；

（3）个人承包、承租、转包、转租取得的所得；

（4）个人从事其他生产、经营活动取得的所得。

（六）利息、股息，红利所得

利息、股息、红利所得，是指个人拥有债权、股权而取得的利息、股息、红利所得。其中，利息一般是指存款、贷款和债券的利息。股息、红利是指个人拥有股权取得的公司、企业分红。按照一定的比率派发的每股息金，称为股息。根据公司、企业应分配的超过股息部分的利润，按股派发的红股，称为红利。除此之外，属于本项目征税的还包括：

（1）除个人独资、合伙企业以外的其他企业的个人投资者，以企业资金为本人、家庭成员及相关人员支付与企业生产经营无关的消费性支出及购买汽车、住房等财产性支出，视为企业对个人投资者的红利分配，依照本项目征税。

（2）纳税年度内个人投资者从其投资企业（个人独资、合伙企业除外）借款，在纳税年度终了后既不归还又未用于企业生产经营的，其未归还的借款可视为企业对个人投资者的红利分配，依照本项目征税。

（七）财产租赁所得

财产租赁所得是指个人出租建筑物、土地使用权、机器设备、车船和其他财产取得的所得，但不包括分期收取的不属于租金的财产价款。

个人取得财产转租收入，属于转租人的财产租赁所得由财产转租人缴纳个人所得税。在确定纳税义务人时，应以产权凭证为依据；无产权凭证的，由主管税务机关根据实际情况确定。产权所有人在未办理产权继承手续期间死亡，该财产出租而有租金收入的，以领取租金的个人为纳税人。

（八）财产转让所得

财产转让所得是指个人转让有价证券、股权、建筑物、土地使用权、机器设备、车船和其他财产取得的所得。具体规定为：

1. 股票转让所得

股票转让所得是指个人转让所持有上市公司在二级市场流通股票取得的所得。目前对个人转让上市公司股票取得的所得暂免征税，个人转让非上市公司股份取得的所得征收个人所得税。

2. 量化资产股份转让所得

集体所有制企业在改制为股份合作企业时，对职工个人以股份形式取得的拥有所有权的企业量化资产，暂缓征收个人所得税；个人将股份转让时，就其转让收入额减除个人取得该股份时实际支付的费用支出和合理转让费用后的余额，按财产转让所得项目计征个人所得税。

3. 个人出售自有住房所得

个人出售自有住房所得按财产转让所得征税。个人出售自有住房包括：个人出售已购公有住房，个人出售职工以成本价出资的合作建房、安居工程住房、经济适用住房以及拆迁安置住房，个人出售其他自有住房。

（九）偶然所得

偶然所得，是指个人得奖、中奖、中彩以及其他偶然性质的所得。得奖是指参加各种有奖竞赛活动，取得名次得到的奖金；中奖、中彩是指参加各种有奖活动，如有奖储蓄，或者购买彩票，经过规定程序，抽中、摇中号码而取得的奖金。

（1）企业对累积消费达到一定额度的顾客，给予额外抽奖机会，个人的获奖所得，按照"偶然所得"项目，全额缴纳个人所得税。

（2）个人取得单张有奖发票奖金所得超过800元的，应全额按照"偶然所得"项目征收个人所得税。税务机关或其指定的有奖发票兑奖机构，是有奖发票奖金所得个人所得税的扣缴义务人。

居民个人取得上述（一）至（四）项所得（综合所得），按纳税年度合并计算个人所得税；非居民个人取得上述（一）至（四）项所得，按月或者按次分项计算个人所得税。纳税人取得上述（五）至（九）项所得，依照法律规定分别计算个人所得税。个人取得的所得，难以界定应纳税所得项目的，由主管税务机关确定。

三、个人所得税税率

我国个人所得税采用比例税率和超额累进税率两种形式。其中，综合所得和经营所得适用超额累进税率，利息股息红利、财产租赁、财产转让、偶然所得等所得适用比例税率。

（一）综合所得

综合所得适用3%～45%的7级超额累进税率，具体税率见表6-1和表6-2：

表6-1 个人所得税税率表（综合所得按年）

级数	全年应纳税所得额	税率%	速算扣除数
1	不超过36 000元的部分	3	0
2	超过36 000元至144 000元的部分	10	2 520
3	超过144 000元至300 000元的部分	20	16 920
4	超过300 000元至420 000元的部分	25	31 920
5	超过420 000元至660 000元的部分	30	52 920
6	超过660 000元至960 000元的部分	35	85 920
7	超过960 000元的部分	45	181 920

注：表中全年应纳税所得额是指依照税法的规定，居民个人取得综合所得以每一纳税年度收入额减除费用6万元以及专项扣除、专项附加扣除和依法确定的其他扣除后的余额。非居民个人取得工资薪金所得、劳务报酬、稿酬、特许权使用费4项所得，依照本表按月换算后计算应纳税额。

表6-2　个人所得税税率表（综合所得按月）

级数	全月应纳税所得额	税率%	速算扣除数
1	不超过3 000元的部分	3	0
2	超过3 000元至12 000元的部分	10	210
3	超过12 000元至25 000元的部分	20	1 410
4	超过25 000元至35 000元的部分	25	2 660
5	超过35 000元至55 000元的部分	30	4 410
6	超过55 000元至80 000元的部分	35	7 160
7	超过80 000元的部分	45	15 160

（二）经营所得

经营所得适用5级超额累进税率。具体税率见表6-3：

表6-3　个人所得税税率表（经营所得）

级数	全年应纳税所得额	税率%	速算扣除数
1	不超过30 000元的	5	0
2	超过30 000元至90 000元的部分	10	1 500
3	超过90 000元至300 000元的部分	20	10 500
4	超过300 000元至500 000元的部分	30	40 500
5	超过500 000元的部分	35	65 500

注：表中全年应纳税所得额是依照法律规定，以每一纳税年度的收入总额减除成本、费用以及损失后的余额。

（三）比例税率

利息股息红利所得、财产租赁所得、财产转让所得和偶然所得，均适用20%的比例税率。自2001年1月1日起，对个人出租住房取得的所得暂减按10%的税率征收个人所得税。

第三节　个人所得税应纳税额的计算

一、综合所得应纳税额的计算

（一）居民个人综合所得应纳税额的计算

居民个人综合所得，以每一纳税年度的收入额减除法定费用扣除额以及专项扣除、专项附加扣除和依法确定的其他扣除后的余额，为应纳税所得额，适用7级超额累进税率计算。

其计算公式为：

$$应纳税额＝应纳税所得额×适用税率－速算扣除数$$
$$应纳税所得额＝年度收入额－法定费用扣除额－专项扣除－专项附加扣除－其他$$

1. 年度收入额

年度收入额包括工资薪金、劳务报酬、稿酬和特许权使用费四项所得。其中，劳务报酬所得、稿酬所得、特许权使用费所得以收入减除 20% 的费用后的余额为收入额。稿酬所得的收入额减按 70% 计算。

2. 法定费用扣除额

法定费用扣除额是指税法规定有关个人生计费等费用的扣除。按照税法的规定，综合所得的费用扣除额为每年60 000元（每月5 000元）。

3. 专项扣除

专项扣除包括居民个人按照国家规定的范围和标准缴纳的基本养老保险、基本医疗保险、失业保险等社会保险费和住房公积金等。

4. 专项附加扣除

专项附加扣除包括子女教育、继续教育、大病医疗、住房贷款利息或者住房租金、赡养老人等支出。

（1）子女教育专项附加扣除。

纳税人的子女接受学前教育和学历教育的相关支出，按照每个子女每年12 000元（每月1 000元）的标准定额扣除。学前教育包括年满3周岁至小学入学前教育。学历教育包括义务教育（小学和初中教育）、高中阶段教育（普通高中、中等职业教育）、高等教育（大学专科、大学本科、硕士研究生、博士研究生教育）。

受教育子女的父母分别按扣除标准的50%扣除。经父母约定，也可以选择由其中一方按扣除标准的100%扣除。具体扣除方式在一个纳税年度内不得变更。

（2）继续教育专项附加扣除。

纳税人接受学历继续教育的支出，在学历教育期间按照每年4 800元（每月400元定额扣除）。纳税人接受技能人员职业资格继续教育、专业技术人员职业资格继续教育支出，在取得相关证书的年度，按照每年3 600元定额扣除。

个人接受同一学历教育事项，符合本规定扣除条件的，该项教育支出可以由其父母按照子女教育支出扣除，也可以由本人按照继续教育支出扣除，但不得同时扣除。

（3）大病医疗专项附加扣除。

一个纳税年度内，在社会医疗保险管理信息系统记录的（包括医保目录范围内的自付部分和医保目录范围外的自费部分）由个人负担超过15 000元的医药费用支出部分，为大病医疗支出，可以按照每年80 000元标准限额据实扣除。大病医疗专项附加扣除由纳税人办理汇算清缴时扣除。

纳税人发生的大病医疗支出由纳税人本人扣除，也可以由其配偶扣除，未成年子女可以由父母一方扣除。纳税人应当留存医疗服务收费相关票据原件（或复印件）。

（4）住房贷款利息专项附加扣除。

纳税人本人或配偶使用商业银行或住房公积金个人住房贷款为本人或其配偶购买住房，发生的首套住房贷款利息支出，在偿还贷款期间，可以按照每年12 000（每月1 000元）标准定额扣除。非首套住房贷款利息支出，纳税人不得扣除。纳税人只能享受一套首套住房贷款利息扣除。夫妻双方婚前分别购买住房发生的首套住房贷款，其贷款利息支出，婚后可以选择其中一套购买的住房，由购买方按扣除标准的100%扣除，也可以由夫妻双方对各自购买的住房分别按照扣除标准的50%扣除。具体扣除方式在一个纳税年度内不得变更。扣除期限最长为240个月。

（5）住房租金专项附加扣除。

纳税人本人及配偶在纳税人的主要工作城市没有住房，而在主要工作城市租赁住房发生的租金支出，可以按照以下标准定额扣除：承租的住房位于直辖市、省会城市、计划单列市以及国务院确定的其他城市，扣除标准为每年18 000元（每月1 500元）；承租的住房位于其他城市的，市辖区户籍人口超过100万的，扣除标准为每年13 200元（每月1 100元）；承租的住房位于其他城市的，市辖区户籍人口不超过100万（含）的，扣除标准为每年9 600元（每月800元）。

主要工作城市是指纳税人任职受雇所在城市，无任职受雇单位的，为其经常居住城市。城市范围包括直辖市、计划单列市，副省级城市、地级市（地区、州、盟）全部行政区域范围围。市辖区户籍人口，以国家统计局公布的数据为准。夫妻双方主要工作城市相同的，只能由一方扣除住房租金支出。夫妻双方主要工作城市不相同的，且各自在其主要工作城市都没有住房的，可以分别扣除住房租金支出。住房租金支出由签订租赁住房合同的承租人扣除。

纳税人及其配偶不得同时分别享受住房贷款利息专项附加扣除和住房租金专项附加扣除。

（6）赡养老人专项附加扣除。

纳税人赡养60岁（含）以上父母以及子女均已去世的（外）祖父母的赡养支出，可以按照以下标准定额扣除：

纳税人为独生子女的，按照每年24 000元（每月2 000元）的标准定额扣除。

纳税人为非独生子女的，应当与其兄弟姐妹分摊每年24 000元（每月2 000元）的扣除额度，分摊方式包括平均分摊、被赡养人指定分摊或者赡养人约定分摊，具体分摊方式在一个纳税年度内不得变更，采取指定分摊或约定分摊方式的，每一纳税人分摊的扣除额最高不得超过每年12 000元（每月1 000元），并签订书面分摊协议。指定分摊与约定分摊不一致的，以指定分摊为准。纳税人赡养2个及以上老人的，不按老人人数加倍扣除。父母是指生父母、继父母、养父母，子女是指婚生子女、非婚生子女、继子女、养子女，父母之外的其他人担任未成年人的监护人的，比照执行。

【例题6-2】骆先生和罗女士为夫妻，骆先生还有一个妹妹，罗女士为独生子女，双方父母均已过60周岁，育有一子一女，分别在上小学和初中，家庭有首套住房贷款，丈夫正在攻读博士学位第三年，妻子正在攻读硕士学位第二年。假设两人扣除社会保险和公积金后月薪分别为22 000元和10 000元，除此无其他收入来源。骆先生与妹妹约定各自分摊50%的赡养费用。夫妻商定，子女教育支出和住房贷款支出均由丈夫扣除。则当月夫妻双方各自应纳的个人所得税为：

骆先生：

（1）2019年10月前：

个人所得税＝（22 000-3 500）×25%-1 005＝3 620（元）

（2）2019年10-12月：

个人所得税＝（22 000-5 000）×20%-1 410＝1 990（元）

（3）2020年：

专项附加扣除分别为：赡养老人1 000元，子女教育2 000元，住房贷款1 000元，继续教育400元，共计4 400元。

个人所得税＝（22 000-5 000-4 400）×10%-210=1 050（元）

罗女士：

（1）2019年10月前：

个人所得税＝（10 000-3 500）×20%-555=745（元）

（2）2019年10—12月：

个人所得税＝（10 000-5 000）×10%-210=290（元）

（3）2020年：

专项附加扣除分别为：赡养老人2 000元，继续教育400元，共计2 400元。

个人所得税＝（10 000-5 000-2 400）×3%=78（元）

总结：2019年10月—12月，夫妻两人每月可少交个人所得税2 088元（3 623+745-1 990-290）；2020年，夫妻两人每月可再少交个人所得税1 152元（1 990+290-1 050-78）。

5. 其他扣除

包括个人缴付符合国家规定的企业年金、职业年金，个人购买符合国家规定的商业健康保险、税收递延型商业养老保险的支出，以及国务院规定可以扣除的其他项目。

税法规定，对个人购买符合规定的商业健康保险产品的支出，允许在当年（月）计算应纳税所得额时予以税前扣除，扣除限额为2 400元/年（200元/月）。适用人群主要包括：取得工资薪金所得的个人；取得连续性劳务报酬所得的个人；个人连续3个月以上（含3个月）为同一单位提供劳务而取得的所得；取得个体工商户的生产经营所得、对企事业单位的承包承租经营所得的个体工商户业主；个人独资企业投资者，合伙企业个人合伙人和承包承租经营者。单位统一为员工购买符合规定的商业健康保险产品的支出，应分别计入员工个人工资薪金，视同个人购买，按上述限额予以扣除。

【例题6-3】 齐先生购买一款符合条件的商业健康保险，全年共计支付3 000元，则其当年最多可在税前扣除2 400元（200元/月）。咸女士购买另一款符合条件的商业健康保险，全年支付2 000元，则其当年只能在税前扣除2 000元（166.67元/月）。

假定齐先生全年综合收入额为120 000元，不考虑专项扣除和专项附加扣除，则其应纳的个人所得税为：

（1）无保险年应纳税额＝（120 000-60 000）×10%-2 520=3 480（元）

（2）有保险年应纳税额＝（120 000-60 000-2 400）×10%-2 520=3 240（元）

（3）一年可节税＝3 480-3 240=240（元）

（二）居民个人预扣预缴税额的计算

1. 工资薪金所得预扣预缴税额的计算

居民个人取得的工资薪金所得应由扣缴义务人按照累计预扣法计算预扣税款，并按月办理扣缴申报。其计算公式为：

本期应预扣预缴税额＝（累计预扣预缴应纳税所得额×预扣率-速算扣除数）-累计减免税额-累计已预扣预缴税款

其中，预扣率和速算扣除数按表6-1执行，预扣率即指表中的税率；累计减除费用按照

5 000元/月乘以纳税人当年截至本月在本单位的任职受雇月份数计算。

拓展资料

国家税务总局关于进一步简便优化部分纳税人个人所得税预扣预缴方法

为进一步支持稳就业、保就业、促消费，助力构建新发展格局，按照《中华人民共和国个人所得税法》及其实施条例有关规定，现就进一步简便优化部分纳税人个人所得税预扣预缴方法有关事项公告如下：

一、对上一完整纳税年度内每月均在同一单位预扣预缴工资、薪金所得个人所得税且全年工资、薪金收入不超过6万元的居民个人，扣缴义务人在预扣预缴本年度工资、薪金所得个人所得税时，累计减除费用自1月份起直接按照全年6万元计算扣除。即，在纳税人累计收入不超过6万元的月份，暂不预扣预缴个人所得税；在其累计收入超过6万元的当月及年内后续月份，再预扣预缴个人所得税。

扣缴义务人应当按规定办理全员全额扣缴申报，并在《个人所得税扣缴申报表》相应纳税人的备注栏注明"上年各月均有申报且全年收入不超过6万元"字样。

二、对按照累计预扣法预扣预缴劳务报酬所得个人所得税的居民个人，扣缴义务人比照上述规定执行。

本公告自2021年1月1日起施行。

资料来源：http：//www.chinatax.gov.cn

【例题6-4】章某为某企业职员，2020年每月应发工资总额均为10 000元，每月"三险一金"等专项扣除合计为1 500元；与妻子育有一子，经协商子女教育费用由章某扣除，无其他减免收入及减免税额等情况，以1—3月为例，章某每月预扣预缴的个人所得税如下：

1月预扣预缴个税＝（10 000－5 000－1 500－1 000）×3%＝75（元）

2月预扣预缴个税＝（10 000×2－5 000×2－1 500×2－1 000×2）×3%－75＝75（元）

3月预扣预缴个税＝（10 000×3－5 000×3－1 500×3－1 000×3）×3%－75×2＝75（元）

2. 劳务报酬等所得预扣预缴税额的计算

居民个人取得的劳务报酬所得、稿酬所得和特许权使用费所得应由扣缴义务人按次或月预扣预缴个人所得税，其预扣预缴税额的计算方法基本相同。按照税法的规定，劳务报酬等3项所得以纳税人每次取得的收入减除费用扣除额后的余额为预扣预缴应纳税所得额，稿酬所得的收入额减按70%计算。其计算公式为：

$$预扣预缴应纳税所得额＝每次收入额－费用扣除额$$

（1）每次收入的确定。劳务报酬所得每次收入规定为：属于只有一次性收入的，以完成一次劳务取得该项收入为一次；属于同一事项连续取得收入的，以同一辖区（指县级市、区）1个月内取得的收入为一次，但当月跨辖区的劳务报酬所得应分别计税。

稿酬所得，以每次出版、发表取得的收入为一次。具体又可细分为：同一作品再版取得的所得，应视作另一次稿酬所得计征个人所得税。同一作品先在报刊上连载，然后再出版，或先出版，再在报刊上连载的，应视为再次稿酬所得征税。即连载作为一次，出版作为另一次。同一作品在报刊上连载取得收入的，以连载完成后取得的所有收入合并为一次，计征个人所得税。同一作品在出版和发表时，以预付稿酬或分次支付稿酬等形式取得的稿酬收入，应合并计算为一次。同一作品出版、发表后，因添加印数而追加稿酬的，应与以前出版、发表时取得的稿酬合并计算为一次，计征个人所得税。

特许权使用费所得，以某项使用权的一次转让所取得的收入为一次。一个纳税义务人，可能不仅拥有一项特许权利，每一项特许权的使用权也可能不止一次地向他人提供。因此，对特许权使用费所得的"次"的界定，明确为每一项使用权的每次转让所取得的收入为一次，如果该次转让所取得的收入是分笔支付的，则应将各笔收入相加为一次的收入，计征个人所得税。

（2）费用扣除的确定。劳务报酬所得、稿酬所得、特许权使用费所得按定额扣除法或定率扣除法进行基础扣除。每次收入不超过4 000元的，减除费用800元；4 000元以上的，减除20%的费用，其余额为应纳税所得额。

$$预扣预缴应纳税所得额 = 每次收入总额 - 800$$
$$或 = 每次收入总额 \times （1 - 20\%）$$

（3）预扣预缴税额的计算。劳务报酬等3项应分别按预扣预缴应纳税所得额和规定的税率计算预扣预缴应纳税额。其计算公式为：

$$劳务报酬所得应预扣预缴税额 = 预扣预缴应纳税所得额 \times 预扣率 - 速算扣除数$$
$$稿酬所得、特许权使用费所得应预扣预缴税额 = 预扣预缴应纳税所得额 \times 20\%$$

对劳务报酬所得一次收入畸高的实行加成征收。一次收入畸高是指一次取得劳务报酬在按税法规定做了费用扣除以后的应纳税所得额超过20 000元的。加成征收，是指对劳务报酬所得在按20%税率计算税额的基础上，再加征一部分税额。具体规定为：应纳税所得额超过20 000元至50 000元部分，按其应纳税额加征五成（50%）；超过50 000元的部分，加征十成（100%）。实行加成征收后，劳务报酬所得的税率已经演化为3级超额累进税率，见表6-4：

表6-4 个人所得税率表（居民个人劳务报酬所得预扣预缴适用）

级数	每次预扣预缴应纳税所得额	预扣率 %	速算扣除数
1	不超过20 000元的部分	20	0
2	超过20 000元至50 000元的部分	30	2 000
3	超过50 000元的部分	40	7 000

【例题6-5】中国居民赵先生2020年9月在某公司（非任职公司）参加授课培训活动，取得该公司支付的税前一次性劳务报酬所得42 000元，无其他减免及特殊事项。该公司为扣缴义务人，应预扣预缴的个人所得税如下：

劳务报酬预扣预缴应纳税所得额 = 42 000 × （1 - 20%）= 33 600（元）
劳务报酬预扣预缴税额 = 33 600 × 30% - 2 000 = 8 080（元）

【例题6-6】中国居民章女士为某企业员工，业余爱好是写作，2020年9月取得某出版社支付的税前一次性稿酬18 000元，无其他减免及特殊事项。该出版社为扣缴义务人，应预扣预缴的个人所得税如下：

稿酬预扣预缴应纳税所得额 = 18 000 × 70% × （1 - 20%）= 10 080（元）
稿酬预扣预缴税额 = 10 080 × 20% = 2 016（元）

（三）非居民个人扣缴税额的计算

非居民个人取得的工资薪金所得、劳务报酬所得、稿酬所得和特许权使用费所得，扣缴义务人应按月或次代扣代缴个人所得税。其计算公式为：

$$应纳税额=应纳税所得额×税率-速算扣除数$$

其中，工资薪金所得以每月收入额减除费用5 000元后的余额为纳税所得额；劳务报酬所得、稿酬所得、特许权使用费所得，以每次收入额为应纳税所得额，适用表6-2按月的7级超额累进税率表计算应纳税额。其中，劳务报酬所得、稿酬所得、特许权使用费所得减除20%的费用后的余额为收入额。稿酬所得的收入额减按70%计算。

【例题6-7】 非居民个人赵先生2020年9月在中国境内某单位任职，取得税前工资所得14 000元，无其他减免及特殊事项。该公司为扣缴义务人，应代扣代缴的个人所得税如下：

代和代缴个税=（14 000-5 000）×10%-210=690（元）

二、生产经营所得个人所得税的计算

（一）税额计算的税法规定

1. 税额计算的一般规定

从事生产经营的个体工商户、个人独资企业和合伙企业的投资者（简称纳税人），根据业务规模、经营性质和会计核算情况，分别按查账征收法和核定征收法两种方法计算征收个人所得税。实行查账征收的纳税人，以每一纳税年度的收入总额减除成本、费用及损失后的余额为应纳税所得额，计算缴纳个人所得税。其计算公式为：

$$应纳税额=应纳税所得额×适用税率-速算扣除数$$
$$应纳税所得额=收入总额-成本、费用及损失$$

取得经营所得的个人，没有综合所得的，计算其每一纳税年度的应纳税所得额时，应减除费用6万元、专项扣除、专项附加扣除以及依法确定的其他扣除。专项附加扣除在办理汇算清缴时减除。

个人独资企业的投资者，以全部生产经营所得为应纳税所得额；合伙企业的投资者按合伙企业全部生产经营所得和合伙协议约定的分配比例确定应纳税所得额，协议没有约定分配比例的，以全部生产经营所得和合伙人数量平均计算各投资者的应纳税所得额。所称生产经营所得包括企业分配给投资者个人的所得和企业当年留存的所得（利润）。

2. 税额计算的特殊规定

个体工商户、个人独资企业和合伙企业因在纳税年度中间开业、合并、注销及其他原因，导致该纳税年度的实际经营期不足1年的，对个体工商户业主、个人独资企业投资者和合伙企业自然人合伙人的生产经营所得计算个人所得税时，以其实际经营期为1个纳税年度。投资者本人的费用扣除标准，应按照其实际经营月份数，以每月5 000元的减除标准确定。计算公式如下：

$$应纳税所得额=该年度收入总额-成本、费用及损失-当年投资者本人的费用扣除额$$
$$当年投资者本人的费用扣除额=月减除费用（5 000元）×当年实际经营月份数$$
$$应纳税额=应纳税所得额×税率-速算扣除数$$

（二）查账征收法的收入总额

收入总额是指纳税人从事生产经营及有关活动取得的各项收入，应按权责发生制原则确定，包括商品（产品）销售收入、营运收入、劳务服务收入、工程价款收入、财产出租或转让收入、利息收入、其他业务收入和营业外收入。

（三）查账征收法的列支项目

准予税前列支项目是指纳税人发生的与取得生产经营收入有关的各项支出，即成本费用及损失。成本费用是指纳税人从事生产经营所发生的各项直接支出，分配计入成本的间接费用及销售费用、管理费用和财务费用，包括纳税人支付给生产经营从业人员的工资；损失是指纳税人在生产经营过程中发生的营业外支出，包括固定资产盘亏、报废、毁损和出售的净损失，自然灾害或意外事故损失、公益救济性捐赠、赔偿金和违约金等。

（四）查账征收法的扣除标准

1. 业主费用

业主费用扣除标准统一确定为60 000元/年（5 000元/月）。但个体工商户、个人独资企业和合伙企业业主的工资，不得扣除。

2. 员工工资

纳税人发生的向从业人员实际支付的合理的工资薪金支出，允许在税前据实扣除。

3. 三项经费

纳税人发生的工会经费、职工福利费和职工教育经费支出，分别在工资薪金总额2%、14%、8%的标准内据实扣除。

4. 开办费

纳税人发生的符合规定的开办费，自开始生产经营之日起，在不短于5年的期限内分期均摊扣除。

5. 借款利息

纳税人发生的在生产经营过程中的借款利息支出，未超过按中国人民银行规定的同期、同类贷款利率计算的数额部分，准予扣除；用于与取得固定资产有关的利息支出，在资产尚未交付使用之前发生的，应计入购建资产的价值，不得作为费用扣除。

6. 低值易耗品

纳税人发生的购入低值易耗品的支出原则上一次摊销，但一次性购入价值较大的，应分期掉销。分期摊销的价值标准和期限由各省、自治区、直辖市税务局确定。

7. 税控收款机

纳税人发生购置税控收款机的支出，应在2~5年内分期扣除。具体期限由各省、自治区、直辖市税务局确定。

8. 保险与统筹费用

纳税人发生的与生产经营有关的财产保险、运输保险，以及从业人员的养老、医疗和其他保险费用支出，按国家有关规定的标准计算扣除。

9. 修理费用

纳税人发生的与生产经营有关的修理费用据实扣除。修理费用发生不均衡或数额较大的，应分期扣除，其分期扣除标准和期限由各省、自治区、直辖市税务局确定。

10. 各项税金

纳税人按规定缴纳的除企业所得税和允许扣除的增值税以外的各项税金及其附加。

11. 各项规费

纳税人按规定缴纳的工商管理费、个体劳动者协会会费、摊位费，按实际发生数扣除。缴纳的其他规费，其扣除项目和标准，由各省、自治区、直辖市税务局根据当地实际情况确定。

12. 租赁费

纳税人以经营租赁方式租入固定资产的租赁费据实扣除；以融资租赁方式租入固定资产而发生的租赁费应计入固定资产价值，不得直接扣除。

13. 开发费用

纳税人研究开发新产品、新技术、新工艺所发生的开发费用，以及研究开发新产品、新技术而购置单台价值在 10 元以下的测试仪器和试验性装置的购置费准予在当期扣除；单台价值在 5 万元以上的测试仪器和试验性装置，以及购置费达到固定资产标准的其他设备，不得在当期扣除。

14. 财产损失

纳税人在生产过程中发生的固定资产和流动资产盘亏及毁损净损失，经主管税务机关审核后可在当期扣除。

15. 汇兑损益

纳税人在生产经营过程中发生的以外币结算的往来款项增减变动时，由于汇率变动而发生折合人民币的差额作为汇兑损益，计入当期所得或在当期扣除。

16. 坏账损失

纳税人发生的与生产经营有关的无法收回的账款，提供有效证明，报经主管税务机关审核后，按实际发生数扣除。上述已扣除的账款在以后年度收回时，应直接做收入处理。纳税人计提的各种准备金不得扣除。

17. 年度经营亏损

纳税人发生年度经营亏损经主管税务机关审核后允许用下一年度经营所得弥补，下一年度所得不足弥补的，允许连年延续弥补，但最长不得超过 5 年。兴办两个或两个以上企业的，企业的年度经营亏损不能跨企业弥补。

18. 广告费和业务宣传费

纳税人每一纳税年度发生的广告费和业务宣传费不超过当年销售（营业）收入 15% 的部分可据实扣除，超过部分准予在以后纳税年度结转扣除。

19. 业务招待费

纳税人每一纳税年度发生的与其生产经营业务直接相关的业务招待费支出，按照发生额的 60% 扣除，但最高不得超过当年销售（营业）收入的 5‰。

20. 捐赠支出

纳税人通过中国境内的社会团体、国家机关向教育和其他社会公益事业，以及遭受严重自然灾害地区、贫困地区的捐赠，捐赠额不超过其应纳税所得额 30% 的部分，可据实扣除。纳税人直接给受益人的捐赠不得扣除。

21. 混用费用

纳税人在生产经营过程中发生与家庭生活混用的费用，由税务机关核定分摊比例，据此计算确定的属于生产经营过程中发生的费用准予扣除；生产经营者与家庭生活共用的固定资产难以划分的，由主管税务机关根据企业的生产经营类型、规模等具体情况，核定准予在税前扣除的折旧费用的数额或比例。

此外，税法还规定了不准税前扣除的项目：

（1）资本性支出；

（2）被没收的财物、支付的罚款；

（3）缴纳的个人所得税及各种税收的滞纳金、罚金和罚款等；

（4）自然灾害或意外事故损失有赔偿的部分；

（5）各种赞助支出；

（6）分配给投资者的股利；

（7）用于个人和家庭的支出；

（8）个体工商户业主、个人独资企业和合伙企业投资者的工资支出；

（9）与生产经营无关的其他支出；

（10）国家税务总局规定不准扣除的其他支出。

（五）查账征收法的税额计算

纳税人应按其应纳税所得额和5级超额累进税率计算应纳的个人所得税，实行按年计算、分月预缴、年终汇算清缴、多退少补的办法。其基本计算公式为：

$$应纳税额 = 应纳税所得额 \times 适用税率 - 速算扣除数$$

（1）投资者兴办一个企业应纳税额的计算。其计算公式为：

$$本月应纳税所得额 = 本月收入总额 - 本月成本、费用及损失$$

$$本月累计应纳税所得额 = 本月应纳税所得额 + 上月累计应纳税所得额$$

$$全年应纳税所得额 = 本月累计应纳税所得额 \times 12 \div 本月月份数$$

$$全年应纳税额 = 全年应纳税所得额 \times 适用税率 - 速算扣除数$$

$$本月累计预缴所得税税额 = 全年应纳税额 \times 本月月份数 \div 12$$

$$本月预缴所得税税额 = 本月累计预缴所得税 - 上月累计预缴所得税$$

$$全年应纳所得税税额 = （全年收入总额 - 全年成本、费用损失）\times 适用税率 - 速算扣除数$$

$$汇算清缴应补（退）的所得税税额 = 全年应纳所得税税额 - 1～11 月累计预缴所得税税额$$

（2）投资者兴办两个或两个以上企业应纳税额的计算。

投资者兴办两个或两个以上企业，且企业性质全部是独资的，年终应汇总其投资兴办的所有企业的经营所得作为应纳税所得额，以此确定适用税率，计算出全年经营所得的应纳税额，再根据每个企业的经营所得占所有企业经营所得的比例，分别计算出每个企业的应纳税额和应补缴税额。其计算公式为：

$$应纳税所得额 = \sum 各个企业的经营所得$$

$$应纳税额 = 应纳税所得额 \times 税率 - 速算扣除数$$

$$本企业应纳税额 = 应纳税额 \times 本企业的经营所得 \div \sum 各个企业的经营所得$$

$$本企业应补缴的税额 = 本企业应纳税额 - 本企业预缴的税额$$

【例题6-8】张某2020年承包某机械厂，根据协议变更登记为个体工商户。2020年机械厂取得收入总额80万元，准予扣除的成本、费用及相关支出合计68万元（含张某每月从机械厂领取的工资6 000元）。请计算张某2020年应缴纳的个人所得税应纳税额。

解析：

个体工商户业主的工资不能在计算个体工商户生产、经营所得应纳税所得额时扣除，则

应纳税所得额＝80－68＋0.6×12－0.5×12＝13.2（万元）＝132 000（元）

应纳税额＝132 000×20%－10 500＝15 900（元）

（六）核定征收法的税额计算

核定征收法包括定额征收、核定应税所得率征收和其他合理征收等方式。实行核定应税所得率征收方式的适用范围和计算方法规定为：

1. 核定应税所得率征收方式的适用范围

纳税人有下列情形之一的，主管税务机关应采取核定征收方式征收个人所得税：

（1）依照税收法律法规的规定可不设账簿的，或按照税收法律法规规定应设置但未设账簿的。

（2）能准确核算收入总额或收入总额能够查实，但其成本费用支出不能准确核算的。

（3）能准确核算成本费用支出或成本费用支出能够查实，但其收入总额不能准确核算的。

（4）收入总额及成本费用支出均不能准确核算，不能向主管税务机关提供真实、准确、完善的纳税资料，难以查实的。

（5）账目设置和核算虽然符合规定，但并未按规定保存有关账簿、凭证和有关纳税资料的。

（6）发生纳税义务未按照税收法律法规规定的期限办理纳税申报，经税务机关责令限期申报逾期仍不申报的。

（7）纳税人申报的计税依据明显偏低，又无正当理由的。

2. 核定应税所得率征收方式的计算公式

$$应纳所得税税额＝应纳税所得额×适用税率$$

$$应纳税所得额＝收入总额×应税所得率$$

$$或＝成本费用支出额÷（1－应税所得率）×应税所得率$$

三、财产租赁个人所得税的计算

（一）应纳税所得额

财产租赁所得一般以个人每次取得的收入，定额或定率减除规定费用后的余额为应纳税所得额。每次收入不超过4 000元，定额减除费用800元；每次收入在4 000元以上，定率减除20%的费用。财产租赁所得以1个月内取得的收入为一次。

在确定财产租赁的应纳税所得额时，纳税人在出租财产过程中缴纳的税金和教育费附加，可持纳税（缴款）凭证，从其财产租赁收入中扣除。准予扣除的项目除了规定费用和有关税、费用，还准予扣除能够提供有效、准确凭证，证明由纳税人负担的该出租财产实际开支的修缮费用。允许扣除的修缮费用，以每次800元为限。一次扣除不完的，准予在下一次继续扣除，直到扣完为止。

个人出租财产取得的财产租赁收入，在计算缴纳个人所得税时，应依次扣除以下费用：

（1）财产租赁过程中缴纳的税费。

（2）由纳税人负担的该出租财产实际开支的修缮费用。

（3）税法规定的费用扣除标准。

应纳税所得额的计算公式为：

1）每次（月）收入不超过4 000元的：

应纳税所得额=每次（月）收入额-准予扣除项目-修缮费用（800元为限）-800元

2）每次（月）收入超过4 000元的：

应纳税所得额=［每次（月）收入额-准予扣除项目-修缮费用（800元为限）］×（1-20%）

（二）应纳税额的计算公式

财产租赁所得适用20%的比例税率。但对个人按市场价格出租的居民住房取得的所得，自2001年1月1日起暂减按10%的税率征收个人所得税。其应纳税额的计算公式为：

$$应纳税额=应纳税所得额×适用税率$$

【例题6-9】刘某于2020年1月将其自有的面积为120平方米的2间房屋按市场价出租给张某居住。刘某每月取得租金收入3 000元，全年租金收入36 000元。不考虑其他税、费，计算刘某全年租金收入应缴纳的个人所得税。

解析：

财产租赁收入以每月内取得的收入为一次，按市场价出租给个人居住适用10%的税率，因此，刘某每月及全年应纳税额为：

（1）每月应纳税额=（3 000-800）×10%=220（元）

（2）全年应纳税额=220×12=2 640（元）

假定上例中，当年2月因下水道堵塞找人修理，发生修理费用500元，有维修部门的正式收据，则2月和全年的应纳税额为：

（1）2月应纳税额=（3 000-500-800）×10%=170（元）

（2）全年应纳税额=220×11+170=2 590（元）

在实际征税过程中，有时会出现财产租赁所得的纳税人不明确的情况。对此，在确定财产租赁所得纳税人时，应以产权凭证为依据。无产权凭证的，由主管税务机关根据实际情况确定纳税人。如果产权所有人死亡，在未办理产权继承手续期间，该财产出租且有租金收入的，以领取租金收入的个人为纳税人。

四、财产转让所得应纳税额的计算

（一）一般情况下财产转让所得应纳税额的计算

财产转让所得应纳税额的计算公式为：

应纳税额=应纳税所得额×适用税率

　　　　=（收入总额-财产原值-合理税费）×20%

【例题6-10】某个人建房一幢，造价400 000元，支付其他费用60 000元。该个人建成房屋后将房屋出售，售价660 000元，在售房过程中按规定支付交易费等相关税费35 000元，其应纳个人所得税额的计算过程为：

（1）应纳税所得额=财产转让收入-财产原值-合理费用

　　　　　　　　　=660 000-（400 000+60 000）-35 000=165 000（元）

（2）应纳税额＝165 000×20%＝33 000（元）

（二）个人住房转让所得应纳税额的计算

对个人转让住房所得应纳个人所得税的计算具体规定如下：

（1）以实际成交价格为转让收入。纳税人申报的住房成交价格明显低于市场价格且无正当理由的，征收机关依法有权根据有关信息核定其转让收入，但必须保证各税种计税价格一致。

（2）纳税人可凭原购房合同、发票等有效凭证，经税务机关审核后，允许从其转让收入中减除房屋原值、转让住房过程中缴纳的税金及有关合理费用。

1）房屋原值具体为：

①商品房：购置该房屋时实际支付的房价款及缴纳的相关税费。

②自建住房：实际发生的建造费用及建造和取得产权时实际缴纳的相关费用。

③经济适用房（含集资合作建房、安居工程住房）：原购房人实际支付的房价款及相关费用，以及按规定缴纳的土地出让金。

④已购公有住房：已购公有住房标准面积按当地经济适用房价格计算的房价款，加上原购公有住房标准面积实际支付的房价款以及按规定向财政部门（或原产权单位）缴纳的所得权益及相关税费。

2）转让住房过程中缴纳的税金是指纳税人在转让住房时实际缴纳的增值税、城市维护建设税、教育费附加、土地增值税、印花税等税金。

3）纳税人未提供完整、准确的房屋原值凭证，不能正确计算房屋原值和应纳税额的，税务机关可对其实行核定征税，即按纳税人住房转让收入的一定比例核定应纳个人所得税额。具体比例由省级税务局或者省级税务局授权的地市级税务局在住房转让收入 1%~3% 的幅度内确定。

五、利息、股息、红利所得，偶然所得应纳税额的计算

利息、股息、红利所得和偶然所得，其应纳税额的计算方法基本相同。按照税法的规定，利息等所得除减免税规定以外，其应纳税所得额为纳税人每次取得的收入额，不得从收入中扣除任何费用，并适用20%的比例税率计算应纳的个人所得税。其计算公式为：

$$应纳税额＝应纳税所得额×适用税率＝每次收入额×20\%$$

【例题 6-11】陈某在参加商场的有奖销售过程中，中奖所得共计价值30 000元。陈某领奖时告知商场，从资金中拿出5 000元通过民政局向某贫困地区捐赠。请按照规定计算商场代扣代缴个人所得税后，陈某实际可得中奖金额。

解析：

（1）根据税法有关规定，陈某的捐赠可以全部从应纳税所得额中扣除（因为 5 000÷30 000＝16.67%，小于捐赠扣除比例30%）

（2）应纳税所得额＝偶然所得－捐赠额＝30 000－5 000＝25 000（元）

（3）应纳税额（即商场代扣税款）＝应纳税所得额×适用税率

＝25 000×20%＝5 000（元）

（4）陈某实际可得金额＝30 000－5 000－5 000＝20 000（元）

六、境外个人所得的税额计算

居民个人从中国境内和境外取得的综合所得、经营所得，应分别合并计算应纳税额；从中国境内和境外取得的其他所得，应分别单独计算应纳税额。

（一）境外所得税的扣除限额

居民个人从中国境外取得的所得，准予其在应纳税额中抵免已在境外缴纳的个人所得税税额，但抵免额不得超过该纳税人境外所得依照我国税法规定计算的应纳税额。其中，已在境外缴纳的个人所得税税额是指居民个人来源于中国境外的所得，依照该所得来源国家或地区的法律应缴纳并实际已经缴纳的所得税税额。纳税人境外所得依照我国税法规定计算的应纳税额是指居民个人抵免已在境外缴纳的综合所得、经营所得以及其他所得的所得税税额的限额（以下简称抵免限额）。除国务院财政、税务主管部门另有规定外，来源于中国境外一个国家或地区的综合所得抵免限额、经营所得抵免限额以及其他所得抵免限额之和，为来源于该国家或地区所得的抵免限额。

个人所得税境外所得计算的扣除限额采用的是"分国又分项"计算的方法，不同于企业所得税的分国不分项的计算方法。

（二）境外个人所得税的扣除

居民个人在中国境外一个国家或地区实际已经缴纳的个人所得税税额，低于依照上述规定计算出的该国家或地区抵免限额的，应在中国缴纳差额部分的税款；超过该国家或地区抵免限额的，其超过部分不得在本纳税年度的应纳税额中抵免，但可在以后纳税年度该国家或地区抵免限额的余额中予以补扣，补扣期限最长不得超过5年。居民个人申请抵免已在境外缴纳的个人所得税税额，应提供境外税务机关出具的税款所属年度的有关纳税凭证。即境外已纳税额大于抵免限额，不退还国外多缴的税款；境外已纳税额小于抵免限额，补缴差额部分税额。

【例题6-12】 姜先生从A、B两国取得应税收入为：在A国某公司任职，取得工资薪金收入（折合人民币，下同）15万元（平均每月12 500元），为其他公司提供一项工程设计，取得劳务报酬收入1.5万元。该两项收入在A国缴纳个人所得税0.5万元；在B国取得中奖所得2万元，在B国缴纳该项收入的个人所得税4 320元，上述收入的个人所得税处理为：

解析：

（1）来源于A国所得的个人所得税处理：

1）综合所得扣除限额【150 000+15 000×（1-20%）-60 000】×10%-2 520=7 680（元）

2）A国扣除限额7 680元＞在A国缴纳个人所得税5 000元，应补缴所得税。

3）来源于A国所得应补缴所得税=7 680-5 000=2 680（元）

（2）来源于B国所得的个人所得税处理：

1）中奖所得扣除限额20 000×20%=4 000（元）

2）因为B国扣除限额4 000元＜在B国缴纳个人所得税4 320元，所以不须向中国补缴个人所得税，超限额的320元（4 320-4 000）可以在以后纳税年度的B国扣除限额的余额中补扣，补扣期限最长不得超过5年。

七、个人所得税计算的其他规定

(一) 捐赠的税务处理

（1）个人将其所得对教育、扶贫、济困等公益慈善事业进行捐赠，捐赠额未超过纳税人申报的应纳税所得额30%的部分，可以从其应纳税所得额中扣除；国务院规定对公益慈善事业捐赠实行全额税前扣除的，从其规定。应纳税所得额，是指计算扣除捐赠额之前的应纳税所得额。

（2）个人通过非营利性的社会团体和国家机关向红十字事业的捐赠，在计算缴纳个人所得税时，准予在税前的所得额中全额扣除。

（3）个人通过非营利的社会团体和国家机关向农村义务教育的捐赠，在计算缴纳个人所得税时，准予在税前的所得额中全额扣除。

农村义务教育的范围是指政府和社会力量举办的农村乡镇（不含县和县级市政府所在地的镇）、村的小学和初中以及属于这一阶段的特殊教育学校。纳税人对农村义务教育与高中在一起的学校的捐赠，也享受规定的所得税前扣除政策。

接受捐赠或办理转赠的非营利的社会团体和国家机关，应按照财务隶属关系分别使用由中央或省级财政部门统一印（监）制的捐赠票据；并加盖接受捐赠或转赠单位的财务专用印章。税务机关据此对捐赠个人进行税前扣除。

（4）个人通过非营利性社会团体和国家机关对公益性青少年活动场所（其中包括新建）的捐赠，在计算缴纳个人所得税时，准予在税前的所得额中全额扣除。

公益性青少年活动场所，是指专门为青少年学生提供科技、文化、德育、爱国主义教育、体育活动的青少年宫、青少年活动中心等校外活动的公益性场所。

（5）个人的所得（不含偶然所得，经国务院财政部门确定征税的其他所得）用于对非关联的科研机构和高等学校研究开发新产品、新技术、新工艺所发生的研究开发经费的资助，可以全额在下月（工资、薪金所得）或下次（按次计征的所得）或当年（按年计征的所得）计征个人所得税时，从应纳税所得额中扣除，不足抵扣的，不得结转抵扣。

（6）根据财政部、国家税务总局有关规定，个人通过非营利性的社会团体和政府部门向福利性、非营利性老年服务机构捐赠，通过宋庆龄基金会等6家单位、中国医药卫生事业发展基金会、中国教育发展基金会、中国老龄事业发展基金会等8家单位、中华健康快车基金会等5家单位用于公益救济性的捐赠，符合相关条件的，准予在缴纳个人所得税税前全额扣除。

(二) 每次收入的确定

（1）财产租赁所得，以一个月内取得的收入为一次。

（2）利息、股息、红利所得，以支付利息、股息、红利时取得的收入为一次。

（3）偶然所得，以每次取得该项收入为一次。

（4）非居民个人取得的劳务报酬所得、稿酬所得、特许权使用费所得，属于一次性收入的，以取得该项收入为一次。属于同一项目连续性收入的，以一个月内取得的收入为一次。

第四节　个人所得税的税收优惠

一、免征个人所得税的优惠

（1）省级人民政府、国务院部委和中国人民解放军军以上单位，以及外国组织颁发的科学、教育、技术、文化、卫生、体育、环境保护等方面的奖金。

（2）国债和国家发行的金融债券利息。

（3）按照国家统一规定发放的补贴、津贴。

（4）福利金、抚恤金、救济金。

（5）保险赔款。

（6）军人转业费、复员费、退役金。

（7）按照国家统一规定发给国家干部、职工的安家费、退职费、退休工资、离休工资、离休生活补助费。

（8）依照我国法律有关规定应予以免税的各国驻华使馆、领事馆的外交代表、领事官员和其他人员的所得。

（9）中国政府参加的国际公约以及签订的协议中规定免税的所得。

（10）对乡、镇（含乡、镇）以上人民政府或经县（含县）以上人民政府主管部门批准成立的有机构、有章程的见义勇为基金或者类似性质组织，奖励见义勇为者的奖金或奖品，经主管税务机关核准，免征个人所得税。

（11）企业和个人按照省级以上人民政府规定的比例提取并缴付的住房公积金、医疗保险金、基本养老金、失业保险金，不计入个人当期的工资、薪金收入，免予征收个人所得税。

（12）储蓄存款利息所得暂免征收个人所得税。

（13）个人通过扣缴单位统一向灾区的捐赠，由扣缴单位凭政府机关或非营利组织开具的汇总捐赠凭证、扣缴单位记载的个人捐赠明细表等，由扣缴单位在代收代缴税款时，依法据实扣除。

二、暂免征税项目

（1）外籍人员以非现金形式或实报实销形式取得的住房补贴、伙食补贴、搬迁费、洗衣费。

（2）外籍个人按合理标准取得的境内、境外出差补贴。

（3）外籍个人从外商投资企业取得的股息、红利所得。

（4）外籍个人取得的语言培训费、子女教育费等，经当地税务机关审核批准为合理的部分。

（5）凡符合下列条件之一的外籍专家取得的工资、薪金所得可免征个人所得税：

1）根据世界银行专项贷款协议，由世界银行直接派往我国工作的外国专家。

2）联合国组织直接派往我国工作的专家。

3）为联合国援助项目来华工作的专家。

4）援助国派往我国专为该国无偿援助项目工作的专家。

5）根据两国政策签订文化交流项目来华工作 2 年以内的文教专家，其工资、薪金所得由该国负担的。

6）根据我国大专院校国际交流项目来华工作 2 年以上的文教专家，其工资、薪金所得由该国负担的。

7）通过民间科研协定来华工作的专家，其工资、薪金所得由该国政府机构负担的。

（6）对股票转让所得暂不征收个人所得税。

（7）个人举报、协查各种违法、犯罪行为而获得的奖金。

（8）个人办理代扣代缴税款手续，按规定取得的扣缴手续费。

（9）个人转让自用达 5 年以上并且是唯一的家庭居住用房取得的所得。

（10）对达到离休、退休年龄，但确因工作需要，适当延长离休、退休年龄的高级专家，在其延长离休、退休期间的工资、薪金所得，视同退休工资、离休工资免征个人所得税。

（11）对个人购买福利彩票、赈灾彩票、体育彩票、一次中奖收入在 1 万元以下的（含 1 万元）暂免征收个人所得税，超过 1 万元的，全额征收个人所得税。

（12）个人取得单张有奖发票奖金所得不超过 800 元（含 800 元）的，暂免征收个人所得税。

（13）对国有企业职工，因企业依照《中华人民共和国企业破产法（试行）》宣告破产，从破产企业取得的一次性安置费收入，免予征收个人所得税。

（14）职工与用人单位解除劳动关系取得的一次性补偿收入（包括用人单位发放的经济补偿金、生活补助费和其他补助费用），在当地上年职工年平均工资 3 倍数额内的部分，可免征个人所得税。

（15）个人领取原提存的住房公积金、基本医疗保险金、基本养老保险金以及失业保险金，免予征收个人所得税。

（16）对工伤职工及其近亲属按照《工伤保险条例》规定取得的工伤保险待遇，免征个人所得税。

（17）企业和事业单位根据国家有关政策规定的办法和标准，为在本单位任职或者受雇的全体职工缴付的企业年金或职业年金单位缴费部分，在计入个人账户时，个人暂不缴纳个人所得税，个人根据国家有关政策规定缴付的年金个人缴费部分，在不超过本人缴费工资计税基数 4% 标准内的部分，暂从个人当期的应纳税所得额中扣除。

年金基金投资运营收益分配计入个人账户时，个人暂不缴纳个人所得税。

（18）自 2008 年 10 月 9 日（含）起，对储蓄存款利息所得暂免征收个人所得税。

（19）自 2015 年 9 月 8 日起，个人从公开发行和转让市场取得的上市公司股票，持股期限超过 1 年的，股息红利所得暂免征收个人所得税。

（20）自 2009 年 5 月 25 日（含）起，以下情形的房屋产权无偿赠与的，对当事双方不征收个人所得税：

1）房屋产权所有人将房屋产权无偿赠与配偶、父母、子女、祖父母、外祖父母、孙子女、外孙子女、兄弟姐妹；

2）房屋产权所有人将房屋产权无偿赠与对其承担直接抚养或者赡养义务的抚养人或者赡养人；

3）房屋产权所有人死亡，依法取得房屋产权的法定继承人、遗嘱继承人或者受遗赠人。

（21）个体工商户、个人独资企业和合伙企业或个人从事种植业、养殖业、饲养业、捕捞业取得的所得，暂不征收个人所得税。

（22）企业在销售商品（产品）和提供服务过程中向个人赠送礼品，属于下列情形之一的，不征收个人所得税：

1）企业通过价格折扣、折让方式向个人销售商品（产品）和提供服务；

2）企业在向个人销售商品（产品）和提供服务的同时给予赠品，如通信企业对个人购买手机赠话费、入网费，或者购话费赠手机等；

3）企业对累积消费达到一定额度的个人按消费积分反馈礼品。

税收法律、行政法规、部门规章和规范性文件中未明确规定纳税人享受减免税必须经税务机关审批，且纳税人取得的所得完全符合减免税条件的，无须经主管税务机关审核，纳税人可自行享受减免税。

税收法律、行政法规、部门规章和规范性文件中明确规定纳税人享受减免税必须经税务机关审批的，或者纳税人无法准确判断其取得的所得是否应享受个人所得税减免的，必须经主管税务机关按照有关规定审核或批准后，方可减免个人所得税。

【例题6-13】张某2020年10月取得如下收入：

（1）到期国债利息收入198元。

（2）购买福利彩票支出800元，取得一次性中奖收入18 000元。

（3）股票转让所得12 000元。

（4）转让自用住房一套，取得转让收入200万元，该套住房购买价为100万元，购买时间为2007年并且是唯一的家庭生活用房。

要求：计算张某当月应缴纳的个人所得税税额。

解析：

国债利息收入免征个人所得税，股票转让所得暂不征收个人所得税，转让自用5年以上并且是唯一的家庭生活用房取得的所得暂免征个人所得税，福利彩票收入18 000元（超过1万元）应缴纳个人所得税，且不得扣除购买彩票支出。

中奖收入应缴纳个人所得税税额=18 000×20%=3 600（元）。

张某当月应缴纳的个人所得税税额为3 600元。

三、减征个人所得税的优惠

（1）残疾、孤老人员和烈士所得。

（2）因严重自然灾害造成重大损失的。

四、无住所个人的减免税优惠

（1）在中国境内无住所，但是居住满183天的年度连续不满6年的纳税人，经向主管税务机关备案，其来源于中国境外且由境外单位或者个人支付的所得，免征个人所得税。在中国境内居住累计满183天的任一年度中有一次离境超过30天的，其在中国境内居住累计满183天的年度的连续年限重新起算。

（2）无住所个人在境内居住累计满183天的年度连续满6年的纳税人，且在6年内未发生单次离境超过30天情形的，从第7年起，在中国境内居住累计满183天的，应就其来源于中国境内境外的全部所得缴纳个人所得税。

（3）对在中国境内无住所，但在一个纳税年度中在中国境内居住不超过 90 日的纳税人，其来源于中国境内的所得，由境外雇主支付并且不由该雇主在中国境内机构、场所负担的部分，免予缴纳个人所得税。

第五节　个人所得税的征收管理

一、纳税申报

（1）个人所得税以所得人为纳税人，以支付所得的单位或者个人为扣缴义务人。扣缴义务人向个人支付应税款项时，应当依照个人所得税法规定预扣或代扣税款，按时缴库，并专项记载备查。支付包括现金支付、汇拨支付、转账支付和以有价证券、实物以及其他形式的支付。

税务机关对扣缴义务人按照所扣缴的税款，付给 2% 的手续费。个人应当凭纳税人识别号实名办税。

个人首次取得应税所得或者首次办理纳税申报时，应当向扣缴义务人或者税务机关如实提供纳税人识别号及与纳税有关的信息。个人上述信息发生变化的，应当报告扣缴义务人或者税务机关。

没有中国公民身份号码的个人，应当在首次发生纳税义务时，按照税务机关规定报送与纳税有关的信息，由税务机关赋予其纳税人识别号。

国务院税务主管部门可以指定掌握所得信息并对所得取得过程有控制权的单位为扣缴义务人。

（2）有下列情形之一的，纳税人应当依法办理纳税申报：

1）取得综合所得需要办理汇算清缴。

需要办理汇算清缴的情形包括：

①两处或者两处以上取得综合所得，且综合所得年收入额减去专项扣除的余额超过 6 万元；

②取得劳务报酬所得、稿酬所得、特许权使用费所得中一项或者多项所得，且综合所得年收入额减去专项扣除的余额超过 6 万元；

③纳税年度内预缴税额低于应纳税额的。

纳税人需要退税的，应当办理汇算清缴，申报退税。申报退税应当提供本人在中国境内开设的银行账户。

2）取得应税所得没有扣缴义务人。

3）取得应税所得，扣缴义务人未扣缴税款。

4）取得境外所得。

5）因移居境外注销中国户籍。

6）非居民个人在中国境内从两处以上取得工资、薪金所得。

7）国务院规定的其他情形。

（3）居民个人取得工资、薪金所得时，可以向扣缴义务人提供专项附加扣除有关信息，由扣缴义务人扣缴税款时办理专项附加扣除。纳税人同时从两处以上取得工资、薪金所得，并由扣缴义务人办理专项附加扣除的，对同一专项附加扣除项目，纳税人只能选择从其中一处扣除。

居民个人取得劳务报酬所得、稿酬所得、特许权使用费所得，应当在汇算清缴时向税务机关提供有关信息，办理专项附加扣除。

暂不能确定纳税人为居民个人或者非居民个人的，应当按照非居民个人缴纳税款，年度终了确定纳税人为居民个人的，按照规定办理汇算清缴。

（4）对年收入超过国务院税务主管部门规定数额的个体工商户、个人独资企业、合伙企业，税务机关不得采取定期定额、事先核定应税所得率等方式征收个人所得税。

（5）纳税人可以委托扣缴义务人或者其他单位和个人办理汇算清缴。

纳税人发现扣缴义务人提供或者扣缴申报的个人信息、所得、扣缴税款等与实际情况不符的，有权要求扣缴义务人修改，扣缴义务人拒绝修改的，纳税人可以报告税务机关，税务机关应当及时处理。

扣缴义务人发现纳税人提供的信息与实际情况不符的，可以要求纳税人修改，纳税人拒绝修改的，扣缴义务人应当报告税务机关，税务机关应当及时处理。

（6）纳税人有下列情形之一的，税务机关可以不予办理退税：

1）纳税申报或者提供的汇算清缴信息，经税务机关核实为虚假信息，并拒不改正的；

2）法定汇算清缴期结束后申报退税的。

对不予办理退税的，税务机关应当及时告知纳税人。

二、纳税期限

（1）居民个人取得综合所得，按年计算个人所得税；有扣缴义务人的，由扣缴义务人按月或者按次预扣预缴税款；需要办理汇算清缴的，应当在取得所得的次年3月1日至6月30日内办理汇算清缴。预扣预缴办法由国务院税务主管部门制定。

（2）非居民个人取得工资、薪金所得、劳务报酬所得、稿酬所得和特许权使用费所得，有扣缴义务人的，由扣缴义务人按月或者按次代扣代缴税款，不办理汇算清缴。

（3）纳税人取得经营所得，按年计算个人所得税，由纳税人在月度或者季度终了后15日内向税务机关报送纳税申报表，并预缴税款；在取得所得的次年3月31日前办理汇算清缴。

（4）纳税人取得利息、股息、红利所得，财产租赁所得，财产转让所得和偶然所得，按月或者按次计算个人所得税，有扣缴义务人的，由扣缴义务人按月或者按次代扣代缴税款。

（5）纳税人取得应税所得没有扣缴义务人的，应当在取得所得的次月15日内向税务机关报送纳税申报表，并缴纳税款。

（6）纳税人取得应税所得，扣缴义务人未扣缴税款的，纳税人应当在取得所得的次年6月30前，缴纳税款；税务机关通知限期缴纳的，纳税人应当按照期限缴纳税款。

（7）居民个人从中国境外取得所得的，应当在取得所得的次年3月1日至6月30日内申报纳税。

（8）非居民个人在中国境内从两处以上取得工资、薪金所得的，应当在取得所得的次月15日内申报纳税。

（9）纳税人因移居境外注销中国户籍的，应当在注销中国户籍前办理税款清算。

（10）扣缴义务人每月或者每次预扣、代扣的税款，应当在次月15日内缴入国库，并向税务机关报送扣缴个人所得税申报表。

各项所得的计算，以人民币为单位。所得为人民币以外货币的，按照办理纳税申报或扣缴申报的上1月最后1日人民币汇率中间价，折合成人民币计算应纳税所得额。年度终了后办理汇算清缴的，对已经按月、按季或者按次预缴税款的人民币以外货币所得，不再重新折算；对应当补缴税款的所得部分，按照上一纳税年度最后1日人民币汇率中间价，折合成人民币计算应纳税所得额。

基础训练

一、单项选择题

1. 我国个人所得税居民纳税人和非居民纳税人的划分标准是（　　）。

A. 习惯性住所标准　　　　　　　　　　B. 时间标准

C. 永久性住所标准　　　　　　　　　　D. 习惯性住所和时间标准

2. 根据个人所得税法律制度的规定，下列各项中，不属于个人所得税纳税人的是（　　）。

A. 合伙企业中的自然人合伙人　　　　　B. 一人有限责任公司

C. 个体工商户　　　　　　　　　　　　D. 个人独资企业的投资者个人

3. 我国现行个人所得税采取的所得税制类型是（　　）。

A. 分类所得税制　　　　　　　　　　　B. 综合所得税制

C. 分类与综合相结合的所得税制　　　　D. 单一所得税制

4. 根据个人所得税法律制度的规定，居民纳税人取得的下列所得中，应按工资薪金所得计缴个人所得税的是（　　）。

A. 国债利息所得

B. 出租闲置住房取得的所得

C. 参加商场有奖销售活动中奖取得的所得

D. 单位全勤奖

5. 根据个人所得税法的规定，纳税人子女接受全日制学历教育的相关支出，在计算个人所得税应纳税所得额时，按照每个子女每月（　　）的标准定额扣除。

A. 800元　　　　　B. 1 000元　　　　　C. 1 100元　　　　　D. 1 500元

6. 根据个人所得税法律制度的规定，住房贷款利息支出扣除期限最长不得超过（　　）个月。

A. 120　　　　　B. 180　　　　　C. 240　　　　　D. 300

7. 根据个人所得税法律制度的规定，在计算应纳税所得额时赡养老人支出，纳税人为独生子女的按照每月（　　）的标准定额扣除。

A. 5 000元　　　　B. 3 000元　　　　C. 2 000元　　　　D. 1 000元

8. 根据个人所得税法律制度的规定，纳税人在中国境内接受学历继续教育的支出，在学历教育期间按照每月（　　）定额扣除。

A. 400元　　　　　B. 600元　　　　　C. 800元　　　　　D. 1 100元

9. 根据个人所得税法律制度的规定，纳税人发生的首套住房贷款利息支出，在实际发生贷款利息的年度按照每月( )的标准定额扣除。

A. 800 元　　　　　B. 1 000 元　　　　　C. 1 500 元　　　　　D. 2 000 元

10. 2020 年 6 月，某小学聘请王教授为该校写校歌，支付报酬3 500 元，某小学应预扣预缴的个人所得税是( )。

A. 700 元　　　　　B. 540 元　　　　　C. 560 元　　　　　D. 378 元

11. 2020 年 7 月，某小学聘请王教授为该小学已经写好的校歌谱曲，支付报酬6 000 元。该小学应预扣预缴的个人所得税是( )。

A. 1 200 元　　　　　B. 1 400 元　　　　　C. 960 元　　　　　D. 672 元

12. 2020 年 9 月，王教授获得特许权使用费所得2 万元。支付方在支付特许权使用费时应预扣预缴的个人所得税是( )。

A. 3 840 元　　　　　B. 3 200 元　　　　　C. 4 000 元　　　　　D. 2 800 元

13. 某教授 2020 年 6 月翻译一部外文著作在国内某出版社出版，取得收入12 000 元。出版社应预扣预缴的个人所得税是( )。

A. 2 400 元　　　　　B. 2 240 元　　　　　C. 1 960 元　　　　　D. 1 344 元

二、多项选择题

1. 以下关于所得来源地的认定标准正确的是( )。

A. 在境内有住所的个人，以任职、受雇的单位所在地作为工资薪金所得的来源地

B. 在境内无住所的个人，以个人实际在中国工作期间取得的工资薪金所得作为中国境内所得

C. 特许权使用费所得，以个人各种特许权的登记地作为所得来源地

D. 利息、股息、红利所得，以支付所得的单位所在地为所得来源地。

2. 根据个人所得税法律制度的规定，下列个人所得中不论支付地点是否在境内，均为来源于中国境内所得的有( )。

A. 转让境内房产取得的所得

B. 许可专利权在境内使用取得的所得

C. 因任职在境内提供劳务取得的所得

D. 将财产出租给承租人在境内使用取得的所得

3. 下列属于个人所得税类型的有( )。

A. 分类所得税制　　　　　　　　　　B. 综合所得税制

C. 分类与综合相结合的混合所得税制　　D. 单一所得税制

4. 根据个人所得税法律制度规定下列属于综合所得的有( )。

A. 工资薪金所得　　B. 财产租赁所得　　C. 劳务报酬所得　　D. 财产转让所得

5. 根据个人所得税法律制度的规定下列收入中属于工资薪金所得的有( )。

A. 劳动分红　　　　B. 加班补贴　　　　C. 季度奖金　　　　D. 年终加薪

6. 根据个人所得税法律制度的规定，个人取得的下列收入中应按劳务报酬所得计缴个人所得税的是( )。

A. 某职员取得的本单位优秀员工奖金

B. 某高校教师从任职学校领取的工资

C. 某工程师从非雇佣企业取得的咨询收入

D. 某经济学家从非雇佣企业取得的讲学收入

7. 根据个人所得税法律制度的规定，下列各项中属于专项附加扣除的有(　　)。

A. 继续教育　　　　B. 子女抚养　　　　C. 赡养老人　　　　D. 子女教育

8. 在计算缴纳个人所得税时，个人所得的形式包括(　　)。

A. 现金　　　　　　　　　　　　B. 实物

C. 有价证券　　　　　　　　　　D. 其他形式的经济利益

9. 根据个人所得税法律制度的规定，下列各项中属于专项扣除的有(　　)。

A. 基本养老保险　　B. 基本医疗保险　　C. 住房公积金　　　D. 住房贷款利息

10. 根据个人所得税法律制度的规定，纳税人在主要工作城市没有自有住房而发生的住房租金支出，可以按照以下标准扣除的有(　　)。

A. 所在城市为直辖市的每月定额扣除1 500元

B. 所在市辖区户籍人口超过150万的城市，每月定额扣除1 300元

C. 所在市辖区户籍人口超过100万的城市，每月定额扣除1 100元

D. 所在市辖区户籍人口不超过100万的城市，每月定额扣除800元

11. 根据个人所得税法的规定，个人通过非营利性的社会团体和国家机关向下列(　　)的公益性捐赠，可以从其应纳税所得额中全额扣除

A. 红十字事业　　　　　　　　　B. 遭受自然灾害的地区

C. 福利性非营利性老年服务机构　　D. 公益性青少年活动场所

三、判断题

1. 外籍人员琼斯2019年2月24日受邀来中国工作。2020年2月15日结束在中国的工作。琼斯在2020年纳税年度内属于我国个人所得税居民个人。

2. 中国居民张某在境外工作，只就来源于中国境外的所得征收个人所得税。

3. 个人出版著作取得的所得，应按劳务报酬所得计缴个人所得税。

4. 个人所得税的所有的应税所得项目均按照20%的税率征收个人所得税。

5. 居民个人取得工资、薪金所得，劳务报酬所得，稿酬所得与特许权使用费所得，按纳税年度合并计算个人所得税。

6. 根据个人所得税法律制度的规定，纳税人发生的医药费支出只能由本人按相关规定扣除。

7. 根据个人所得税法律制度的规定，纳税人为非独生子女的，由其兄弟姐妹分摊每月的扣除额度。每人分摊额度可以超过每月1 000元。

8. 根据个人所得税法律制度的规定，个人向贫困地区的公益性捐赠，捐赠额未超过纳税人申报的应纳税所得额30%的部分，可以从其应纳税所得额中扣除。

9. 根据个人所得税法律制度的规定，个人购买的符合国家规定的商业健康保险的保费支出，可以在规定的限额内，在计算应纳税所得额时扣除。

技能训练

一、王鸿为某公司员工，本年每月应发工资均为20 000元，每月减除费用为5 000元，专项扣除为3 800元，享受子女教育、赡养老人两项专项附加扣除共计2 000元，没有其他扣除，也没有减免收入及减免税额等情况。要求：分别计算王鸿本年1月、2月、3月、4月工资、薪金所得应由某公司预扣预缴的个人所得税。

二、中国公民赵先生是某民营非上市公司的个人大股东，同时是一位作家。2020 年 9 月取得的收入情况如下：

（1）将本人一间临街商铺出租，取得收入 5 000 元。

（2）同时拍卖一幅名人名画作品取得收入 38 万元。经税务机关确认，所拍卖的名画作品原值及相关费用为 22 万元。

（3）出版专著获得出版社给予的稿费 20 000 元。

（4）因购买彩票获得中彩金额 50 000 元。

要求：根据上述资料，回答以下问题，如有计算，须计算出合计数。

（1）计算出租临街商铺取得收入应缴纳的个人所得税。

（2）计算名画拍卖所得应缴纳的个人所得税。

（3）计算出版社为赵先生预扣预缴的个人所得税。

（4）计算彩票中彩收入应缴纳的个人所得税。

三、中国居民个人王某为一自由职业者，本年取得收入情况如下：

（1）4 月，出版专著取得税前稿费收入 34 000 元。

（2）5 月，到甲公司提供培训一次，取得甲公司支付的一次性税前培训费收入 70 000 元。

（3）6 月，取得乙公司支付的一次性税前翻译资料收入 28 000 元；交通费 300 元、餐费 400 元、资料费 100 元、通信费 60 元。

（4）7 月，取得到期国债利息收入 1 800 元。

（5）8 月，取得保险赔款 2 000 元。

另外，王某本年专项扣除、专项附加扣除和依法确定的其他扣除共计 40 000 元。要求：计算王某本年应纳个人所得税是多少？

第七章　财产税法类

第一节　房产税法

问题导入

1. 房产税的纳税人、征税范围、税率税法是怎样规定的？
2. 房产税开征的重要性及改革试点的必要性是什么？
3. 房产税计税依据的法律确认原理是什么？
4. 房产税税收优惠政策对纳税人的意义是什么？

🌐 **案例思考**

某企业的经营用房原值为 5 000 万元，按照当地规定允许减除 30% 后余值计税；出租房屋 3 间，年租金收入为 30 000 元。

思考：

1. 该企业经营用房计算缴纳房产税的计税依据是多少？
2. 经营用房房产税适用的税率是多少？
3. 该企业出租房屋的计算缴纳房产税的计税依据是多少？
4. 出租房屋房产税的适用税率是多少？

一、房产税法概述

（一）房产税法的概念

房产税法是指国家制定的调整房产税征收与缴纳之间权利及义务关系的法律规范。现行房产税法的基本规范，是 1986 年 9 月 15 日国务院颁布的《中华人民共和国房产税暂行条例》（以下简称《房产税暂行条例》）和财政部、国家税务总局制定的《关于房产税若干具体问题的解释和暂行规定》，以及各省、自治区、直辖市制定的房产税暂行条例实施细则等。

（二）房产税的概念

1. 房产税的概念

房产税是以房产为征税对象，按照房产的计税价值或房产的租金收入向房产所有人或经营管理人征收的一种税。开征房产税对我国经济运行起到了积极作用。一方面，作为地方政府的财政收入来源之一，为地方建设提供了稳定的财力保障；另一方面，房产税作为政府调节市场的手段，作为政策工具对房地产市场起到了一定的调节和导向作用。

2. 房产税的特点

（1）税源广泛。

只要有房屋的地方，往往就会伴随着房产税。

（2）税基稳定。

不动产的特征使得房产税税基难以转移，且通常不会有太大变化。

（3）税制单一。

房产税只有两种计税模式，按房屋计税余值和租金收入计征，应纳税额计算简便。

（4）不易转嫁。

房产税的纳税人为房屋产权所有人，属于直接税，通常情况下纳税人即为负税人，税款不易转嫁。

房产税是全球各国政府广为开征的古老的税法。早在欧洲中世纪时，房产税就成为封建君主敛财的一项重要手段，名目繁多，如"窗户税""灶税""烟囱税"等，这类房产税大多以房屋的某种外部标志作为确定负担的标准。中国周期的"廛布"，唐朝的"间架税"，清朝初期的"市廛输钞""计檩输钞"，清末和民国时期的"房捐"等，均属房产税性质。在中华人民共和国成立后，房产税又经历了多次改革，政务院1950年1月公布了《全国税政实施要则》，规定全国统一征收房产税和地产税，同年6月将房产税和地产税合并为房地产。1951年8月政务院颁布了《城市房地产税暂行条例》。1973年工商税制改革时，把对企业征收的城市房地产税并入工商税，只对拥有房产的个人、外商独资企业和房产管理部门继续征收城市房地产税。1984年10月工商税制全面改革时，国务院确定将城市房地产税分为房产税和土地使用税两个独立税种分别征收。1986年9月国务院颁布了《中华人民共和国房产税暂行条例》，同年10月1日起对国内的单位和个人全面征收房产税，但不包括涉外企业和外籍个人。2008年12月31日国务院废止了《城市房地产税暂行条例》。自2009年1月1日起，外商投资企业、外国企业和组织，以及外籍个人（包括港澳台资企业和组织以及华侨、港澳台同胞）应依法缴纳房产税。

二、房产税纳税人与征收范围

（一）房产税纳税人

房产税是以房屋为征税对象，按照房屋的计税余值或租金收入，向产权所有人征收的一种财产税。房产税以在征税范围内的房屋产权所有人为纳税人。其中：

（1）产权属国家所有的，经营管理单位为纳税人；产权属集体和个人所有的，集体单位和个人为纳税人。

所称单位，包括国有企业、集体企业、私营企业、股份制企业、外商投资企业、外国企业以及其他企业和事业单位、社会团体、国家机关、军队以及其他单位；所称个人，包括个体工商户以及其他个人。

（2）产权出典的，由承典人纳税。所谓产权出典，是指产权所有人将房屋、生产资料等的产权，在一定期限内典当给他人使用而取得资金的一种融资行为。产权的典价一般要低于卖价。出典人在规定期间内须归还典价的本金和利息，方可赎回出典房屋等的产权。由于在房屋出典期间,产权所有人已无权支配房屋,因此,税法规定由对房屋具有支配权的承典人为纳税人。

(3)产权所有人、承典人不在房屋所在地的,由房产代管人或者使用人纳税。

(4)产权未确定及租典纠纷未解决的,由房产代管人或者使用人纳税。所谓租典纠纷,是指产权所有人在房产出典和租赁关系上,与承典人、租赁人发生各种争议,特别是有关权利纠纷和义务的争议悬而未决的。此外还有一些产权归属不清的问题,也都属于租典纠纷尚未解决。

(5)单位和个人无租使用房产管理部门、免税单位及纳税单位的房产,应由使用人代为缴纳房产税。

房地产开发企业建造的商品房,在出售前,不征收房产税,但对出售前房地产开发企业已经使用或出租、出借的商品房应按规定征收房产税。

拓展资料

2011年1月27日,上海、重庆宣布次日开始试点房产税,上海征收对象为本市居民新购房且属于第二套及以上住房和非本市居民新购房,税率暂定0.6%;重庆征收对象是独栋别墅高档公寓,以及无工作户口无投资人员所购二套房,税率为0.5%~1.2%。纳税人为应税住房的产权所有人,产权所有人为未成年人的,由其法定监护人纳税。

资料来源:一点资讯 http://www.yidianzixun.com/article/0M0crkab

(二)征税范围

房产税的征税范围为城市、县城、建制镇和工矿区的房屋。具体规定如下:

(1)城市是指国务院批准设立的市。

(2)县城是指县人民政府所在地的地区。

(3)建制镇是指经省、自治区、直辖市人民政府批准设立的建制镇。

(4)工矿区是指工商业比较发达、人口比较集中、符合国务院规定的建制镇标准但尚未设立建制镇的大中型工矿企业所在地。开征房产税的工矿区须经省、自治区、直辖市人民政府批准。

不是所有的房屋都征收房产税。独立于房屋之外的建筑物,如围墙、烟囱、水塔、菜窖、室外游泳池等不属于房产税的征税范围。

房产税的征税范围不包括农村,这主要是为了减轻农民的负担。因为农村的房屋,除农副业生产用房外,大部分是农民居住用房。对农村房屋不纳入房产税征税范围,有利于促进农业发展,繁荣农村经济,有利于社会稳定。

三、房产税的税率

我国现行房产税采用的是比例税率。由于房产税的计税依据分为从价计征和从租计征两种形式,所以房产税的税率也有两种:一种是按房产原值一次减除10%~30%后的余值计征的,税率为1.2%;另一种是按房产出租的租金收入计征的,税率为12%。从2001年1月1日起,对个人按市场价格出租的居民住房,用于居住的,可暂减按4%的税率征收房产税;从2008年3月起,对个人出租住房不区分用途,统一按4%的税率征收房产税。

拓展资料

世界各国"房产税"税率

美国 50 个州和地区都有自己的房产税，税率大致介于 1%～3% 之间。

日本财产税主要是对房地产等不动产征收的不动产取得税、固定资产税、城市规划税、注册执照税等，同时还有遗产税与赠与税。固定资产税的标准税率为 14%。

希腊房产税费较多，购买时须交 11% 的房产税，加上增值税等税种，总税费可达总价的 20%～30%。

德国为了防止投机，购置十年以内的房屋如果出售，所获利润也将缴纳个人收入资本利得税。各州税率从 3.5%～6.5% 不等。

韩国为了抑制炒房，出台综合不动产税，征收对象为总价值超过 6 亿韩元的家庭，税率每年在 0.75%～2% 之间。

新加坡房产税率为 4%。

荷兰不动产税按照税务评估市场价值的 0.1%～0.3% 征收，对房主和使用者双方征税。

泰国房产税为 "0"，在泰国买房，没有房产税，只是在过户的时候缴纳相关的几种过户税费（过户费、特种商业税、印花税等）即可。

资料来源：网易 https：//dy. 163. com/article/EJVBAKFS 0 525T2N9. html

四、房产税应纳税额的计算

（一）房产税的计税依据

房产税的计税依据是房产的计税价值或房产的租金收入。按照房产计税价值征税的，称为从价计征；按照房产租金收入计征的，称为从租计征。

1. 从价计征

税法规定，房产税依照房产原值一次减除 10%～30% 后的余值计算缴纳。各地扣除比例由当地省、自治区、直辖市人民政府确定。

房产原值是指纳税人按照会计制度规定，在账簿"固定资产"科目中记载的房屋造价（或原价）。因此，凡按会计制度规定在账簿中记载有房屋原价的，应以房屋原价按规定减除一定比例后作为房产余值计征房产税；没有记载房屋原价的，按照上述原则，并参照同类房屋确定房产原值，按规定计征房产税。

值得注意的是：

（1）自 2009 年 1 月 1 日起，对依照房产原值计税的房产，不论是否记载在会计账簿固定资产科目中，均应按照房屋原价计算缴纳房产税。房屋原价应根据国家有关会计制度规定进行核算。对纳税人未按国家规定核算并记载的，应按规定予以调整或重新评估。

（2）房产原值应包括与房屋不可分割的各种附属设备或一般不单独计算价值的配套设施。主要有暖气、卫生、通风、照明、煤气等设备；各种管线，如蒸汽、压缩空气、石油、给水排水等管道及电力、电讯、电缆导线、电梯、升降机、过道、晒台等。

（3）纳税人对原有房屋进行改建、扩建的，要相应增加房屋的原值。

房产余值是房产的原值减除规定比例后的剩余价值。

（4）投资联营的房产，在计征房产税时应予以区别对待。对于以房产投资联营，投资者参与投资利润分红，共担风险的，按房产余值作为计税依据计征房产税；对以房产投资，收取固定收入，不承担联营风险的，实际是以联营名义取得房产租金，应根据有关规定由出租方按租金收入计缴房产税。

（5）对融资租赁房屋的情况，由于租赁费包括购进房屋的价款、手续费、借款利息等，与一般房屋出租的"租金"内涵不同，且租赁期满后，当承租方偿还最后一笔租赁费时，房屋产权要转移到承租方。这实际是一种变相的分期付款购买固定资产的形式，所以在计征房产税时应以房产余值计算征收。由承租人自融资租赁合同约定开始日的次月起依照房产余值缴纳房产税。合同未约定开始日的，由承租人自合同签订的次月起依照房产余值缴纳房产税。

（6）房屋附属设备和配套设施的计税规定。

从2006年1月1日起，房屋附属设备和配套设施计征房产税按以下规定执行：凡以房屋为载体，不可随意移动的附属设备和配套设施，如给排水、采暖、消防、中央空调、电气及智能化楼宇设备等，无论在会计核算中是否单独记账与核算，都应计入房产原值，计征房产税。

对于更换房屋附属设备和配套设施的，在将其价值计入房产原值时，可扣减原来相应设备和设施的价值；对附属设备和配套设施中易损坏、需要经常更换的零配件，更新后不再计入房产原值。

（7）居民住宅区内业主共有的经营性房产缴纳房产税。

从2007年1月1日起，对居民住宅区内业主共有的经营性房产，由实际经营（包括自营和出租）的代管人或使用人缴纳房产税。其中自营的，依照房产原值减除10%～30%后的余值计征，没有房产原值或不能将业主共有房产与其他房产的原值准确划分开的，由房产所在地地方税务机关参照同类房产核定房产原值；出租的，依照租金收入计征。

（8）自2009年12月起，无租使用其他单位房产的应税单位和个人，依照房产余值缴纳房产税；产权出典的房产，由承典人依照房产余值缴纳房产税。

2. 从租计征

房产出租的，以房产租金收入为房产税的计税依据（不含增值税）。

所谓房产的租金收入，是房屋产权所有人出租房产使用权所得的报酬，包括货币收入和实物收入。以劳务或者其他形式为报酬抵付房租收入的，应根据当地同类房产的租金水平，确定一个标准租金额从租计征。

纳税人对个人出租房屋的租金收入申报不实或申报数与同地段同类房屋的租金收入相比明显不合理的，税务机关可以按照《中华人民共和国税收征收管理法》的有关规定，采取科学合理的方法核定其应纳税款。具体办法由各省、自治区、直辖市税务机关结合当地的实际情况制定。

（二）应纳税额的计算

房产税的计税依据有两种，与之相适应的应纳税额计算也分为两种：一是从价计征的计算；二是从租计征的计算。

1. 从价计征的计算

从价计征是按房产的原值减除一定比例后的余值计征，其计算公式为：

$$应纳税额 = 应税房产原值 \times （1-扣除比例） \times 1.2\%$$

减除一定比例是省、自治区、直辖市人民政府规定的 10%～30% 的减除比例；计征的适用税率为 1.2%。

【例7-1】 某企业的经营用房原值为 5 000 万元，按照当地规定允许减除 30% 后余值计税，适用税率为 1.2%。请计算其应纳房产税税额。

$$应纳税额 = 5\,000 \times （1-30\%）\times 1.2\% = 42（万元）$$

2. 从租计征的计算

从租计征是按房产的租金收入计征，其计算公式为：

$$应纳税额 = 租金收入 \times 12\%（或 4\%）$$

【例7-2】 某公司出租房屋 3 间，年租金收入为 30 000 元，适用税率为 12%。请计算其应纳房产税税额。

$$应纳税额 = 30\,000 \times 12\% = 3\,600（元）$$

五、房产税的税收优惠

目前，房产税的税收优惠政策主要包括：

（1）国家机关、人民团体、军队自用的房产免征房产税。但上述免税单位的出租房产以及非自身业务使用的生产、营业用房，不属于免税范围。"人民团体"，是指经国务院授权的政府部门批准设立或登记备案并由国家拨付行政事业费的各种社会团体。"自用的房产"，是指这些单位本身的办公用房和公务用房。

（2）由国家财政部门拨付事业经费的单位自用的房产免税，如学校、医疗卫生单位、托儿所、幼儿园、敬老院、文化、体育、艺术等实行全额或差额预算管理的事业单位所有的，本身业务范围内使用的房产免征房产税。

（3）宗教寺庙、公园、名胜古迹自用的房产免征房产税。

宗教寺庙自用的房产，是指举行宗教仪式等的房屋和宗教人员使用的生活用房。公园、名胜古迹自用的房产，是指供公共参观游览的房屋及其管理单位的办公用房。宗教寺庙、公园、名胜古迹中附设的营业单位，如影剧院、饮食部、茶社、照相馆等所使用的房产及出租的房产，不属于免税范围，应照章纳税。

（4）个人所有的非营业用房产免征房产税。

个人所有的非营业用房，指居民住房，不分面积多少，一律免征房产税，对个人拥有的营业用房或者出租的房产，不属于免税房产，应照章纳税。

（5）对行使国家行政管理职能的中国人民银行总行（含国家外汇管理局）所属分支机构自用的房产，免征房产税。

（6）经财政部批准免税的其他房产。

这类免税房产，情况特殊，范围较小，是根据实际情况确定的，主要包括：

1）损坏不堪使用的房屋和危险房屋，经有关部门鉴定，在停止使用后，对其免征房产税

2）纳税人因房屋大修导致连续停用半年以上的，在房屋大修期间免征房产税，免征税额由纳税人在申报缴纳房产税时自行计算扣除，并在申报表附表或备注栏中做相应说明。纳税人房屋大修停用半年以上需要免征房产税的，应在房屋大修前向主管税务机关报送相关的证明材料，包括大修房屋的名称、坐落地点、产权证编号、房产原值、用途、房屋大修的原因、大修合同及大修的起止时间等信息和资料，以备税务机关查验。具体报送材料由各省、

自治区、直辖市和计划单列市税务局确定。

3）在基建工地为基建工地服务的各种工棚、材料棚、休息棚和办公室、食堂、茶炉房、汽车房等临时性房屋，施工期间一律免征房产税。但工程结束后，施工企业将这种临时性房屋交还或估价转让给基建单位的，应从基建单位接收的次月起，照章纳税。

4）为鼓励利用地下人防设施，暂不征收房产税。

5）对非营利性医疗机构、疾病控制机构和妇幼保健机构等卫生机构自用的房产，免征房产税。

6）老年服务机构自用的房产免征房产税。老年服务机构是指专门为老年人提供生活照理、文化、护理、健身等多方面服务的福利性非营利性的机构，主要包括老年社会福利院、敬老院（养老院）、老年服务中心、老年公寓（含老年护理院、康复中心、托老所）等。

7）坐落在城市、县城、建制镇和工矿区以外的，尚在县邮政局内核算的房产，在单位财务账中能划分清楚的，不再征收房产税。

8）向居民供热并向居民收取采暖费的供热企业，暂免征收房产税。但不包括从事热力生产但不直接向居民供热的企业。

9）对微利企业和亏损企业的房产，企业纳税确有实际困难，可由地方根据实际情况在一定期限内暂免征收房产税。

10）对按政府规定价格出租的公有住房和廉租住房，暂免征收房产税，包括企业和自收自支事业单位向职工出租的单位自有住房、房管部门向居民出租的公有住房、落实私房政策中带户发还产权并以政府规定标准向居民出租的私有住房等。

11）2011 年—2020 年为支持国家天然林资源保护工程二期工程的实施，对东北和内蒙古等地的重点国有林区天然林资源保护工程二期实施企业和单位，专门用于天然林保护工程的房产免征房产税。但对上述企业和单位用于其他生产经营活动的房产、土地应征收房产税、土地使用税。

12）自 2016 年 1 月起，体育场馆自用的房产和土地房产税减免优惠规定为：

①国家机关、军队、人民团体、财政补助事业单位、居民委员会、村民委员会拥有的体育场馆，用于体育活动的房产、土地，免征房产税。

②经费自理事业单位、体育社会团体、体育基金会、体育类民办非企业单位拥有并运营管理的体育场馆，同时符合下列条件的，其用于体育活动的房产、土地，免征房产税：向社会开放，用于满足公众体育活动需要；体育场馆取得的收入主要用于场馆的维护、管理和事业发展；拥有体育场馆的体育社会团体、体育基金会及体育类民办非企业单位，除当年新设立或登记的以外，前一年度登记管理机关的检查结论为"合格"。

③企业拥有并运营管理的大型体育场馆，其用于体育活动的房产、土地，减半征收房产税。

除上述免纳房产税外，如纳税人确有困难的，可由省、自治区、直辖市人民政府确定定期减征或免征房产税。

六、房产税征收管理

（一）纳税义务发生时间

（1）纳税人将原有房产用于生产经营，从生产经营之月起缴纳房产税。

（2）纳税人自行新建房屋用于生产经营，从建成之次月起缴纳房产税。

（3）纳税人委托施工企业建设的房屋，从办理验收手续之次月起缴纳房产税。

（4）纳税人购置新建商品房，自房屋交付使用之次月起缴纳房产税。

（5）纳税人购置存量房，自办理房屋权属转移、变更登记手续，房地产权属登记机关签发房屋权属证书之次月起缴纳房产税。

（6）纳税人出租、出借房产，自交付出租、出借房产之次月起缴纳房产税。

（7）房地产开发企业自用、出租、出借本企业建造的商品房，自房屋使用或交付之次月起缴纳房产税。

（8）纳税人因房产的实物或权利状态发生变化而依法终止房产税纳税义务的，其应纳税款的计算应截止到房产的实物或权利状态发生变化的当月末。

（二）纳税期限

房产税实行按年计算、分期缴纳的征收方法，具体纳税期限由省、自治区、直辖市人民政府确定。

（三）纳税地点

房产税在房产所在地缴纳。房产不在同一地方的纳税人，应按房产的坐落地点分别向房产所在地的税务机关纳税。

基础训练

一、单项选择题

1. 根据房产税法律制度的规定，下列房屋中，不属于房产税征收范围的是（   ）。

A. 建制镇的房屋　　B. 农村的房屋　　　C. 县城的房屋　　　D. 城市的房屋

2. 根据房产税法律制度的规定，下列表述中，正确的是（   ）。

A. 房屋产权属于国家所有的，不缴纳房产税

B. 房屋产权属于集体和个人所有的，集体单位和个人为房产税纳税人

C. 房屋产权出典的，出典人为房产税纳税人

D. 房产产权未确定的，不缴纳房产税

3. 下列关于房产税计税依据的表述中，正确的是（   ）。

A. 经营租赁的房产，以租金收入为计税依据，由承租方缴纳房产税

B. 经营租赁的房产，以房产余值为计税依据，由出租方缴纳房产税

C. 融资租赁的房产，以房产余值为计税依据，由承租方缴纳房产税

D. 融资租赁的房产，以租金收入为计税依据，由出租方缴纳房产税

4. 下列有关房产税的表述中，正确的是（   ）。

A. 房地产开发企业建造的商品房，在出售前一律不征收房产税

B. 纳税单位无租使用免税单位的房产，应由使用人代为缴纳房产税

C. 对居民住宅区内业主共有的经营性房产，由业主委员会代为缴纳房产税

D. 产权所有人、承典人不在房产所在地的，免征房产税

5. 下列各项中，符合房产税纳税义务人规定的是（   ）。

A. 房屋产权属于国家所有的，不征收房产税

B. 房屋产权出典的，由出典人缴纳房产税

C. 纳税单位无租使用免税单位房产的，由使用人代为缴纳房产税

D. 房屋产权未确定的，暂不征收房产税

6. 某企业2019年自有生产用房原值5 000万元账面已提折旧800万元。已知从价计征房产税税率为1.2%，当地政府规定计算房产余值的扣除比例为20%。根据房产税法律制度的规定，该企业2019年度应缴纳的房产税税额为(　　)万元。

A. 50.4　　　　　　　B. 40.32　　　　　　　C. 48　　　　　　　D. 60

7. 甲企业2020年年初拥有一栋房产，房产原值为4 000万元，3月31日将其对外出租，租期为1年，每月收取不含税租金2万元。已知从价计征房产税税率为1.2%，从租计征房产税税率为12%，当地省政府规定计算房产余值的减除比例为30%，则2020年甲企业上述房产应纳房产税(　　)万元。

A. 2.16　　　　　　　B. 10.56　　　　　　　C. 11.52　　　　　　　D. 16.8

8. 甲企业2018年度自有房屋10栋，全部自用于生产经营，房屋原值共1 500万元，但不包括中央空调120万元。已知当地政府规定的计算房产余值的扣除比例为20%，从价计征房产税税率为1.2%。有关甲企业2018年度应缴纳的房产税，下列计算列式中，正确的是(　　)。

A. 1 500×1.2%

B. 1 500×（1-20%）×1.2%

C. （1 500+120）×1.2%

D. （1 500+120）×（1-20%）×1.2%

9. 张某有20间房屋：自用居住2间；自用于开设餐馆8间；2018年1月1日出典6间，典期2年；其余四间自2012年1月1日起出租给刘某，租期10年。根据房产税法律制度的规定，有关张某2018年房产税的缴纳，下列说法正确的是(　　)。

A. 自用居住的2间房屋免征房产

B. 用于开设餐馆的8间房屋免征房产税

C. 用于出典的6间房屋应由张某缴纳房产税

D. 用于出租的4间房屋应由刘某缴纳房产税

10. 关于房产税纳税人的下列表述中，不符合法律制度规定的是(　　)。

A. 纳税单位和个人无租使用房产管理部门、免税单位及纳税单位的房产，由使用人代为缴纳房产税

B. 产权所有人、承典人均不在房产所在地的，房产税的纳税人为房产代管人或者使用人

C. 产权未确定以及租典纠纷未解决的，房产代管人或者使用人为纳税人

D. 产权出典的，出典人为纳税人

11. 甲公司委托乙施工企业建造一幢办公楼，工程于2018年1月31日完工，2018年3月31日办妥竣工验收手续，2018年9月30日该办公楼投入使用。根据房产税税法制度的规定，该办公楼应当自(　　)起征收房产税。

A. 2018年2月1日

B. 2018年4月1日

C. 2018年9月30日

D. 2018年10月1日

二、多项选择题

1. 根据房产税法律制度的规定，下列各项中，应当计入房产原值，计征房产税的有(　　)。

A. 独立于房屋之外的烟囱　　　　　　B. 中央空调

C. 房屋的给水排水管道　　　　　　D. 室外游泳池

2. 下列各项建筑物中，不属于房产税征税范围的有(　　)。

A. 位于县城的某独立水塔　　　　　　B. 位于建制镇的某平房

C. 位于农村的某二层小楼　　　　　　D. 位于市区的菜窖

3. 下列房屋的附属设施中，应计入房产原值计缴房产税的有(　　)。

A. 中央空调　　　　B. 水塔　　　　C. 电梯　　　　D. 围墙

4. 有关我国房产税的特征，下列表述正确的有(　　)。

A. 对位于中华人民共和国境内的房产普遍征收

B. 实行定额税率

C. 房产税的计税依据为房产余值或者不含增值税的租金收入

D. 房产税应当在房产所在地缴纳

5. 下列有关房产税减免税的规定中，表述正确的有(　　)。

A. 国家机关自用的办公楼，免征房产税

B. 公园附设的照相馆占用的房产，免征房产税

C. 某公立高校教室用房，免征房产税

D. 个人所有居住用房，免征房产税

6. 下列各项中，免于征收房产税的有(　　)。

A. 个人所有非营业用的房产

B. 企业内行政管理部门办公用房产

C. 施工期间施工企业在基建工地搭建的临时办公用房屋

D. 因停工大修导致连续停用半年以上的，房屋处于大修期间

7. 下列有关房产税的纳税义务发生时间，表述不正确的有(　　)。

A. 纳税人将原有房产用于生产经营，从生产经营之次月起，缴纳房产税

B. 纳税人自行新建房屋用于生产经营，从建成之次月起，缴纳房产税

C. 纳税人购置新建商品房，从办理验收手续之次月起，缴纳房产税

D. 纳税人购置存量房，自房屋交付使用之次月起，缴纳房产税

三、判断题

1. 房产税是以房产为征税对象，按照房产的计税价值或房产的租金收入向房产所有人或经营管理人征收的一种税。

2. 房产税属于直接税，通常情况下纳税人即为负税人，税款可以转嫁。

3. 不是所有的房屋都征收房产税。

4. 房产税的征税范围不包括农村。

5. 从 2008 年 3 月起，对个人出租住房不区分用途，统一按 10% 的税率征收房产税。

6. 个人所有的非营业用房产只有在 90 平方米（含）以下的才享受免征房产税的优惠。

技能训练

一、王某在市区拥有一栋七层楼房，其中第一、二层自用，经营饭店；第三、四层出租给某企业办公，年租金为 240 万元；第五、六层用于投资联营，不承担联营风险，每年固定收取 200 万元利润；第七层给朋友张某作为住宅无偿使用。已知该楼房产原值为 14 000 万元，假设每层分摊的房产原值均为 2 000 万元；当地政府规定的扣除率为 30%，房产税从价计征的税率为 1.2%，从租计征的税率为 12%。计算王某上述行为应纳房产税是多少？

二、甲企业拥有一幢办公楼，原值1 200万元。2019年3月，乙企业购买了与该办公楼相连的地下停车场和另一独立的地下生产车间，停车场原值110万元，地下生产车间原价220万元。乙企业所在省财政和税务部门确定的地下建筑物的房产原价折算比例为50%，房产原值减除比例为30%，则乙企业2019年应缴纳多少房产税？

第二节　契税法

问题导入

1. 契税的纳税人和征税范围税法是如何规定的？
2. 契税的纳税义务发生时间的规定有什么意义？
3. 契税计税依据的法律规定是什么？
4. 以获奖的方式取得的房屋，获奖人需要缴纳契税吗？

案例思考

居民甲有两套住房，将一套出售给居民乙，成交价格为400 000元；将另一套两室住房与居民丙交换成两处一室住房，并支付给丙换房差价款80 000元。

思考：

1. 甲需要缴纳契税吗？为什么？
2. 乙是契税的纳税人吗？
3. 丙是契税的纳税人吗？说明理由。

一、契税法概述

（一）契税法概况

契税法是指国家制定的用以调整契税征收与缴纳权利及义务关系的法律规范。现行契税法的基本规范，是1997年7月7日国务院发布并于同年10月1日开始施行的《中华人民共和国契税暂行条例》（以下简称《契税暂行条例》），及同年11月国家税务总局印发的《关于契税征收管理若干具体事项的通知》等。《中华人民共和国契税法》已由中华人民共和国第十三届全国人民代表大会常务委员会第二十一次会议于2020年8月11日通过，自2021年9月1日起施行，1997年7月7日国务院发布的《中华人民共和国契税暂行条例》同时废止。

（二）契税的概念和特点

1. 契税的概念

契税是以在中国境内出让、转让、买卖、赠与、交换发生权属转移的土地、房屋为征税对象而征收的一种税。

我国契税历史悠久，最早起源于东晋的"估税"。南朝的宋、齐、梁、陈等国将其作为定制。此后，历代封建王朝对不动产的买卖、典当等产权转移都要征收契税，但征税范围和税率都不尽相同。中华人民共和国成立以后，废止了旧的契税。1950年4月政务院公布了

《契税暂行条例》，此条例一直沿用 40 多年，已不能适应经济发展的要求。1997 年 7 月 7 日国务院重新制定了《中华人民共和国契税暂行条例》，并决定于当年 10 月 1 日起实施。契税一次性征收，并且普遍适用于内外资企业和中国公民、外籍人员。

2. 契税的特点

（1）契税的本质为财产转移税

从征税对象来看，契税对发生转移的土地、房屋征税，故契税具有财产税的性质；从应税行为来看，只有当不动产产权发生转移时，才产生契税的应税义务，而产权未转移时不必缴纳契税，故契税具有行为税的性质。因此，契税的本质为财产转移税。

（2）契税的纳税人为产权承受方

大多数税种以销售方或转让方为纳税人，即卖方缴纳税款（但卖方可能将税负转嫁给买方）；但契税由产权承受方即买方缴税。一方面，契税作为财产税，对产权承受方的财富进行适当调节；另一方面，契税以法律形式承认产权转移行为，保护合法权益。

（3）契税采用幅度比例税率

契税实行 3%~5%的幅度比例税率，具体税率由省、自治区、直辖市人民政府根据实际情况确定。

（4）契税采用一次课征制

征收契税的主要目的在于保障产权人的合法权益，减少产权纠纷。因此，只在土地、房屋转移环节一次性课征契税，持有环节不再征收契税。若产权再次发生转移，则再次征收契税。

（5）契税属于地方税

契税所得收入归地方政府所有，是地方政府税收收入的重要来源之一。

二、契税的纳税人、征税范围

（一）契税的纳税人

在中华人民共和国境内转移土地、房屋权属，承受的单位和个人为契税的纳税人。

境内是指中华人民共和国实际税收行政管辖范围内。单位是指企业单位、事业单位、国家机关、军事单位和社会团体以及其他组织。个人是指个体经营者及其他个人，包括中国公民和外籍人员。

【例题 7-3】 某房地产开发企业将一套自建房产卖给某机械制造有限公司的总经理王某，房屋已办理过户至王某名下。请问在该交易中谁是契税的纳税义务人？

解析：

在这一房屋权属转移过程中，王某作为房屋所有权转移的承受方，是契税的纳税义务人。

（二）契税的征税范围

契税是以在中华人民共和国境内转移土地、房屋权属为征税对象，向产权承受人征收的一种税。

转移土地、房屋权属，是指下列行为：

1. 土地使用权出让

土地使用权是指单位或者个人依法或依约定，对国有土地或集体土地所享有的占有、使用、收益和有限处分的权利。

国有土地使用权出让是指土地使用者向国家交付土地使用权出让费用，国家将国有土地使用权在一定年限内让与土地使用者的行为。其本质是土地使用权由国家向单位和个人的初次转移。土地使用权的受让方为契税的纳税义务人。受让者以向国家缴纳的土地出让金为依据缴纳契税，不得因减免土地出让金而减免契税。《土地管理法》在第六十三条规定，土地利用总体规划、城乡规划确定为工业、商业等经营性用途，并经依法登记的集体经营性建设用地，土地所有权人可以通过出让的方式交由单位或者个人使用。《契税法》将集体土地使用权的出让纳入到征税范围，受让集体土地的受让者依法缴纳契税。

2. 土地使用权的转让

土地使用权的转让是指土地使用者以出售、赠与、互换或者其他方式将土地使用权转移给其他单位或个人的行为。其本质是土地使用权在单位和个人之间的再转移，不包括土地承包经营权和土地经营权的转移。

3. 房屋买卖、赠与、互换

（1）房屋买卖。

是指房屋所有者将其房屋出售，由承受者交付货币、实物、无形资产或其他经济利益的行为。以下几种特殊情况，视同买卖房屋：

①以房产抵债。由产权承受方（债权人）按房屋现值缴纳契税。

②实物交换房屋。取得房屋的一方作为契税纳税人，按房屋现值缴纳契税。

③以房产做投资或做股权转让。本质属于房屋产权转移，根据国家房地产管理的相关规定，办理房屋产权交易和产权变更登记手续，视同房屋买卖，由产权承受方按照投资房产的价值或房产的买价缴纳契税。但是，以自有房产作股投入本人独资经营的企业，免缴契税。这是因为，该情况下，产权所有人和使用权使用人均未发生变化，不涉及产权变更问题，不必办理房产变更手续，也不必缴纳契税。

④买方拆料或翻建新房。无论基于何种目的购买房屋，只要房屋产权发生变更，均须缴纳契税。换句话说，即使买房的目的不是用于使用、投资或转让，而是用于取得该房产的建筑材料或是翻建新房，实际均构成房屋买卖。产权承受方应首先办理房屋产权变更手续，并按照购买价格缴纳契税。

（2）房屋赠与。

房屋的赠与是指房屋产权所有人将房屋无偿转让给受赠者的行为。房屋赠与的前提必须是，产权无纠纷，赠与人和受赠人双方自愿。根据法律规定，赠与房屋应立有书面合同，并到房地产管理机关或农村基层政权机关办理登记过户手续，赠与行为才能生效。如房屋赠与行为涉及涉外关系，还需公证处证明和外事部门认证，赠与才能有效。契税由房屋的受赠人按照规定缴纳。

拓展思维

以获奖或继承方式取得房屋是否缴纳契税

以获奖方式取得房屋的，其实质是接受赠与房产，应按照规定缴纳契税。

以继承方式取得房屋的，其实质是接受赠与房产，其中法定继承不必缴纳契税；其他情况下，承受土地、房屋产权的一方应按照规定缴纳契税。

资料来源：国家税务总局网站　http：//www. chinatax. gov. cn/

【例题7-4】王某名下拥有两套房产。王某离世后，根据其遗嘱，一套房产A给予女儿；另一套房产B作为感谢，赠与其病重期间照料他的护工刘某，二人无亲属关系。请问两套房产的产权变更是否涉及契税？

解析：

王某的女儿作为继承人，根据遗嘱继承其父房产，属于法定继承，因此房产A的产权变更不涉及契税；按照《中华人民共和国继承法》，刘某作为非法定继承人，根据遗嘱承受王某生前的房产B，属于赠与行为，应当征收契税。

（3）房屋交换。

房屋交换是指房屋所有者之间互相交换房屋的行为。房屋交换的行为主体涵盖自然人和法人，既包括公民和企业，也包括事业单位、机关团体和房地产管理机关等。房屋产权交换时，交换双方应当订立交换协议，办理房屋产权变更登记手续和契税手续。房屋产权相互交换，双方交换价值相等时，免缴契税，但是要办理免征契税手续；双方交换房屋价值不相等时，由支付差价的一方按照房屋价格差缴纳契税。实际上，这仍然体现了相对承受产权方缴纳契税的原则。

另外，经过相关部门批准的房屋产权与土地使用权的交换、土地使用权与土地使用权的相互交换，参照房屋交换的原则。以作价投资（入股）、偿还债务、划转、奖励等方式转移土地、房屋权属的，应当依照本法规定征收契税。

土地、房屋典当、继承、分拆（分割）、抵押以及出租等行为，不属于契税的征收范围。

三、契税的税率

契税税率为百分之三至百分之五。

契税的具体适用税率，由省、自治区、直辖市人民政府在前款规定的税率幅度内提出，报同级人民代表大会常务委员会决定，并报全国人民代表大会常务委员会和国务院备案。

省、自治区、直辖市可以依照前款规定的程序对不同主体、不同地区、不同类型的住房的权属转移确定差别税率。

四、应纳税额的计算

（一）契税的计税依据

由于土地、房屋权属转移方式不同，定价方法不同，因而具体计税依据视不同情况而决定。

（1）土地使用权出让、出售，房屋买卖，为土地、房屋权属转移合同确定的成交价格，包括应交付的货币以及与实物、其他经济利益对应的价款；买卖装修的房屋，装修费包含在成交价格中。

（2）土地使用权互换、房屋互换，为所互换的土地使用权、房屋价格的差额；也就是说，交换价格不等时，由多交付的货币、实物、无形资产或者其他经济利益的一方缴纳契税；交换价格相等时，免征契税。土地使用权与房屋所有权之间相互交换，也按照此办法执行。

（3）土地使用权赠与、房屋赠与以及其他没有价格的转移土地、房屋权属行为，为税务机关参照土地使用权出售、房屋买卖的市场价格依法核定的价格。

纳税人申报的成交价格、互换价格差额明显偏低且无正当理由的，由税务机关依照《中华人民共和国税收征收管理法》的规定核定。

（4）以划拨方式取得土地使用权，经批准转让房地产时，由房地产转让者补交契税。计税依据为补交的土地使用权出让费用或者土地收益。

（5）房屋附属设施，对于承受与房屋相关的附属设施（包括停车位、汽车库、自行车库、顶层阁楼以及储藏室）所有权或土地使用权的行为，按照契税法律、法规的规定征收契税；对于不涉及土地使用权和房屋所有权转移变动的，不征收契税。采取分期付款方式购买房屋附属设施土地使用权、房屋所有权的，应按合同规定的总价款计征契税。承受的房屋附属设施权属如为单独计价的，按照当地确定的适用税率征收契税；如与房屋统一计价的，适用与房屋相同的契税税率。

【例题 7-5】王某购买一套商品房，房屋价格为 100 万元，车库价格为 30 万元，购房发票所标购房金额中既包含了住房还包含了车库价格，请问是否要分开缴纳契税？

解析：

承受的房屋附属设施如为单独计价的，按照各自适用的税率缴纳契税；如与房屋统一计价的，适用与房屋相同的契税税率。因此，王某不必分开缴纳契税，车库应适用与房屋相同的契税税率，一并缴纳契税。

成交价格明显低于市场价格并且无正当理由的，或者所交换土地使用权、房屋的价格的差额明显不合理并且无正当理由的，征收机关可以参照市场价格核定计税依据。

（二）应纳税额的计算方法

契税采用幅度比例税率。应纳税额依照省、自治区、直辖市人民政府确定的适用税率和按照税法确定的计税依据计算征收。应纳税额的计算公式为：

$$应纳税额 = 计税依据 \times 税率$$

契税的应纳税额应以人民币计算。转移土地、房屋权属以外汇结算的，应按照纳税义务发生之日中国人民银行公布的市场汇率中间价折合成人民币计算。

【例题 7-6】居民甲有两套住房，将一套出售给居民乙，成交价格为 400 000 元；将另一套两室住房与居民丙交换成两处一室住房，并支付给丙换房差价款 80 000 元。试计算甲、乙、丙相关行为应缴纳的契税（假定税率为 4%）。

解析：

（1）甲应缴纳契税 = 80 000 × 4% = 3 200（元）。

（2）乙应缴纳契税 = 400 000 × 4% = 16 000（元）。

（3）丙不缴纳契税。

五、契税的税收优惠

（一）契税法规定的免税情形

有下列情形之一的，免征契税：

（1）国家机关、事业单位、社会团体、军事单位承受土地、房屋权属用于办公、教学、医疗、科研、军事设施；

（2）非营利性的学校、医疗机构、社会福利机构承受土地、房屋权属用于办公、教学、医疗、科研、养老、救助；

（3）承受荒山、荒地、荒滩土地使用权用于农、林、牧、渔业生产；

（4）婚姻关系存续期间夫妻之间变更土地、房屋权属；

（5）法定继承人通过继承承受土地、房屋权属；

（6）依照法律规定应当予以免税的外国驻华使馆、领事馆和国际组织驻华代表机构承受土地、房屋权属。

根据国民经济和社会发展的需要，国务院对居民住房需求保障、企业改制重组、灾后重建等情形可以规定免征或者减征契税，报全国人民代表大会常务委员会备案。

（二）省、自治区、直辖市可以决定对下列情形免征或者减征契税：

（1）因土地、房屋被县级以上人民政府征收、征用，重新承受土地、房屋权属；

（2）因不可抗力灭失住房，重新承受住房权属。

前款规定的免征或者减征契税的具体办法，由省、自治区、直辖市人民政府提出，报同级人民代表大会常务委员会决定，并报全国人民代表大会常务委员会和国务院备案。

纳税人改变有关土地、房屋的用途，或者有其他不再属于本法第六条规定的免征、减征契税情形的，应当缴纳已经免征、减征的税款。

（三）国务院规定的减免契税的情形

城镇职工按规定第一次购买公有住房，免征契税。

对个人购买普通住房，且该住房属于家庭（成员范围包括购房人、配偶以及未成年子女，下同）唯一住房的，面积为90平方米以上的，减按1.5%的税率征收契税。对个人购买90平方米及以下普通住房，且该住房属于家庭唯一住房的，减按1%税率征收契税。

对个人购买家庭第二套改善性住房，面积为90平方米以上的，减按2%的税率征收契税。对个人购买90平方米及以下的，减按1%税率征收契税。第二套改善性住房是指已经拥有一套住房的家庭，购买的家庭第二套住房。北京市、上海市、广州市和深圳市不适用该项契税优惠政策。

（四）财政部规定的其他减免契税的项目

经批准减征、免征契税的纳税人改变有关土地、房屋用途的，不再属于减征、免征契税范围的，应当补缴已经减征、免征的税款。

（五）契税优惠的特殊规定

（1）继承土地、房屋权属免征契税。

对于《中华人民共和国继承法》规定的法定继承人（包括配偶、子女、父母、兄弟姐妹、祖父母、外祖父母）继承土地、房屋权属，不征契税。

按照《中华人民共和国继承法》规定，非法定继承人根据遗嘱承受死者生前的土地、房屋权属，属于赠与行为，应征收契税。

（2）经国务院批准实施债权转股权的企业，对债权转股权后新设立的公司承受原企业的土地、房屋权属，免征契税。

（3）政府主管部门对国有资产进行行政性调整和划转过程中发生的土地、房屋权属转移，不征收契税。

（4）对中国农业银行股份有限公司以国家作价出资方式承受原中国农业银行划拨用地不征契税。

（5）对拆迁重新购置住房成交价格中相当于乔迁补偿款的部分免征契税；成交价格超过

拆迁补偿款的，对超过部分征收契税。

（6）债权人承受依法关闭、破产企业抵债的土地、房屋权属免征契税。非债权人承受依法关闭、破产企业的土地、房屋权属，凡妥善安置原企业30%以上职工的，减半征收契税；全部安置原企业职工的，免征契税。

（7）对个人首次购买90平方米及以下普通住房的，税率暂统一下调到1%。首次购房证明由住房所在地县（区）住房建设主管部门出具；对个人购买经济适用住房的，在法定税率基础上减半征收契税。

（8）对廉租住房经营管理单位购买住房作为廉租住房、经济适用住房经营管理单位回购经济适用住房继续作为经济适用住房房源的，免征契税。

（9）对承受国有土地使用权支付的土地出让金，要计征契税。不得因减免土地出让金而减免契税。

（10）自2018年1月1日起至2020年12月31日，企事业单位改制，公司合并、分立、破产、资产划转等相关税收优惠如下：

①企业改制。企业按有关规定整体改制（包括非公司改为有限或股份、有限改为股份、股份改为有限），原企业投资主体存续并在改制后的公司中所持股权（股份）比例超过75%，且改制后公司承继原企业权利、义务的，对改制后公司承受原企业土地、房屋权属，免征契税。

②事业单位改制。事业单位按有关规定改为企业，原投资主体存续并在改制后企业中出资（股权、股份）比例超过50%的，对改制后企承受原事业单位土地、房屋权属，免征契税。

③公司合并。两个或两个以上的公司，依法合并为一个公司，且原投资主体存续的，对合并后公司承受原合并各方土地、房屋权属，免征契税。

④公司分立。公司依法分立为两个或两个以上与原公司投资主体相同的公司，对分立后公司承受原公司土地、房屋权属，免征契税。

⑤企业破产。企业依法破产，债权人（包括破产企业职工）承受破产企业抵偿债务的土地、房屋权属，免征契税；对非债权人承受破产企业土地、房屋权属，凡依法妥善安置原企业全部职工，并签订3年及以上劳动合同的，对其承受所购企业土地、房屋权属，免征契税；与30%及以上职工签订3年及以上劳动用工合同的，减半征收契税。

⑥资产划转。对承受县级以上人民政府或国有资产管理部门按规定进行行政性调整、划转国有土地、房屋权属的单位，免征契税。

⑦债权转股权。经国务院批准实施债权转股权的企业，对债权转股权后新设立的公司承受原企业的土地、房屋权属，免征契税。

⑧公司股权（股份）转让。在股权（股份）转让中，单位、个人承受公司股权（股份），公司土地、房屋权属不发生转移，不征收契税。

以上经批准减免税的纳税人改变有关土地、房屋的用途，不在减免税之列，应当补缴已减免的税款。

六、契税的征收管理

（1）契税的纳税义务发生时间，为纳税人签订土地、房屋权属转移合同的当日，或者纳税人取得其他具有土地、房屋权属转移合同性质凭证的当日。纳税人应当在依法办理土地、房屋权属登记手续前申报缴纳契税。

（2）纳税地点。契税在土地、房屋所在地的征收机关缴纳。契税的征收机关为土地、房屋所在地的财政机关或者税务机关。具体征收机关由省、自治区、直辖市人民政府确定。

（3）税收征管。纳税人办理纳税事宜后，税务机关应当开具契税完税凭证。纳税人办理土地、房屋权属登记，不动产登记机构应当查验契税完税、减免税凭证或者有关信息。未按照规定缴纳契税的，不动产登记机构不予办理土地、房屋权属登记。

在依法办理土地、房屋权属登记前，权属转移合同、权属转移合同性质凭证不生效、无效、被撤销或者被解除的，纳税人可以向税务机关申请退还已缴纳的税款，税务机关应当依法办理。

税务机关应当与相关部门建立契税涉税信息共享和工作配合机制。自然资源、住房城乡建设、民政、公安等相关部门应当及时向税务机关提供与转移土地、房屋权属有关的信息，协助税务机关加强契税征收管理。

税务机关及其工作人员对税收征收管理过程中知悉的纳税人的个人信息，应当依法予以保密，不得泄露或者非法向他人提供。纳税人、税务机关及其工作人员违反本法规定的，依照《中华人民共和国税收征收管理法》和有关法律法规的规定追究法律责任。

基础训练

一、单项选择题

1. 下列各项中，属于契税纳税人的是（　　）。

A. 转让土地使用权的企业　　　　B. 获得住房奖励的自然人

C. 继承父母房产的子女　　　　　D. 出售房屋的个体工商户

2. 林某有面积为140平方米的住宅一套，不含契税的市场价格为96万元，黄某有面积为120平方米的住宅一套，不含契税的市场价格为72万元。两人进行房屋交换，差价部分黄某以现金补偿林某。已知契税适用税率为3%，根据契税法律制度的规定，黄某应缴纳的契税税额为（　　）万元。

A. 4.8　　　　　　B. 2.88　　　　　　C. 2.16　　　　　　D. 0.72

3. 甲公司本年10月以9 000万元购得一栋写字楼作为办公用房使用，该写字楼原值12 000万元，累计折旧6 000万元。适用的契税税率为3%，该公司应缴纳的契税是（　　）万元。

A. 240　　　　　　B. 210　　　　　　C. 360　　　　　　D. 270

4. 王某有两处住房，将其中一套出售给张某，房屋的不含契税成交价格为570 000元，将另一处价值600 000元的三室两厅的住房与李某的两种住房交换，王某支付交换房屋差价款不含契税金额为124 000元。已知当地政府规定的契税税率为3%，王某上述行为应缴纳契税（　　）元。

A. 3 720　　　　　B. 18 000　　　　　C. 20 820　　　　　D. 21 720

5. A、B两单位互换经营性用房，A换入的房屋价格为500万元，B换入的房屋价格为700万元，当地契税税率为3%。以下对契税的缴纳说法中正确的是（　　）。

A. A应缴纳契税15万元　　　　　B. A应缴纳契税6万元

C. B应缴纳契税6万元　　　　　　D. B应缴纳契税21万元

6. 某企业2019年10月购置办公楼一栋，支付不含增值税的金额为2 200万元、增值税220万元。已知，销售不动产增值税税率为9%，契税税率为3%。计算该企业购置办公楼应缴纳的契税税额的下列算式中，正确的是(　　)。

A. 2 200×3%

B.（2 200+220）×3%

C. 2 200×（1-10%）×9%

D. 2 200÷（1+9%）×3%

7. 何某将其一套价值40万元的住房与于某的一套价值50万元的住房交换，何某以现金方式补偿给于某差价；另将一套价值60万元的门面房与蔡某同等价值的门面房等价交换。已知当地契税适用税率为3%，上述价格均不含契税。下列关于上述房产应纳契税的计算中，正确的是(　　)。

A. 何某应纳契税=（50-40）×3%=0.3（万元）

B. 何某应纳契税=（50-40）×3%+60×3%=2.1（万元）

C. 于某应纳契税=（50-40）×3%=0.3（万元）

D. 蔡某应纳契税=60×3%=1.8（万元）

8. 下列情形中，不予免征契税的是(　　)。

A. 农民承受荒沟土地用于林业生产

B. 医院承受划拨土地用于修建门诊楼

C. 学校承受划拨土地用于建造教学楼

D. 企业接受捐赠房屋用于办公

9. 根据契税法律制度的规定，契税的纳税义务发生时间是(　　)。

A. 纳税人实际取得土地、房屋的当天

B. 纳税人办理土地、房屋权属变更登记手续的当天

C. 纳税人签订土地、房屋权属转移合同的当天

D. 纳税人实际支付购买价款的当天

二、多项选择题

1. 下列行为中，应缴纳契税的有(　　)。

A. 农村集体土地承包经营权的转移

B. 房屋赠与

C. 以土地使用权典当

D. 以土地使用权作价投资

2. 下列各项中，属于契税纳税义务人的有(　　)。

A. 以房屋产权抵债的抵债方

B. 房屋产权赠与中的受赠方

C. 房屋产权交换中多付差价一方

D. 以房屋产权投资的投资方

3. 关于契税计税依据的下列表述中，符合法律制度规定的有(　　)。

A. 受让国有土地使用权的，以成交价格为计税依据

B. 受赠房屋的，由征收机关参照房屋买卖的市场价格规定计税依据

C. 交换土地使用权的，以交换土地使用权的价格差额为计税依据

D. 购入土地使用权的，以评估价格为计税依据

4. 下列各项中，减征或免征契税的有(　　)。

A. 城镇职工按规定第一次购买公有住房的

B. 因不可抗力灭失住房而重新购买住房的

C. 国家机关承受房屋用于办公

D. 纳税人承受荒山用于工业园的开发建设

5. 于某原有两套相同的住房，本年8月将其中一套无偿赠送给战友原某；将另一套以市场价格20万元与陈某的住房进行了等价置换；又以60万元价格购置了一套新住房。已知契税税率为3%，下列说法正确的有(　　)。

A. 于某应缴纳契税1.8万元

B. 原某应缴纳契税0.6万元

C. 于某应缴纳契税2.4万元　　　　　D. 原某无须缴纳契税

6. 根据契税法律制度的规定，下列各项中，免征契税的有(　　)。

A. 军事单位承受土地用于军事设施　　B. 国家机关承受房屋用于办公

C. 纳税人承受荒山土地使用权用于农业　D. 城镇居民购买商品房用于居住

7. 下列各项中，免征或不征契税的有(　　)。

A. 承受出让的国有土地使用权　　　　B. 法定继承人继承土地、房屋权属

C. 受赠人接受他人赠与的房屋　　　　D. 承受荒山土地使用权用于牧业生产

三、判断题

1. 契税的纳税人为产权出让方。

2. 以获奖方式取得房屋的，其实质是接受赠与房产，应按照规定缴纳契税。

3. 房屋典当、继承、分拆（分割）、抵押以及出租等行为，不属于契税的征收范围。

4. 城镇职工按规定第一次购买公有住房，应当缴纳契税。

5. 契税实行的是单一的比例税率。

6. 契税在土地、房屋所在地的征收机关缴纳。

技能训练

1. 某公司于2019年11月向乙公司购买一处闲置厂房，合同注明的土地使用权价款3 000万元（不含契税），厂房及地上附着物价款600万元（不含契税），已知当地规定的契税税率为3%，求某公司应缴纳的契税税额是多少？

2. 宏光公司2019年9月出售一处位于郊区的仓库，取得收入（不含契税）150万元；10月购入一处位于市区繁华地段的门市房，成交价（不含契税）为900万元；12月与另一单位互换经营用房产，宏光公司的房产价格（不含契税）为500万元，另一单位的房产价格（不含契税）为650万元，当地契税税率为3%。宏光公司应纳的契税为？

3. 甲公司将一套闲置的办公楼作价5 500万元，转让给其子公司乙。税务机关认定，成交价格明显低于市场价格且无正当理由，税务机关参照市场价格核定办公楼价值9 000万元。另外，经过相关部门批准，甲公司将一间市场价格为6 500万元的仓库与丙公司的一幢市场价格为5 800万元的职工公寓楼交换，丙公司另向甲公司提供公允价值为700万元的货物补足房屋差价。甲、乙、丙三家公司位于同一省份，当地政府规定的契税税率为4%，请计算三家公司分别应缴纳的契税。

第三节　车船税法与船舶吨税法

问题导入

1. 车船税、船舶吨税的纳税人、征税范围、税率的具体规定是什么？

2. 车船税、船舶吨税计税依据的法律确认原则是什么？

3. 车船税、船舶吨税应纳税额的计算原理是什么？

4. 已办理退税的被盗抢车船，失而复得的，还需要缴纳车船税吗？

🌐 **案例思考**

河北省王某某 2019 年 4 月 5 日购买奥迪 A6L 轿车一辆，排气量为 1 789cm³。河北省规定该排量乘用车每辆适用的车船税年税额为 360 元。

思考：

1. 王某某购买的轿车是否缴纳车船税？

2. 如果应缴纳车船税，应纳税的月份数是多少？

3. 王某某应在何处缴纳多少车船税？

一、车船税法

（一）车船税法概况

车船税法是指国家制定的用以调整车船税征收与缴纳权利及义务关系的法律规范。现行车船税法的基本规范，是 2011 年 2 月 25 日，由中华人民共和国第十一届人民代表大会常务委员会第十九次会议通过的《中华人民共和国车船税法》（以下简称车船税法），自 2012 年 1 月 1 日起施行；以及国务院 2011 年 11 月 23 日审议通过的《中华人民共和国车船税法实施条例》，2012 年 1 月 1 日起实施。

（二）车船税概念

车船税是指对在中国境内的车辆和船舶为征税对象，按照规定的税目税率计算并向车船的所有人或者管理人征收的一种税。

我国对车船征税历史悠久。公元前 129 年汉武帝开始对商人用作运输货物的车船征收"算商车"，明清两代对内河商船征收的"船钞"和国民党政府对车船征收的"牌照税"，均属车船税的征税范畴。中华人民共和国成立后，1951 年政务院颁布了《车船使用牌照税暂行条例》，在全国范围内征收车船使用牌照税；1986 年国务院颁布了《中华人民共和国车船使用税暂行条例》，开征车船使用税，但对外商投资企业、外国企业及外籍个人仍征收车船使用牌照税；2006 年 12 月国务院制定了《中华人民共和国车船税暂行条例》，对包括外资企业和外籍个人在内的各类纳税人统一征收车船税。

车船税属于财产税性质，国家征收车船税不仅有利于增加地方财政收入和提高车船使用效率，还能有效地配合交通部门加强车船管理，支持交通运输事业的发展。

（三）车船税的纳税义务人与征税对象

1. 纳税义务人

车船税的纳税义务人，是指在中华人民共和国境内车辆、船舶（以下简称车船）的所有人或者管理人。应当按照《中华人民共和国车船税法》的规定缴纳车船税。

2. 征税对象

车船税的征税对象是指在中华人民共和国境内属于车船税法所附《车船税税目税额表》规定的车辆、船舶。车辆、船舶是指依法应当在车船登记管理部门登记的机动车辆和船舶；依法不需要在车船登记管理部门登记的在单位内部场所行驶或者作业的机动车辆和船舶。

车船管理部门，是指公安、交通运输、农业、渔业、军队、武装警察部队等依法具有车船登记管理职能的部门；单位，是指依照中国法律、行政法规规定，在中国境内成立的行政机关、企业、事业单位、社会团体以及其他组织。

（1）应税车辆。

应税车辆是指机动车，包括乘用车、商用车、挂车、其他车辆和摩托等，不包括拖拉机。

乘用车，是指在设计和技术特性上主要用于载运乘客及随身行李，核定载客人数包括驾驶员在内不超过 9 人的汽车。不包括纯电动乘用车和燃料电池乘用车。

商用车，是指除乘用车外，在设计和技术特性上用于载运乘客、货物的汽车，划分为客车和货车。客车包括电车，货车包括半挂牵引车、三轮汽车和低速载货汽车。半挂牵引车，是指装备有特殊装置用于牵引半挂车的商用车。三轮汽车，是指最高设计车速不超过每小时 50 公里，具有三个车轮的货车。低速载货汽车，是指以柴油机为动力，最高设计车速不超过每小时 70 公里，具有四个车轮的货车。

挂车，是指就其设计和技术特性须由汽车或者拖拉机牵引，才能正常使用的一种无动力的道路车辆。

其他车辆，包括专用作业车和轮式专用机械车，不包括拖拉机。专用作业车，是指在其设计和技术特性上用于特殊工作的车辆。轮式专用机械车，是指有特殊结构和专门功能，装有橡胶车轮可以自行行驶，最高设计车速大于每小时 20 公里的轮式工程机械车。

摩托，是指无论采用何种驱动方式，最高设计车速大于每小时 50 公里，或者使用内燃机，其排量大于 50 毫升的两轮或者三轮车辆。

（2）应税船舶。

船舶，是指各类机动、非机动船舶以及其他水上移动装置，但是船舶上装备的救生艇筏和长度小于 5 米的艇筏除外。其中，机动船舶是指用机器推进的船舶；拖船是指专门用于拖（推）动运输船舶的专业作业船舶；非机动驳船，是指在船舶登记管理部门登记为驳船的非机动船舶；游艇是指具备内置机械推进动力装置，长度在 90 米以下，主要用于游览观光、休闲娱乐、水上体育运动等活动，并应当具有船舶检验证书和适航证书的船舶。

（四）车船税的税目与税率

1. 车船税法定税率

车船税实行定额税率。车船税的适用税额，依照《车船税法》所附的《车船税税目税额表》执行。

表 7-1　车船税税目税额表

税目		计税单位	年基准税额	备注
乘用车〔按发动机汽缸容量（排气量）分档〕	1.0 升（含）以下的	每辆	60 元至 360 元	核定载客人数 9 人（含）以下
	1.0 升以上至 1.6 升（含）的		300 元至 540 元	
	1.6 升以上至 2.0 升（含）的		360 元至 660 元	
	2.0 升以上至 2.5 升（含）的		660 元至 1 200 元	
	2.5 升以上至 3.0 升（含）的		1 200 元至 2 400 元	
	3.0 升以上至 4.0 升（含）的		2 400 元至 3 600 元	
	4.0 升以上的		3 600 元至 5 400 元	

续表

税目		计税单位	年基准税额	备注
商用车	客车	每辆	480 元至1 440元	核定载客人数 9 人以上，包括电车
	货车	整备质量每吨	16 元至 120 元	包括半挂牵引车、三轮汽车和低速载货汽车等
挂车		整备质量每吨	8 元至 60 元	按照货车税额的 50% 计算
其他车辆	专用作业车	整备质量每吨	16 元至 120 元	不包括拖拉机
	轮式专用机械车		16 元至 120 元	
摩托		每辆	36 元至 180 元	
船舶	机动船舶	净吨位每吨	3 元至 6 元	拖船、非机动驳船分别按照机动船舶税额的 50% 计算
	游艇	艇身长度每米	600 元至2 000元	

2. 车辆适用税额的确定

车辆的具体适用税额由省、自治区、直辖市人民政府依照本法所附《车船税税目税额表》规定的税额幅度和国务院的规定确定。省、自治区、直辖市人民政府根据车船税法所附《车船税税目税额表》确定车辆具体适用税额，应当遵循以下原则：

（1）乘用车依排气量从小到大递增税额；

（2）客车按照核定载客人数20人以下和20人（含）以上两档划分，递增税额。

省、自治区、直辖市人民政府确定的车辆具体适用税额，应当报国务院备案。

3. 船舶适用税额的确定

船舶的具体适用税额由国务院在本法所附《车船税税目税额表》规定的税额幅度内确定。机动船舶具体适用税额为：

（1）净吨位不超过 200 吨的，每吨 3 元；

（2）净吨位超过 200 吨但不超过2 000吨的，每吨 4 元；

（3）净吨位超过2 000吨但不超过10 000吨的，每吨 5 元；

（4）净吨位超过10 000吨的，每吨 6 元；

（5）拖船、非机动驳船分别按照机动船舶税额的50%计算。拖船按照发动机功率每 1 千瓦折合净吨位 0.67 吨计算征收车船税。

4. 游艇适用税额的确定

游艇具体适用税额为：

（1）艇身长度不超过 10 米的，每米 600 元；

（2）艇身长度超过 10 米但不超过 18 米的，每米 900 元；

（3）艇身长度超过 18 米但不超过 30 米的，每米1 300元；

（4）艇身长度超过 30 米的，每米2 000元；

（5）辅助动力帆艇，每米 600 元。

5. 适用税额的其他规定

车辆整备质量尾数不超过 0.5 吨的，按照 0.5 吨计算；超过 0.5 吨的，按照 1 吨计算。船舶净吨位尾数不超过 0.5 吨的不予计算，超过 0.5 吨的，按照 1 吨计算。1 吨以下的小型车船，一律按照 1 吨计算。

车船税法和实施条例所涉及的排气量、整备质量、核定载客人数、净吨位、马力、艇身长度，以车船管理部门核发的车船登记证书或者行驶证相应项目所载数据为准。

依法不需要办理登记的车船和依法应当登记而未办理登记或者不能提供车船登记证书、行驶证的车船，以车船出厂合格证明或者进口凭证标注的技术参数、数据为准；不能提供车船出厂合格证明或者进口凭证的，由主管税务机关参照国家相关标准核定，没有国家相关标准的参照同类车船核定。

（五）车船税应纳税额的计算

纳税人按照纳税地点所在的省、自治区、直辖市人民政府确定的具体适用税额缴纳车船税。车船税由税务机关负责征收。

1. 车船税的计税依据

车船税的计税依据按车船种类和性能，分别确定为辆、整备质量吨位、净吨位和艇身长度四种，具体规定如下：

（1）乘用车、商用客车、摩托按辆计税。

（2）商用货车、挂车、专业作业车、轮式专用机械车按整备质量吨位计税。

（3）机动船舶按净吨位计税；拖船按照发动机功率每 1 千瓦折合净吨位 0.67 吨计税。

（4）游艇按艇身长度计税。

2. 车船税应纳税额的计算

车船税的计算按照计税依据不同，其计算方法有以下几种：

（1）乘用车、商用客车、摩托应纳税额＝车辆数×适用定额税率。

（2）商用货车、专业作业车、轮式专用机械车应纳税额＝整备质量吨位×适用定额税率。

（3）挂车应纳税额＝整备质量吨位×适用定额税率×50%。

（4）机动船舶应纳税额＝净吨位×适用定额税率。

（5）拖船、非机动驳船应纳税额＝净吨位×适用定额税率×50%。

（6）游艇应纳税额＝艇身长度×适用定额税率。

【例题 7-7】 佳佳宝公司拥有客车 5 辆，其中商用客车 1 辆，2.4 升乘用车 2 辆；1.6 升小型客车 2 辆，定额税率分别为 900 元、700 元、500 元；拥有商用货车 6 辆，其中 3 辆每辆整备质量吨位为 9.4 吨，另 3 辆每辆整备质量吨位为 19.7 吨，定额税率分别为 40 元、80 元。计算该公司 2020 年应纳车船税税额。

解析：

载客汽车应纳税额＝1×900+2×700+2×500＝3 300（元）

载货汽车应纳税额＝3×9.5×40+3×20×80＝5 940（元）

合计应纳车船税税额＝3 300+5 940＝9 240（元）

（7）购置的新车船，购置当年的应纳税额自纳税义务发生的当月起按月计算。其计算公式为：

$$应纳税额 = （年应纳税额÷12）×应纳税月份数$$
$$应纳税月份数 = 12-取得月份+1$$

客货两用车按载货汽车的计税单位和税额标准计征车船税。

【例题7-8】河北省王某某2019年4月5日购买奥迪A6L轿车一辆，排气量为1 789cm^3。河北省规定该排量乘用车每辆适用的车船税年税额为360元，请计算王某某应纳车船税。

解析：

应纳税月份数 = 12-4+1 = 9（个月）

应纳车船税 = 360÷12×9 = 270（元）

（六）车船税的税收优惠

1. 法定减免

（1）捕捞、养殖渔船，是指在渔业船舶管理部门登记为捕捞船或者养殖船的船舶。

（2）军队、武装警察部队专用的车船，是指按照规定在军队、武装警察部队车船管理部门登记，并领取军队、武装牌照的车船。

（3）警用车船，是指公安机关、监狱、劳动教养管理机关和人民法院、人民检察院领取警用牌照的车辆和执行警务的专用船舶。

（4）依照法律规定应当予以免税的外国驻华使领馆、国际组织驻华代表机构及其有关人员的车船。

（5）对节约能源、使用新能源的车船可以减征或者免征车船税；对受严重自然灾害影响纳税困难以及有其他特殊原因确须减税、免税的，可以减征或者免征车船税。

节约能源、使用新能源的车辆包括纯电动汽车、燃料电池汽车和混合动力汽车。纯电动汽车、燃料电池汽车和插电式混合动力汽车免征车船税，其他混合动力汽车按照同类车辆适用税额减半征税。

（6）省、自治区、直辖市人民政府根据当地实际情况，可以对公共交通车船，农村居民拥有并主要在农村地区适用的摩托、三轮汽车和低速载货汽车定期减征或者免征车船税。

2. 特定减免

（1）经批准临时入境的外国车船和香港特别行政区、澳门特别行政区、台湾地区的车船，不征收车船税。

（2）按照规定缴纳船舶吨税的机动船舶，自车船税法实施之内起五年内免征车船税。

（3）机场、港口内部行驶或作业的车船，自车船税法实施之日起五年内免征车船税。

（七）车船税的征收管理

1. 纳税期限

车船税的纳税义务发生时间，为车船管理部门核发的车船登记证书或者行驶证书所记载日期的当月。纳税人未按照规定到车船管理部门办理应税车船登记手续的，以车船购置发票所载开具时间的当月作为车船税的纳税义务发生时间。对未办理车船登记手续且无法提供车船购置发票的，由主管地方税务机关核定纳税义务发生时间。

2. 纳税地点

车船税的纳税地点为车船的登记地或者车船税扣缴义务人所在地。依法不需要办理登记的车船，车船税的纳税地点为车船的所有人或者管理人所在地。税务机关可以在车船登记管理部门，车船检验机构的办公场所集中办理车船税征收事宜。公安机关交通管理部门在办理车辆相关登记和定期检验手续时，经核查，对没有提供依法纳税或免税证明的，不予办理相关手续。

3. 纳税申报

车船税按年申报，分月计算，一次性缴纳。纳税年度为公历 1 月 1 日至 12 月 31 日。车船税按年申报缴纳，具体申报纳税期限由省、自治区、直辖市人民政府规定。

4. 其他管理规定

（1）各级车船管理部门应当在提供车船管理信息等方面，协助地方税务机关加强对车船税的税务管理。纳税人应当向主管地方税务机关和扣缴义务人提供车船的相关信息。拒绝提供的，按照《中华人民共和国税收征收管理法》有关规定处理。

（2）车船税的征收管理，依照《中华人民共和国税收征收管理法》及本条例的规定执行。在一个纳税年度内，已完税的车船被盗抢、报废、灭失的，纳税人可以凭有关管理机关出具的证明和完税证明，向纳税所在地的主管地方税务机关申请退还自被抢盗、报废、灭失月份起至该纳税年度终了期间的税款。

已办理退税的被盗抢车船，失而复得的，纳税人应当从公安机关出具相关证明的当月起计算缴纳车船税。

【例题 7-9】天津市张明明 2020 年 4 月 10 日购买大众桥本一辆，排气量 1 600cm³，当月将全年应纳车船税缴纳完毕。该车于当年 7 月 1 日被盗，经公安机关确认后，遂向税务局申请退税。在办理退税手续后，该车又于当年 10 月 12 日被追回并在当月取得公安机关证明。天津市规定该排量乘用车每辆适用的车船税年税额为 360 元，请计算张明明 2020 年实际应缴纳的车船税。

解析：3 月购买汽车后：

应纳车船税=360÷12×（12-4+1）=270（元）

7 月被盗后：

申请退还车船税=270÷9×6=180（元）

10 月追回汽车后：

应纳车船税=360÷12×（12-10+1）=90（元）

张明明 2020 年就该车实际应缴纳的车船税为：

270-180+90=180（元）

（3）在一个纳税年度内，纳税人在非车辆登记地由保险机构代收代缴机动车车船税，且能够提供合法有效完税证明的，纳税人不再向车辆登记地的地方税务机关缴纳机动车车船税。

（4）在一个纳税年度内，已经缴纳车船税的车船变更所有权或管理权的，地方税务机关对原车船所有人或管理人不予办理退税手续，对现车船所有人或管理人也不再征收当年度的税款；未缴纳车船税的车船变更所有权或管理权的由现车船所有人或管理人缴纳该纳税年度的车船税。

（5）车船税的纳税人应按照条例的有关规定及时办理纳税申报，并如实填写《车船税纳税申报表》。

二、船舶吨税法（船舶吨税不属于财产税，为了便于和车船税衔接，写入本章）

（一）船舶吨税法概述

1. 船舶吨税法

船舶吨税法是指国家制定的用以调整船舶吨税征收与缴纳权利及义务关系的法律规范。现行船舶吨税法的基本规范是《中华人民共和国船舶吨税法》。

1952年9月29日经政务院财经委员会批准，海关总署发布了《中华人民共和国海关船舶吨税暂行办法》。2011年11月23日，国务院第182次常务会议通过了《中华人民共和国船舶吨税暂行条例》，2017年12月27日第十二届全国人民代表大会常务委员会第三十一次会议通过了《中华人民共和国船舶吨税法》，自2018年7月1日起施行。《中华人民共和国船舶吨税暂行条例》同时废止。

2. 船舶吨税概念

船舶吨税是对自中国境外港口进入境内港口的船舶征收的用于航道设施建设和维护的一种税。

船舶吨税是一个古老的税种，清朝康熙年间就准许当时的闽海关开征沿海帆船梁头税，也就是现代船舶吨税的雏形。

（二）船舶吨税纳税人

对自中国境外港口进入中国境内港口的船舶（简称应税船舶）征收船舶吨税（简称吨税），以应税船舶负责人为纳税人。

（三）船舶吨税征税范围、税目与税率

1. 船舶吨税征税范围

船舶吨税征税范围是指自中华人民共和国境外港口进入境内港口的船舶，即应税船舶。

2. 税目与税率

船舶吨税税目按船舶净吨位的大小分等级设置为4个税目。税率采用定额税率，分为30日、90日和1年三种不同的税率，具体分为两类：普通税率和优惠税率。我国国籍的应税船舶、船籍国（地区）与我国签订含有互相给予船舶税费最惠国待遇条款的条约或者协定的应税船舶，适用优惠税率；其他应税船舶，适用普通税率。我国现行吨税税率见表7-2：

表7-2　船舶吨税税目税率表

税目（按船舶净吨位划分）	税率（元/净吨）					
	普通税率（按执照期限划分）			优惠税率（按执照期限划分）		
	1年	90日	30日	1年	90日	30日
不超过2 000净吨	12.6	4.2	2.1	9.0	3.0	1.5
超过2 000净吨，但不超过10 000净吨	24.0	8.0	4.0	17.4	5.8	2.9
超过10 000净吨，但不超过50 000净吨	27.6	9.2	4.6	19.8	6.6	3.3
超过50 000净吨	31.8	10.6	5.3	22.8	7.6	3.8

（四）船舶吨税应纳税额的计算

1. 船舶吨税计税依据

船舶吨税以船舶净吨位为计税依据。净吨位是指由船籍国（地区）政府授权签发的船舶吨位证明书上标明的净吨位。

拖船按照发动机功率每千瓦折合净吨位0.67吨，无法提供净吨位证明文件的游艇按照发动机功率每瓦折合净吨位0.05吨，拖船和非机动驳船分别按相同净吨位船舶税率的50%计征。

2. 船舶吨税应纳税额的计算

船舶吨税按照船舶净吨位和船舶吨税执照期限征收，应税船舶负责人在每次申报纳税时，可以按照《吨税税目税率表》选择申领一种期限的吨税执照。应纳税额的计算公式为：

$$应纳税额＝应税船舶净吨位×适用税率$$

海关根据船舶负责人的申报，审核其申报吨位与其提供的船舶吨位证明和船舶国籍证书或者海事部门签发的船舶国籍证书收存证明相符后，按其申报执照的期限计征吨税，并填发缴款凭证交船舶负责人缴纳税款。

【例题7-10】2020年8月28日，某国某运输公司一艘货轮驶入我国某港口，该货轮净吨位为60 000吨，货轮负责人已向我国海关领取了吨税执照，在港口停留期限为30天，某国已与我国签订有互相给予船舶税费最惠国待遇条款。请计算该货轮应纳船舶吨税。

解析：

按《吨税税目税率表》该货轮享受优惠税率，每净吨位为3.8元。

$$应纳船舶吨税＝60\ 000×3.8＝228\ 000（元）$$

（五）船舶吨税税收优惠

下列船舶免征吨税：

（1）应纳税额在人民币50元以下的船舶；

（2）自境外以购买、受赠、继承等方式取得船舶所有权的初次进口到港的空载船舶；

（3）吨税执照期满后24小时内不上下客货的船舶；

（4）非机动船舶（不包括非机动驳船）；

（5）捕捞、养殖渔船；

（6）避难、防疫隔离、修理、终止运营或者拆解，并不上下客货的船舶；

（7）军队、武装警察部队专用或者征用的船舶；

（8）警用船舶；

（9）依照法律规定应当予以免税的外国驻华使领馆、国际组织驻华代表机构及其有关人员的船舶；

（10）国务院规定的其他船舶。

（六）船舶吨税征收管理

1. 纳税义务发生时间

（1）船舶吨税纳税义务发生时间为应税船舶进入境内港口的当日，应税船舶在吨税执照期满后尚未离开港口的，应当申领新的吨税执照。自上一执照期满的次日起续缴吨税。

（2）应税船舶在进入港口办理入境手续时，应当向海关申报纳税领取吨税执照，或者交验吨税执照（或者申请核验吨税执照电子信息）。应税船舶在离开港口办理出境手续时，应当交验吨税执照（或者申请核验吨税执照电子信息）。

（3）应税船舶负责人申领吨税执照时，应当向海关提供下列文件：

①船舶国籍证书或者海事部门签发的船舶国籍证书收存证明；

②船舶吨位证明。

2. 纳税期限

应税船舶负责人应当自海关填发吨税缴款凭证之日起 15 日内缴清税款。未按期缴清税款的，自滞纳税款之日起至缴清税款之日止，按日加收滞纳税款万分之五的税款滞纳金。

应税船舶到达港口前，经海关核准先行申报并办结出入境手续的，应税船舶负责人应当向海关提供与其依法履行吨税缴纳义务相适应的担保；应税船舶到达港口后，按规定向海关申报纳税。

人民币、可自由兑换货币、汇票、本票，支票、债券、存单，银行、非银行金融机构的保涵和海关依法认可的其他财产、权利，可以用于担保。

3. 其他相关规定

船舶吨税由海关负责征收。海关征收吨税应当制发缴款凭证。

海关发现少征或者漏征税款的，应当自应税船舶应当缴纳税款之日起 1 年内，补征税款。但因应税船舶违反规定造成少征或者漏征税款的，海关可以自应当缴纳税款之日起 3 年内追征税款，并自应当缴纳税款之日起按日加征少征或者漏征税款万分之五的税款滞纳金。

海关发现多征税款的，应当在 24 小时内通知应税船舶办理退还手续，并加算银行同期活期存款利息。

应税船舶发现多缴税款的，可以自缴纳税款之日起 3 年内以书面形式要求海关退还多缴的税数并加算银行同期活期存款利息；海关应当自受理退税申请之日起 30 日内查实并通知应税船舶办理退还手续。

基础训练

一、单项选择题

1. 我国车船税的税率形式是(   )。

A. 地区差别比例税率   B. 有幅度的比例税率

C. 有幅度的定额税率   D. 全国统一的定额税率

2. 甲本年 4 月 12 日购买了 1 艘净吨位为 100 吨的拖船，已知机动船舶净吨位每吨的年基准车船税税额为 6 元，则甲本年应纳车船税(   )元。

A. 190   B. 200   C. 225   D. 325

3. 甲公司 2020 年年初拥有并使用下列车辆（均为汽油动力车）：①整备质量 5 吨的载货卡车 15 辆，该型号货车当地规定车船税年税额为每吨 50 元；②7 座乘用车 6 辆，当地规定该型号乘用车车船税年税额每辆 420 元。根据车船税法律制度的规定，甲公司 2020 年应纳车船税税额为(   )元。

A. 3 190   B. 3 270   C. 6 270   D. 21 390

4. 甲企业本年初拥有小轿车 2 辆。本年 4 月 10 日，1 辆小轿车被盗，已按照规定办理退税。通过公安机关的侦查，9 月 20 日被盗车辆失而复得，并取得公安机关的相关证明。已知当地小轿车车船税年税额为1 200元/辆。该企业本年实际应缴纳的车船税为(　　)元。

　　A. 1 200　　　　　　B. 1 583.34　　　　　C. 1 666.66　　　　　D. 1 900

　　5. 有关我国船舶吨税的特点，下列表述正确的是(　　)。

　　A. 吨税实行从价加从量的复合税率

　　B. 吨税以船舶净吨位为计税依据

　　C. 吨税以应税船舶的所有权人为纳税义务人

　　D. 吨税应当自船舶到港之日起15日内缴清

　　6. 张某2020年10月购置摩托一辆，并在当月取得相应的发票，已知当地摩托车船税单位年税额为每辆60元。根据车船税法律制度的规定，张某2020年就该摩托应纳车船税(　　)元。

　　A. 0　　　　　　　　B. 10　　　　　　　　C. 15　　　　　　　　D. 60

　　7. 根据船舶吨税法律制度的规定，应税船舶负责人应当自海关填发吨税缴款凭证之日起一定期限内缴纳税款，该期限是(　　)。

　　A. 30 日　　　　　　B. 3 日　　　　　　　C. 15 日　　　　　　　D. 10 日

　　8. 有关车船税的征收管理，下列表述正确的是(　　)。

　　A. 车船税按年申报，分月缴纳

　　B. 车船税纳税义务发生时间为取得车船所有权或者管理权的次月

　　C. 依法需要办理登记的车船，其车船税的纳税地点为车船的登记地或者车船税扣缴义务人所在地

　　D. 不需要办理登记的车船不缴纳车船税

　　9. 根据船舶吨税法律制度的规定，下列船舶中，不予免征船舶吨税的是(　　)。

　　A. 捕捞渔船　　　　B. 非机动驳船　　　　C. 养殖渔船　　　　D. 军队专用船舶

　　10. 下列车船，不免征车船税的是(　　)。

　　A. 捕捞、养殖渔船

　　B. 军队专用车船

　　C. 经批准临时入境的外国车船

　　D. 依法不需要在车船登记管理部门登记、在加工厂内行驶的车船

二、多项选择题

　　1. 下列使用的车船中，应缴纳车船税的有(　　)。

　　A. 个人拥有的汽车　　　　　　　　　B. 外商投资企业拥有的汽车

　　C. 国有运输企业拥有的货船　　　　　D. 旅游公司拥有的客船

　　2. 下列车船中，属于车船税征税范围的有(　　)。

　　A. 挂车　　　　　　B. 非机动驳船　　　　C. 电动自行车　　　　D. 摩托

　　3. 下列各项中，属于车船税计税依据的有(　　)。

　　A. 购置价格　　　　B. 净吨位每吨　　　　C. 整备质量　　　　D. 每辆

　　4. 下列车船中，以整备质量吨位数为车船税计税依据的有(　　)。

　　A. 非机动驳船　　　　　　　　　　　B. 客货两用车

　　C. 低速载货汽车　　　　　　　　　　D. 专用作业车

　　5. 以下属于车船税征税范围的有(　　)。

　　A. 用于接送员工的班车　　　　　　　B. 用于耕地的拖拉机

　　C. 用于休闲娱乐的游艇　　　　　　　D. 非机动驳船

6. 根据车船税法律制度的规定，下列车船（汽油动力）中，免征车船税的有(　　)。

A. 警用车船
B. 养殖渔船
C. 物流公司营运用货车
D. 汽车租赁公司出租用乘用车

7. 下列各项中，属于免征船舶吨税的船舶有(　　)。

A. 应纳税额在人民币 100 元以下的船舶
B. 吨税执照期满后 24 小时内不上下客货的船舶
C. 捕捞、养殖渔船
D. 军队专用的船舶

8. 下列关于车船税纳税地点的表述中，正确的有(　　)。

A. 依法需要办理登记、纳税人自行申报纳税的车船，纳税地点为车船登记地的主管税务机关的所在地
B. 依法不需要办理登记的车船，纳税地点为车船的所有人或者管理人所在地
C. 扣缴义务人代收代缴税款的车船，纳税地点为扣缴义务人所在地
D. 需要办理登记的车船，纳税地点为车船所在地

三、判断题

1. 车船税的应税车辆是指机动车，包括乘用车、商用车、挂车、摩托和拖拉机等。
2. 乘用车、商用客车、摩托按辆计征车船税。
3. 军队、武装警察部队专用的车船免征车船税。
4. 车船税按年申报，分月计算，一次性缴纳。
5. 我国国籍的应税船舶在计征船舶吨税时适用普通税率。
6. 船舶吨税由税务机关负责征收。

技能训练

一、张某 2020 年 10 月 15 日购买一辆乘用车，已知该乘用车辆适用年基准税额 480 元，计算下列情况下张某应缴纳的车船税是多少。

(1) 如果该车排气量为 1.6 升（属于节约能源车），张某 2020 年应缴纳的车船税。
(2) 如果该车排气量为 2.0 升，张某 2020 年应缴纳的车船税。

二、宏光公司 2017 年拥有运货卡车 12 辆，每辆整备质量 4 吨；拥有轿车 3 辆，其中排气量 1.8 升的 2 辆、排气量 3.0 升的 1 辆；拥有客车 4 辆；拥有机动船 3 艘，每艘净吨位 500 吨；拥有拖船 3 条，每条净吨位 10 吨；拥有观光非机动船 12 条，每条净吨位 0.1 吨。卡车年税额整备质量 100 元/吨，排气量 1.8 升的轿车年税额 360 元/辆，排气量 3.0 升的轿车年税额 1 500 元/辆，客车年税额 500 元/辆，机动船年税额 4 元/吨，拖船年税额 3 元/吨。计算宏光公司当年应纳的车船税是多少。

第八章 资源税法类

第一节 土地增值税法

问题导入

1. 什么是土地增值税？有什么特点？
2. 土地增值税的纳税人、征税范围、税率税法是如何规定的？
3. 土地增值税计税依据的确定原理是什么？
4. 土地增值税应纳税额的计算原理是什么？

🌐 案例思考

某市一家房地产开发公司在 2020 年 10 月开发房地产项目取得不含增值税收入 6.4 亿元。该项目成本费用情况如下：受让土地费用、土地出让金 2 800 万元，过户费等费用 5 万元。房地产开发成本：土地拆迁补偿费用 200 万元，水文地质勘探费用 80 万元，建筑安装工程费用 19 050 万元，基础设施费 3 000 万元，公共设施配套费用 2 200 万元，开发间接费用 200 万元，合计 24 730 万元。房地产开发费用：分摊 480 万元，销售费用 200 万元，财务费用 600 万元（利息支出不能按转让房地产项目计算分摊）。规定的开发费用扣除比例为 10%。

思考：

1. 扣除项目金额如何确定？
2. 如何计算增值率？
3. 如何利用增值率确定税率及扣除系数？
4. 应纳税额如何计算？

一、土地增值税法概述

（一）土地增值税法概况

土地增值税法是指国家制定的用以调整土地增值税征收与缴纳之间权利及义务关系的法律规范。现行土地增值税的基本规范，是 1993 年 12 月 13 日国务院颁布的《中华人民共和国土地增值税暂行条例》（以下简称《土地增值税暂行条例》）及 1995 年 1 月财政部制定的《中华人民共和国土地增值税暂行条例实施细则》等。

（二）土地增值税的概念

1. 土地增值税的概念

土地增值税是对有偿转让国有土地使用权及地上建筑物和其他附着物并取得增值税收入的单位和个人征收的一种税。

土地增值税的历史并不长，1820 年在德国出现，1898 年在中国青岛德租界完善。我国于 1994 年 1 月 1 日开征土地增值税，主要是为了规范土地、房地产交易秩序，对转让房地产的过高收益进行调节，以抑制投机牟取暴利的行为，保障国家的土地权益，规范国家参与土地增值收益的分配方式，增加财政收入。

2. 土地增值税的特点

（1）以转让房地产的增值额为计税依据。

土地增值税的增值额是以征税对象的全部销售收入额扣除与其相关的成本、费用、税金及其他项目金额后的余额，与增值税的增值额有所不同。

（2）征税面比较广。

凡在我国境内转让房地产并取得收入的单位和个人，除税法规定免税的外，均应依照土地增值税条例规定缴纳土地增值税。

（3）实行超率累进税率。

土地增值税的税率是以转让房地产增值率的高低依据来确认，按照累进原则设计，实行分级计税，增值率高的，税率高，多纳税；增值率低的，税率低，少纳税。

（4）实行按次征收。

土地增值税在房地产发生转让的环节，实行按次征收，每发生一次转让行为，就应根据每次取得的增值额征一次税。

二、土地增值税纳税义务人、征税范围、税率

（一）纳税义务人

土地增值税的纳税义务人为转让国有土地使用权、地上的建筑物及其他附着物并取得收入的单位和个人。单位包括各类企业、事业单位、国家机关和社会团体及其他组织。个人包括个体经营者。概括地说，不论法人与自然人，不论经济性质，不论内资与外资企业、中国公民与外籍个人，不分部门，只要有偿转让房地产的行为，都是土地增值税的纳税人。

（二）征税范围

土地增值税的征税范围是对转让国有土地使用权及其地上建筑物和附着物征收。

1. 基本征税范围

土地增值税是对转让国有土地使用权及其地上建筑物和附着物的行为征税。"国有土地"，是指按国家法律规定属于国家所有的土地。出售国有土地使用权是指土地使用者通过出让方式，向政府缴纳了土地出让金，有偿受让土地使用权后，仅对土地进行通水、通电、通路和平整地面等土地开发，不进行房产开发，直接将空地出售出去。"地上的建筑物"，是指建于土地上的一切建筑物，包括地上地下的各种附属设施。"附着物"，是指附着于土地上的不能移动或者一经移动即遭到损坏的物品。

拓展资料

国有土地使用权出让与转让

国有土地使用权出让，是指国家以土地所有者的身份将土地使用权在一定年限内让与土地使用者，并由土地使用者向国家支付土地使用权出让金的行为，属于土地买卖的一级市场，土地使用权出让的出让方是国家，国家凭借土地的所有权向土地使用者收取土地的租金。出让的目的是实行国有土地的有偿使用制度，合理开发、利用、经营土地、因此，土地使用权的出让不属于土地增值税的征税范围。

而国有土地使用权的转让是指土地使用者通过出让等形式取得土地使用权后，将土地使用权再转让的行为，包括出售、交换和赠与，它属于土地买卖的二级市场。土地使用权转让，其地上的建筑物、其他附着物的所有权随之转让、土地使用权的转让，属于土地增值税的征税范围。

确定土地增值税征税范围的关键是明确征税范围的判定标准。按以下三个标准判断是否属应计征土地增值税，三个标准必须同时具备，缺一不可：

（1）转让的土地使用权是否为国家所有。

转让国有土地使用权，征收土地增值税；转让集体所有制土地，应先在有关部门办理（或补办）土地使用或出让手续，使之变为国家所有才可转让，再纳入土地增值税的征税范围。

（2）土地使用权、地上建筑物及其附着物是否发生产权转让。

转让土地使用权征税（二级市场），出让土地使用权不征税（一级市场）。

土地使用权出让，是土地使用者在政府垄断的土地一级市场通过支付土地出让金，获得一定年限的土地使用权的行为。土地使用权转让，是土地使用者通过出让形式取得土地使用权后，在土地二级市场将土地再转让的行为。

（3）转让房地产是否取得收入。

取得收入的征税，房地产产权虽变更但未取得收入的不征税。无论是单独转让国有土地使用权，还是房屋产权与国有土地使用权一并转让的，只要取得收入，均属于土地增值税的征税范围。

2. 征税范围征免情形判定

（1）以继承、赠与方式转让房地产。

继承和赠与虽发生了房地产的权属变更，但作为房产产权、土地使用权的原所有人并没有因为权属变更而取得任何收入。因此，这种房地产的继承和赠与不属于土地增值税的征税范围。但"赠与"仅指以下两种情况：

①房产所有人、土地使用权所有人将房屋产权、土地使用权赠与直系亲属或承担赡养义务人的。

②房产所有人、土地使用权所有人通过中国境内非营利的社会团体、国家机关将房屋产权、土地使用权赠与教育、民政和其他社会福利、公益事业 。

（2）房地产的出租。

房地产的出租，出租人虽取得了收入，但没有发生房产产权、土地使用权的转让。因此，不属于土地增值税的征税范围。

（3）房地产的抵押。

由于房产的产权、土地使用权在抵押期间产权并没有发生权属的变更，因此，在抵押期间不征收土地增值税。待抵押期满后，视该房地产是否转移占有而确定是否征收土地增值税。对于以房地产抵债而发生房地产权属转让的，应列入土地增值税的征税范围。

（4）房地产的交换。

这种情况是指一方以房地产与另一方的房地产进行交换的行为。这种行为既发生了房产产权、土地使用权的转移，交换双方又取得了实物形态的收入，因此，房地产交换属于土地增值税的征收范围。但对个人之间互换自有居住用房地产的，经当地税务机关核实，可以免征土地增值税。

（5）以房地产进行投资、联营。

对予以房地产形式进行投资、联营的行为，投资、联营的一方以土地作价入股进行投资或者作为联营条件，将房地产转让到所投资、联营的企业中时，暂免征收土地增值税。对投资、联营企业将上述房地产再转让的，应该征收土地增值税。

但投资、联营的企业属于从事地产开发的，或者房地产开发企业以及其建造的商品房进行投资和联营的，应当征收土地增值税。

（6）房地产的合建。

合作建房是指一方出地，一方出资金，建成后按比例分房自用的，暂免征收土地增值税；建成后转让的，应征收土地增值税。

（7）房地产的代建。

代建指房地产开发公司代客户进行房地产的开发，开发完成后向客户收取代建收入的行为。房地产开发公司虽然取得了收入，但没有发生房地产权属的转移，其收入属于劳务收入的性质，房地产开发公司代建行为不属于土地增值税的征税范围。

（8）企业兼并转让房地产。

在企业兼并中，对被兼并企业将房地产转让到兼并企业中的，暂免征收土地增值税。

（9）房地产的重新评估。

国有企业对清产核资、重新评估后而升值的房地产，虽然有增值，但其既没有发生房地产权属的转移，房产产权、土地使用权人也未取得收入，所以不属于土地增值税的征税范围。

（三）土地增值税税率

由于征收土地增值税的主要目的在于抑制房地产的投机、炒卖活动，限制滥占耕地的行为，并适当调节纳税人的收入分配，保障国家权益，因此，税率设计的基本原则是：增值多的多征，增值少的少征，无增值的不征。按照这个原则，土地增值税采用四级超率累进税率（表8-1）。其中，最低税率为30%，最高税率为60%，税收负担高于企业所得税。实行这样的税率结构和负担水平，一方面可以对正常的房地产开发经营，通过较低税率体现优惠政策；另一方面对取得过高收入，尤其是对炒买炒卖房地产获取暴利的单位和个人，能发挥一定的调节作用。

表 8-1　土地增值税四级超率累进税率表

级数	增值额占扣除项目金额的比率	税率（%）	速算扣除系数（%）
1	未超过50%（含）的部分	30	0
2	超过50%未超过100%（含）的部分	40	5
3	超过100%未超过200%（含）的部分	50	15
4	超过200%的部分	60	35

四、土地增值税应纳税额的计算

土地增值税按照纳税人转让房地产所得的增值额和规定的税率计算征收。计算土地增值税应纳税额，并不是直接对转让房地产所取得的收入征税，而是对增值额计算征收。增值额是指土地增值税纳税人转让房地产所取得的收入减除规定的扣除项目金额后的余额。因此，要计算增值额，首先必须确定收入总额扣除项目。

土地增值税计算公式为：

$$土地增值税应纳税额 = \sum （每一级距的土地增值额 \times 适用税率）$$

或利用速算扣除率，按照简易办法计算：

$$土地增值税应纳税额 = 土地增值额 \times 适用税率 - 扣除项目金额 \times 速算扣除系数$$

$$土地增值额 = 应税收入额 - 扣除项目金额$$

（一）应税收入的确定

纳税人转让房地产取得的应税收入，应包括转让房地产的全部价款及有关的经济收益。从收入的形式来看，包括货币收入（现金、银行存款、支票、银行本票、汇票等各种信用票据和国库券、金融债券、企业债券、股票等）、实物收入（如水泥、钢材等建材、土地、房屋等不动产）和其他收入（专利权、商标权、著作权、专有技术使用权、土地使用权、商誉权等）。

（二）扣除项目金额的确定

税法准予纳税人从转让收入额中减除的扣除项目包括如下几项：

1. 取得土地所有权所支付的金额

取得土地所有权所支付的金额包括两方面：地价款和有关费用。有关费用是指纳税人在取得土地使用权过程中为办理有关手续，按国家统一规定缴纳的有关登记、过户手续费等。

2. 房地产开发成本

房地产开发成本是指纳税人开发项目实际发生的成本，包括土地的征用及拆迁补偿费、前期工程费、建筑安装工程费、基础设施费、公共配套设施费、开发间接费用等。

3. 房地产开发费用

房地产开发费用是指房地产开发项目有关的销售费用、管理费用和财务费用。根据现行财务会计制度的规定，这三项费用作为期间费用，直接计入当期损益，不按成本核算对象进行分摊。作为土地增值税扣除项目的房地产开发费用，不按纳税人房地产开发项目实际发生的费用进行扣除，而按《实施细则》的标准进行扣除。

具体规定是：

（1）纳税人能够按转让房地产项目计算分摊利息支出，并能提供金融机构的贷款证明的：

可以扣除的房地产开发费用 = 利息 + （取得土地使用权所支付的金额 + 房地产开发成本）×5%以内。（注：利息最高不能超过按商业银行同类同期贷款利率计算的金额。）

（2）纳税人不能按转让房地产项目计算分摊利息支出或不能提供金融机构的贷款证明的：

可以扣除的房地产开发费用 = （取得土地使用权所支付的金额 + 房地产开发成本）×10%以内。

财政部、国家税务总局还对扣除项目金额中利息支出的计算问题做了专门规定：一是利息上浮幅度按国家的有关规定执行，超过上浮幅度的部分不允许扣除；二是对于超过贷款期限的利息部分和加罚款的利息不允许扣除。

4. 与转让房地产有关的税金

与转让房地产有关的税金是指转让房地产时缴纳的城市维护建设税、印花税。因转让房地产缴纳的教育费附加，也视同税金予以扣除。

但房地产开发企业在其转让房地产时缴纳印花税因列入管理费用中，故在此不允许再单独扣除。其他纳税人缴纳的印花税可以按产权转移书据所载金额的 0.5‰扣除。

5. 其他扣除项目

对从事房地产开发的纳税人 1、2 项规定计算的金额之和，加计 20%扣除。此条优惠只适用于从事房地产开发的纳税人，除此之外的其他纳税人不适用。

6. 旧房及建筑物的评估价格

纳税人转让旧房的，应按房屋及建筑物的评估价格、取得土地使用权所支付的地价款或出让金、按国家统一规定缴纳的有关费用和转让环节缴纳的税金作为扣除项目金额计征土地增值税。对取得土地使用权时未支付地价款或还不能提供已支付的地价款凭据的，在计征土地增值税时不允许扣除。

旧房及建筑物的评估价格是指在转让已使用的房屋及建筑物时，由政府批准设立的房地产评估机构评定的重置成本乘以成新度折扣率后的价格。评估价格须经当地税务机关确认。

重置成本价是对旧房及建筑物，按转让时的建材价格及人工费用计算，建造同样面积、同样层次、同样结构、同样建设标准的新房及建筑物所需花费的成本费用。

成新度折扣率是按旧房的新旧程度做一定比例的折扣。

例如，一栋房屋已使用近 10 年，建造时的造价为 1 000 万元，按转让时的建材及人工费用计算，建同样的新房需要花费 3 000 万元，假定该房有六成新，则该房的评估价格为：3 000×60% = 1 800（万元）。

按购房发票金额计算扣除。纳税人转让旧房及建筑物，凡不能取得评估价格，但能提供购房发票的，经当地税务部门确认，《土地增值税暂行条例》规定的扣除项目的金额，可按发票所载金额并从购买年度起至转让年度止每年加计 5%计算。对于纳税人购房时缴纳的契税，凡能够提供契税完税凭证的，准予作为"与转让房地产有关的税金"予以扣除，但不作为加计 5%的基数。

（三）计税依据的特殊规定

在实际房地产交易活动中，有些纳税人由于不能准确提供房地产转让价格或扣除项目金额，致使增值额不准确，直接影响应纳税额的计算和缴纳。因此，《土地增值税暂行条例》规定，纳税人有下列情形之一的，按照房地产评估价格征收。

1. 隐瞒、虚报房地产成交价格的

"隐瞒、虚报房地产成交价格"，是指纳税人不报或者有意低报转让土地使用权、地上建筑物及其附着物价款的行为。隐瞒、虚报房地产成交价格，应由评估机构参照同类房地产的市场交易价格进行评估。税务机关根据评估价格确定转让房地产的收入。

2. 提供扣除项目金额不实的

"提供扣除项目金额不实"，指纳税人在纳税申报时，不据实提供扣除项目金额。提供扣除项目金额不实的，应由评估机构按照房屋重置成本乘以成新度折扣率，确定房产的扣除项目金额，并用房产所坐落土地取得时的基准地价或标准地价来确定土地的扣除项目金额，房产和土地的扣除项目金额之和即为该房地产的扣除项目金额。

3. 转让房地产的成交价格低于房地产评估价格，又无正当理由的

"转让房地产的成交价格低于房地产评估价格，又无正当理由的"，是指纳税人申报的转让房地产实际成交价低于房地产机构评定的交易价，纳税人又不能提供凭据或无正当理由的行为。对于这种情况，应按评估的市场交易价确定其实际成交价，并以此作为转让房地产的收入计算征收土地增值税。

4. 非直接销售和自用房地产收入的确定

房地产开发企业将开发产品用于职工福利、奖励、对外投资、分配给股东或投资人、抵偿债务、换取其他单位和个人的非货币性资产等，发生所有权转移时应视同销售房地产，其收入按下列方法和顺序确认：①按本企业在同一地区、同一年度销售的同类房地产的平均价格确定；②由主管税务机关参照当地当年、同类房地产的市场价格或评估价值确定。

（四）应纳税额的计算方法

1. 应纳税额计算公式

土地增值税按照纳税人转让房地产所得的增值税和规定的税率计算征收。土地增值税的计算公式为：

$$应纳税额 = \sum（每一级据的土地增值额 \times 适用税率）$$

但在实际工作中，分步计算比较烦琐，一般可以采用速算扣除法计算。即：计算土地增值税税额，可按增值额乘以适用的税率减去扣除项目金额乘以速算扣除系数的简便方法计算，具体方法如下：

（1）增值额未超过扣除项目金额50%时，计算公式为：

$$土地增值税 = 增值额 \times 30\%$$

（2）增值额超过扣除项目金额50%，未超过100%时，计算公式为：

$$土地增值税 = 增值额 \times 40\% - 扣除项目金额 \times 5\%$$

（3）增值额超过扣除项目金额100%，未超过200%时，计算公式为：

$$土地增值税 = 增值额 \times 50\% - 扣除项目金额 \times 15\%$$

（4）增值额超过扣除项目金额200%时，计算公式为：

$$土地增值税 = 增值额 \times 60\% - 扣除项目金额 \times 35\%$$

2. 应纳税额计算步骤

根据上述计算公式，土地增值税应纳税额的计算可分为以下四步：

（1）计算增值额。

$$增值额 = 房地产转让收入 - 扣除项目金额$$

（2）计算增值率。

$$增值率 = 增值额 \div 扣除项目金额 \times 100\%$$

（3）确定适用税率。

按照计算出的增值率，从土地增值税税率表中确定适用税率。

（4）计算应纳税额。

$$土地增值税应纳税额 = 增值额 \times 适用税率 - 扣除项目金额 \times 速算扣除系数$$

【例题 8-1】 假定某房地产开发公司转让商品房一栋，取得收入总额为 1 000 万元，应扣除的购买土地金额、开发成本的金额、开发费用的金额、相关税金的金额、其他扣除金额合计为 400 万元。请计算该房地产开发公司应缴纳的土地增值税。

解析：

（1）先计算增值额：

增值额 = 1 000-400 = 600（万元）

（2）再计算增值额与扣除项目金额的比率：

增值额与扣除项目金额的比率 = 600÷400×100% = 150%

根据上述计算方法，增值额超过扣除项目金额 100%，未超过 200% 时，其使用的计算公式为：

土地增值税税额 = 增值额×50%-扣除项目金额×15%

（3）最后计算该房地产开发公司应缴纳的土地增值税：

应缴纳土地增值税 = 600×50%÷400×15% = 240（万元）

【例题 8-2】 某市一家房地产开发公司在 2020 年 10 月开发房地产项目取得不含增值税收入 6.4 亿元。该项目成本费用情况如下：

（1）受让土地费用：土地出让金 2 800 万元，过户费等费用 5 万元。

（2）房地产开发成本：土地拆迁补偿费用 200 万元，水文地质勘探费用 80 万元，建筑安装工程费用 19 050 万元，基础设施费 3 000 万元，公共设施配套费用 2 200 万元，开发间接费用 200 万元，合计 24 730 万元。

（3）房地产开发费用：分摊 480 万元，销售费用 200 万元，财务费用 600 万元（利息支出不能按转让房地产项目计算分摊）。规定的开发费用扣除比例为 10%。

请计算该业务应纳的土地增值税。

解析：

第一步，确定扣除项目。

土地支付金额 = 2 800+5 = 2 805（万元）

房地产开发成本 = 24 730（万元）

房地产开发费用 = （2 805+24 730）×10% = 2 753.5（万元）

应纳增值税 = 64 000×9% = 5 760 万元）

应纳城建税、教育费附加和地方教育附加 = 5 760×（7%+3%+2%）

$$= 691.2（万元）$$

印花税 = 64 000×0.5‰ = 32（万元），由于是房地产开发企业，印花税已列入管理费用，不能作为税金重复扣除

加计扣除项目 = （2 805+24 730）×20% = 5 507（万元）

扣除项目合计 = 2 805+24 730+2 753.5+691.2+5 507 = 36 486.7（万元）

第二步，计算增值率。

增值额 = 64 000-36 486.7 = 27 513.3（万元）

增值率 27 513.3÷36 486.7 = 75.41%

第三步，依据增值率确定适用税率和速算扣除系数。增值额超过扣除项目金额的 50%，未超过 100%，适用税率为 40%。

第四步，依据适用税率计算应纳土地增值税。

应纳土地增值税 = 27 513.3×40%-36 486.7×5% = 9 180.985（万元）

五、土地增值税的税收优惠

（1）建造普通标准住宅的税收优惠。

纳税人建造普通标准住宅出售，增值额未超过扣除项目金额 20% 的，免征土地增值税。超过 20% 的，应按全部增值额缴纳土地增值税。

这里所说的"普通标准住宅"，是指所在地一般民用住宅标准建造的居住用的住宅。高级公寓、别墅、度假村等不属于普通标准住宅。普通标准住宅与其他住宅的具体划分界限，2005 年 5 月 31 日以前由各省、自治区、直辖市人民政府规定。2005 年 6 月 1 日起，普通标准住宅应同时满足：住宅小区建筑容积率在 1.0 以上；单套建筑面积在 120 平方米以下；实际成交价格低于同级别土地上住房平均交易价格 1.2 倍以下。各省、自治区、直辖市要根据实际情况，制定本地区享受优惠政策普通住房的具体标准。允许单套建筑面积和价格标准适当浮动，但向上浮动的比例不得超过上述标准的 20%。

对于纳税人既建造普通标准住宅，又进行其他房地产开发的，应分别核算增值额。不分别核算增值额或不能准确核算增值额的，其建造的普通标准住宅不能适用这一免税规定。

（2）国家征用收回的房地产的税收优惠。

因国家建设需要依法征用、收回的房地产，免征土地增值税。

"因国家建设需要依法征用、收回的房地产"，是指因城市实施规划、国家建设的需要而被政府批准征用的房产或收回的土地使用权。

（3）因城市实施规划、国家建设需要而搬迁由纳税人自行转让原房地产的，免征土地增值税。

（4）企事业单位、社会团体及其他组织转让旧房作为公共租赁住房房源且增值额未超过扣除项目金额 20% 的，免征土地增值税。

（5）自 2008 年 11 月起，对居民人转让住房一律免征土地增值税。

六、土地增值税征收管理

（一）土地增值税的纳税申报

纳税人应于转让房地产合同签订之日起 7 日内向房地产所在地主管税务机关办理纳税申报，同时提交土地使用权、房屋及建筑物产权证书，土地转让、房产买卖合同，房地产评估报告及其他与转让房地产有关的资料。纳税人经常发生房地产转让难以在每次转让后申报的，经税务机关批准并规定具体期限，可定期进行纳税申报。

纳税人在项目全部竣工结算前转让房地产取得的收入，因涉及成本确定及其他原因而无法据以计算土地增值税的，可预征土地增值税，待该项目全部竣工、办理结算后再进行清算。具体办法由各省、自治区和直辖市税务局根据当地情况制定。

对于纳税人预售房地产所取得的收入，凡当地税务机关规定预征土地增值税的，纳税人应当到主管税务机关办理纳税申报，并按规定比例预交，待办理完纳税清算后，多退少补。

（二）纳税清算

1. 土地增值税的清算单位

土地增值税以国家有关部门审批的房地产开发项目为单位进行清算，对于分期开发的项目，以分期项目为单位清算。

开发项目中同时包含普通住宅和非普通住宅的，应分别计算增值额。

2. 土地增值税的清算条件

（1）符合下列情形之一的，纳税人应进行土地增值税的清算：

①房地产开发项目全部竣工、完成销售的。

②整体转让未竣工决算房地产开发项目的。

③直接转让土地使用权的。

（2）符合下列情形之一的，主管税务机关可要求纳税人进行土地增值税清算：

①已竣工验收的房地产开发项目，已转让的房地产建筑面积占整个项目可售建筑面积的比例在85%以上，或该比例虽未超过85%，但剩余的可售建筑面积已经出租或自用的。

②取得销售（预售）许可证满3年仍未销售完毕的。

③纳税人申请注销税务登记但未办理土地增值税清算手续的。

④省级税务机关规定的其他情况。

3. 土地增值税清算应报送的资料

纳税人办理土地增值税清算应报送以下资料：

（1）房地产开发企业清算土地增值税书面申请、土地增值税纳税申报表。

（2）项目竣工决算报表、取得土地使用权所支付的地价款凭证、国有土地使用权出让合同、银行贷款利息结算通知单、项目工程合同结算单、商品房购销合同统计表等与转让房地产的收入、成本和费用有关的证明资料。

（3）主管税务机关要求报送的其他与土地增值税清算有关的证明资料等。

纳税人委托税务中介机构审核鉴证的清算项目，还应报送中介机构出具的《土地增值税清算税款鉴证报告》。

4. 土地增值税清算项目的审核鉴证

税务中介机构受托对清算项目审核鉴证时，应按照税务机关规定的格式对审核鉴证情况出具鉴证报告。对符合要求的鉴证报告，税务机关可以采信。税务机关应对从事土地增值税清算鉴证工作的税务中介机构，在准入条件、工作程序、鉴证内容、法律责任等方面提出明确要求，并做好必要的指导和管理工作。

5. 清算后再转让房地产的处理

在土地增值税清算时未转让的房地产，清算后销售或有偿转让的，纳税人应按规定进行土地增值税的纳税申报，扣除项目金额按清算时的单位建筑面积成本费用乘以销售或转让面积计算。

$$单位建筑面积成本费用 = 清算时的扣除项目总金额 \div 清算的总建筑面积$$

6. 土地增值税的核定征收

房地产开发企业有下列情形之一的，税务机关可以参照与其开发规模和收入水平相近的当地企业的土地增值税税负情况，按不低于预征率的征收率核定征收土地增值税：

（1）依照法律、行政法规的规定应当设置但未设置账簿的。

（2）擅自销毁账簿或者拒不提供纳税资料的。

（3）虽设置账簿，但账目混乱或者成本资料、收入凭证、费用凭证残缺不全，难以确定转让收入或扣除项目金额的。

（4）符合土地增值税清算条件，未按照规定的期限办理清算手续，经税务机关责令限期清算，逾期仍不清算的。

（5）申报的计税依据明显偏低，又无正当理由的。

（三）纳税地点

土地增值税的纳税人应向房地产所在地主管税务机关办理纳税申报，并在税务机关核定的期限内缴纳土地增值税。

这里所说的"房地产所在地"，是指房地产的坐落地。纳税人转让的房地产坐落在两个或两个以上地区的，应按房地产所在地分别申报纳税。

在实际工作中，纳税地点的确定又可分为以下两种情况：

1. 纳税人是法人的

当转让的房地产坐落地与其机构所在地或经营所在地一致时，则在办理税务登记的原管辖税务机关申报纳税即可；如果转让的房地产坐落地与其机构所在地或经营所在地不一致时，则应在房地产坐落地所管辖的税务机关申报纳税。

2. 纳税人是自然人的

当转让的房地产坐落地与其居住所在地一致时，则在住所所在地税务机关申报纳税；当转让的房地产坐落地与其居住所在地不一致时，则在办理过户手续所在地的税务机关申报纳税。

基础训练

一、单项选择题

1. 根据土地增值税法律制度的规定，下列各项中，属于土地增值税纳税人的是（　　　）。

A. 承租商铺的张某　　　　　　　B. 出让国有土地使用权的某市政府

C. 接受房屋捐赠的某学校　　　　D. 转让厂房的某企业

2. 下列各项中，属于土地增值税征税范围的是（　　　）。

A. 承租商

B. 出让国有土地使用权

C. 房地产开发企业改制重组涉及国有土地、房屋权属转移、变更

D. 房屋所有人通过境内非营利社会团体将房屋产权捐赠给某学校

3. 下列各项中，属于土地增值税征税范围的是（　　　）。

A. 房地产的出租

B. 出让国有土地使用权

C. 房地产的重新评估

D. 一方出地，一方出资金，双方合作建房，建成后转让

4. 根据土地增值税法律制度的规定，下列各项中，在计算（新建房项目）土地增值税计税依据时不允许扣除的是（　　　）。

A. 在转让房地产时缴纳的城市维护建设税

B. 纳税人为取得土地使用权所支付的地价款

C. 土地征用及拆迁补偿费

D. 超过货款期限的利息部分

5. 甲房地产公司开发一个房地产项目，取得土地使用权支付的金额为9 324万元、开发成本为6 000万元、管理费用为200万元、销售费用为400万元、利息支出为600万元。已知，甲公司发生的利息支出能按转让房地产项目计算分摊且有金融机构证明，其他房地产开发费用的计算扣除比例为5%。甲公司计算缴纳土地增值税时，可以扣除的房地产开发费用为(   )。

A. 600万元

B. 200+400+600=1 200万元

C. （9 324+6 000）×5%=766.2万元

D. 600+（9 324+6 000）×5%=1 366.2万元

6. 2019年10月，甲国有企业转让2013年5月在市区购置的一栋办公楼，取得收入5 000万元，签订产权转移书据，相关税费为57.5万元。2013年购买时支付价款4 000万元，办公楼经税务机关认定的重置成本价为6 000万元，成新率为70%。该企业在缴纳土地增值税时计算的增值额为(   )万元。

A. 100   B. 692.5   C. 742.5   D. 745

7. 甲房地产公司开发一个房地产项目，取得土地使用权支付的金额为9 324万元、开发成本6 000万元、允许扣除的房地产开发费用为1 366.2万元、允许扣除的有关税金及附加290万元。有关甲公司计算缴纳土地增值税时扣除项目金额合计的下列计算列式中，正确的是(   )。

A. 1 366.2+290=1 656.2万元

B. 9 324+6 000=15 324万元

C. 9 324+6 000+1 366.2+290=16 980.2万元

D. 9 324+6 000+1 366.2+290+（9 324+6 000）×20%=20 045万元

8. 甲房地产公司开发一项房地产项目，2020年11月，该项目实现全部销售，共计取得不含税收入31 000万元，准予从房地产转让收入额减除的扣除项目金额为20 045万元。已知土地增值税率为40%，速算扣除系数为5%，甲房地产公司该笔业务应缴纳土地增值税税额的下列计算列式中，正确的是(   )。

A. （31 000-20 045）×40%-31 000×5%=2 832万元

B. （31 000-20 045）×40%-20 045×5%=3 379.75万元

C. 31 000×40%-20 045×5%=11 397.75万元

D. 31 000×40%-（31 000-20 045）×5%=11 852.25万元

9. 纳税人建造普通标准住宅出售，增值额未超过扣除项目金额(   )的，免征土地增值税。

A. 30%   B. 20%   C. 10%   D. 5%

10. 根据土地增值税法律制度的规定，下列各项中，免征土地增值税的是(   )。

A. 由一方出地，另一方出资金，企业双方合作建房，建成后转让的房地产

B. 因城市实施规划、国家建设的需要而搬迁，企业自行转让原房地产的

C. 企业之间交换房地产

D. 企业以房地产抵债而发生权属转移的房地产

二、多项选择题

1. 根据土地增值税法律制度的规定，纳税人转让旧房及建筑物，在计算土地增值税税额时，准予扣除的项目有(   )。

A. 评估价格   B. 转让环节缴纳的税金

C. 取得土地使用权所支付的地价款　　　D. 重置成本价

2. 下列各项中，不属于土地增值税征税范围的有(　　)。

A. 国家机关转让自用的房产　　　　　　B. 继承人依法继承的房产

C. 对国有企业进行评估增值的房产　　　D. 对外出租的房产

3. 下列各项中，属于土地增值税纳税义务人的有(　　)。

A. 出租办公楼的某外商投资企业

B. 转让商铺的某自然人

C. 转让划拨取得的国有土地使用权的某中学

D. 为客户代建仓库的某建筑安装公司

4. 房地产开发企业转让新建商品房，在确定土地增值税的扣除项目时，允许作为"与转让房地产有关的税金"项目扣除的税金有(　　)。

A. 教育费附加　　　B. 房产税　　　　　C. 城市维护建设税　D. 增值税

5. 下列情形中，纳税人应当进行土地增值税清算的有(　　)。

A. 取得房地产销售（预售）许可证满2年尚未销售完毕的

B. 房地产开发项目全部竣工并完成销售的

C. 整体转让未竣工决算房地产开发项目的

D. 直接转让土地使用权的

6. 下列各项中，不征或免征土地增值税的有(　　)。

A. 个人之间互换自有居住用房地产，经当地税务机关核实的

B. 以房地产抵债而发生房地产权属转移的

C. 将土地使用权通过中国红十字会赠与教育事业的

D. 一方出地，一方出资金，双方合作建房，建成后转让的

7. 下列各项中，不征或免征土地增值税的有(　　)。

A. 单位（非房地产开发企业）在改制重组时以房屋进行投资，房屋权属转移至被投资企业

B. 企业与企业之间的房地产互换

C. 居民个人之间互换自用居住用房地产

D. 房地产开发企业将开发产品用于对外投资，房屋权属转移至被投资企业

8. 根据土地增值税法律制度的规定，下列情形中，免于缴纳土地增值税的有(　　)。

A. 因城市实施规划、国家建设的需要而搬迁，由纳税人自行转让原房地产

B. 纳税人建造高级公寓出售，增值额未超过扣除项目金额20%

C. 企事业单位转让旧房作为公共租赁住房房源，且增值额未超过扣除项目金额20%

D. 因国家建设需要依法征用、收回的房地产

9. 根据土地增值税法律制度的有关规定，下列情形中，税务机关可要求纳税人进行土地增值税清算的有(　　)。

A. 房地产开发项目全部竣工并完成销售的

B. 整体转让未竣工决算房地产开发项目的

C. 纳税人申请注销税务登记但未办理土地增值税清算手续的

D. 取得销售（预售）许可证满3年仍未销售完毕的

三、判断题

1. 房地产的出租，出租人取得了收入，属于土地增值税的增值范围。

2. 土地增值税实行四级超率累进税率。

3. 作为土地增值税扣除项目的房地产开发费用，按纳税人房地产开发项目实际发生的费用进行扣除。

4. 房地产开发企业在其转让房地产时缴纳印花税因列入管理费用中，在确定扣除项目时不允许再单独扣除。

5. 纳税人建造普通标准住宅出售，增值额未超过扣除项目金额20%的，免征土地增值税。超过20%的，应就超过部分的增值额缴纳土地增值税。

6. 整体转让未竣工决算房地产开发项目的，纳税人应进行土地增值税的清算。

技能训练

一、位于某市区的一家房地产开发公司本年度开发建设办公楼一栋，开发该办公楼支付地价款150万元，另支付相关税费10万元；支付拆迁补偿费50万元，基础设施费60万元，建筑安装工程费220万元；实际发生借款利息55万元，但该公司不能提供金融机构贷款证明；开发完成后将其全都销售给位于同市的某工业企业，签订了销售合同，销售金额共计1 000万元，应纳增值税为50万元。

已知当地省政府规定，房地产开发费用的扣除比例为10%；城市维护建设税税率为7%，教育费附加征收率为3%。计算该房地产公司转让该办公楼应纳的土地增值税。

二、2020年某机械制造企业利用库房空地进行住宅商品房开发，按照国家有关规定补交土地出让金2 880万元，缴纳相关税费166万元；住宅开发成本3 000万元，其中含装修费用500万元；房地产开发费用中的利息支出为320万元（不能提供金融机构证明）；当年住宅全部销售完毕，取得不含增值税销售收入共计10 000万元；缴纳城市维护建设税和教育费附加50万元；缴纳印花税5万元。已知该公司所在省人民政府规定的房地产开发费用的计算扣除比例为10%。计算该企业销售住宅应缴纳的土地增值税税额。

第二节　城镇土地使用税法

问题导入

1. 城镇土地使用税和耕地占用税的概念和特征是什么？
2. 城镇土地使用税和耕地占用税开征的意义是什么？
3. 关于纳税人、征税范围、税率税法是如何规定的？
4. 城镇土地使用税和耕地占用税应纳税额如何计算？

案例思考

甲、乙两家企业共有一项土地使用权，土地面积为2 000平方米，甲、乙企业的实际占用比例为4∶1. 已知该土地适用的城镇土地使用税税额为5元/平方米。

思考:

1. 甲企业需要缴纳城镇土地使用税吗?

2. 乙企业需要缴纳城镇土地使用税吗?

3. 按照法律规定在缴纳城镇土地使用税上应如何处理?

一、城镇土地使用税法概述

(一) 城镇土地使用税法

城镇土地使用税法是国家制定的调整城镇土地使用税征收与缴纳权利及义务关系的法律规范。现行城镇土地使用税法的基本规范,是 2013 年 12 月国务院修订的《中华人民共和国城镇土地使用税暂行条例》和 1988 年 10 月国家税务总局签发的《关于城镇土地使用税若干具体问题的解释和暂行规定》以及各省、自治区、直辖市制定的城镇土地使用税暂行条例细则等。

我国最早对城镇土地征税始于民国时期,1928 年在广州开征土地税。1930 年国民党政府颁布了土地法,依据该法在部分城市和地区开征地价税和土地增值税。中华人民共和国成立后,地产税是一个独立税种,1951 年 8 月与房产税合并为城市房地产税;1973 年将工商业缴纳的城市房地产税并入工商税;1984 年第二步利改税时,国务院决定单独开征土地使用税,但由于时机不成熟暂缓征收,直到 1988 年 9 月国务院才正式颁布了《中华人民共和国城镇土地使用税暂行条例》。为适应对涉外企业使用土地的征税需要,国务院于 2006 年 12 月和 2013 年 12 月发布了《关于修改〈中华人民共和国城镇土地使用税暂行条例〉的决定》,对城镇土地使用税的纳税人和适用税率等进行了修订。

(二) 城镇土地使用税概念

城镇土地使用税,是指以城镇土地为征税对象,对拥有土地使用权的单位和个人征收的一种税。

城镇土地使用税是国家利用经济手段对土地进行有效的管理,其作用主要表现在:通过征税可以促进土地资源的合理配置和有效使用;调节土地级差收入,促进城镇建设合理布局;增加地方收入,保证城市建设的资金来源;理顺国家和土地使用者之间的分配关系。

二、城镇土地使用税的纳税义务人与征税范围

(一) 纳税义务人

城镇土地使用税是以国有土地为征收对象,对拥有土地使用权的单位和个人征收的一种税。

在城市、县城、建制镇、工矿区范围内使用土地的单位和个人,为城镇土地使用税(以下简称土地使用税)的纳税人。包括国有企业、集体企业、私营企业、股份制企业、外商投资企业、外国企业以及其他企业和单位、社会团体、国家机关、军队及其他单位;所称个人,包括个体工商户以及其他个人。

土地使用税法的纳税人通常包括以下几类:

(1) 土地属于国家所有,纳税人为拥有土地使用权的单位和个人。

(2) 土地属于集体所有,纳税人为使用土地的单位和个人。

（3）拥有土地使用权的单位和个人不在土地所在地的，其土地的实际使用人和代管人为纳税人。

（4）土地使用权未确定或权属纠纷未解决的，其使用人为纳税人。

（5）土地使用权共有的，共有各方都是纳税人，由共有各方按实际使用面积占总面积的比例分别计算纳税。

（二）征税范围

城镇土地使用税的征税范围，包括在城市、县城、建制镇和工矿区内的国家所有和集体所有的土地。

城市、县城、建制镇和工矿区分别按以下标准确认：

（1）城市是指经国务院批准设立的市。征税范围为市区和郊区。

（2）县城是指县人民政府所在地。征税范围为县人民政府所在的县城。

（3）建制镇是指经省、自治区、直辖市人民政府批准设立的建制镇。征税范围为镇人民政府所在地。

（4）工矿区是指工商业比较发达，人口比较集中，符合国务院规定的建制镇标准，但尚未设立建制镇的大中型工矿企业所在地，工矿区须经省、自治区、直辖市人民政府批准。

上述城镇土地使用税的征税范围中，城市的土地包括市区和郊区的土地，县城的土地是指县人民政府所在地的城镇的土地，建制镇的土地是指镇人民政府坐在地的土地。

建在城市、县城、建制镇和工矿区以外的工矿企业不须缴纳城镇土地使用税。

另外，自2009年1月1日起，公园、名胜古迹内的索道公司经营用地，应按规定缴纳城镇土地使用税。

上述城市、县城、建制镇、工矿区的具体征税范围，由各省、自治区、直辖市政府划定。如大中型企业生产、办公、生活区，海关特殊监管区域以及各类产业聚集园区所在地纳入工矿区征收范围。

三、城镇土地使用税税率

城镇土地使用税采用额定税率，即采用有幅度的差别税额，按大、中、小城市和县城、建制镇、工矿区分别规定每平方米土地适用年度应纳税额。具体如下：

（1）大城市 1.5～30 元；

（2）中等城市 1.2～24 元；

（3）小城市 0.9～18 元；

（4）县城、建制镇、工矿区 0.6～12 元。

表 8-2 城镇土地使用税税率表

土地所在地区	人口（人）	每平方米税额（元）
大城市	50 万以上	1.5～30
中等城市	20 万～50 万	1.2～24
小城市	20 万以下	0.9～18
县城、建制镇、工矿区		0.6～12

土地使用税规定幅度定额税率主要考虑到我国各地区存在着悬殊的土地级别收益，同一

地区内不同地段的城市建设情况和经济繁荣程度也有较大差别。把土地使用税税额定位幅度税额，拉开档次，而且每个幅度额的差距规定为20倍。各省、自治区、直辖市人民政府可根据市政建设情况和经济繁荣程度在规定税额幅度内，确定所辖地区的适用税额幅度。经济落后地区，土地使用税的适用额度标准可适当降低，但降低额度不得超过规定税额的30%。经济发达地区的适用税额标准可以适当提高，但必须报财政部批准。

四、城镇土地使用税应纳税额的计算

（一）计税依据

城镇土地使用税以纳税人实际占用的土地面积为计税依据，土地面积计量标准为每平方米。纳税人实际占用的土地面积按下列办法确定：

（1）由省、自治区、直辖市人民政府确定的单位组织测定土地面积的，以测定的面积为准。

（2）尚未组织测定，但纳税人持有政府部门核发的土地使用证书的，以证书确认的土地面积为准。

（3）尚未核发土地使用证书的，应由纳税人据实申报土地面积，据以纳税，待核发土地使用证书以后再做调整。

（二）应纳税额的计算方法

城镇土地使用税的应纳税额可以通过纳税人实际占用的土地面积乘以该土地所在地段的适用税额求得。其计算公式为：

$$全年应纳税额 = 实际占用应税土地面积（平方米）\times 适用税额$$

【例8-3】设在某城市的一家企业使用土地面积为2 000平方米，经税务机关核定，该土地为应税土地，每平方米年税额为5元。请计算该企业全年应税的土地使用税税额。

解析：

全年应纳税额＝2 000×5＝10 000（元）

【例题8-4】甲乙两家企业共有一项土地使用权，土地面积为2 000平方米，甲乙企业的实际占用比例为4∶1。已知该土地适用的城镇土地使用税税额为5元/平方米。甲乙企业共用该土地应缴纳的城镇土地使用税是多少？

解析：

甲企业应缴纳的城镇土地使用税＝2 000×4/5×5＝8 000（元）

乙企业应缴纳的城镇土地使用税＝2 000×1/5×5＝2 000（元）

五、城镇土地使用税税收优惠

（一）法定应缴土地使用税的优惠

（1）国家机关、人民团体、军队自用的土地。是指这些单位本身的办公用地和公务用地。如国家机关、人民团体的办公楼用地，军队的训练场用地等。

（2）由国家财政部门拨付事业经费的单位自用土地。是指这些单位本身的业务用地。如学校的教学楼、操场、食堂等占用的土地。

（3）宗教寺庙、公园、名胜古迹自用的土地。是指举行宗教仪式等的用地和寺庙内的宗教人员生活用地。公园、名胜古迹自用的土地，是指供公共参观游览的用地及其管理单位的办公用地。以上单位的生产、经营用地和其他用地，不属于免税范围，应按规定缴纳土地使用税，如公园、名胜古迹中附设的营业单位如影剧院、饮食部、茶社、照相馆等使用的土地。

（4）市政街道、广场、绿化地带等公共用地。

（5）直接用于农、林、牧、渔业的生产用地。这部分土地是指直接从事于种植养殖、饲养的专业用地，不包括农副产品加工场地和生活办公用地。

（6）经批准开山填海整治的土地和改造的废弃土地，从使用的月份起免缴土地使用税5~10年。

（7）对非营利性医疗机构、疾病控制机构和妇幼保健机构等卫生机构自用的土地，免征城镇土地使用税。

（8）企业办的学校、医院、托儿所、幼儿园，其用地能与企业其他用地明确区分的，免征城镇土地使用税。

（9）免税单位无偿使用纳税单位的土地（如公安、海关等单位，使用铁路、民航等单位的土地），免征城镇土地使用税。纳税单位无偿使用免税单位的土地，纳税单位应照章缴纳城镇土地使用税。纳税单位与免税单位共同使用、共有使用权土地上的多层建筑，对纳税单位可按其占用的建筑面积占建筑总面积的比例计征城镇土地使用税。

（10）对行使国家行政管理职能的中国人民银行总行（含国家外汇管理局）所属分支机构自用的土地，免征城镇土地使用税。

（11）由财政部另行规定的免税的能源、交通、水利设施用地和其他用地，以及城市公交站场道路、客运站场。

（二）税收优惠的特殊规定

（1）城镇土地使用税与耕地占用税的征税范围衔接。

为避免对一块地同时征收耕地占用税和城镇土地使用税，凡是缴纳了耕地占用税的，从批准征用之日起满1年后征收城镇土地使用税；征用非耕地因不需要缴纳耕地占用税，应从批准征用之次月起征收城镇土地使用税。

（2）房地产开发公司开发建造商品房的用地。

房地产开发公司开发建造商品房的用地，除经批准开发建设经济适用房的用地外，对各类房地产开发用地一律不得减免城镇土地使用税。

拓展资料

自2019年1月1日至2020年12月31日，对公租房建设期间用地及公租房建成后占地，免征城镇土地使用税。在其他住房项目中配套建设公租房，按公租房建筑面积占总建筑面积的比例免征建设、管理公租房涉及的城镇土地使用税。

资料来源：国家税务总局网站 http：//www.chinatax.gov.cn/

（3）基建项目在建期间的用地。

对基建项目在建期间使用的土地，原则上应征收城镇土地使用税。但对有些基建项目，特别是国家产业政策扶持发展的大型基建项目占地面积大，建设周期长，在建期间又没有经营收入，纳税确有困难的，可由各省、自治区、直辖市税务局根据具体情况予以免征或减征城镇土地使用税；对已经完工或已经使用的建设项目，其用地应照章征收城镇土地使用税。

（4）城镇内的集贸市场（农贸市场）用地。

城镇内的集贸市场（农贸市场）用地，按规定应征收城镇土地使用税。为了促进集贸市场的发展及照顾各地的不同情况，各省、自治区、直辖市税务局可根据具体情况，自行确定对集贸市场用地征收或者免征城镇土地使用税。

（5）企业的铁路专用线、公路等用地。

对企业的铁路专用线、公路等用地除另有规定者外，在企业厂区（包括生产、办公及生活区）以内的，应照章征收城镇土地使用税；在厂区以外、与社会公用地段未加隔离的，暂免征收城镇土地使用税。

（6）石油天然气（含页岩气、煤层气）生产企业用地。

1）下列石油天然气生产建设用地暂免征收城镇土地使用税：①地质勘探、钻井、井下作业、油气田地面工程等施工临时用地；②企业厂区以外的铁路专用线、公路及输油（气、水）管道用地；③油气长输管线用地。

2）在城市、县城、建制镇以外工矿区内的消防、防洪排涝、防风防沙设施用地，暂免征收城镇土地使用税。

3）除上述列举免税的土地外，其他油气生产及办公、生活区用地，依照规定征收城镇土地使用税。享受上述税收优惠的用地，用于非税收优惠用途的，不得享受税收优惠。

（7）林业系统用地。

1）对林区的育林地、运材道、防火道、防火设施用地，免征城镇土地使用税。

2）林业系统的森林公园、自然保护区可比照公园免征城镇土地使用税。

3）林业系统的林区贮木场、水运码头用地，原则上应按税法规定缴纳城镇土地使用税，考虑到林业系统目前的困难，为扶持其发展，暂予免征城镇土地使用税。

4）除上述列举免税的土地外，对林业系统的其他生产用地及办公、生活区用地，均应征收城镇土地使用税。

（8）盐场、盐矿用地。

1）对盐场、盐矿的生产厂房、办公、生活区用地，应照章征收城镇土地使用税。

2）盐场的盐滩，盐矿的矿井用地，暂免征收城镇土地使用税。

3）对盐场、盐矿的其他用地，由各省、自治区、直辖市税务局根据实际情况，确定征收城镇土地使用税或给予定期减征、免征的照顾。

（9）矿山企业用地。

1）矿山的采矿场、排土场、尾矿库、炸药库的安全区，以及运矿运岩公路、尾矿输送管道及回水系统用地，免征城镇土地使用税。

2）对位于城镇土地使用税征税范围内的煤炭企业已取得土地使用权、未利用的塌陷地，征收城镇土地使用税。

除上述规定外，对矿山企业的其他生产用地及办公、生活区用地，均应征收城镇土地使用税。

（10）电力行业用地。

1）火电厂厂区围墙内的用地均应征收城镇土地使用税。对厂区围墙外的灰场、输灰管、输油（气）管道、铁路专用线用地，免征城镇土地使用税；厂区围墙外的其他用地，应照章征税。

2）水电站的发电厂房用地（包括坝内、坝外式厂房），生产、办公、生活用地，应征收城镇土地使用税；对其他用地给予免税照顾。

3）对供电部门的输电线路用地、变电站用地，免征城镇土地使用税。

（11）水利设施用地。

1）水利设施及其管护用地（如水库库区、大坝、堤防、灌渠、泵站等用地），免征城镇土地使用税；其他用地，如生产、办公、生活用地，应照章征税。

2）对兼有发电的水利设施用地城镇土地使用税的征免，具体办法比照电力行业征免城镇土地使用税的有关规定办理。

（12）交通部门港口用地。

1）对港口的码头（即泊位，包括岸边码头、伸入水中的浮码头、堤岸、堤坝、校桥等）用地，免征城镇土地使用税。

2）对港口的露天堆货场用地，原则上应征收城镇土地使用税。企业纳税确有困难的，可由各省、自治区、直辖市税务局根据其实际情况，给予定期减征或免征城镇土地使用税的照顾。

除上述规定外，港口的其他用地，应按规定征收城镇土地使用税。

（13）民航机场用地。

1）机场飞行区（包括跑道、滑行道、停机坪、安全带、夜航灯光区）用地、场内外通信导航设施用地和飞行区四周排水防洪设施用地，免征城镇土地使用税。

2）在机场道路中，场外道路用地免征城镇土地使用税；场内道路用地依照规定征收城镇土地使用税。

3）机场工作区（包括办公、生产和维修用地及候机楼、停车场）用地、生活区用地、绿化用地，均须依照规定征收城镇土地使用税。

（14）老年服务机构自用的土地。

老年服务机构是指专门为老年人提供生活照料、文化、护理、健身等多方面服务的福利性、非营利性的机构，主要包括老年社会福利院、敬老院（养老院）、老年服务中心、老年公寓（含老年护理院、康复中心、托老所）等老年服务机构自用土地免征城镇土地使用税。

（15）邮政部门的土地。

对邮政部门坐落在城市、县城、建制镇、工矿区范围内的土地，应当依法征收城镇土地使用税；对坐落在城市、县城、建制镇、工矿区范围以外的，尚在县邮政局内核算的土地，在单位财务账中划分清楚的，不征收城镇土地使用税。

（16）国家机关、军队、人民团体、财政补助事业单位、居民委员会，村民委员会自有的体育场馆，用于体育活动的土地，免征城镇土地便用税。经费自理事业单位、体育社会团体、体育基金会、体育类民办非企业单位拥有并运营管理的体育场馆，符合相关条件的，其用于体育活动的土地，免征城镇土地使用税。企业拥有并运营管理的大型体育场馆，其用于体育活动的土地，减半征收城镇土地使用税。享受上述税收优惠体育场馆的运动场地用于体育活动的天数不得低于全年自然天数的70%。

（17）自2018年5月1日起至2019年12月31日止，对物流企业承租用于大宗商品仓储设施的土地，减按所属土地等级适用税额标准的50%计征城镇土地使用税。

（18）为支持公共交通发展，根据财税〔2019〕11号的通知，自2019年1月1日至2021年12月31日，城市公交站场、道路客运站场、城市轨道交通系统城镇土地使用税优惠政策如下：

1）对城市公交站场、道路客运站场、城市轨道交通系统运营用地，免征城镇土地使用税。

2）城市公交站场运营用地，包括城市公交首末车站、停车场、保养场、站场办公用地、生产辅助用地。

道路客运站场运营用地，包括站前广场、停车场、发车位、站务用地、站场办公用地、生产辅助用地。

城市轨道交通系统运营用地，包括车站（含出入口、通道、公共配套及附属设施）、运营控制中心、车辆基地（含单独的综合维修中心、车辆段）以及线路用地，不包括购物中心、商铺等商业设施用地。

3）城市公交站场、道路客运站场，是指经县级以上（含县级）人民政府交通运输主管部门等批准建设的，为公众及旅客、运输经营者提供站务服务的场所。

城市轨道交通系统，是指依规定批准建设的，采用专用轨道导向运行的城市公共客运交通系统，包括地铁系统、轻轨系统、单轨系统、有轨电车、磁浮系统、自动导向轨道系统、市域快速轨道系统，不包括旅游景区等单位内部为特定人群服务的轨道系统。

4）纳税人享受规定的免税政策，应按规定进行免税申报，并将不动产权属证明、土地用途证明等资料留存备查。

（19）自 2019 年 1 月 1 日至 2021 年 12 月 31 日，对农产品批发市场、农贸市场（包括自有和承租）专门用于经营农产品的房产、土地，暂免征收城镇土地使用税。

（20）自 2019 年 1 月 1 日至 2021 年 12 月 31 日，对国家级、省级科技企业孵化器、大学科技园和国家备案众创空间自用以及无偿或通过出租等方式提供给在孵对象使用的房产、土地，免征城镇土地使用税。

（三）省级税务局确定减免土地使用税的优惠

（1）个人所有的居住房屋及院落用地。

（2）房产管理部门在房租调整改革前经租的居民住房用地。

（3）免税单位职工家属的宿舍用地。

（4）民政部门举办的安置残疾人占一定比例的福利工厂用地。

（5）集体和个人办的各类学校、医院、托儿所、幼儿园用地。

（6）企业搬迁后原场地不使用的、企业范围内荒山等尚未利用的土地。

（7）对于各类危险品仓库、厂房所需的防火、防爆、防毒等安全防范用地。

六、城镇土地使用税征收管理

（一）纳税管理

城镇土地使用税实行按年计算、分期缴纳的征收方式，具体纳税期限由省、自治区、直辖市人民政府确定。

（二）纳税义务发生时间

（1）纳税人购置新建商品房，自房屋交付使用之次月起，缴纳城镇土地使用税。

（2）纳税人购置存量房，自办理房屋权属转移、变更登记手续，房地产权属登记机关签发房屋权属证书之次月起，缴纳城镇土地使用税。

（3）纳税人出租、出借房产，自交付出租、出借房产之次月起，缴纳城镇土地使用税。

（4）以出让或转让方式有偿取得土地使用权的，应由受让方从合同约定交付的时间之次月起缴纳城镇土地使用税；合同未约定交付时间的，由受让方从合同签订的次月起缴纳城镇土地使用税。

（5）纳税人新征用的耕地，自批准征用之日起满一年开始缴纳土地使用税。

（6）纳税人新征用的非耕地，自批准征用次月起缴纳土地使用税。

（三）纳税期限

城镇土地使用税按年计算、分期缴纳，具体纳税期限由省、自治区、直辖市人民政府确定。

（四）纳税地点和征收机构

城镇土地使用税在土地所在地缴纳。

纳税人使用的土地不属于一省、自治区、直辖市管辖的，由纳税人分别向土地所在地的税务机关缴纳土地使用税；在同一省、自治区、直辖市管辖内，纳税人跨地区使用的土地，其纳税人地点由各省、自治区、直辖市地方税务局确定。

土地使用税由使用土地所在地的税务机关征收，其收入纳入地方财政预算管理。

基础训练

一、单项选择题

1. 下列各项中，应缴纳城镇土地使用税的是（   ）。

A. 公园绿化广场用地　　　　　　　　B. 人民法院办公楼用地

C. 盐场生产厂房用地　　　　　　　　D. 农业生产用地

2. 下列各项中，应缴纳城镇土地使用税的是（   ）。

A. 直接用于水产养殖业的生产用地　　B. 名胜古迹园区内附设的小卖部用地

C. 公园中管理单位的办公用地　　　　D. 免税单位无偿使用纳税单位的土地

3. 甲公司 2020 年年初实际占地面积为 5 000 平方米，2020 年 7 月 10 日，甲公司经有关部门批准新征用非耕地 2 000 平方米。已知甲公司所占用的土地适用的城镇土地使用税年单位税额为 5 元/平方米。有关甲公司 2020 年应当缴纳的城镇土地使用税，下列计算正确的是（   ）。

A. 5 000×5　　　　　　　　　　　　B. 5 000×5+2 000×5

C. 5 000×5+2 000×5×5/12　　　　　　D. 5 000×5+2 000×5×6/12

4. 位于市区的 A 楼，占用土地面积为 5 000 平方米，建筑使用面积为 20 000 平方米，甲公司和乙国家机关共同使用 A 楼办公，占用面积比例为 4∶1。已知 A 楼所在地城镇土地使用税年单位税额为每平方米 5 元。有关甲公司每年应缴纳的城镇土地使用税，下列计算正确的是（   ）。

A. 5 000×5　　　　B. 5 000×4/5×5　　　　C. 20 000×5　　　　D. 20 000×4/5×5

5. 国家城镇土地使用税法律制度的规定，下列土地中，免征城镇土地使用税的是（   ）。

A. 市区公园内附设的餐馆使用的土地　　B. 县城机械厂的厂房用地

C. 市政街道的公共用地　　　　　　　　D. 烟厂的办公用地

二、多项选择题

1. 下列有关城镇土地使用税计税依据的表述中正确的有(　　)。

A. 凡由省级人民政府确定的单位组织测定土地面积的，以测定的土地面积为准

B. 尚未组织测定，但纳税人持有政府部门核发的土地使用证书的，以证书确定的土地面积为准

C. 尚未核发土地使用证书的，应当由纳税人据实申报土地面积，并据以纳税，待核发土地使用证书后再做调整

D. 纳税人计算城镇土地使用税的计税依据是实际占用的土地面积

2. 甲、乙两家企业共有一项土地使用权，土地面积为3 200平方米，甲，乙企业的实际占用比例为3：2。已知该土地适用的城镇土地使用税税额为5元/平方米。关于甲、乙企业共用该土地应缴纳的城镇土地使用税，下列各项中正确的有(　　)。

A. 甲企业应纳城镇土地使用税=3 200×5＝16 000（元）

B. 甲企业应纳城镇土地使用税=3 200×3÷5×5＝9 600（元）

C. 乙企业应纳城镇土地使用税=3 200×5＝16 000（元）

D. 乙企业应纳城镇土地使用税=3 200×2÷5×5＝6 400（元）

3. 下列各项中，应当缴纳城镇土地使用税的有(　　)。

A. 港口的码头用地　　　　　　　B. 公园内附设的影剧院用地

C. 水电站的发电厂房用地　　　　D. 火电厂厂区围墙内的用地

4. 下列城市土地中，应缴纳城镇土地使用税的是(　　)。

A. 国家机关自用的土地

B. 企业范围内的荒山、林地、湖泊等占用的土地

C. 名胜古迹内的索道公司经营用地

D. 市政街道公共用地

5. 下列有关城镇土地使用税纳税义务发生时间的表述中，正确的有(　　)。

A. 纳税人新征用的非耕地，自批准征用之次月起缴纳城镇土地使用税

B. 纳税人出租房产，自交付出租房产之次月起缴纳城镇土地使用税

C. 纳税人购置新建商品房，自房地产权属登记机关签发房屋权属证书之次月起缴纳城镇土地使用税

D. 纳税人购置存量房，自办理房屋权属转移、变更登记手续，房地产权属登记机关签发房屋权属证书之次月起缴纳城镇土地使用税

三、判断题

1. 城镇土地使用税由拥有土地使用权的单位或者个人缴纳。

2. 城镇土地使用税的计税依据是纳税人实际占用的土地面积，与建筑面积、容积率无关。

3. 纳税人购置新建商品房，应当自房屋交付使用当月起缴纳城镇土地使用税。

4. 对公安部门无偿使用铁路、民航等单位的土地，征收土地使用税。

5. 自2019年1月1日至2021年12月31日，对农产品批发市场专门用于经营农产品的房产、土地，暂免征收城镇土地使用税。

技能训练

一、甲企业位于某经济落后地区，2019 年 12 月取得一宗土地的使用权（未取得土地使用证书），2020 年 1 月已按 1 400 平方米申报缴纳了全年的城镇土地使用税。2020 年 4 月该企业取得了政府部门核发的土地使用证书，上面注明的土地面积为 1 800 平方米。已知该地区适用每平方米 0.9~18 元的固定税额，当地政府规定的固定税额为每平方米 0.9 元，并另按照国家规定的最高比例降低税额标准。请计算该企业 2020 年应该补缴的城镇土地使用税税额。

二、某机械制造有限公司位于市区，实际占地面积为 8 000 平方米，其中办公区占地 6 000 平方米，生活区占地 2 000 平方米。该公司还有一处位于农村的仓库，租给公安局使用，实际占地面积为 2 500 平方米。已知城镇土地使用税适用税率为每平方米税额 5 元。该公司全年应缴纳城镇土地使用税税额是多少？

第三节 耕地占用税法

问题导入

1. 耕地占用税的概念和特征是什么？
2. 耕地占用税开征的意义是什么？
3. 关于纳税人、征税范围、税率税法是如何规定的？
4. 耕地占用税应纳税额如何计算？

案例思考

2020 年 6 月某公司开发住宅社区，经批准共占用耕地 180 000 平方米，其中 1 000 平方米兴建幼儿园，6 000 平方米修建学校。已知耕地占用税适用税率为 30 元/平方米。

思考：

1. 开发住宅社区属于免税范围吗？
2. 兴建幼儿园占用耕地可以免征耕地占用税吗？
3. 修建学校占用耕地属于免税范围吗？
4. 计算缴纳耕地占用税的计税依据是多少？

一、耕地占用税概述

（一）耕地占用税法

耕地占用税法是指国家制定的用以调整耕地占用税纳税人之间征收与缴纳权利及义务关系的法律规范。现行耕地占用税法的基本规范，是 2018 年 12 月 29 日第十三届全国人民代表大会常务委员会第七次会议通过，2019 年 9 月 1 日起施行的《中华人民共和国耕地占用税法》。2007 年 12 月 1 日国务院公布的《中华人民共和国耕地占用税暂行条例》同时废止。《耕地占用税法》以及相关配套文件正式施行，从更高层级、以更大力度地贯彻落实国家最严格的耕地保护制度，限制非农业建设无序、低效地占用农业生产用地，以经济手段保护有限的土地资源，尤其是耕地资源，促进土地资源合理配置。

（二）耕地占用税的概念和特点

1. 耕地占用税概念

耕地占用税是对在中国境内占用耕地建设建筑物、构筑物或从事其他非农业建设单位和个人，就其实际占用的耕地面积征收的一种税，它属于对特定土地资源占用课税。开征耕地占用税是加强土地管理、防止乱占耕地、综合治理非农业占用耕地的法律和经济手段，同时也有利于增加财政收入。

2. 耕地占用税特点

（1）税收用途的补偿性。

耕地占用税实质是补偿农民因土地被占用而短缺的用于发展农业生产的资金，通过补偿行为增加农民收入，保障农业健康、良性、有序发展。

（2）征收环节的一次性。

耕地占用税只在耕地占用环节一次性征税，以后不再重复征税。

（3）征收标准的灵活性。

各省、自治区、直辖市可以根据本地区具体情况，在国家规定税率的基础上，制定和调整耕地占用税的计征标准，灵活处理本地区的特殊情况。

（4）计征方法的从量性。

耕地占用税以县为单位，以人均耕地面积为标准，分别规定单位税额，实行从量定额计征。

二、耕地占用税的纳税义务人与征税范围

（一）纳税义务人

在中华人民共和国境内占用耕地建设建筑物、构筑物或者从事非农业建设的单位和个人，为耕地占用税的纳税人，应当依法缴纳耕地占用税。具体纳税人为：经批准占用耕地的，纳税人为农用地转用审批文件中标明的建设用地人；农用地转用审批文件中未标明建设用地人的，纳税人为用地申请人，其中用地申请人为各级人民政府的，由同级土地储备中心、自然资源主管部门或政府委托的其他部门、单位履行耕地占用税申报纳税义务。

未经批准占用耕地的，纳税人为实际用地人。

（二）征税范围

耕地占用税的征收范围包括纳税人占用耕地、园地、林地、草地、农田水利用地、养殖水面、渔业水域滩涂以及其他农用地建设建筑物、构筑物或者从事非农业建设。

园地，包括果园、茶园、橡胶园、其他园地。其他园地包括种植桑树、可可、咖啡、油棕、胡椒、药材以及其他多年生作物的园地。

林地，包括乔木林地、竹林地、红树林地、森林沼泽、灌木林地、灌丛沼泽、其他林地，不包括城镇村庄范围内的绿化林木用地，铁路、公路征地范围内的林木用地，以及河流、沟渠的护堤林用地。其他林地包括疏林地、未成林地、迹地、苗圃等林地。

草地，包括天然牧草地、沼泽草地、人工牧草地，以及用于农业生产并已由相关行政主

管部门发放使用权证的草地。

农田水利用地，包括农田排灌沟渠及相应附属设施用地。

养殖水面，包括人工开挖或者天然形成的用于水产养殖的河流水面、湖泊水面、水库水面、坑塘水面及相应附属设施用地。

渔业水域滩涂，包括专门用于种植或者养殖水生动植物的海水潮浸地带和滩地，以及用于种植芦苇并定期进行人工养护管理的苇田。

因挖损、采矿塌陷、压占、污染等损毁耕地属于税法所称的非农业建设，占用农用地建设直接为农业生产服务的生产设施的，不缴纳耕地占用税。

直接为农业生产服务的生产设施，是指直接为农业生产服务而建设的建筑物和构筑物。具体包括：储存农用机具和种子、苗木、木材等农业产品的仓储设施；培育、生产种子、种苗的设施；畜禽养殖设施；木材集材道、运材道；农业科研、试验、示范基地；野生动植物保护、护林、森林病虫害防治、森林防火、木材检疫的设施；专为农业生产服务的灌溉排水、供水、供电、供热、供气、通信基础设施；农业生产者从事农业生产必需的食宿和管理设施；其他直接为农业生产服务的生产设施。

三、耕地占用税税率

由于在我国不同地区之间人口和耕地资源的分布极不均衡，有些地区人烟稠密，耕地资源相对匮乏，而有些地区则人烟稀少，耕地资源比较丰富。各地区的经济发展水平也有很大差异。考虑到不同地区的客观条件的差别以及与此相关的税收调节力度和纳税人负担能力方面的差别，耕地占用税在税率设计上采用了地区差别幅度定额税率。

耕地占用税的税额如下：

（1）人均耕地不超过一亩的地区（以县、自治县、不设区的市、市辖区为单位，下同），每平方米为十元至五十元；

（2）人均耕地超过一亩但不超过二亩的地区，每平方米为八元至四十元；

（3）人均耕地超过二亩但不超过三亩的地区，每平方米为六元至三十元；

（4）人均耕地超过三亩的地区，每平方米为五元至二十五元。

各地区耕地占用税的适用税额，由省、自治区、直辖市人民政府根据人均耕地面积和经济发展等情况，在上述规定的税额幅度内提出，报同级人民代表大会常务委员会决定，并报全国人民代表大会常务委员会和国务院备案。各省、自治区、直辖市耕地占用税适用税额的平均水平，不得低于《耕地占用税法》所附《各省、自治区、直辖市耕地占用税平均税额表》规定的平均税额。

表 8-3　各省、自治区、直辖市耕地占用税平均税额

地区	每平方米平均税额
上海	45
北京	40
天津	35
江苏、浙江、福建、广东	30
辽宁、湖北、湖南	25

续表

地区	每平方米平均税额
河北、安徽、江西、山东、河南、重庆、四川	22.5
广西、海南、贵州、云南、陕西	20
山西、吉林、黑龙江	17.5
内蒙古、西藏、甘肃、青海、宁夏、新疆	12.5

在人均耕地低于零点五亩的地区，省、自治区、直辖市可以根据当地经济发展情况，适当提高耕地占用税的适用税额，但提高的部分不得超过法律规定适用税额的百分之五十。

占用基本农田的，应当按照省、自治区、直辖市确定的当地适用税额，加按百分之一百五十征收。

四、耕地占用税应纳税额计算

耕地占用税以纳税人实际占用的耕地面积为计税依据，按照规定的适用税额一次性征收，应纳税额为纳税人实际占用的耕地面积（平方米）乘以适用税额。

其计算公式为：

$$应纳税额 = 实际占用应税耕地面积 × 单位税额$$

加按百分之一百五十征收耕地占用税的计算公式为：

$$应纳税额 = 应税土地面积 × 适用税额 × 150\%$$

【例题 8-5】农户赵某有一处耕地，占地 2 600 平方米，2020 年 10 月将其中的 2 000 平方米用来建设农田水利设施，其余 600 平方米建造住宅（在规定用地标准以内）。当地适用的耕地占用税的定额税率为每平方米 25 元。计算赵某的应纳耕地占用税。

解析：

占用耕地建设农田水利设施的，不缴纳耕地占用税；农村居民在规定用地标准以内占用耕地新建自用住宅，按照当地适用税额减半征收耕地占用税。

应纳耕地占用税 = 600 × 25 × 50% = 7 500（元）

五、耕地占用税税收优惠

（一）免税的规定

（1）军事设施、学校、幼儿园、社会福利机构、医疗机构占用耕地，免征耕地占用税。

免税的军事设施，是指《中华人民共和国军事设施保护法》第二条所列建筑物、场地和设备。具体包括：指挥机关，地面和地下的指挥工程、作战工程；军用机场、港口、码头；营区、训练场、试验场；军用洞库、仓库；军用通信、侦察、导航、观测台站，测量、导航、助航标志；军用公路、铁路专用线，军用通信、输电线路，军用输油、输水管道；边防、海防管控设施；国务院和中央军事委员会规定的其他军事设施。

免税的学校，具体范围包括县级以上人民政府教育行政部门批准成立的大学、中学、小学，学历性职业教育学校和特殊教育学校，以及经省级人民政府或其人力资源社会保障行政部门批准成立的技工院校。

学校内经营性场所和教职工住房占用耕地的，按照当地适用税额缴纳耕地占用税。

免税的幼儿园，具体范围限于县级以上人民政府教育行政部门批准成立的幼儿园内专门用于幼儿保育、教育的场所。

免税的社会福利机构，是指依法登记的养老服务机构、残疾人服务机构、儿童福利机构及救助管理机构、未成年人救助保护机构内专门为老年人、残疾人、未成年人及生活无着的流浪乞讨人员提供养护、康复、托管等服务的场所。

养老服务机构，是指为老年人提供养护、康复、托管等服务的老年人社会福利机构。具体包括老年社会福利院、养老院（或老人院）、老年公寓、护老院、护养院、敬老院、托老所、老年人服务中心等。

残疾人服务机构，是指为残疾人提供养护、康复、托管等服务的社会福利机构。具体包括为肢体、智力、视力、听力、语言、精神方面有残疾的人员提供康复和功能补偿的辅助器具，进行康复治疗、康复训练，承担教育、养护和托管服务的社会福利机构。

儿童福利机构，是指为孤、弃、残儿童提供养护、康复、医疗、教育、托管等服务的儿童社会福利服务机构。具体包括儿童福利院、社会福利院、SOS 儿童村、孤儿学校、残疾儿童康复中心、社区特教班等。

社会救助机构，是指为生活无着的流浪乞讨人员提供寻亲、医疗、未成年人教育、离站等服务的救助管理机构。具体包括县级以上人民政府设立的救助管理站、未成年人救助保护中心等专门机构。

免税的医疗机构，是指县级以上人民政府卫生健康行政部门批准设立的医疗机构内专门从事疾病诊断、治疗活动的场所及其配套设施。医疗机构内职工住房占用耕地的，按照当地适用税额缴纳耕地占用税。

（2）农村居民经批准搬迁，新建自用住宅占用耕地不超过原宅基地面积的部分，免征耕地占用税。

（3）农村烈士遗属、因公牺牲军人遗属、残疾军人以及符合农村最低生活保障条件的农村居民，在规定用地标准以内新建自用住宅，免征耕地占用税。

（二）减税的规定

（1）铁路线路、公路线路、飞机场跑道、停机坪、港口、航道、水利工程占用耕地，减按每平方米 2 元的税额征收耕地占用税。

减税的铁路线路，具体范围限于铁路路基、桥梁、涵洞、隧道及其按照规定两侧留地、防火隔离带。专用铁路和铁路专用线占用耕地的，按照当地适用税额缴纳耕地占用税。

减税的公路线路，是指经批准建设的国道、省道、县道、乡道和属于农村公路的村道的主体工程以及两侧边沟或者截水沟。具体包括高速公路、一级公路、二级公路、三级公路、四级公路和等外公路的主体工程及两侧边沟或者截水沟。专用公路和城区内机动车道占用耕地的，按照当地适用税额缴纳耕地占用税。

减税的飞机场跑道、停机坪，具体范围限于经批准建设的民用机场专门用于民用航空器起降、滑行、停放的场所。

减税的港口，具体范围限于经批准建设的港口内供船舶进出、停靠以及旅客上下、货物装卸的场所。

减税的航道，具体范围限于在江、河、湖泊、港湾等水域内供船舶安全航行的通道。

减税的水利工程，具体范围限于经县级以上人民政府水利行政主管部门批准建设的防洪、排涝、灌溉、引（供）水、滩涂治理、水土保持、水资源保护等各类工程及其配套和附属工程的建筑物、构筑物占压地和经批准的管理范围用地。

（2）农村居民在规定用地标准以内占用耕地新建自用住宅，按照当地适用税额减半征收耕地占用税。

依照法律规定免征或者减征耕地占用税后，纳税人改变原占地用途，不再属于免征或者减征耕地占用税情形的，应当按照当地适用税额补缴耕地占用税。

根据国民经济和社会发展的需要，国务院可以规定免征或者减征耕地占用税的其他情形，报全国人民代表大会常务委员会备案。

（三）耕地占用税的退税

（1）纳税人因建设项目施工或者地质勘查临时占用耕地，应当依照本法的规定缴纳耕地占用税。纳税人在批准临时占用耕地期满之日起一年内依法复垦，恢复种植条件的，全额退还已经缴纳的耕地占用税。

（2）因挖损、采矿塌陷、压占、污染等损毁耕地属于税法所称的非农业建设，应依照税法规定缴纳耕地占用税；自自然资源、农业农村等相关部门认定损毁耕地之日起3年内依法复垦或修复，恢复种植条件的，全额退还已经缴纳的耕地占用税。

【例题8-6】2020年6月某公司开发住宅社区，经批准共占用耕地180 000平方米，其中1 000平方米兴建幼儿园，6 000平方米修建学校。已知耕地占用税适用税率为30元/平方米。计算甲公司应缴纳耕地占用税是多少。

解析：

军事设施、学校、幼儿园、社会福利机构、医疗机构占用耕地，可以依法免征耕地占用税。

（180 000−1 000−6 000）×30 = 5 190 000（元）

六、耕地占用税征收管理

（一）纳税义务发生时间

耕地占用税的纳税义务发生时间为纳税人收到自然资源主管部门办理占用耕地手续的书面通知的当日。未经批准占用耕地的，耕地占用税纳税义务发生时间为自然资源主管部门认定的纳税人实际占用耕地的当日。因挖损、采矿塌陷、压占、污染等损毁耕地的纳税义务发生时间为自然资源、农业农村等相关部门认定损毁耕地的当日。

纳税人应当自纳税义务发生之日起30日内申报缴纳耕地占用税。纳税人改变原占地用途，不再属于免征或者减征耕地占用税情形的，应自改变用途之日起30日内申报补缴税款，补缴税款按改变用途的实际占用耕地面积和改变用途时当地适用税额计算。

（二）征收机关

耕地占用税由税务机关负责征收。税务机关应当与相关部门建立耕地占用税涉税信息共享机制和工作配合机制。县级以上地方人民政府自然资源、农业农村、水利等相关部门应当定期向税务机关提供农用地转用、临时占地等信息，协助税务机关加强耕地占用税征收管理。

税务机关发现纳税人的纳税申报数据资料异常或者纳税人未按照规定期限申报纳税的，可以提请相关部门进行复核，相关部门应当自收到税务机关复核申请之日起三十日内向税务机关出具复核意见。

（三）纳税地点

纳税人占用耕地，应该在耕地所在地申报纳税。

基础训练

一、单项选择题

1. 根据法律规定，下列情形中，不缴纳耕地占用税的是（　　）。
A. 占用市区工厂土地建设商品房
B. 占用牧草地建设厂房
C. 占用市郊菜地建设公路
D. 占用果园建设旅游度假村

2. 2020年10月，农村居民刘某经批准在本村占用耕地150平方米新建住宅，另占用耕地20平方米用于修建大型鱼塘增氧泵。已知当地适用的耕地占用税税额为每平方米45元。有关刘某就上述业务应当缴纳的耕地占用税，下列计算正确的是（　　）。
A. 150×45
B. 150×45×50%
C. （150+20）×45
D. （150+20）×45×50%

3. 根据耕地占用税的相关规定，下列各项中不属于耕地的是（　　）。
A. 茶园
B. 果园
C. 菜地
D. 草地

4. 下列各项中，可以按照当地适用税额减半征收耕地占用税的是（　　）。
A. 供电部门占用耕地新建变电站
B. 农村居民在规定用地标准以内占用耕地新建自用住宅
C. 市政部门占用耕地新建自来水厂
D. 国家机关占用耕地新建办公楼

5. 农村某村民在规定用地标准以内新建自用住宅，经批准占用耕地200平方米。该地区耕地占用税适用税额为7元/平方米，则该村民应缴纳耕地占用税（　　）元。
A. 280
B. 2 800
C. 700
D. 1 400

二、多项选择题

1. 下列各项中应征收耕地占用税的有（　　）。
A. 铁路线路占用耕地
B. 学校占用耕地
C. 公路线路占用耕地
D. 军事设施占用耕地

2. 以下关于耕地占用税的表述正确的有（　　）。
A. 耕地占用税以纳税人实际占用耕地面积为计税依据，按照规定税额一次性征收
B. 耕地占用税实行地区差别幅度比例税率
C. 占用果园、桑园用以建房的应照章征收耕地占用税
D. 个人占用耕地建房也应缴纳耕地占用税

3. 下列各项中，免征耕地占用税的有（　　）。
A. 军事设施占用耕地
B. 临时占用耕地
C. 医院内职工住房占用耕地
D. 学校教学楼占用耕地

4. 下列各项中，可免征或减征耕地占用税的有(　　)。

A. 占用耕地建设农田水利设施　　　　B. 临时占用耕地

C. 农民新建住宅占用耕地　　　　　　D. 企业新建办公楼占用的鱼塘

5. 有关我国耕地占用税的特征，下列表述正确的有(　　)。

A. 耕地占用税实行有地区差别的幅度定额税率

B. 耕地占用税以纳税人实际占用的耕地面积为计税依据

C. 为非农业建设占用集体所有的耕地征收耕地占用税，占用国家所有的耕地不征收耕地占用税

D. 耕地占用税由土地管理部门负责征收

三、判断题

1. 根据法律规定，耕地是指用于种植农作物的土地。

2. 学校内经营场所和教职工住房占用耕地的，属于免征耕地占用税的范围。

3. 耕地占用税以纳税人实际占用的耕地面积为计税依据，按照规定的适用税额一次性征收。

4. 耕地占用税实行按统一的定额税率基数征收。

5. 纳税人应当自纳税义务发生之日起30日内申报缴纳耕地占用税。

技能训练

一、某公司因建设商场需要，经批准占用耕地2 000平方米，已知当地耕地占用税适用税额为10元/平方米。计算某公司应缴纳的耕地占用税是多少。

二、某市宏光机械制造有限公司2019年有关资料如下：

（1）土地使用证书上记载公司总部占地面积4 200平方米，其中公司自办托儿所占地面积1 200平方米。

（2）该公司下有A、B两个分公司，其中A公司占地2 200平方米（含占有学校免税土地700平方米）；B公司在郊区占地3 300平方米。

（3）经批准在郊区占用一块耕地，面积1 500平方米，用于扩建C公司。

该公司采取汇总纳税办法，适用城镇土地使用税税率为市区5元/平方米、郊区3元/平方米，耕地占用税税率为17元/平方米。计算该公司应纳的土地使用税和耕地占用税分别是多少。

第四节　资源税法

问题导入

1. 资源税的含义、特征、作用是什么？

2. 资源税的纳税人、征税范围、税率税法是如何规定的？

3. 从价征收资源税的销售额是如何确定的？

4. 资源税应纳税额的计算原理是什么？

案例思考

某煤矿本年9月开采原煤130万吨，当月对外销售100万吨；为职工宿舍供暖，使用本月开采的原煤17万吨；向洗煤车间移送本月开采的原煤4万吨加工洗煤，尚未对外销售；其余9万吨原煤待售。该煤矿每吨原煤不含增值税售价为600元（不含从坑口到车站、码头等的运输费用），适用的资源税税率为6%。

思考：

1. 用于职工宿舍供暖使用原煤是否缴纳资源税？
2. 加工洗煤未销售以及待售的原煤当月是否缴纳资源税？。
3. 当月应纳资源税的计税依据是多少？
4. 当月应该缴纳多少资源税？

一、资源税法概述

（一）资源税法的概念

资源税法是指国家制定的用以调整资源税征收与缴纳之间权利及义务关系的法律规范。

现行资源税法的基本规范，是1993年12月25日国务院发布的《中华人民共和国资源税暂行条例》，后经过几次修订，2011年9月30日国务院公布的《中华人民共和国资源税暂行条例》（以下简称《资源税暂行条例》）及2011年10月28日财政部、国家税务总局公布的《中华人民共和国资源税暂行条例实施细则》（以下简称《资源税实施细则》），于2011年11月1日起实施，以及2016年5月财政部、国家税务总局制定的《关于资源税改革具体政策问题的通知》。2019年8月26日第十三届全国人民代表大会常务委员会第十二次会议通过了《中华人民共和国资源税法》（以下简称《资源税法》），自2020年9月1日起施行。1993年12月25日国务院发布的《中华人民共和国资源税暂行条例》同时废止。

拓展资料

资源税法实施的新变化

资源税法的实施，给税收征管服务带来了许多新的变化，相比资源税暂行条例，资源税法吸收了近年来税收征管与服务上的有效做法，践行了以纳税人为中心的服务理念，体现了深化"放管服"改革的要求。主要有三个新变化：

一是简并了征收期限，有利于减轻办税负担。原条例规定的纳税期限是1日、3日、5日、10日、15日或者1个月，具体期限还要由主管税务机关根据实际情况核定，与大多数税种的申报期限不统一、不衔接。新税法规定由纳税人选择按月或按季申报缴纳，并将申报期限由10日内改为15日内，与其他税种保持一致，这将明显降低纳税人的申报频次，切实减轻办税负担。

二是规范了税目税率，有利于简化纳税申报。新税法以正列举的方式统一规范了税目，分类确定了税率，为简化纳税申报提供了制度基础。税务部门将据此优化纳税申报表，提高征管信息化水平，为纳税人提供更加便捷高效的申报服务。

三是强化了部门协同，有利于维护纳税人权益。资源税征管工作专业性、技术性强，特别是对减免税情形的认定，需要有关部门的配合协助。例如，税法规定对衰竭期矿山开采的矿产品减征30%资源税，授权各省对低品位矿减免资源税，落实该政策的前提条件就是衰竭期矿山和低品位矿的认定。新税法明确规定，税务机关与自然资源等相关部门应当建立工作配合机制。良好的部门协作，有利于减少征纳争议，维护纳税人合法权益。

资料来源：国家税务总局网站　http：//www.chinatax.gov.cn/

（二）资源税的概念与特点

1. 资源税的概念

资源税是对在中华人民共和国领域和中华人民共和国管辖的其他海域从事应税矿产品开采和生产盐的单位和个人，就其销售数量或销售额而征收的一种税。我国资源税经历了一个漫长的发展演变过程。新中国成立后，政务院于1950年发布的《全国税政实施要则》中，明确将盐税列为一个税种征收，从此建立起我国对资源征税的制度。1958年以前，盐税由盐务部门负责征收管理，1958年改由税务机关负责。1973年将盐税并入工商税，1984年又分离出来，成为独立税种。1994年1月并入资源税。1984年9月18日，国务院发布了《中华人民共和国资源税条例（草案）》，并于1984年10月1日开始实施，1993年12月1日废止。

2. 资源税的特点

资源税的特点主要表现为：

（1）只对特定资源征税，征税范围小。

我国现行的资源税的征税范围既不是全部的自然资源，也并非对所有具有商品属性的资源都征税，而是主要选择对矿产品和盐进行征税。

（2）具有级差收入税的特点。

各种自然资源在客观上都存在着好坏、贫富、储存状况、开采条件、选矿条件、地理位置等种种差异。我国资源税通过对同一资源实行高低不同的差别税率，可以直接调节因资源条件不同而产生的级差收入。可见，资源税实际上是一种级差收入税。

（3）纳税环节单一。

资源税只在矿产品的开采和生产盐的销售及自用环节纳税，其他环节不纳税。

（4）计税方法具有多样性。

资源税既有比例税率，又有定额税率，因此，计税方法具有从价定率征收和从量定额征收的多样性。

（三）征收资源税的作用

1. 促进企业之间开展平等竞争

我国的资源税属于比较典型的级差资源税，它根据应税产品的品种、质量、存在形式、开采方式以及企业所处地理位置和交通运输条件等客观因素的差异确定差别税率，从而使条件优越者税负较高，反之则税负较低。这种税率设计使资源税能够比较有效地调节由于自然资源条件差异等客观因素给企业带来的级差收入，减少或排除资源条件差异对企业盈利水平的影响，为企业之间开展平等竞争创造有利的外部条件。

2. 促进对自然资源的合理开发利用

对开发利用应税资源的行为课征资源税，体现了国有自然资源有偿占用的原则，可以促使纳税人节约、合理地开发和利用自然资源，有利于我国经济可持续发展。

3. 为国家筹集财政资金

随着其课征范围的逐渐扩展，资源税的收入规模及其在税收收入总额中所占的比重都相应增加，其财政意义也日渐明显，在为国家筹集财政资金方面发挥着不可忽视的作用。

二、资源税纳税义务人、征税范围

（一）资源税的纳税义务人

在中华人民共和国领域和中华人民共和国管辖的其他海域开发应税资源的单位和个人，为资源税的纳税人，应当依照《资源税法》规定缴纳资源税。单位是指企业和行政单位、事业单位、军事单位、社会团体及其他单位；个人是指个体经营者和其他个人；其他单位和其他个人包括外商投资企业、外国企业及外籍人员。

中外合作开采陆上、海上石油资源的企业依法缴纳资源税。

2011 年 11 月 1 日前已依法订立中外合作开采陆上、海上石油资源合同的，在该合同有效期内，继续依照国家有关规定缴纳矿区使用费，不缴纳资源税；合同期满后，依法缴纳资源税。

收购未税矿产品的单位为资源税的扣缴义务人。收购未税矿产品的单位包括独立矿山、联合企业和其他单位。

（二）资源税的征税范围

《资源税法》规定的征税范围为应税矿产品和盐。具体规定如下：

1. 能源矿产类

能源矿产类包括：

（1）原油。

（2）天然气、页岩气、天然气水合物。

（3）煤。

（4）煤成（层）气。

（5）铀、钍。

（6）油页岩、油砂、天然沥青、石煤。

（7）地热。

2. 金属矿产类

金属矿产类包括：

（1）黑色金属。铁、锰、铬、钒、钛。

（2）有色金属。①铜、铅、锌、锡、镍、锑、镁、钴、铋、汞；②铝土矿；③钨；④钼；⑤金、银；⑥铂、钯、钌、锇、铱、铑；⑦轻稀土；⑧中重稀土；⑨铍、锂、锆、锶、铷、铯、铌、钽、锗、镓、铟、铊、铪、铼、镉、硒、碲。

3. 非金属矿产类

非金属矿产类包括：

（1）矿物类，包括：①高岭土；②石灰岩；③石墨；④磷；⑤萤石、硫铁矿、自然硫；⑥天然石英砂、脉石英、粉石英、水晶、工业用金刚石、冰洲石、蓝晶石、硅线石（矽线石）、长石、滑石、刚玉、菱镁矿、颜料矿物、天然碱、芒硝、钠硝石、明矾石、砷、硼、碘、溴、膨润土、硅藻土、陶瓷土、耐火黏土、铁矾土、凹凸棒石黏土、海泡石黏土、伊利石黏土、累托石黏土；⑦叶蜡石、硅灰石、透辉石、珍珠岩、云母、沸石、重晶石、毒重石、方解石、蛭石、透闪石、工业用电气石、白垩、石棉、蓝石棉、红柱石、石榴子石、石膏；⑧其他黏土（铸型用黏土、砖瓦用黏土、陶粒用黏土、水泥配料用黏土、水泥配用红土、水泥配料用黄土、水泥配料用泥岩、保温材料用黏土）。

（2）岩石类，包括：①大理岩、花岗岩、白云岩、石英岩、砂岩、辉绿岩、安山岩、闪长岩、板岩、玄武岩、片麻岩、角闪岩、页岩、浮石、凝灰岩、黑曜岩、霞石正长岩、蛇纹岩、麦饭石、泥灰岩、含钾岩石、含钾砂页岩、天然油石、橄榄岩、松脂岩、粗面岩、辉长岩、辉石岩、正长岩、火山灰、火山渣、泥炭；②砂石。

（3）宝玉石类，包括：宝石、玉石、宝石级金刚石、玛瑙、黄玉、碧玺。

4. 水气矿产

水气矿产包括：

（1）二氧化碳气、硫化氢气、氦气、氩气。

（2）矿泉水。

5. 盐

盐包括：

（1）钠盐、钾盐、镁盐、锂盐。

（2）天然卤水。

（3）海盐。

拓展资料

水资源税改革试点

自 2016 年 7 月 1 日起在河北省开展水资源税改革试点，采取水资源费改税方式，将地表水和地下水纳入征税范围，实行从量定额计征。自 2017 年 12 月 1 日起在北京、天津、山西、内蒙古、山东、河南、四川、陕西、宁夏等 9 个省（自治区、直辖市）扩大水资源税改革试点。水资源税试点采取费改税，是对取用地表水和地下水的单位和个人征收。在地下水超采地区取用地下水，特种行业取用水和超计划用水适用较高税率，正常的生产生活用水维持在原有的负担水平不变。从试点的实施情况看，总体平稳有序，征管也比较顺畅，税收调节的作用也逐渐呈现。主要是强化纳税人节水意识，抑制地下水的超采，倒逼高耗水企业节水，提高用水效率。对个人来说，负担是没有增加的。

资料来源：中国证券报　2016-05-11

三、资源税的税目、税率

（一）资源税税目

资源税设置了5个税目，包括能源矿产、金属矿产、非金属矿产、水气矿产以及盐资源品目。在部分税目下又设置了若干个子目，各税目的征税对象包括原矿或选矿，具体按照《资源税税目税率表》相关规定执行。对未列举名称的其他矿产品，省级人民政府可对本地区主要矿产品按矿种设定税目，对其余矿产品按类别设定税目，并按其销售的主要形态确定征税对象。

（二）资源税税率

资源税采用比例税率和定额税率两种形式。对《资源税税目税率表》中列举名称的资源品目和未列举名称的其他金属矿实行从价计征。对经营分散、多为现金交易且难以控管的黏土、砂石等资源产品按照便利征管原则，可以按照从价定率或者实行从量定额计征。对未列举名称的其他非金属矿产品，按照从价计征为主、从量计征为辅的原则，由省级人民政府确定计征方式。资源税的税目、征税对象、税率依照《资源税税目税率表》的规定执行。

表 8-4　资源税税目税率表

税目			征税对象	税率
能源矿产	原油		原矿	6%
	天然气、页岩气、天然气水合物		原矿	6%
	煤		原矿或者选矿	2%~10%
	煤成（层）气		原矿	1%~2%
	铀、钍		原矿	4%
	油页岩、油砂、天然沥青、石煤		原矿或者选矿	1%~4%
	地热		原矿	1%~20%或者每立方米1~30元
金属矿产	黑色金属	铁、锰、铬、钒、钛	原矿或者选矿	1%~9%
	有色金属	铜、铅、锌、锡、镍、锑、镁、钴、铋、汞	原矿或者选矿	2%~10%
		铝土矿	原矿或者选矿	2%~9%
		钨	选矿	6.5%
		钼	选矿	8%
		金、银	原矿或者选矿	2%~6%
		铂、钯、钌、锇、铱、铑	原矿或者选矿	5%~10%
		轻稀土	选矿	7%~12%
		中重稀土	选矿	20%
		铍、锂、锆、锶、铷、铯、铌、钽、锗、镓、铟、铊、铪、铼、镉、硒、碲	原矿或者选矿	2%~10%

续表

税目		征税对象	税率
非金属矿产	高岭土	原矿或者选矿	1%～6%
	石灰岩	原矿或者选矿	1%～6%或者每吨（或者每立方米1～10元）
	石墨	原矿或者选矿	3%～12%
	磷	原矿或者选矿	3%～8%
	萤石、硫铁矿、自然硫	原矿或者选矿	1%～8%
	天然石英砂、脉石英、粉石英、水晶、工业用金刚石、冰洲石、蓝晶石、硅线石（矽线石）、长石、滑石、刚玉、菱镁矿、颜料矿物、天然碱、芒硝、钠硝石、明矾石、砷、硼、碘、溴、膨润土、硅藻土、陶瓷土、耐火黏土、铁矾土、凹凸棒石黏土、海泡石黏土、伊利石黏土、累托石黏土	原矿或者选矿	1%～12%
	叶蜡石、硅灰石、透辉石、珍珠岩、云母、沸石、重晶石、毒重石、方解石、蛭石、透闪石、工业用电气石、白垩、石棉、蓝石棉、红柱石、石榴子石、石膏	原矿或者选矿	2%～12%
	其他黏土（铸型用黏土、砖瓦用黏土、陶粒用黏土、水泥配料用黏土、水泥配料用红土、水泥配料用黄土、水泥配料用泥岩、保温材料用黏土）	原矿或者选矿	1%～5%或者每吨（或者每立方米）0.1～5元
岩石类	大理岩、花岗岩、白云岩、石英岩、砂岩、辉绿岩、安山岩、闪长岩、板岩、玄武岩、片麻岩、角闪岩、页岩、浮石、凝灰岩、黑曜岩、霞石正长岩、蛇纹岩、麦饭石、泥灰岩、含钾岩石、含钾砂页岩、天然油石、橄榄岩、松脂岩、粗面岩、辉长岩、辉石岩、正长岩、火山灰、火山渣、泥炭	原矿或者选矿	1%～10%
	砂石	原矿或者选矿	1%～5%或者每吨（或者每立方米）0.1～5元
宝玉石类	宝石、玉石、宝石级金刚石、玛瑙、黄玉、碧玺	原矿或者选矿	4%～20%
水气矿产	二氧化碳气、硫化氢气、氦气、氡气	原矿	2%～5%
	矿泉水	原矿	1%～20%或者每立方米1～30元

续表

税目		征税对象	税率
盐	钠盐、钾盐、镁盐、锂盐	选矿	3%~15%
	天然卤水	原矿	3%~15%或者每吨（或者每立方米）1~10元
	海盐		2%~5%

纳税人开采或者生产不同税目应税产品的，应当分别核算不同税目应税产品的销售额或者销售数量；未分别核算或者不能准确提供不同税目应税产品的销售额或者销售数量的，从高适用税率。

四、资源税应纳税额的计算

资源税应纳税额的计算方法有从价定率征收和从量定额征收两种，分别以应税产品的销售额乘以适用税率或以应税产品的销售数量乘以单位税额计算应纳税额。

（一）从价定率征收应纳税额的计算

$$从价定率征收应纳税额＝销售额×适用税率$$

（1）从价定率征收的计税依据——销售额。

实行从价定率征收的以销售额作为计税依据。销售额是指为纳税人销售应税产品向购买方收取的全部价款和价外费用，但不包括收取的增值税销项税额。

价外费用，包括价外向购买方收取的手续费、补贴、基金、集资费、返还利润、奖励费、违约金、滞纳金、延期付款利息、赔偿金、代收款项、代垫款项、包装费、包装物租金、储备费、优质费、运输装卸费以及其他各种性质的价外费用。但下列项目不包括在内：

1）同时符合以下条件的代垫运输费：

①承运部门的运输费用发票开具给购买方的；

②纳税人将该项发票转交给购买方的。

2）同时符合以下条件代为收取的政府性基金或者行政事业性收费：

①由国务院或者财政部批准设立的政府性基金，由国务院或者省级人民政府及其财政、价格主管部门批准设立的行政事业性收费；

②收取时开具省级以上财政部门印制的财政票据；

③所收款项全额上缴财政。

（2）纳税人申报的应税产品的销售额明显偏低且无正当理由的，有视同销售应税产品行为而无销售额的，除财政部、国家税务总局另有规定外，按下列顺序确定销售额。

1）按纳税人最近时期同类产品的平均销售价格确定。

2）按其他纳税人最近时期同类产品的平均销售价格确定。

3）按组成计税价格确定。组成计税价格的公式为：

$$组成计税价格＝成本×（1+成本利润率）÷（1-税率）$$

公式中的成本是指应税产品的实际生产成本，公式中的成本利润率由省、自治区、直辖市税务机关确定。

（3）煤炭从价征收资源税。煤炭应税产品包括原煤和以未税原煤加工的洗选煤。

1）应纳税额的计算。其计算公式为：

$$原煤应纳税额 = 原煤销售额 \times 适用税率$$

纳税人开采原煤直接对外销售的，以原煤销售额作为应税销售额计算缴纳资源税。销售额不含从坑口到车站、码头等的运输费用。

2）纳税人将开采的原煤自用于连续生产洗选煤的，在原煤移送使用环节不缴纳资源税；自用于其他方面的，视同销售原煤计算缴纳资源税。

3）纳税人将开采的原煤加工为洗选煤销售的，以洗选煤销售额乘以折算率作为应税销售额计算缴纳资源税；洗选煤自用的，视同销售洗选煤。其折算公式为：

$$洗选煤应纳税额 = 洗选煤销售额 \times 折算率 \times 适用税率$$

4）原煤及洗选煤销售额中包含的运输费用、建设基金及随运销产生的装卸、仓储、港杂等费用应与煤价分别核算，凡取得相应凭据的，允许在计算煤炭计税销售额时予以扣减。

5）纳税人同时以自采未税原煤和外购已税原煤加工洗选煤的，应当分别核算；未分别核算的，按洗选煤对外销售计算缴纳资源税。

（4）矿产品和盐从价征收资源税。其应税产品包括原矿和选矿。

1）销售原矿或选矿应纳税额的计算：

$$应纳资源税 = 原矿（选矿）的销售额 \times 适用税率$$

纳税人开采并销售原矿的，将原矿销售额（不含增值税）换算为精矿销售额计算缴纳资源税。

征税对象为原矿（选矿），纳税人销售自采原矿加工的精矿，应将精矿销售额折算为原矿销售额缴纳资源税。折算比原则上应通过原矿售价、精矿售价和选矿比计算，也可以通过原矿销售额、加工环节平均成本和利润计算。

2）纳税人将开采的原矿加工为精矿销售的，在销售环节计算缴纳资源税；纳税人将开采的原矿自用于连续生产精矿的，在原矿移送使用环节不缴纳资源税，加工为精矿后按规定计算缴纳资源税。

3）纳税人将自采原矿加工为精矿自用或进行投资、分配、抵债及以物易物等情形的，视同销售精矿计算缴纳资源税；纳税人将开采的原矿对外销售的，在销售环节缴纳资源税；纳税人将开采的原矿连续生产非精矿产品的，视同销售原矿计算缴纳资源税。

2. 计算实例

【例题 8-7】某煤矿本年 9 月开采原煤 130 万吨，当月对外销售 100 万吨；为职工宿舍供暖，使用本月开采的原煤 17 万吨；向洗煤车间移送本月开采的原煤 4 万吨加工洗煤，尚未对外销售；其余 9 万吨原煤待售。该煤矿每吨原煤不含增值税售价为 600 元（不含从坑口到车站、码头等的运输费用），适用的资源税税率为 6%。计算某煤矿本年 9 月的应纳资源税。

解析：用于职工宿舍供暖属于自产自用移送使用时纳税。加工洗煤未销售以及待售的原煤于销售行为发生时纳税。因此，

$$应纳资源税 = （100+17）\times 600 \times 6\% = 4\ 212（万元）$$

（二）从量定额征收资源税应纳税额的计算

$$从量定额征收应纳税额 = 课税数量 \times 单位税额$$

1. 从量定额征收的计税依据——数量

实行从量定额征收的以销售数量为计税依据。销售数量包括纳税人开采或者生产应税产

品的实际销售数量和视同销售的自用数量。纳税人不能准确提供应税产品销售数量的，以应税产品的产量或主管税务机关确定的折算比换算成的数量为计税的销售数量。扣缴义务人代扣代缴资源税，以收购数量为计税的销售数量。

2. 应纳税额的计算——实例

【例题8-8】某盐场2020年生产销售天然卤水12万吨，此外还用生产的天然卤水加工成粉洗盐16万吨、粉精盐23万吨、精制盐18万吨。已知该盐场1吨天然卤水可加工0.8吨粉洗盐，或可加工0.75吨粉精盐，或可加工0.6吨精制盐，另外该盐场天然卤水的单位资源税税额为8元/吨。请计算该盐场本年度应纳资源税。

解析：首先要把加工成的粉洗盐、粉精盐和精制盐数量换算成天然卤水的数量，然后把各项税额累计相加。

应纳资源税＝12×8＋16÷0.8×8＋23÷0.75×8＋18÷0.6×8＝741.33（万元）

五、资源税税收优惠

（一）有下列情形之一的，免征资源税

（1）开采原油以及在油田范围内运输原油过程中用于加热的原油、天然气；

（2）煤炭开采企业因安全生产需要抽采的煤成（层）气。

（二）有下列情形之一的，减征资源税

（1）从低丰度油气田开采的原油、天然气，减征百分之二十资源税；

（2）高含硫天然气、三次采油和从深水油气田开采的原油、天然气，减征百分之三十资源税；

（3）稠油、高凝油减征百分之四十资源税；

（4）从衰竭期矿山开采的矿产品，减征百分之三十资源税。

根据国民经济和社会发展需要，国务院对有利于促进资源节约集约利用、保护环境等情形可以规定免征或者减征资源税，报全国人民代表大会常务委员会备案。

（三）有下列情形之一的，省、自治区、直辖市可以决定免征或者减征资源税

（1）纳税人开采或者生产应税产品过程中，因意外事故或者自然灾害等原因遭受重大损失；

（2）纳税人开采共伴生矿、低品位矿、尾矿。

前款规定的免征或者减征资源税的具体办法，由省、自治区、直辖市人民政府提出，报同级人民代表大会常务委员会决定，并报全国人民代表大会常务委员会和国务院备案。

纳税人的免税、减税项目，应当单独核算销售额或者销售数量；未单独核算或者不能准确提供销售额或者销售数量的，不予免税或者减税。

进口的矿产品和盐不征收资源税，相应地对出口应税产品也不免征或退还已纳资源税。

拓展资料

资源税法下列用语的含义是：

1. 低丰度油气田，包括陆上低丰度油田、陆上低丰度气田、海上低丰度油田、海上低丰度气田。陆上低丰度油田是指每平方公里原油可开采储量丰度低于二十五万立方米的油田；

陆上低丰度气田是指每平方公里天然气可开采储量丰度低于二亿五千万立方米的气田；海上低丰度油田是指每平方公里原油可开采储量丰度低于六十万立方米的油田；海上低丰度气田是指每平方公里天然气可开采储量丰度低于六亿立方米的气田。

2. 高含硫天然气，是指硫化氢含量在每立方米三十克以上的天然气。

3. 三次采油，是指二次采油后继续以聚合物驱、复合驱、泡沫驱、气水交替驱、二氧化碳驱、微生物驱等方式进行采油。

4. 深水油气田，是指水深超过三百米的油气田。

5. 稠油，是指地层原油黏度大于或等于每秒五十毫帕或原油密度大于或等于每立方厘米零点九二克的原油。

6. 高凝油，是指凝固点高于四十摄氏度的原油。

7. 衰竭期矿山，是指设计开采年限超过十五年，且剩余可开采储量下降到原设计可开采储量的百分之二十以下或者剩余开采年限不超过五年的矿山。衰竭期矿山以开采企业下属的单个矿山为单位确定。

资料来源：《中华人民共和国资源税法》

六、资源税征收管理

（一）纳税义务发生时间

资源税由税务机关依照《资源税法》和《中华人民共和国税收征收管理法》的规定征收管理。税务机关与自然资源等相关部门应当建立工作配合机制，加强资源税征收管理。

资源税在应税产品的销售或自用环节计算缴纳。以自采原矿加工精矿产品的，在原矿移送使用时不缴纳资源税，在精矿销售或自用时缴纳资源税。

具体规定如下：

（1）纳税人采取分期收款结算方式的，其纳税义务发生时间，为销售合同规定的收款日期的当天。

（2）纳税人采取预收货款结算的，其纳税义务发生时间，为发出应税产品的当天。

（3）纳税人采取其他结算方式的，其纳税义务发生时间，为收讫销售款或者取得索取销售款凭据的当天。

（4）纳税人自产自用应税产品的纳税义务发生时间，为移送适用应税产品的当天。

（5）扣缴义务人代扣代缴税款的纳税义务发生时间，为支付首笔货款或者开具应支付货款凭据的当天。

（二）纳税期限

资源税按月或者按季申报缴纳；不能按固定期限计算缴纳的，可以按次申报缴纳。

纳税人按月或者按季申报缴纳的，应当自月度或者季度终了之日起十五日内，向税务机关办理纳税申报并缴纳税款；按次申报缴纳的，应当自纳税义务发生之日起十五日内，向税务机关办理纳税申报并缴纳税款。

（三）纳税地点

（1）凡是缴纳资源税的纳税人，都应该向应税产品的开采或者生产所在地主管税务机关缴纳税款。

（2）如果纳税人在本省、自治区、直辖市范围内开采或者生产应税产品，其纳税地点需要调整的，由所在地省、自治区、直辖市税务机关决定。

（3）如果纳税人应纳的资源税属于跨省开采，其下属生产单位与核算单位不在同一省、自治区、直辖市的，对其开采的矿产品一律在开采地纳税，其应纳税款由独立核算、自负盈亏的单位，按照开采地的实际销售量（或者自用量）及使用的单位税额计算划拨。

（4）扣缴义务人代扣代缴的资源税，也应当向收购地主管税务机关缴纳。

基础训练

一、单项选择题

1. 2020 年 9 月 1 日实施的《资源税法》共设置了（　　）税目。

A. 3 　　　　　　　　B. 4 　　　　　　　　C. 5 　　　　　　　　D. 6

2. 《资源税法》规定，资源税的税率形式是（　　）。

A. 比例税率 　　　　　　　　　　　B. 定额税率

C. 比例税率和定额税率 　　　　　　D. 累进税率

3. 《资源税法》规定，资源税的征税对象为税目税率表中规定的（　　）。

A. 原矿 　　　　　　B. 选矿 　　　　　　C. 精矿 　　　　　　D. 原矿或选矿

4. 从低丰度油气田开采的原油、天然气，减征（　　）资源税。

A. 10% 　　　　　　B. 20% 　　　　　　C. 30% 　　　　　　D. 40%

5. 从衰竭期矿山开采的矿产品，减征（　　）资源税。

A. 10% 　　　　　　B. 20% 　　　　　　C. 30% 　　　　　　D. 40%

6. 纳税人按月或者按季申报缴纳资源税的，应当自月度或者季度终了之日起（　　）日内，向税务机关办理纳税申报并缴纳税款。

A. 10 　　　　　　B. 15 　　　　　　C. 20 　　　　　　D. 25

二、多项选择题

1. 《资源税法》对资源税设置了多个税目，包括（　　）资源品目。

A. 能源矿产 　　　B. 金属矿产 　　　C. 非金属矿产 　　　D. 水气矿产以及盐

2. 根据《资源税法》规定，征收资源税的水气矿产包括（　　）。

A. 二氧化碳气 　　B. 硫化氢气 　　C. 氦气 　　D. 矿泉水

3. 根据《资源税法》规定，属于能源矿产类资源征收资源税的包括（　　）。

A. 原油 　　　B. 天然气 　　　C. 煤 　　　D. 铜

4. 根据《资源税法》的规定，非金属矿产类税目下包括（　　）。

A. 矿物类 　　　B. 地热 　　　C. 岩石类 　　　D. 宝玉石类

5. 根据《资源税法》的规定，免征资源税的情形有（　　）。

A. 开采原油过程中用于加热的原油、天然气

B. 煤炭开采企业因安全生产需要抽采的煤成（层）气

C. 从低丰度油气田开采的原油、天然气

D. 高含硫天然气

6. 根据《资源税法》规定，资源税的纳税期限为按（　　）申报纳税。

A. 15 日 　　　B. 月 　　　C. 季 　　　D. 次

三、判断题

1. 根据资源税法的规定，中外合作开采陆上、海上石油资源的企业依法缴纳资源税。

2. 根据资源税法规定，资源税采用比例税率和定额税率两种形式。

3. 对经营分散、多为现金交易且难以控管的黏土、砂石等资源产品一律实行从量定额计征资源税。

4. 开采原油以及在油田范围内运输原油过程中用于加热的原油、天然气享受免征资源税的税收优惠。

5. 资源税按季申报缴纳；不能按季度计算缴纳的，可以按次申报缴纳。

思维训练

1. 开征资源税的意义是什么？

2. 2020 年 9 月 1 日实施的《资源税法》有哪些新变化？

3. 从价计征资源税的计税依据税法是如何规定的？

4. 资源税的税收优惠有哪些？

第九章　行为目的税法类

第一节　城市维护建设税法及教育费附加

问题导入

1. 什么是城市维护建设税及教育费附加？其特征如何？
2. 城市维护建设税及教育费附加的纳税人、征税（收）范围、税率的具体规定是什么？
3. 城市维护建设税及教育费附加的计税依据税法是如何规定的？
4. 城市维护建设税及教育费附加应纳税（费）额的税收优惠有哪些？

案例思考

位于县城的某企业为增值税一般纳税人，该企业 9 月共缴纳增值税、消费税和关税 626 万元，其中关税 100 万元，进口缴纳的增值税和消费税 340 万元。

思考：

1. 关税计入城市维护建设税的计税依据是什么？
2. 进口缴纳的增值税和消费税是城市维护建设税的计税依据吗？
3. 该企业计算缴纳城市维护建设税的适用税率是多少？
4. 该企业 9 月应缴纳的城市维护建设税为多少？

一、城市维护建设税法

（一）城市维护建设税法概述

1. 城市维护建设税法

城市维护建设税法，是指国家制定的用以调整城市维护建设税征收与缴纳权利及义务关系的法律规范。现行城市维护建设税的基本规范，是 1985 年 2 月 8 日国务院发布并于 1985 年度起实施的《中华人民共和国城市维护建设税暂行条例》。2020 年 8 月 11 日第十三届全国人民代表大会常务委员会第二十一次会议通过了《中华人民共和国城市维护建设税法》，本法自 2021 年 9 月 1 日起施行。1985 年 2 月 8 日国务院发布的《中华人民共和国城市维护建设税暂行条例》同时废止。

2. 城市维护建设税概述

（1）城市维护建设税的概念。

城市维护建设税是对缴纳增值税、消费税的单位和个人，按其缴纳的增值税、消费税实缴的税额为计税依据而征收的一种税。

（2）城市维护建设税的特点。

①属于附加税。城市维护建设税是以纳税人实际缴纳的增值税、消费税税额为计税依据，随"两税"同时征收，没有独立的征税对象或税基，其征管方法也完全比照"两税"的有关情况办理，本质上属于附加税。②根据城镇规模设计不同的比例税率。城市维护建设税的负担水平，根据纳税人所在城镇的规模及其资金需要设计税率。这种根据城镇规模不同，差别设置税率的办法，较好地照顾了城市建设的不同需要。

③征税范围较广。城市维护建设税是增值税和消费税的附加税，原则上讲，缴纳增值税和消费税中任意税种的纳税人都要缴纳城市维护建设税，这意味着除了减免税等特殊情况以外，任何从事生产经营活动的企业单位和个人都需要缴纳城市维护建设税。

（3）城市维护建设税的作用。

①扩大城乡建设资金来源。城市维护建设税征税范围包括大中城市，以及小城市、县城、乡镇和广大农村，征收面大，可为城市维护建设提供较为稳定、可靠的资金来源，也为乡镇建设广开资金来源。

②加速改变城乡面貌。城市维护建设税的全部收入专项用于城乡公用事业和公共设施的维护建设，有利于加强城市维护建设，同时也为乡镇的建设与开发、改变乡镇企业的生产环境奠定良好的基础。

③调动城乡建设的积极性。城市维护建设税收入由地方政府安排，其收入与当地城乡建设直接挂钩，这也促使地方各级政府更多关心城市维护建设税的征收管理，并争取多收税、多建设。

④有利于完善地方税体系。城市维护建设税收入在地方税中比重较大，是地方税体系的骨干税种。开征城市维护建设税是增加地方财力的重要手段，有利于建立和完善地方税体系。

拓展资料

城市维护建设税的历史沿革

城市维护建设税是我国 1984 年工商税制全面改革过程中新设置的税种，依据现在的法律法规的规定，城市维护建设税是一种附加税，同时也是一种目的税。20 世纪 80 年代初，在改革的主旋律推动下，我国城市建设发展很快，与此同时也遇到了城建资金上的困难。很长一段时间，市政、公用设施落后、陈旧，维护经费难以得到妥善解决。为此，国家允许部分地区按上年工商利润计提 5%，以及按工商税计提 1% 的地方附加费，并允许各地立项加收一些杂费，该措施虽在一定程度上弥补了维护经费的漏洞，但城建资金的供求矛盾仍未得到解决。为加强城市建设资金的管理，经国务院批准，自 1985 年起，在全国范围内开征城市维护建设税。

1985 年 2 月，国务院颁发《中华人民共和国城市维护建设税暂行条例》（简称《城市维护建设税暂行条例》）规定在全国范围开始征收城市维护建设税。2010 年 10 月 18 日，国务院下发《关于统一内外资企业和个人城市维护建设税和教育费附加制度的通知》，决定自 2010 年 12 月 1 日起对外商投资企业、外国企业及外籍个人征收城市维护建设税和教育费附加。2020 年 8 月 11 日，第十三届全国人民代表大会常务委员会第二十一次会议通过《中华人民共和国城市维护建设税法》，本法自 2021 年 9 月 1 日起施行。

（二）城市维护建设税的纳税义务人、征税范围

1. 纳税义务人

在中华人民共和国境内缴纳增值税、消费税的单位和个人，为城市维护建设税的纳税人，

应当依照《城市维护建设税法》的规定缴纳城市维护建设税。可见城市维护建设税的纳税人为负有缴纳增值税、消费税（以下简称"两税"）义务的单位和个人。包括国有企业、集体企业、私营企业、股份制企业、外商投资企业、外国企业、其他企业和行政单位、事业单位、军事单位、社会团体、其他单位，以及个体工商户及其他个人（含外籍个人）。

城市维护建设税的扣缴义务人为负有增值税、消费税扣缴义务的单位和个人，在扣缴增值税、消费税的同时扣缴城市维护建设税。

2. 征税范围

城市维护建设税的征税范围不仅包括城市、县城、镇，还包括城市、县城和镇以外的地区，可以理解为只要缴纳增值税、消费税的，通常都要缴纳城市维护建设税。

（三）城市维护建设税税率

城市维护建设税的税率，是指纳税人应缴纳的城市维护建设税税额和纳税人实际缴纳的"两税"税额之间的比率。城市维护建设税按纳税人所在地的不同，设置了三档地区差别比例税率：

（1）纳税人所在地为市区的，税率为7%；

（2）纳税人所在地在县城、建制镇的，税率为5%；

（3）纳税人所在地不在市区、县城或镇的，税率为1%。开采海洋石油资源的中外合作油（气）田所在地在海上，其城市维护建设税适用税率为1%。

城市维护建设税的适用税率应当按纳税人所在地的规定税率执行。但是，对下列两种情况，可按纳税人"两税"所在地的规定税率就地缴纳城市维护建设税：一是由受托方代扣代缴、代收代缴"两税"的单位和个人，其代扣代缴、代收代缴的城市维护建设税按受托方所在地适用税率执行；二是流动经营等无固定纳税地点的单位和个人，在经营地缴纳"两税"的，其城市维护建设税的缴纳按经营地适用税率执行。

纳税人所在地，是指纳税人住所地或者与纳税人生产经营活动相关的其他地点，具体地点由省、自治区、直辖市确定。

（四）城市维护建设税应纳税额的计算

1. 城市维护建设税的计税依据

城市维护建设税以纳税人依法实际缴纳的增值税、消费税税额为计税依据。

在掌握计税依据时应注意以下规定：

（1）纳税人违反"两税"有关税法而加收的滞纳金和罚款，是税务机关对纳税人违法行为的经济制裁，不作为城市维护建设税的计税依据。

（2）纳税人在被查补"两税"和被处以罚款时，应同时对其偷逃的城市维护建设税进行补税、征收滞纳金和罚款。

（3）城市维护建设税以"两税"税额为计税依据并同时征收，如果要免征或者减征"两税"，也就要同时免征或减征城市维护建设税。

（4）对出口产品退还增值税、消费税的，不退还已缴纳的城市维护建设税。

（5）城市维护建设税的计税依据应当按照规定扣除期末留抵退税退还的增值税税额。城市维护建设税计税依据的具体确定办法，由国务院依据本法和有关税收法律、行政法规规定，报全国人民代表大会常务委员会备案。对进口货物或者境外单位和个人向境内销售劳务、服务、无形资产缴纳的增值税、消费税税额，不征收城市维护建设税。

2. 城市维护建设税应纳税额的计算

城市维护建设税的应纳税额按照计税依据乘以具体适用税率计算。

城市维护建设税纳税人的应纳税额大小是由纳税人实际缴纳的"两税"税额决定的，其计算公式为：

$$应纳税额＝纳税人实际缴纳的增值税、消费税税额之和×适用税率$$

【例题9-1】 某市区一家企业2020年1月应缴增值税80万元，实际缴纳增值税50万元，应缴消费税40万元，实际缴纳消费税30万元。计算该企业应纳的城市维护建设税税额。

解析：

应纳城市维护建设税税额＝（实际缴纳的增值税＋实际缴纳的消费税）×适用税率＝（50+30）×7%＝80×7%＝5.6（万元）

【例题9-2】 位于县城的某企业为增值税一般纳税人，该企业9月共缴纳增值税、消费税和关税626万元，其中关税100万元，进口缴纳的增值税和消费税340万元，请问该企业9月应缴纳的城市维护建设税为多少？

解析：

城市维护建设税以纳税人实际缴纳的增值税、消费税为计税依据；城市维护建设税具有进口不征、出口不退的规则，关税以及进口环节海关代征的增值税和消费税不计征城市维护建设税；纳税人所在地为市区的，税率为5%。因此

该企业应纳城市维护建设税＝（626-100-340）×5%＝9.3（万元）

（五）城市维护建设税税收优惠

城市维护建设税原则上不单独免减，但因城市维护建设税又具附加税性质，当主税发生减免时，城市维护建设税相应发生税收减免。城市维护建设税的税收减免具有以下几种情况：

（1）海关对进口货物或境外单位和个人向境内销售劳务、服务、无形资产代征的增值税、消费税、不征收城市维护建设税。

（2）对出口货物、劳务和跨境销售服务、无形资产以及因优惠政策退还增值税、消费税的，不退还已经缴纳的城市维护建设税。

（3）对"两税"实行先征后返、先征后退、即征即退办法的，除另有规定外，对随"两税"附征的城市维护建设税和教育费附加，一律不退（返）还。

（4）对个别缴纳城市维护建设税确有困难的企业和个人，由市县人民政府审批，酌情给予减免税照顾。

（5）为支持国家重大水利工程建设，对国家重大水利工程建设基金免征城市维护建设税。

（6）对新办的商贸企业（从事批发、批零兼售以及其他非零售业务的商贸企业除外），当年新招用下岗失业人员达到职工总数30%（含）以上，并与其签订1年以上期限劳动合同的，经劳动保障部门认定，税务机关审核，3年内免征城市维护建设税、教育费附加。

（7）对下岗失业人员从事个体经营（除建筑业、娱乐业以及广告业、桑拿、按摩、酒吧、氧吧外）的，自领取税务登记证之日起，3年内免征城市维护建设税、教育费附加。

（8）对为安置自谋职业的城镇退役士兵就业而新办的商业零售企业当年安置自谋职业的城镇退役士兵达到职工总数30%以上，并与其签订1年以上期限劳动合同的，经县以上民政部门认定，税务机关审核，3年内免征城市维护建设税。

根据国民经济和社会发展的需要，国务院对重大公共基础设施建设、特殊产业和群体以及重大突发事件应对等情形可以规定减征或者免征城市维护建设税，报全国人民代表大会常务委员会备案。

（六）城市维护建设税征收管理

1. 纳税环节

城市维护建设税的纳税义务发生时间与增值税、消费税的纳税义务发生时间一致，分别与增值税、消费税同时缴纳。城市维护建设税的纳税环节，实际就是纳税人缴纳"两税"的环节。纳税人只要发生"两税"的纳税义务，就要在同样的环节（进口环节除外），计算缴纳城市维护建设税。

2. 纳税期限

由于城市维护建设税是由纳税人在缴纳"两税"时同时缴纳的，所以其纳税期限分别与"两税"的纳税期限一致。增值税、消费税的纳税人的具体纳税期限，由主管税务机关根据纳税人应缴纳税额大小分别核定；不能按照固定期限纳税的，可以按次纳税。

3. 纳税地点

城市维护建设税以纳税人实际缴纳的增值税、消费税税额为计税依据，分别与"两税"同时缴纳。所以，纳税人缴纳"两税"的地点，就是该纳税人缴纳城市维护建设税的地点。但是，属于下列情况的，纳税地点为：

（1）代扣代缴、代收代缴"两税"的单位和个人，其城市维护建设税的纳税地点在代扣代缴地。

（2）跨省开采的油田，下属生产单位与核算单位不在一个省内的，其生产的原油，在油井所在地缴纳增值税，其应纳税款由核算单位计算汇拨油井所在地，由油井在缴纳增值税的同时，一并缴纳城建说。

（3）对流动经营等无固定纳税地点的单位和个人，应随同"三税"在经营地按适用税率缴纳。

城市维护建设税由税务机关依照《中华人民共和国城市维护建设税法》和《中华人民共和国税收征收管理法》的规定征收管理。纳税人、税务机关及其工作人员违反法律规定的，依照《中华人民共和国税收征收管理法》和有关法律法规的规定追究法律责任。

二、教育费附加

（一）教育费附加概述

教育费附加是对缴纳增值税、消费税的单位和个人，就其实际缴纳的税额为计算依据征收的一种附加费。

教育费附加是为加快地方教育事业、扩大地方教育经费的资金而征收的一项专用基金。1984年，国务院颁布了《关于筹措农村学校办学经费的通知》，开征了农村教育事业基本建设投资和教育经费，同时，充分调动企业、事业单位和其他各种社会力量办学的积极性，开辟多种渠道筹措经费。为此，国务院于1986年4月28日颁布了《征收教育附加的暂行规定》，决定从同年7月1日开始在全国范围内征收教育附加。2010年财政部下发了《关于统一地方教育附加政策有关问题的通知》，对各省、自治区、直辖市的地方教育附加进行了统一。

（二）教育附加的征收范围、纳费人

教育附加对缴纳增值税、消费税的单位和个人征收。因此，教育费附加的纳费人是负有"两税"义务的单位和个人。包括外商投资企业，外国企业及外籍个人。

（三）教育费附加计征比率

教育费附加计征比率曾几经发生变化。1986 年开征时，规定为 1%；1990 年 5 月《国务院关于修改〈征收教育费附加的暂行条例〉的决定》中规定为 2%；按照 1994 年 2 月 7 日《国务院关于教育费附加征收问题的紧急通知》的规定，现行教育费附加征收比率为 3%。但对生产卷烟和烟叶的单位减半征收教育费附加。

为贯彻落实《国家中长期教育改革和发展规划纲要（2010 年—2020 年）》，2010 年 11 月财政部制定实施了《关于统一地方教育附加有关问题的通知》，地方教育附加征收比率确定为 2%。

拓展资料

地方教育附加形成历史

地方教育附加不是全国统一开征的费种，其开征依据是《中华人民共和国教育法》（1995）第七章（教育投入与条件保障）第五十七条的规定：省、自治区、直辖市人民政府根据国务院的有关规定，可以决定开征用于教育的地方附加费，专款专用。

据此，内蒙古自治区政府于 1995 年 9 月 1 日开征地方教育费附加，辽宁省于 1999 年 1 月 1 日起开征，福建省于 2002 年 1 月 1 日起开征，征收率均为 1%。此后，陆续有省、直辖市开征地方教育费附加。

为贯彻落实《国家中长期教育改革和发展规划纲要（2010 年—2020 年）》，财政部下发了《关于统一地方教育附加政策有关问题的通知》（财综〔2010〕98 号）。财综〔2010〕98 号要求，各地统一征收地方教育附加，地方教育附加征收标准为单位和个人实际缴纳的增值税、营业税和消费税税额的 2%。已经报财政部审批且征收标准低于 2% 的省份，应将地方教育附加的征收标准调整为 2%。具体的开征时间由各省自己制定方案后于 2010 年 12 月 31 日前报财政部审批。文件下发后，全国已经有 20 多个省（自治区、直辖市）开征了地方教育附加。

（四）教育费附加的计算

教育费附加以纳税人实际缴纳的增值税、消费税的税额为计税依据，分别与增值税、消费税同时缴纳。其计算公式为：

应纳教育费附加＝实际缴纳的增值税、消费税税额之和×征收比率

【例题 9-3】 某市区一家企业 2020 年 1 月应缴增值税 60 万元，实际缴纳增值税 40 万元，应缴消费税 30 万元，实际缴纳消费税 20 万元。计算该企业应缴纳的教育费附加。

解析：

应缴纳教育费附加＝（实际缴纳的增值税＋实际缴纳的消费税）×征收比率

＝（40＋20）×3%＝60×3%＝1.8（万元）

（五）教育费附加的减免规定

教育费附加的减免，原则上比照增值税、消费税的减免规定。如果税法规定增值税、消费税减免，则教育费附加也就相应地减免，主要减免规定包括：

（1）对海关进口的产品征收的增值税、消费税，不征收教育费附加。

（2）对由于减免增值税、消费税而发生退税的，可同时退还已征收的教育费附加。但出口产品退还增值税、消费税的，不退还已征的教育费附加。

（3）对国家重大水利工程建设基金免征教育费附加。

（4）对实行增值税期末留抵退税的纳税人，允许其从教育费附加和地方教育附加的计税（征）依据中扣除退还的增值税税额。

需要注意的是，教育费附加和地方教育附加可以在计算应纳税所得额时在企业所得税前扣除。由于教育费附加和地方教育附加都不属于税，因此不适用《税收征收管理法》。

基础训练

一、单项选择题

1. 下列表述中，不正确的是（　　）。

A. 纳税人因违反增值税、消费税的有关规定而加收的滞纳金和罚款，不作为城市维护建设税的计税依据

B. 纳税人在被查补增值税、消费税和被处以罚款时，应同时对其城市维护建设税进行补税、征收滞纳金和罚款

C. 对出口产品退还增值税、消费税的，也要同时退还已经缴纳的城市维护建设税

D. 海关对进口产品代征的增值税、消费税，不征收城市维护建设税

2. 某企业本月实际缴纳增值税为50万元、消费税为10万元、契税6万元、房产税8万元。已知该企业适用的城市维护建设税税率为7%，该企业本月应当缴纳城市维护建设税（　　）万元。

A.（50+10+6）×7%＝4.62　　　　B.（50+10+6+8）×7%＝5.18

C.（50+10）×7%＝4.2　　　　　　D.（50+10+8）×7%＝4.76

3. 甲公司向税务机关应缴纳增值税10万元，实际缴纳增值税8万元，应缴纳消费税5万元，实际缴纳消费税4.5万元。已知适用的城市维护建设税税率为7%，计算甲公司当月应缴纳城市维护建设税的下列算式中，正确的是（　　）。

A.4.5×7%＝0.315（万元）　　　　B.（8+4.5）×7%＝0.875（万元）

C.10×7%＝0.7（万元）　　　　　　D.（10+5）×7%＝1.05（万元）

4. 根据城市维护建设税法律制度的规定，下列关于城市维护建设税税收优惠的表述中，不正确的是（　　）。

A. 对出口货物退还增值税的，可同时退还已缴纳的城市维护建设税

B. 海关对进口货物代征的增值税，不征收城市维护建设税

C. 对增值税实行先征后退办法的，除另有规定外，不予退还增值税附征的城市维护建设税

D. 对增值税实行即征即退办法的，除另有规定外，不予退还增值税附征的城市维护建设税

5. 甲公司向税务机关实际缴纳增值税70 000元、消费税50 000元；向海关缴纳进口环节增值税40 000元、消费税30 000元。已知城市维护建设税适用税率为7%，计算甲公司当月应缴纳城市维护建设税税额的下列算式中，正确的是（　　　）。

A. （70 000+50 000+40 000+30 000）×7% = 13 300 （元）

B. （70 000+40 000）×7% = 7 700 （元）

C. （50 000+30 000）×7% = 5 600 （元）

D. （70 000+50 000）×7% = 8 400 （元）

6. 甲企业本年9月被查补缴增值税20 000元、消费税10 000元、企业所得税40 000元，被加收的滞纳金为800元。该企业应补缴的城市维护建设税和教育费附加为（　　　）元。

A. 3 080　　　　　B. 5 000　　　　　C. 3 000　　　　　D. 7 000

二、多项选择题

1. 下列表述正确的是（　　　）。

A. 城市维护建设税的纳税期限应比照增值税、消费税的纳税期限，由税务机关根据应纳税额大小分别核定

B. 城市维护建设税纳税义务发生时间基本上与增值税、消费税纳税义务发生时间一致

C. 城市维护建设税不能按照固定期限缴纳的，可以按次缴纳

D. 代扣代缴增值税、消费税的单位和个人，以经营地为城市维护建设税的纳税地点

2. 下列关于教育费附加的规定，说法正确的有（　　　）。

A. 对纳税人进口货物海关代征的增值税、消费税，不作为教育费附加的计征依据

B. 对出口产品退还增值税、消费税的，可同时退还已征收的教育费附加

C. 现行教育费附加征收比率为3%

D. 教育费附加单独缴纳，不与增值税、消费税同时缴纳

3. 下列各项中，属于城市维护建设税纳税人的有（　　　）。

A. 实际缴纳增值税的私营企业　　　　　B. 实际缴纳增值税的合资企业

C. 实际缴纳消费税的国有企业　　　　　D. 实际缴纳消费税的个体工商户

4. 甲公司进口一批高档化妆品，对此业务的税务处理，下列说法不正确的是（　　　）。

A. 甲公司进口高档化妆品无须缴纳增值税

B. 甲公司进口高档化妆品无须缴纳消费税

C. 甲公司进口高档化妆品无须缴纳城市维护建设税

D. 甲公司进口高档化妆品无须缴纳关税

5. 下列对于城市维护建设税的减免税规定，表述正确的有（　　　）。

A. 对出口产品退还增值税、消费税的，一并退还已缴纳的城市维护建设税

B. 城市维护建设税属于增值税、消费税的附加税，原则上不单独规定税收减免条款

C. 海关对进口产品代征的增值税、消费税，不征收城市维护建设税

D. 对增值税、消费税实行先征后返、先征后退，即征即退办法的，除另有规定外，对随增值税、消费税附征的城市维护建设税，一律不予退（返）还。

三、判断题

1. 海关对进口产品代征的增值税消费税不作为征收城市维护建设税的计税依据。

2. 对出口产品退还增值税消费税的，同时退还已经缴纳的城市维护建设税。

3. 城市维护建设税以应缴的增值税、消费税为计税依据计算纳税。

4. 教育费附加是为加快地方教育事业、扩大地方教育经费的资金而征收的一种税。

5. 纳税人只要发生"两税"的纳税义务，就要在同样的环节，计算缴纳城市维护建设税。

技能训练

一、某县城一家日化公司 2020 年 9 月缴纳增值税 28 万元、消费税 6.8 万元。计算其应纳的城市维护建设税是多少？

二、某市区一家机械制造厂 2020 年 10 月应缴增值税 108 万元，实际缴纳增值税 98 万元，当月因购进两辆汽车自用，缴纳车辆购置税 2.6 万元，计算该厂应缴纳的城市维护建设税及教育费附加是多少？

三、某市税务机关稽查局于 2020 年 3 月 8 日对一家企业进行税务检查时发现下列问题：该企业 2019 年 7 月应纳增值税 50 万元，但未按规定缴纳城市维护建设税和教育费附加；为他人代开增值税专用发票 6 份，价款 18 万元。根据该情况，稽查局做出处罚决定：依法按规定补缴增值税、城市维护建设税和教育费附加，并加征滞纳金；按代开专用发票应纳增值税处 2 倍罚款。计算应查补的各项税款。

第二节　烟叶税法

问题导入

1. 烟叶税的含义、特征是什么？
2. 烟叶税的纳税人、征税范围、税率税法的相关规定是什么？
3. 烟叶税计税依据的法律确认原则是什么？
4. 烟叶税的征收管理还有那些需要改进的地方？

案例思考

某烟草公司（增值税一般纳税人）收购烟叶，支付烟叶生产者收购价款 100 万元，另外对烟农支付了价外补贴。

思考：

1. 支付烟叶收购者的收购价款是计税依据吗？
2. 对烟农支付的价格补贴按照法律规定应该是多少？
3. 烟叶税的计税依据应该如何确定？
4. 谁应缴纳烟叶税？应缴纳多少烟叶税？

一、烟叶税法概述

（一）烟叶税法的概念

烟叶税法是指国家制定的用以调整烟叶税征收与缴纳之间权利与义务关系的法律规范。

我国对烟叶这种特殊的产品一直实行专卖政策，对烟叶进行严格的管理。1994 年之前对烟叶征收产品税和工商统一税。1994 年，国务院颁布《关于对农业特产收入征收农业税的规定》，其中规定对烟叶征收农业特产税。2004 年 6 月，取消除烟叶以外的农业特产品税收，只对烟叶征税。2005 年 12 月 29 日，第十届全国人民代表大会常务委员会第十九次会议决定废止《中华人民共和国农业税条例》；2006 年 2 月 17 日，国务院废止了《关于对农业特产收入征收农业税的规定》，对烟叶征收的税收随之失去法律依据。

2006 年 4 月 28 日，国务院颁布了《中华人民共和国烟叶税暂行条例》（简称《烟叶税暂行条例》），开征烟叶税代替原来的烟叶农业特产税。依据税收法定原则，在整体税制框架不变的情况下，将《烟叶税暂行条例》上升为国家法律。2017 年 12 月 27 日第十二届全国人民代表大会常务委员会第三十次会议通过了《中华人民共和国烟叶税法》（以下简称《烟叶税法》），该法自 2018 年 7 月 1 日起实施。

（二）烟叶税的概念

烟叶税是向收购烟叶的单位征收的一种税。政府之所以开征烟叶税，主要基于以下原因：①开征烟叶税，可以保护地方利益，缓解县乡财政困难；②开征烟叶税，可以促进烟草行业的持续、健康发展；③开征烟叶税，可以调节农业生产者的收入水平；④开征烟叶税，可以保持烟草税制度的连续性、稳定性。

（三）烟叶税的特点

1. 寓禁于征，调节烟草消费

烟叶税是对烟叶收购单位征收的一种税，该税最终会转嫁到卷烟消费者头上，成为卷烟消费者的税收负担。因此，烟叶税有着调节烟草消费行为的作用。

2. 税收季节性强

烟叶的种植和生产具有明显的季节性，这种特征使得在收购环节征收的烟叶税也具有季节性特征。在烟叶集中收购时期，可以征收到绝大部分的烟叶税。

3. 税源集中

烟叶的生产地区比较固定，能征收烟叶税的地区也比较集中。南方烟区（云贵地区，川内凉山、甘孜、阿坝地区）约占 80%，黄淮烟区（湖南、湖北、浙江）约占 14%，北方烟区约占 6%。

4. 征收管理成本低

首先，烟叶税的纳税人相对较少，纳税人为有权收购烟叶的烟草公司或者其委托收购烟叶的单位，而不是分散在多处的烟农；其次，纳税人控制管理严格，中国的烟草实行专卖制度，烟草公司设立规范、资质完善。最后，纳税人一般有着健全的会计核算体系，便于税款的监督和计算。

二、烟叶税的纳税人、征收范围

（一）烟叶税纳税人

烟叶税的纳税人为在中华人民共和国境内收购烟叶的单位。因为我国实行烟草专卖制度，因此烟叶税的纳税人具有特定性，一般是有权收购烟叶的烟草公司或者受其委托收购烟叶的单位。

按照《烟草专卖法》查处没收的违法收购的烟叶，由收购罚没的单位按照购买金额计算缴纳烟叶税。

（二）烟叶税征税范围

烟叶税的征税范围为烟叶。包括晾晒烟叶、烤烟叶。晾晒烟叶包括列入晾晒烟名录的晾晒烟叶和未列入晾晒烟名录的其他晾晒烟叶。

三、烟叶税税率

烟叶税实行比例税率，税率为 20%。

四、烟叶税应纳税额的计算

（一）烟叶税计税依据

烟叶税的计税依据是纳税人收购烟叶实际支付的价款总额，包括纳税人支付给烟叶生产销售单位和个人的烟叶收购价款和价外补贴。其中，价外补贴统一按烟叶收购价款的 10% 计算。

价款总额的计算公式为：

$$价款总额 = 收购价款 \times （1+10\%）$$

（二）烟叶税应纳税额的计算

烟叶税的应纳税额按照纳税人收购烟叶实际支付的价款总额乘以适用税率计算。

烟叶税应纳税额的计算公式为：

$$应纳税额 = 价款总额 \times 税率$$
$$= 收购价款 \times （1+10\%） \times 税率$$

【例题 9-4】某烟草公司（增值税一般纳税人）收购烟叶，支付烟叶生产者收购价款 100 万元，另外对烟农支付了价外补贴，则其应缴纳的烟叶税为多少？

解析：

烟草公司收购烟叶，按照支付烟叶生产者收购价款及价外补贴计算烟叶税，对价外补贴统一暂按烟叶收购价款的 10% 计入收购金额征税，所以

$$应纳烟叶税 = 100 \times （1+10\%） \times 20\% = 22 （万元）$$

五、烟叶税的征收管理

烟叶税由税务机关依照《烟叶税法》和《税收征收管理法》的有关规定征收管理。

（一）烟叶税纳税义务发生时间

烟叶税的纳税义务发生时间为纳税人收购烟叶的当日，具体指纳税人向烟叶销售者付讫收购烟叶款项或者开具收购烟叶凭证的当日。烟叶税在烟叶收购环节征收。纳税人收购烟叶即发生纳税义务。

（二）烟叶税的纳税期限

烟叶税按月计征，纳税人应当于纳税义务发生月终了之日起 15 日内申报并缴纳税款。具

体纳税期限由主管税务机关核定。

（三）烟叶税的纳税地点

纳税人收购烟叶，应当向烟叶收购地的主管税务机关（指县级税务局或者其所指定的税务分局、所）申报纳税。

基础训练

一、选择题

1. 烟叶税实行比例税率，税率为(　　)。
A. 10%　　　　　B. 15%　　　　　C. 20%　　　　　D. 30%

2. 某公司本年4月收购烟叶100 000千克，烟叶收购价格为10元/千克，收购价款为1 000 000元，另向烟农支付了价外补贴80 000元。该公司当月应缴纳的烟叶税为(　　)元。
A. 220 000　　　B. 108 000　　　C. 110 000　　　D. 216 000

3. 烟叶税由(　　)征收管理
A. 税务机关　　　B. 工商机关　　　C. 财政机关　　　D. 海关

4. 烟叶税的计算公式为(　　)。
A. 应纳税额=烟叶收购价款×税率
B. 应纳税额=纳税人收购烟叶实际支付的价款总额（烟叶收购价款总额）×税率
C. 应纳税额=烟叶收购价款×征收率
D. 应纳税额=纳税人收购烟叶实际支付的价款总额（烟叶收购价款总额）×征收率

5. 烟叶税的计税依据为(　　)。
A. 纳税人实际支付的价款总额　　　　B. 支付给烟叶销售者的烟叶收购价款
C. 支付给烟叶销售者的价格补贴　　　D. 收购烟叶的数量

6. 《中华人民共和国烟叶税法》实施的时间是(　　)。
A. 2017年1月1日　　B. 2017年7月1日　　C. 2018年1月1日　　D. 2018年7月1日

7. 根据烟叶税法律制度的规定，下列各项中，属于营业税征税范围的有(　　)。
A. 晾晒烟叶　　　B. 卷烟　　　C. 烟丝　　　D. 烤烟叶

二、判断题

1. 烟叶税是对购买卷烟的消费者征收的一种税，卷烟消费者是最终的税收负担者。

2. 按照《烟草专卖法》查处没收的违法收购的烟叶，由收购罚没的单位按照购买金额计算缴纳烟叶税。

3. 烟叶税的计税依据是纳税人收购烟叶实际支付的价款总额，包括纳税人支付给烟叶生产销售单位和个人的烟叶收购价款和价外补贴。

4. 烟叶税在烟叶收购环节征收。纳税人收购烟叶即发生纳税义务。

5. 烟叶税按年计征，按月预缴。

6. 纳税人收购烟叶，应当向烟叶收购地的主管税务机关申报纳税。

技能训练

一、某烟草公司（增值税一般纳税人）收购烟叶，支付烟叶生产者收购价款30 000元，另支付烟叶种植者一定数量的价外补贴，货款全部付清。请问该烟草公司该笔业务应该缴纳的烟叶税是多少?

答案: 烟草公司收购烟叶, 按照支付烟叶生产者收购价款及价外补贴计算烟叶税, 对价外补贴统一暂按烟叶收购价款的10%计入收购金额征税, 所以,

应纳烟叶税=30 000× (1+10%) ×20%=6 600 (元)

二、甲市某烟草公司2020年5月11日来到乙县收购烟叶, 当天烟农把烟叶交付给烟草公司, 5月12日烟草公司支付100万元的收购价款, 另对烟农支付10万元的价外补贴。根据案情回答下列问题: (1) 烟叶税的计税依据为多少? (2) 烟叶税的应纳税额为多少? (3) 烟草公司的纳税义务发生时间是哪天? (4) 烟草公司应向何处的税务机关申报纳税?

第三节　印花税法

问题导入

1. 什么是印花税? 其特征有哪些?
2. 对于印花税的纳税人和征税范围税法是怎样规定的?
3. 印花税的计税依据、法律确认原则是什么?
4. 印花税税收优惠政策对纳税人的意义是什么?

案例思考

某公司于2020年5月成立, 注册资本为4 000 000元。成立时, 领取工商营业执照、房产证、商标注册证、土地使用证、基本存款账户开户许可证各1件, 建立资金账簿1本、其他账簿10本; 当月与乙公司签订商品销售合同, 货款不含税金额为220 000元, 由某公司负责运输; 当月与丙运输公司签订运输合同, 合同金额为23 000元, 其中运费18 000元、装卸费5 000元。

思考:

1. 有哪些证照以件数为计税依据计算缴纳印花税?
2. 销售合同是否缴纳印花税?
3. 运输合同是否缴纳印花税, 计税依据是多少?
4. 对纳税人设立的资金账簿如何计征印花税?

一、印花税法概述

(一) 印花税法的概念

印花税法是指国家制定的用以调整印花税征收与缴纳权利及义务关系的法律规范。印花税是中国效仿西方国家税制的第一个税种, 从光绪十五年 (1889年) 开始, 清政府就多次打算开征印花税。我国印花税开征于1912年北洋军阀政府时期, 后历经多次改革变化。现行印花税法的基本规范, 是1988年8月6日国务院发布并于同年10月1日实施的《中华人民共和国印花税暂行条例》 (以下简称《印花税暂行条例》) 以及同年9月财政部制定的《中华人民共和国印花税暂行条例实施细则》。1992年, 国家统一规定对沪深两市证券交易征收印

花税，经过多次政策调整，目前证券交易印花税按 1‰ 的税率对出让方征收。

2018 年 11 月财政部发布了关于《中华人民共和国印花税法（征求意见稿）》公开征求意见的通知，向社会公开征求意见。《中共中央关于全面深化改革若干重大问题的决定》提出"落实税收法定原则"，制定印花税法是重要任务之一，已列入全国人大常委会和国务院立法工作计划。制定印花税法，有利于完善印花税法律制度，增强其科学性、稳定性和权威性，有利于构建适应社会主义市场经济需要的现代财税制度，有利于深化改革开放和推进国家治理体系和治理能力现代化。目前关于《中华人民共和国印花税法（征求意见稿）》通过各种媒介公布，作者参阅了征求意见稿的规定，对印花税的内容进行写作。

（二）印花税的概念和特点

1. 印花税的概念

印花税是以经济活动和经济交往中，书立、领受应税凭证的行为为征税对象征收的一种税。印花税因其采用在应税凭证上粘贴印花税票的方法缴纳税款而得名。

2. 印花税的特点

（1）税源广泛，征收普遍。凡税法列举的合同或具有合同性质的凭证、产权转移书据、营业账簿及权利、许可证照等，都必须依法缴纳印花税。印花税涉及经济活动的各个领域和各个环节，充分体现了税源的广泛性和征收的普遍性。

（2）税率极低，税负从轻。印花税采用从价定率和从量定额进行征收，比例税率最高为 1%、最低为 0.5‰，按定额税率征税每件只有 5 元。同时采用自行贴花、汇贴或汇缴和委托代征 3 种纳税办法。与其他税种相比，印花税税负极低，计算方便，易为征纳双方所接受。

拓展资料

印花税的起源

公元 1624 年，荷兰政府发生经济危机，财政困难。当时执掌政权的统治者摩里斯（Maurs）为了解决财政上的需要，拟提出要用增加税收的办法来解决支出的困难。印花税的设计者可谓独具匠心。他观察到人们在日常生活中使用契约、借贷凭证之类的单据很多，连绵不断，所以，一旦征税，税源将很大；而且，人们还有一个心理，认为凭证单据上由政府盖个印，就成为合法凭证，在诉讼时可以有法律保障，因而对交纳印花税也乐于接受。正是这样，印花税被资产阶级经济学家誉为税负轻微、税源畅旺、手续简便、成本低廉的"良税"。英国的哥尔柏（Kolebe）说过："税收这种技术，就是拔最多的鹅毛，听最少的鹅叫。"印花税就是具有"听最少鹅叫"的税种。从 1624 年世界上第一次在荷兰出现印花税后，由于印花税"取微用宏"，简便易行，欧美各国竞相效法。丹麦在 1660 年、法国在 1665 年、美国在 1671 年、奥地利在 1686 年、英国在 1694 年先后开征了印花税。它在不长的时间内，就成为世界上普遍采用的一个税种，在国际上盛行。

资料来源：搜狐 www.sohu.com/a/329182409_1201.

二、印花税纳税义务人、征税范围

（一）印花税的纳税人

印花税的纳税义务人，是在中国境内书立、使用、领受印花税法所列举的凭证并应依法履行纳税义务的单位和个人。所称单位和个人，是指国内各类企业、事业、机关、团体、部队以及中外合资企业、合作企业、外资企业、外国公司和其他经济组织及其在华机构等单位和个人。上述单位和个人，按照书立、使用、领受应税凭证的不同，可以分别确定为立合同人、立据人、立账簿人、领受人和使用人。

1. 立合同人

指合同的当事人。当事人是指对凭证有直接权利义务关系的单位和个人，但不包括合同的担保人、证人、鉴定人。各类合同的纳税人是立合同人。各类合同，包括购销、加工承揽、建设工程承包、财产租赁、货物运输、仓储保管、借款、财产保险、技术合同或者具有合同性质的凭证。当事人的代理人有代理纳税的义务，与纳税人负有同等的税收法律义务和责任。

2. 立据人

产权转移书据的纳税人是立据人。是指土地、房屋权属转移过程中买卖双方的当事人。

3. 立账簿人

营业账簿的纳税义务人是立账簿人。所谓立账簿人，指设立并使用营业账簿的单位和个人。例如，企业单位因生产、经营需要，设立了营业账簿，该企业即为纳税人。

4. 领受人

权利、许可证照的纳税人是领受人。领受人，是指领取或接受并持有该项凭证的单位和个人。例如，某人因其发明创造，经申请依法取得国家专利机关颁发的专利证书，该人即为纳税人。

5. 使用人

在国外书立、领受，但在国内使用的应税凭证，其纳税人是使用人。

6. 各类电子应税凭证的签订人

即以电子形式签订的各类应税凭证的当事人。

证券登记结算机构为证券交易印花税的扣缴义务人。

值得注意的是，对应税凭证，凡由两方或两方以上当事人共同书立的，其当事人各方都是印花税的纳税人，应各就其所持凭证的计税金额各自纳税。

（二）印花税的征税范围

印花税对列举的凭证征收，没有列举的不征收。印花税具体征收范围分为以下 5 大类：

（1）经济合同，包括购销、加工承揽、建设工程承包、财产租赁、货物运输、仓储保管、借款、财产保险、技术等合同或具有合同性质的凭证。

（2）产权转移书据，包括财产所有权、版权、商标专用权、专利权、专有技术使用权等转移书据。

（3）营业账簿，包括单位和个人从事生产经营活动所设立的各种账册，即记载资金的账簿和其他账簿。

（4）权利、许可证照，包括房屋产权证、工商营业执照、商标注册证、专利证、土地使用证。

（5）财政部确定征收的其他凭证。

需要说明的是：目前同一性质的凭证名称各异、不统一，但不论以何种形式或名称书立，只要其性质属于税法中列举的征税范围，均应照章征税。有些业务部门将货物运输、仓储保管、银行借款、财产保险等单据作为合同使用的，应按合同凭证纳税。

拓展思维

意向性协议是否征收印花税？

解答：根据税法规定，对某些经济事项，先订立意向性协议，然后签订正式合同的，其意向性协议可不贴花，待签订正式合同时按规定贴花。但以意向性协议作为正式合同使用的，或不能确定将来是否签订正式合同的，应就其意向性协议贴花。

资料来源：国家税务总局网站　http://www.chinatax.gov.cn/

三、印花税税目与税率

（一）税目

印花税的税目，指印花税法明确规定的应当纳税的项目，它具体划定了印花税的征税范围。一般地说，列入税目的就要征税，未列入税目的就不征税。印花税的征税范围为书面形式的合同、产权转移书据、营业账簿和权利、许可证照，以及上市交易或者挂牌转让的公司股票和以股票为基础发行的存托凭证。

（1）购销合同。

包括供应、预购、采购、购销、协作、调剂、补偿、贸易等合同。此外，还包括出版单位与发行单位之间订立的图书、报纸、期刊和音像制品的应税凭证，例如订购单、订数单等。还包括发电厂与电网之间、电网与电网之间（国家电网公司系统、南方电网公司系统内部各级电网互供电量除外）签订的购销电合同。但是，电网与用户之间签订的供用电合同不属于印花税列举征税的凭证，不征收印花税。

（2）加工承揽合同。

包括加工、定做、修缮、修理、印刷、广告、测绘、测试等合同。

（3）建设工程勘察设计合同。

包括勘察、设计合同。

（4）建筑安装工程承包合同。

包括建筑、安装工程承包合同。承包合同，包括总承包合同分包合同和转包合同。

（5）财产租赁合同。

包括租赁房屋，船舶、飞机、机动车辆、机械、器具、设备等合同，还包括企业、个人出租门店、柜台等签订的合同。

（6）货物运输合同。

包括民用航空、铁路运输、海上运输、公路运输和联运合同，以及作为合同使用的单据。

（7）仓库保管合同。

包括仓储、保管合同，以及作为合同使用的仓单、栈单等。

（8）借款合同。

银行及其他金融组织与借款人（不包括银行同业拆借）所签订的合同（包括融资租赁合同），以及只填开借据并作为合同使用、取得银行借款的借据。

（9）财产保险合同。

包括财产、责任、保证、信用保险合同，以及作为合同使用的单据。财产保险合同，分为企业财产保险、机动车辆保险、货物运输保险、家庭财产保险（家庭财产两全保险）和农牧业保险五大类。

（10）技术合同。

包括技术开发、转让、咨询、服务等合同，以及作为合同使用的单据。

技术转让合同，包括专利申请权转让、专利实施许可和非专利技术转让。

技术咨询合同，是当事人就有关项目的分析、论证、预测和调查订立的技术合同。但一般的法律、会计、审计等方面的咨询不属于技术咨询，其所立合同不贴印花。

技术服务合同，是当事人一方委托另一方就解决有关特定技术问题，如为改进产品结构、改良工艺流程、提高产品质量、降低产品成本、保护资源环境、实现安全操作、提高经济效益等提出实施方案，实施所订立的技术合同，包括技术服务合同、技术培训合同和技术中介合同。但不包括常规手段或者为生产经营目的进行一般加工、修理、修缮、广告、印刷、测绘、标准化测试，以及勘察、设计等所书立的合同。

（11）产权转移数据。

所称产权转移书据，是指单位和个人产权的买卖、继承、赠与、交换、分割等所立的书据；经政府管理机关登记注册的动产、不动产的所有权转移所立的书据，以及企业股权转让所立的书据。包括财产所有权和版权、商标专用权、专利权、专有技术使用权等转移书据。土地使用权出让合同、土地使用权转让合同、商品房销售合同等权利转移合同。

（12）营业账簿。

指单位或者个人记载生产经营活动的财务会计核算账簿。营业账簿按其反映内容的不同，可分为记载资金的账簿和其他账簿。

记载资金的账簿，是指反映生产经营单位资本金数额增减变化的账簿。其他账簿，是指除上述账簿以外的有关其他生产经营活动的内容的账簿，包括日记账簿和各明细分类账簿。

（13）权利、许可证照。

包括政府部门发给的房屋产权证、工商营业执照、商标注册证、专利证、土地使用证。

（14）证券交易。

证券交易是指在依法设立的证券交易所上市交易或者在国务院批准的其他证券交易场所转让公司股票和以股票为基础发行的存托凭证。

（15）纳税人以电子形式签订的各类应税凭证，按规定征收印花税。

拓展思维

机动车交通事故强制责任保险（交强险）是否需要缴纳印花税？

解答：根据《中华人民共和国印花税暂行条例》（国务院令第11号）《印花税税目税率表》规定，财产保险合同印花税征税范围包括财产、责任、保证、信用等保险合同。立合同人按保险费收入千分之一贴花。单据作为合同使用的，按合同贴花。交强险属于财产保险，应按上述规定缴纳印花税。

资料来源：国家税务总局网站 http://www.chinatax.gov.cn/

（二）印花税的税率

印花税的税率设计，遵循"税负从轻、共同负担"的原则，所以，税率比较低。印花税的税率有两种形式，即比例税率和定额税率。

1. 比例税率

在印花税的税目中，各类合同以及具有合同性质的凭证（含以电子形式签订的各类应税凭证）、产权转移书据、营业账簿中记载资金的账簿，适用比例税率，为四个档次，分别是 0.05‰、0.3‰、0.5‰、1‰。其中，通用 0.05‰ 税率的为 "借款合同"；适用 0.3‰ 税率的为 "购销合同""建筑安装工程承包合同""技术合同"；适用 0.5‰ 税率的为 "加工承揽合同""建筑工程勘察设计合同""货物运输合同""产权转移书据"，以及 "营业账簿" 税目中记载资金的账簿（自 2018 年 5 月 1 日起，按 0.5‰ 减半征收印花税）；适用 1‰ 税率的为 "财产租赁合同""仓储保管合同""财产保险合同"。

2. 定额税率

在印花税的税目中，"权利、许可证照" 和 "营业账簿" 税目中的其他账簿，适用定额税率，均为按件贴花，税额为每件 5 元。这样的规定主要是考虑到上述应税凭证比较特殊，有的是无法计算金额的凭证，例如 "权利、许可证照"；有的是虽记载金额，但以其作为计税依据又明显不合理的凭证，例如 "营业账簿" 税目中的其他账簿。采用定额税率，便于纳税人缴纳，便于税务机关征管。

表 9-1　印花税税目税率表

税目		税率	备注
合同	买卖合同	支付价款的万分之三	指动产买卖合同
	借款合同	借款金额的万分之零点五	指银行业金融机构和借款人（不包括银行同业拆借）订立的借款合同
	融资租赁合同	租金的万分之零点五	
	租赁合同	租金的千分之一	
	承揽合同	支付报酬的万分之三	
	建设工程合同	支付价款的万分之三	
	运输合同	运输费用的万分之五	指货运合同和多式联运合同（不包括管道运输合同）
	技术合同	支付价款、报酬或者使用费的万分之三	
	保管合同	保管费的千分之一	
	仓储合同	仓储费的千分之一	
	财产保险合同	保险费的千分之一	不包括再保险合同

续表

税目		税率	备注
产权转移书据	土地使用权出让和转让书据；房屋等建筑物、构筑物所有权、股权（不包括上市和挂牌公司股票）、商标专用权、著作权、专利权、专有技术使用权转让书据	支付价款的万分之五	
权利、许可证照	不动产权证书、营业执照、商标注册证、专利证书	每件五元	
营业账簿		实收资本（股本）、资本公积合计金额的万分之二点五	
证券交易		成交金额的千分之一	对证券交易的出让方征收，不对证券交易的受让方征收

四、印花税应纳税额的计算

（一）印花税计税依据

1. 印花税计税依据的一般规定

印花税的计税依据为各种应税凭证上所记载的计税金额。具体规定为：

（1）购销合同的计税依据为合同记载的购销金额。

（2）加工承揽合同的计税依据是加工或承揽收入的金额。

①对于由受托方提供原材料的加工、定做合同，凡在合同中分别记载加工费金额和原材料金额的，应分别按"加工承揽合同""购销合同"计税。两项税额相加数，即为合同应贴印花；若合同中未分别记载，则应就全部金额依照加工承揽合同计税贴花。

②对于由委托方提供主要材料或原料，受托方只提供辅助材料的加工合同，无论加工费和辅助材料金额是否分别记载，均以辅助材料与加工费的合计数，依照加工承揽合同计税贴花。对委托方提供的主要材料或原料金额不计税贴花。

（3）建设工程勘察设计合同的计税依据为收取的费用。

（4）建筑安装工程承包合同的计税依据为承包金额。

（5）财产租赁合同的计税依据为租赁金额；经计算税额不足 1 元的，按 1 元贴花。

（6）货物运输合同的计税依据为取得的运费金额（即运输收入），不包括所运货物的金额、装卸费和保险费等。

（7）仓库保管合同的计税依据为收取的仓储保管费用。

（8）借款合同的计税依据为借款金额。

（9）财产保险合同的计税依据为支付（收取）的保险费，不包括所保财产的金额。

（10）技术合同的计税依据为合同所载的价款、报酬或使用费。

（11）产权转移书据的计税依据为所载金额。

（12）营业账簿税目中记载资金的账簿的计税依据为"实收资本"与"资本公积"两项的合计金额。实收资本，包括现金、实物、无形资产和材料物资。资本公积，包括接受捐赠、法定财产重估增值、资本折算差额、资本溢价等。

其他账簿的计税依据为应税凭证件数。

（13）权利、许可证照的计税依据为应税凭证件数。

（14）证券交易的计税依据，为成交金额。以非集中交易方式转让证券时无转让价格的，按照办理过户登记手续前一个交易日收盘价计算确定计税依据；办理过户登记手续前一个交易日无收盘价的，按照证券面值计算确定计税依据。

应税合同和应税产权转移书据的计税依据，不包括增值税税款；合同和产权转移书据中价款或者报酬与增值税税款未分开列明的，按照合计金额确定。

2. 印花税计税依据的特殊规定

（1）上述凭证以"金额""收入""费用"作为计税依据的，应当全额计税，不得做任何扣除。

（2）同一凭证，载有两个或两个以上经济事项而适用不同税目税率，如分别记载金额的，应分别计算应纳税额，相加后按合计税额贴花；如未分别记载金额的，按税率高的计税贴花。

（3）按金额比例贴花的应税凭证，未标明金额的，应按照凭证所载数量及国家牌价计算的金额作为计税依据；没有国家牌价的，按市场价格计算的金额作为计税依据。

（4）应税凭证所载金额为外国货币的，应按照凭证书立当日根据外汇牌价折合成人民币作为计税依据。

（5）纳税人有以下情形之一的，税务机关可以核定纳税人印花税计税依据：

①未按规定建立印花税应税凭证登记簿，或未如实登记和完整保存应税凭证的；

②拒不提供应税凭证或不如实提供应税凭证致使计税依据明显偏低的；

③采用按期汇总缴纳办法的，未按税务机关规定的期限报送汇总缴纳印花税情况报告，经税务机关责令限期报告，逾期仍不报告的或者税务机关在检查中发现纳税人有未按规定汇总缴纳印花税情况的。

（二）应纳税额的计算方法

印花税应纳税额按照下列方法计算：

（1）应税合同的应纳税额为价款或者报酬乘以适用税率；

（2）应税产权转移书据的应纳税额为价款乘以适用税率；

（3）应税营业账簿的应纳税额为实收资本（股本）、资本公积合计金额乘以适用税率；

（4）应税权利、许可证照的应纳税额为适用税额；

（5）证券交易的应纳税额为成交金额或者按照法律规定计算确定的计税依据乘以适用税率。

总之，纳税人的应纳税额，根据应纳税凭证的性质，分别按比例税率或者定额税率计算，其计算公式为可以概括为：

$$应纳税额 = 应税凭证计税金额（或件数）× 适用税率（单位税额）$$

应纳税额不足1角的，免纳印花税；1角以上的，其税额尾数不满5分的不计，满5分的按1角计算。

【例题 9-5】某公司于 2019 年 5 月成立，注册资本为 4 000 000 元。成立时，领取工商营业执照、房产证、商标注册证、土地使用证、基本存款账户开户许可证各 1 件，建立资金账簿 1 本、其他账簿 10 本；当月与乙公司签订商品销售合同，货款不含税金额为 220 000 元，由某公司负责运输；当月与丙运输公司签订运输合同，合同金额为 23 000 元，其中运费 18 000 元、装卸费 5 000 元。已知购销合同的印花税税率为 0.3‰，资金账簿及运输合同的印花税税率为 0.5‰，权利、许可证照的定额税率为每件 5 元。

计算某公司的应纳印花税。

解析：

工商营业执照、房产证、商标注册证、土地使用证 4 种权利许可证照，以件数为计税依据。从 2018 年 5 月 1 日起，对纳税人设立的资金账簿按实收资本和资本公积合计金额征收的印花税减半，对按件征收的其他账簿免征印花税。

权利许可证照应纳印花税 = 4×5 = 20（元）

销售合同应纳印花税 = 220 000×0.3‰ = 66（元）

运费应纳印花税 = 18 000×0.5‰ = 9（元）

资金账簿应纳印花税 = 4 000 000×0.5‰×0.5 = 1 000（元）

应纳印花税合计 = 20+66+9+1 000 = 1 095（元）

五、印花税的税收优惠

（一）印花税免税项目的一般规定

（1）应税凭证的副本或者抄本，免征印花税；

（2）农民、农民专业合作社、农村集体经济组织、村民委员会购买农业生产资料或者销售自产农产品订立的买卖合同和农业保险合同，免征印花税；

（3）无息或者贴息借款合同、国际金融组织向我国提供优惠贷款订立的借款合同、金融机构与小型微型企业订立的借款合同，免征印花税；

（4）财产所有权人将财产赠与政府、学校、社会福利机构订立的产权转移书据，免征印花税；

（5）军队、武警部队订立、领受的应税凭证，免征印花税；

（6）转让、租赁住房订立的应税凭证，免征个人（不包括个体工商户）应当缴纳的印花税；

（7）国务院规定免征或者减征印花税的其他情形。

（二）印花税的补充免税

（1）个人销售或购买住房，以及对个人出租、承租住房签订的租赁合同。

（2）期货保障基金公司新设立的资金账簿、期货保障基金参加被处置期货公司的财产清算而签订的产权转移书据，以及期货保障基金以自有财产和接受的受偿资产与保险公司签订的财产保险合同等。但对上述应税合同和产权转移书据的其他当事人，照章征收印花税。

（3）企业集团内部执行计划使用的、不具有合同性质的凭证。但对企业集团内具有平等法律地位的主体之间自愿订立、明确双方购销关系、据以供货和结算、具有合同性质的凭证，应按规定征收印花税。

（4）与高校学生签订的高校学生公寓租赁合同。

（5）商品储备管理公司及其直属库资金账簿，以及对其承担商品储备业务过程中书立的购销合同。但对合同其他各方当事人应缴纳的印花税照章征收。

（6）廉租住房、经济适用住房经营管理单位与廉租住房、经济适用住房，以及廉租住房承租人、经济适用住房购买人涉及的合同。开发商在经济适用住房、商品住房项目中配套建造廉租住房，在商品住房项目中配套建造经济适用住房，如能提供政府部门出具的相关材料，可按廉租住房、经济适用住房建筑面积占总建筑面积的比例免征印花税。

（7）2018年5月起纳税人设立的资金账簿按实收资本和资本公积合计金额减半征收印花税，对按件征收的其他账簿免征印花税。

（三）印花税的暂免税项目

（1）农林作物、牧业畜类保险合同。

（2）书、报、刊发行单位之间，发行单位与订阅单位、个人之间书立的凭证。

（3）投资者买卖证券投资基金单位。

（4）经国务院和省级人民政府决定或批准进行政企脱钩、对企业（集团）进行改组和改变管理体制、变更企业隶属关系、国有企业改制、盘活国有企业资产，发生的国有股权无偿划转行为。

（5）个人销售、购买住房。

（四）特殊货运凭证免税

（1）军事物资运输凭证，即附有军事运输命令或使用专用的军事物资运费结算凭证。

（2）抢险救灾物资运输凭证，即附有县级以上（含县级）人民政府抢险救灾物资运输证明文件的运费结算凭证。

（3）新建铁路的工程临管线运输凭证，即为新建铁路运输施工所需物料，使用工程临管线专用的运费结算凭证。

六、印花税的征收管理

（一）纳税义务发生时间

印花税纳税义务发生时间为纳税人订立、领受应税凭证或者完成证券交易的当日。具体是指在合同签订、账簿启用和证照领受时贴花。对实行印花税汇总缴纳的单位，缴款期限最长不超过1个月。证券交易印花税扣缴义务发生时间为证券交易完成的当日。如果合同是在国外签订，并且不便在国外贴花的，应在将合同带入境时办理贴花纳税手续。

（二）纳税方式

《暂行条例》规定，印花税实行纳税人购买并在应税凭证上粘贴印花税票的缴纳办法，应纳税额较大或者贴花次数频繁的，纳税人可以采取按期申报纳税方式。在实际执行中，由于印花税票保管成本高，贴花纳税不方便，纳税人大多选择汇总申报纳税，较少采用贴花纳税。同时，随着现代信息技术发展，出现了大量电子凭证，难以再采用贴花的纳税方式。为降低征管成本、提升纳税便利度，并适应电子凭证发展需要，《征求意见稿》规定，印花税统一实行申报纳税方式，不再采用贴花的纳税方式。证券交易印花税仍按现行规定，采取由证券登记结算机构代扣代缴方式。

具体规定是：单位纳税人应当向其机构所在地的主管税务机关申报缴纳印花税；个人纳税人应当向应税凭证订立、领受地或者居住地的税务机关申报缴纳印花税。纳税人出让或者转让不动产产权的，应当向不动产所在地的税务机关申报缴纳印花税。证券交易印花税的扣缴义务人应当向其机构所在地的主管税务机关申报缴纳扣缴的税款。

印花税按季、按年或者按次计征。实行按季、按年计征的，纳税人应当于季度、年度终了之日起十五日内申报并缴纳税款。实行按次计征的，纳税人应当于纳税义务发生之日起十五日内申报并缴纳税款。

证券交易印花税按周解缴。证券交易印花税的扣缴义务人应当于每周终了之日起五日内申报解缴税款及孳息。

拓展资料：回顾《印花税暂行条例》中规定的印花税纳税方式

1. 自行贴花办法

这种办法，一般适用于应税凭证较少或者贴花次数较少的纳税人。纳税人书立、领受或者使用印花税法列举的应税凭证的同时，纳税义务即已产生，应当根据应纳税凭证的性质和适用的税目税率，自行计算应纳税额，自行购买印花税票，自行一次贴足印花税票并加以注销或划销，纳税义务才算全部履行完毕。值得注意的是，纳税人购买了印花税票，支付了税款，国家就取得了财政收入。但就印花税来说，纳税人支付了税款并不等于已履行了纳税义务。纳税人必须自行贴花并注销或划销，这样才算完整地完成了纳税义务。这也就是通常所说的"三自"纳税办法。

对已贴花的凭证，修改后所载金额增加的，其增加部分应当补贴印花税票。凡多贴印花税票者，不得申请退税或者抵用。

2. 汇贴或汇缴办法

这种办法，一般适用于应纳税额较大或者贴花次数频繁的纳税人。

一份凭证应纳税额超过 500 元的，应向当地税务机关申请填写缴款书或者完税证，将其中一联粘贴在凭证上或者由税务机关在凭证上加注完税标记代替贴花。这就是通常所说的"汇贴"办法。

同一种类应纳税凭证，须频繁贴花的，纳税人可以根据实际情况自行决定是否采用按期汇总缴纳印花税的方式，汇总缴纳的期限为 1 个月。采用按期汇总缴纳方式的纳税人应事先告知主管税务机关。缴纳方式一经选定，1 年内不得改变。凡汇总缴纳印花税的凭证，应加注税务机关指定的汇缴戳记、编号并装订成册后，将已贴印花或者缴款书的一联黏附册后，盖章注销，保存备查。

3. 委托代征办法

这一办法主要是通过税务机关的委托，经由发放或者办理应纳税凭证的单位代为征收印花税税款。税务机关应与代征单位签订代征委托书。代征单位，是指发放权利、许可证照的单位和办理凭证的鉴证、公证及其他有关事项的单位。

资料来源：搜狐 https：//www.sohu.com/a/406850090_ 120134461？_ f=index_ pagefocus_ 5

（三）纳税期限

印花税按季、按年或者按次计征。实行按季、按年计征的，纳税人应当于季度、年度终了之日起十五日内申报并缴纳税款。实行按次计征的，纳税人应当于纳税义务发生之日起十五日内申报并缴纳税款。

证券交易印花税按周解缴。证券交易印花税的扣缴义务人应当于每周终了之日起五日内申报解缴税款及孳息。

已缴纳印花税的凭证所载价款或者报酬增加的，纳税人应当补缴印花税；已缴纳印花税的凭证所载价款或者报酬减少的，纳税人可以向主管税务机关申请退还印花税税款。

证券交易印花税的纳税人或者税率调整，由国务院决定，并报全国人民代表大会常务委员会备案。

拓展思维

购销合同印花税怎么征收？哪种情况下可以核定征收印花税？

解答：根据《中华人民共和国印花税暂行条例》（国务院令第11号）附件《印花税税目税率表》规定，购销合同包括供应、预购、采购、购销结合及协作、调剂、补偿、易货等合同。立合同人按购销金额万分之三贴花。

根据《国家税务总局关于进步加强印花税征收管理有关问题的通知》（国税函（2004）150号）第四条规定，根据《税收征管法》第三十五条规定和印花税的税源特征，为加强印花税征收管理，纳税人有下列情形的，税务机关可以核定纳税人印花税计税依据：

1. 未按规定建立印花税应税凭证登记簿，或未如实登记和完整保存应税凭证的；

2. 拒不提供应税凭证或不如实提供应税凭证致使计税依据明显偏低的；

3. 采用按期汇总缴纳办法的，未按税务机关规定的期限报送汇总缴纳印花税情况报告，经税务机关责令限期报告，逾期仍不报告的或者税务机关在检查中发现纳税人有未按规定汇总缴纳印花税情况的。

资料来源：国家税务总局网站 http：//www.chinatax.gov.cn/

（四）印花税的纳税地点

印花税一般实行就地纳税。对于全国性商品物资订货会（包括展销会、交易会等）上所签订合同应纳的印花税，由纳税人回其所在地后及时办理贴花完税手续；对地方主办、不涉及省际关系的订货会或展销会上所签订合同的印花税，其纳税地点由各省、自治区、直辖市人民政府自行确定。

《中华人民共和国印花税法（征求意见稿）》第十五条明确规定，单位纳税人应当向其机构所在地的主管税务机关申报缴纳印花税；个人纳税人应当向应税凭证订立、领受地或者居住地的税务机关申报缴纳印花税；纳税人出让或者转让不动产产权的，应当向不动产所在地的税务机关申报缴纳印花税；证券交易印花税的扣缴义务人应当向其机构所在地的主管税务机关申报缴纳扣缴的税款。此处的个人应该仅指自然人。

基础训练

一、单项选择题

1. 下列各项中，应缴纳印花税的是（   ）。

A. 建筑安装工程承包合同

B. 报刊发行单位和订阅单位之间书立的凭证

C. 商店、门市部零星修理业务开具的修理单

D. 牧业畜类保险合同

2. 甲企业和乙企业签订一份买卖合同，丙企业为鉴定人，丁企业为甲的担保人。该业务中，印花税的纳税义务人为(　　)。

A. 甲企业和乙企业
B. 甲企业、乙企业和丙企业
C. 甲企业、乙企业和丁企业
D. 甲企业、乙企业、丙企业和丁企业

3. 根据印花税法律制度的规定，下列表述中不正确的是(　　)。

A. 对纳税人以电子形式签订的各类应税凭证，不缴纳印花税
B. 应税凭证的副本或者抄本，免征印花税
C. 专利权转让合同，要按照产权转移书据缴纳印花税
D. 法律、会计方面的咨询合同不属于技术咨询合同，不缴纳印花税

4. 下列各项中，关于印花税计税依据说法不正确的是(　　)。

A. 购销合同中记载的购销金额
B. 财产租赁合同中的租赁金额
C. 借款合同中的借款本利合计金额
D. 货物运输合同中的运输费用

5. 乙建筑公司与甲企业签订一份建设工程合同，合同上注明总包金额为 1 200 万元；施工期间，乙建筑公司又将其中 400 万元的安装工程分包给丙建筑公司，并签订了分包合同。已知建设工程适用的印花税税率为 0.3‰，甲企业、乙建筑公司和丙建筑公司共应缴纳印花税(　　)元。

A. 2 400　　　　B. 9 600　　　　C. 8 000　　　　D. 4 000

6. 甲电厂与某运输公司签订了两份运输保管合同：第一份合同载明的金额合计 300 万元(运费和保管费并未分别记载)；第二份合同中注明运费 150 万元、保管费 50 万元。已知运输合同印花税税率为 0.5‰，保管合同印花税税率为 1‰，则甲电厂签订两份合同应缴纳的印花税为(　　)元。

A. 1 250　　　　B. 3 000　　　　C. 3 750　　　　D. 4 250

7. 甲公司向乙公司租赁 2 台起重机并签订租赁合同，合同注明起重机总价值为 80 万元，租期为两个月，每台每月租金 2 万元。已知租赁合同适用印花税税率为 1‰，根据印花税法律制度的规定，甲公司和乙公司签订该租金合同共计应缴印花税(　　)元。

A. 40　　　　B. 80　　　　C. 160　　　　D. 800

二、多项选择题

1. 下列属于印花税纳税义务人的有(　　)。

A. 因其发明创造，经申请依法取得国家专利机关颁发的专利证书的某人
B. 在国外领受但在国内使用应税凭证的某人
C. 以电子形式签订买卖合同的当事人
D. 与银行签订借款合同的外商投资企业

2. 下列各项中，属于印花税征税范围的有(　　)。

A. 土地使用权转让合同
B. 土地使用权出让合同
C. 房屋产权证
D. 商品房销售合同

3. 下列合同中，属于印花税征税范围的有(　　)。

A. 财产保险合同　　B. 人身保险合同　　C. 委托代理合同　　D. 技术合同

4. 根据印花税法律制度的规定，下列各项中，需要征收印花税的有(　　)。

A. 营业执照
B. 不动产权证书
C. 安全生产许可证
D. 卫生许可证

5. 下列各项中，免征印花税的有(　　)。

A. 已缴纳印花税的凭证的副本

B. 应纳税额不足 1 角的应税合同

C. 外国企业向中国政府提供优惠贷款所书立的合同

D. 国家指定的收购部门与村委会、农民个人书立的农副产品收购合同

6. 下列各项中，不征收印花税的有(　　)。

A. 店、门市部的零星加工修理业务开具的修理单

B. 应纳税额不足 5 角的

C. 书、报、刊发行单位之间书立的凭证

D. 电话和网络购物

7. 根据印范税法律制度的规定，下列各项中，免征印花税的有(　　)。

A. 发行单位与订阅单位之间书立的凭证

B. 无息、贴息借款合同

C. 应税凭证的副本

D. 财产所有人将财产赠给学校所立的书据

8. 根据印花税法律制度的规定，下列合同和凭证中，免征印花税的有(　　)。

A. 农业保险合同　　　　　　　　B. 保管合同

C. 军事物资运输结算凭证　　　　D. 租赁合同

9. 根据印花税法律制度的规定，下列各项中属于印花税纳税人的有(　　)。

A. 立据人　　　　　　　　　　　B. 各类电子应税凭证的签订人

C. 立合同人　　　　　　　　　　D. 立账簿人

10. 甲公司与乙公司签订买卖合同，合同约定丙为担保人，丁为鉴定人。下列关于该合同印花税纳税人的表述中，不正确的是(　　)。

A. 甲、乙、丙、丁为纳税人　　　B. 甲、乙、丁为纳税人

C. 甲、乙为纳税人　　　　　　　D. 甲、乙、丙为纳税人

三、判断题

1. 各类合同的印花税纳税人是立合同人，包括合同的担保人、证人、鉴定人。

2. 印花税的税率有两种形式，即比例税率和定额税率。

3. 货物运输合同的印花税计税依据为取得的运费金额（即运输收入），包括所运货物的金额、装卸费和保险费等。

4. 同一凭证，载有两个或两个以上经济事项而适用不同税目税率，如分别记载金额的，应分别计算应纳税额，相加后按合计税额贴花；如未分别记载金额的，按税率高的计税贴花。

5. 应税凭证的副本或者抄本，按照法律规定缴纳印花税。

技能训练

一、某制造厂与某运输公司签订了两份运输保管合同：第一份合同载明的金额合计 60 万元（运费和保管费并未分别记载）；第二份合同中注明运费 40 万元、保管费 10 万元。分别计算该制造厂第一份、第二份合同应缴纳的印花税税额。

二、某建筑安装工程公司与某大厦筹建处签订了一份总承包金额为 9 000 万元的工程承

包合同后，又将其中的3 500万元工程分包给某市一建筑公司，并签订了正式分包合同。请问该建筑安装工程公司应缴纳的印花税为多少万元？

第四节　环境保护税法

问题导入

1. 什么是环境保护税？开征的意义是什么？
2. 环境保护税的纳税人、征税范围、税率的法律规定是什么？
3. 环境保护税计税依据是什么？
4. 环境保护税税收优惠政策对纳税人的意义是什么？

案例思考

2020年12月甲钢铁厂产生炉渣400吨，其中80吨贮存在符合国家和地方环境保护标准的设施中，120吨综合利用且符合国家和地方环境保护标准，其余的直接倒弃于周边空地。已知炉渣环境保护税税率为25元/吨。

思考：

1. 贮存在符合国家和地方环境保护标准的设施中的炉渣，是否属于直接向环境排放污染物？
2. 纳税人综合利用的炉渣，是否符合国家和地方环境保护标准是否征收环境保护税？
3. 直接倒弃于周边空地的炉渣，是否缴纳环境保护税？
4. 甲钢铁厂当月所产生炉渣应缴纳环境保护税税额是多少？

一、环境保护税法概述

（一）环境保护税法的概念

环境保护税法是指国家制定的用以调整国家与环境保护税纳税人之间征纳税活动的权利与义务关系的法律规范。其基本法律依据是2016年12月第十二届全国人民代表大会常务委员会第25次会议通过的《中华人民共和国环境保护税法》和2018年3月国务院发布的《中华人民共和国环境保护税法实施条例》。

拓展资料

环境保护税法的产生历程

（1）试点阶段（1978年—1981年），1978年《环境保护工作汇报要点》中首次提出了"排放污染物收费制度"。1979年试行的《环境保护法》也为我国排污制度的建立提供了法律依据。

（2）建立和完善阶段（1982年—2000年）。1982年开始实施排污收费制度，并颁布了《征收排污费暂行办法》；1988年又颁布了《污染源治理专项基金有偿使用暂行办法》，1991

年我国又公布了《关于调整超标污水和统一超标噪声排污费征收标准的通知》，1993 年公布了《关于开展征收工业燃煤二氧化硫排污费试点工作的通知》和《关于征收污水排污费的通知》，此后，1995 年实施的《中华人民共和国固体废物污染环境防治法》、1996 年实施的《中华人民共和国环境噪声污染防治法》、2000 年实施的《中华人民共和国大气污染防治法》都对排污收费制度做出了相应调整，促进了排污收费制度的完善。

（3）改革发展阶段（2000 年—2015 年）。2002 年颁布《排污费征收使用管理条例》，2007 年颁布《排行费征收工作稽查办法》。至此，我国排污收费制度已经比较完善。

（4）"费改税"阶段（2015 年至今）。2016 年 12 月 25 日，第十二届全国人民代表大会常务委员会第二十五次会议通过了《中华人民共和国环境保护税法》，并规定于 2018 年 1 月 1 日起实施。2017 年 12 月 25 日，国务院发布《中华人民共和国环境保护税法实施条例》，自 2018 年 1 月 1 日起实施。

（二）环境保护税的概念及开征的意义

1. 环境保护税的概念

环境保护税是指对在中国领域和管辖的其他海域直接向环境排放应税污染物的企业事业单位和其他生产经营者征收的一种税。

环境保护税于 2018 年 1 月起施行，其前身是 2002 年 1 月国务院第 54 次常务会议通过的《排污费征收使用管理条例》。可以说，环境保护税是费改税的产物。

2. 环境保护税开征的意义

将征收排污费改为征收环境保护税，对纳税人依法缴纳税款具有积极的现实意义，主要体现在：一是解决排污费执法刚性不足和地方政府干预等问题，提高纳税人环保意识和遵从度；二是强化企业治污减排的责任，构建促进经济结构调整和发展方式转变的绿色税制体系；三是强化税收调控作用，形成有效的约束激励机制，提高全社会环境保护意识；四是推进生态文明建设和绿色发展，规范政府分配秩序，优化财政收入结构等。

自 2018 年 1 月 1 日《环境保护税法》实施以来，环保税的开征有效发挥了"多排多缴、少排少缴、不排不缴"的反向约束和正向激励机制作用，促进了绿色发展。

二、环境保护税的纳税人、征收范围

（一）环境保护税纳税人

在中国领域和管辖的其他海域直接向环境排放应税污染物的单位，均为环境保护税的纳税人。所称单位包括企业单位、事业单位和其他生产经营者。

达到省级人民政府确定的规模标准且有污染物排放口的畜禽养殖场，应当依法缴纳环境保护税。依法对畜禽养殖废弃物进行综合利用和无害化处理的，不属于直接向环境排放污染物，不缴纳环境保护税。

（二）环境保护税的征税范围

环境保护税以在中国领域和管辖的其他海域直接向环境排放的应税污染物为征税对象，其征税范围主要包括大气污染物、水污染物、固体废物和噪声四类。

（1）大气污染物，包括颗粒物、硫氧化物、碳氧化物、氮氧化物、碳氢化合物等。

（2）水污染物，包括第一类水污染物，第二类水污染物，pH 值、色度、大肠菌群数、余氯量污染，禽畜养殖业、小型企业和第三产业污染。

（3）固体废弃物，包括煤矸石、尾矿、危险废物、冶炼渣、粉煤灰、炉渣、其他固体废物（含半固态、液态废物）。

（4）噪声为工业噪声。

有下列情形之一的，不属于直接向环境排放污染物，不缴纳相应污染物的环境保护税：

（1）企事业单位和其他生产经营者向依法设立的污水集中处理、生活垃圾集中处理场所排放应税污染物的。

（2）企事业单位和其他生产经营者在符合国家和地方环境保护标准的设施、场所贮存或者处置固体废物的。

（3）达到省级人民政府确定的规模标准并且有污染物排放口的畜禽养殖场，应当依法缴纳环境保护税；但依法对畜禽养殖废弃物进行综合利用和无害化处理的，不属于直接向环境排放污染物、不缴纳环境保护税。

三、环境保护税的税目税率

环境保护税实行幅度定额税率，如大气污染物的税率为每污染当量 1.2~12 元；水污染物的税率为每污染当量 1.4~14 元；固体废物的税率为每吨 5~1 000元不等；噪声的税率为超标分贝每月 350~11 200元不等，具体见税目税率表。应税大气污染物和水污染物的具体适用税额的确定和调整，由省、自治区、直辖市人民政府统筹考虑本地区环境承载能力、污染物排放现状和经济社会生态发展目标要求，在税目税率表规定的税额幅度内提出，报同级人民代表大会常务委员会决定，并报全国人民代表大会常务委员会和国务院备案。

表 9-2　环境保护税税目税率表

税目		计税单位	税额	备注
大气污染物		每污染当量	1.2 元至 12 元	
水污染物		每污染当量	1.4 元至 14 元	
固体废物	煤矸石	每吨	5 元	
	尾矿	每吨	15 元	
	危险废物	每吨	1 000元	
	冶炼渣、粉煤灰、炉渣、其他固体废物（含半固态，液态废物）	每吨	25 元	

续表

税目		计税单位	税额	备注
噪声	工业噪声	超标1~3分贝	每月350元	1. 一个单位边界上有多处噪声超标，根据最高一处超标声级计算应纳税额；当沿边界长度超过100米有两处以上噪声超标，按照两个单位计算应纳税额。 2. 一个单位有不同地点作业场所的，应当分别计算应纳税额，合并计征。 3. 昼、夜均超标的环境噪声，昼、夜分别计算应纳税额，累计计征。 4. 声源一个月内超标不足15天的，减半计算应纳税额。 5. 夜间频繁突发和夜间偶然突发厂界超标噪声，按等效声级和峰值噪声两种指标中超标分贝值高的一项计算应纳税额
		超标4~6分贝	每月700元	
		超标7~9分贝	每月1 400元	
		超标10~12分贝	每月2 800元	
		超标13~15分贝	每月5 600元	
		超标16分贝以上	每月11 200元	

四、环境保护税应纳税额的计算

（一）环境保护税计税依据的确定

（1）应税污染物的计税依据，按照下列方法确定：

1）应税大气污染物按照污染物排放量折合的污染当量数确定；

2）应税水污染物按照污染物排放量折合的污染当量数确定；

3）应税固体废物按照固体废物的排放量确定；

4）应税噪声按照超过国家规定标准的分贝数确定。

应税大气污染物、水污染物的污染当量数，以该污染物的排放量除以该污染物的污染当量值计算。每种应税大气污染物、水污染物的具体污染当量值，依照《环境保护税法》所附《应税污染物和当量值表》执行。

每一排放口或者没有排放口的应税大气污染物，按照污染当量数从大到小排序，对前三项污染物征收环境保护税。

每一排放口的应税水污染物，按照《环境保护税法》所附《应税污染物和当量值表》，区分第一类水污染物和其他类水污染物，按照污染当量数从大到小排序，对第一类水污染物按照前五项征收环境保护税，对其他类水污染物按照前三项征收环境保护税。

省、自治区、直辖市人民政府根据本地区污染物减排的特殊需要，可以增加同一排放口征收环境保护税的应税污染物项目数，报同级人民代表大会常务委员会决定，并报全国人民代表大会常务委员会和国务院备案。

（2）应税大气污染物、水污染物、固体废物的排放量和噪声的分贝数，按照下列方法和顺序计算：

①纳税人安装使用符合国家规定和监测规范的污染物自动监测设备的，按照污染物自动监测数据计算。

②纳税人未安装使用污染物自动监测设备的，按照监测机构出具的符合国家有关规定和

监测规范的监测数据计算。

③因排放污染物种类多等原因不具备监测条件的，按照国务院环境保护主管部门规定的排污系数、物料衡算方法计算。

④不能按照本条第①项至第③项规定的方法计算的，按照省、自治区、直辖市人民政府环境保护主管部门规定的抽样测算的方法核定计算。

拓展资料

《环境保护税法》相关用语的含义

（1）污染当量，是指根据污染物或者污染排放活动对环境的有害程度以及处理的技术经济性，衡量不同污染物对环境污染的综合性指标或者计量单位。同一介质相同污染当量的不同污染物，其污染程度基本相当。

（2）排污系数，是指在正常技术经济和管理条件下，生产单位产品所应排放的污染物量的统计平均值。

（3）物料衡算，是指根据物质质量守恒原理对生产过程中使用的原料、生产的产品和产生的废物等进行测算的一种方法。

资料来源：《中华人民共和国环境保护税法》

（二）环境保护税应纳税额的计算

环境保护税是按照征税对象数量和计税标准的乘积从量定额计算。其计算方法为：

（1）应税大气污染物应纳税额的计算：

$$应税大气污染物的应纳税额=污染当量数×具体适用税额$$

（2）应税水污染物应纳税额的计算：

$$应税水污染物的应纳税额=污染当量数×具体适用税额$$

（3）应税固体废物应纳税额的计算：

$$应税固体废物的应纳税额=固体废物排放量×具体适用税额$$

（4）应税噪声应纳税额的计算：

$$应税噪声应纳税额=超过国家规定标准的分贝数×具体适用税额$$

【例题9-6】2020年12月甲钢铁厂产生炉渣400吨，其中80吨贮存在符合国家和地方环境保护标准的设施中，120吨综合利用且符合国家和地方环境保护标准，其余的直接倒弃于周边空地。已知炉渣环境保护税税率为25元/吨。计算甲钢铁厂当月所产生炉渣应缴纳环境保护税税额。

解析：

企业事业单位和其他生产经营者在符合国家和地方环境保护标准的设施、场所贮存或者处置固体废物的（80吨），不属于直接向环境排放污染物，不缴纳相应污染物的环境保护税；纳税人综合利用的固体废物，符合国家和地方环境保护标准的（120吨），暂予免征环境保护税。

应缴纳环境保护税＝（400-80-120）x25＝5 000（元）

【例题9-7】2020年1月甲公司直接排放应税水污染物，每一排放口或者没有排放口的应税大气污染物，按照污染当量数从大到小排序，前三项污染物分别是总汞、总铬、总铅。这三种污染物的排放量分别是2千克、40千克、60千克。这三种污染物的污染当量值分别为

0.0005千克、0.04千克、0.025千克。总汞、总铬、总铅的单位税额为每污染当量为2元、3元、4元。以上价格均为不含增值税价格。

计算甲公司应缴纳的环境保护税税额。

解析：

应税大气污染物、水污染物的污染当量数，以该污染物的排放量除以该污染物的污染当量值计算。

总汞的污染当量数=2÷0.0005=4000

总铬的污染当量数=40÷0.04=1000

总铅的污染当量数=60÷0.025=2400

应税水污染物的应纳环境保护税=4000×2+1000×3+2400×4=20600（元）

五、环境保护税的税收优惠

（一）环境保护税的暂免政策

（1）农业生产（不包括规模化养殖）排放应税污染物。

（2）机动车、铁路机车、非道路移动机械、船舶和航空器等流动污染源排放应税污染物。

（3）依法设立的城乡污水集中处理、生活垃圾集中处理场所排放相应应税污染物，不超过国家和地方规定的排放标准。

（4）纳税人综合利用的固体废物，符合国家和地方环境保护标准。

（5）国务院批准免税的其他情形。

（二）环境保护税的减免政策

纳税人排放应税大气污染物或水污染物的浓度值低于国家和地方规定的污染物排放标准30%的，减按75%征收环境保护税；低于国家和地方规定的污染物排放标准50%的，减按50%征收环境保护税。按规定减征环境保护税的，应当对每一排放口排放的不同应税污染物分别计算。

上述的浓度值是指纳税人安装使用的污染物自动监测设备当月自动监测的应税大气污染物浓度值的小时平均值再平均所得数值或者应税水污染物浓度值的日平均值再平均所得数值，或监测机构当月监测的应税大气污染物、水污染物浓度值的平均值。

六、环境保护税的征收管理

（一）环境保护税征收管理的基本要求

（1）环境保护税由税务机关依照《税收征收管理法》和《环境保护税法》的有关规定征收管理。环境保护主管部门依照《环境保护税法》和有关环境保护法律法规的规定负责对污染物的监测管理。

（2）县级以上地方人民政府应当建立税务机关、环境保护主管部门和其他相关单位分工协作工作机制，加强环境保护税征收管理，保障税款及时足额入库。

（3）环境保护主管部门和税务机关应当建立涉税信息共享平台和工作配合机制。

（4）环境保护主管部门应当将排污单位的排污许可、污染物排放数据、环境违法和受行政处罚情况等环境保护相关信息，定期交送税务机关。

（5）税务机关应当将纳税人的纳税申报、税款入库、减免税额、欠缴税款以及风险疑点等环境保护税涉税信息，定期交送环境保护主管部门。

（6）税务机关应当将纳税人的纳税申报数据资料与环境保护主管部门交送的相关数据资料进行比对。

（7）税务机关发现纳税人的纳税申报数据资料异常或者纳税人未按照规定期限办理纳税申报的，可以提请环境保护主管部门进行复核，环境保护主管部门应当自收到税务机关的数据资料之日起15日内向税务机关出具复核意见，税务机关应当按照环境保护主管部门复核的数据资料调整纳税人的应纳税额。

（8）依照规定核定计算污染物排放量的，由税务机关会同环境保护主管部门核定污染物排放种类、数量和应纳税额。

（9）纳税人从事海洋工程向中华人民共和国管辖海域排放应税大气污染物、水污染物或者固体废物，申报缴纳环境保护税的具体办法，由国务院税务主管部门会同国务院海洋主管部门制定。

（二）环境保护税的纳税义务发生时间

环境保护税的纳税义务发生时间为纳税人排放应税污染物的当日。

（三）环境保护税的纳税地点

环境保护税的纳税人应当向应税污染物排放地的税务机关申报缴纳环境保护税。

（四）环境保护税的纳税期限

环境保护税按月计算，按季申报缴纳，不能按固定期限计算缴纳的，可以按次申报缴纳。

纳税人申报缴纳时，应当向税务机关报送所排放应税污染物的种类、数量、大气污染物、水污染物的浓度值，以及税务机关根据实际需要要求纳税人报送的其他纳税资料。

纳税人按季申报缴纳的，应当自季度终了之日起15日内，向税务机关办理纳税申报并缴纳税款。纳税人按次申报缴纳的，应当自纳税义务发生之日起15日内，向税务机关办理纳税申报并缴纳税款。

基础训练

一、单项选择题

1. 甲企业2020年10月产生固体废物10 000吨，其中综合利用、符合国家和地方环境保护标准的固体废物2 500吨，在符合国家和地方环境保护标准的场所处置5 000吨。已知甲企业所产生的固体废物适用的环境保护税税额为每吨25元，甲企业当月应缴纳的环境保护税为（　　　）元。

    A. 250 000　　　　　B. 187 500　　　　　C. 125 000　　　　　D. 62 500

2. 甲建筑施工企业2020年10月经依法监测，每天噪声超标11分贝。已知，工业噪声超标10~12分贝的，环境保护税税额为每月2 800元。甲建筑施工企业2020年10月应当缴纳环境保护税（　　　）元。

    A. 0　　　　　　　　B. 2 800　　　　　　C. 28 000　　　　　D. 33 600

3. 下列关于环境保护税征收管理的说法中，错误的是（　　　）。

A. 环境保护税的纳税义务发生时间为纳税人排放应税污染物的当日

B. 环境保护税按月计算，按年申报缴纳

C. 不能按固定期限计算缴纳的，可以按次申报缴纳环境保护税

D. 纳税人应当向应税污染物排放地的税务机关申报缴纳环境保护税

4. 下列排放的污染物中，不属于环境保护税征税范围的是(　　)。

A. 粉煤灰　　　　　B. 水污染物　　　　　C. 汽车尾气　　　　　D. 煤矸石

二、多项选择题

1. 应当缴纳环境保护税的应税污染物，是指《环境保护税法》所附《环境保护税税目税额表》《应税污染物和当量值表》规定的(　　)。

A. 大气污染物　　　B. 水污染物　　　　C. 固体废物　　　　D. 噪声

2. 下列污染物按照污染物排放量折合的污染当量数确定环境保护税计税依据的有(　　)。

A. 大气污染物　　　B. 固体废物　　　　C. 水污染物　　　　D. 噪声

3. 下列选项中，属于环境保护税暂予免征项目的是(　　)。

A. 民用航空器排放污染物

B. 农业生产中的大规模养殖活动排放污染物

C. 纳税人综合利用固体废物，符合国家和地方环保标准

D. 非道路移动机械排放污染物

4. 下列各项中，属于我国现行环境保护税的应税污染物的有(　　)。

A. 大气污染物　　　B. 光污染物　　　　C. 水污染物　　　　D. 生活噪声

5. 下列各项中，暂予免征环境保护税的有(　　)。

A. 农业生产（不包括规模化养殖）排放应税污染物的

B. 机动车等流动污染源排放应税污染物的

C. 依法设立的城乡污水集中处理、生活垃圾集中处理场所排放应税污染物的

D. 纳税人综合利用的固体废物，符合国家和地方环境保护标准的

6. 下列有关环境保护税的表述中，正确的有(　　)。

A. 环境保护税实行定额税率

B. 环境保护税应当向应税污染物排放地的环境保护机关申报缴纳

C. 环境保护税应当按月向企业机构所在地税务机关申报缴纳

D. 环境保护税的纳税义务发生时间为纳税人排放应税污染物的当日

三、判断题

1. 企事业单位和其他生产经营者向依法设立的污水集中处理、生活垃圾集中处理场所排放应税污染物的，不属于直接向环境排放污染物，不缴纳相应污染物的环境保护税。

2. 农业生产（不包括规模化养殖）排放应税污染物，按照规定征收环境保护税。

3. 纳税人综合利用的固体废物，符合国家和地方环境保护标准。

4. 环境保护税由税务机关依照《税收征收管理法》和《环境保护税法》的有关规定征收管理。

5. 环境保护税的纳税义务发生时间为纳税人排放应税污染物的当日。

技能训练

一、甲企业生产 150 吨炉渣，30 吨在符合国家和地方环境保护标准的设施中贮存，100 吨综合利用且符合国家和地方环境保护标准，其余倒置弃于空地。已知炉渣适用的环境保护税税额为 25 元/吨。计算甲企业应缴纳的环境保护税。

二、某省某市某公司某月自动监测排放大气污染物数据如下：烟尘 5 毫克/立方米，二氧化硫 20 毫克/立方米，氮氧化物 50 毫克/立方米，排放量为 500 000 立方米。已知烟尘、二氧化硫、氮氧化物污染当量值分别为 2.18 千克、0.95 千克、0.95 千克，该省大气污染物适用税率为每污染当量 1.8 元。计算公司当月应纳的环境保护税。

第五节　车辆购置税法

问题导入

1. 什么是车辆购置税？其特征是什么？
2. 税法对车辆购置税的纳税人、征税范围、税率的具体规定内容是什么？
3. 车辆购置税计税依据如何确定？
4. 车辆购置税税收优惠政策有哪些？

案例思考

2020 年 9 月，李某从长春一汽汽车有限公司购买一辆排气量为 2.0 升的轿车自用，支付含增值税价款 226 000 元，另支付代收临时牌照费 400 元、代收保险费 704 元，支付购买工具件和零配件价款 3 000 元、车辆装饰费 800 元。支付的各项价费均由长春一汽汽车有限公司开具机动车销售统一发票和有关票据。已知所开票据的增值税税率为 13%。

思考：

1. 支付的购买工具件和零配件价款是否计入计税价格？
2. 支付的代收临时牌照费、代收保险费是否计入计税价格？
3. 支付的车辆装饰费如何处理？
4. 车辆购置税的应纳税额如何计算？

一、车辆购置税法概述

（一）车辆购置税法概况

车辆购置税法是指国家制定的用以调整车辆购置税征收与缴纳权利及义务关系的法律规范。现行车辆购置税法的基本规范，是 2018 年 12 月 29 日公布的《中华人民共和国车辆购置税法》。《车辆购置税法》已经于 2018 年 12 月 29 日第十三届全国人民代表大会常务委员会第七次会议审议通过，自 2019 年 7 月 1 日起施行。2000 年 10 月 22 日国务院令第 294 号发布的并于 2001 年 1 月 1 日起施行的《中华人民共和国车辆购置税暂行条例》同时废止。

（二）车辆购置税的概念及特点

1. 车辆购置税的概念

车辆购置税是对中华人民共和国境内购置应税车辆的单位和个人征收的一种税。

车辆购置税的前身是 1985 年经国务院批准在全国范围内征收的专项用于国家公路建设的政府性基金——车辆购置附加费。可以说，车辆购置税是税费改革的产物。将车辆购置附加费改为车辆购置税，要求纳税人依法缴纳税款，有利于理顺政府分配关系，增强政府宏观调控能力。车辆购置税作为中央财政收入，按照"保证重点和向西部地区倾斜"的原则统筹安排，用于国道、省道干线公路建设，这对我国公路建设具有重要的现实意义。

2. 车辆购置税的特点

（1）征税范围具有单一性。

作为财产税的车辆购置税，是以购置的特定车辆为课税对象，而不是对所有的财产或消费财产征税，范围相对比较狭窄，是一种特种财产税。

（2）征税环节征收具有特定性。

车辆购置税实行一次课征制，它不是在生产、经营和销售的每一环节实行道道征收，只是在退出流通进入消费领域的特定环节征收。

（3）税率设置具有固定性。

车辆购置税只确定一个统一的比例税率征收，税率具有不随课税对象数额变动的特点，计征简便、负担稳定，有利于依法治税。

（4）征收方法具有固定性。

车辆购置税根据纳税人购置应税车辆的计税价格实行从价计征，以价格为计税标准，课税与价值直接发生关系，价值高者多缴税，价值低者少缴税。

（5）税款用途具有特定性。

车辆购置税具有特定用途，专门用于交通建设，由中央财政根据国家交通建设投资计划，统筹安排。这种特定目的的税收，可以保证国家财政支出的需要，既有利于统筹合理地安排资金，又有利于保证特定事业和建设支出的需要。

（6）税负具有直接性。

车辆购置税的计税依据中不包含车辆购置税税额，车辆购置税税额是附加在价格之外的，且纳税人即为负税人，税负不发生转嫁，属于直接税。

二、车辆购置税的纳税义务人与征税范围

（一）车辆购置税纳税义务人

在中华人民共和国境内购置汽车、有轨电车、汽车挂车、排气量超过一百五十毫升的摩托（以下统称应税车辆）的单位和个人，为车辆购置税的纳税人，应当依照本法规定缴纳车辆购置税。其中购置是指以购买、进口、自产、受赠、获奖或者其他方式取得并自用应税车辆的行为。纳税人进口自用应税车辆，是指纳税人直接从境外进口或者委托代理进口自用的应税车辆，不包括在境内购买的进口车辆。所称单位包括国有企业、集体企业、私营企业、股份制企业、外商投资企业、外国企业以及其他企业和事业单位、社会团体、国家机关、部队以及其他单位。个人包括个体工商户及其他个人，既包括中国公民又包括外国公民。

（二）车辆购置税的征税范围

车辆购置税是以应税车辆作为征税的对象，未列举的车辆不纳税。其征税范围包括汽车、有轨电车、汽车挂车、排气量超过一百五十毫升的摩托。具体规定如下：

（1）汽车：包括各类汽车。

（2）有轨电车：以电能为动力，在轨道上行驶的公共车辆。

（3）汽车挂车：包括全挂车和半挂车。

1）全挂车：无动力设备，独立承载，由牵引车辆牵引行驶的车辆；

2）半挂车：无动力设备，与牵引车辆共同承载，由牵引车牵引行驶的车辆。

（4）摩托：排气量超过 150 毫升的摩托，包括轻便摩托、二轮摩托、三轮摩托。

地铁、轻轨等城市轨道交通车辆，装载机、平地机、挖掘机、推土机等轮式专用机械车，以及起重机（吊车）、叉车、电动摩托车，不属于应税车辆。

拓展思维

小张于 2020 年 7 月 1 日购置一辆排气量为 125 毫升的摩托，还需要申报缴纳车辆购置税吗？

解答：不需要缴纳。车辆购置税的纳税义务发生时间为纳税人购置应税车辆的当日。按照自 2019 年 7 月 1 日起实施的《中华人民共和国车辆购置税法》的规定，排气量在一百五十毫升（含）以下的摩托，不属于车辆购置税的征收范围，因此不用缴纳车辆购置税。

资料来源：国家税务总局网站　http://www.chinatax.gov.cn/

三、车辆购置税的税率

车辆购置税实行统一比例税率，税率为 10%。车辆购置税税率的调整由国务院决定并公布。

四、车辆购置税应纳税额计算

（一）车辆购置税的计税依据

车辆购置税的计税依据为应税车辆的计税价格。但是，由于应税车辆购置的来源不同，应税行为的发生不同，计税价格的组成不一样。车辆购置税的计税依据有以下几种情况：

（1）纳税人购买自用应税车辆的计税价格，为纳税人实际支付给销售者的全部价款和价外费用，不包括增值税税款。

拓展思维

小张买了一辆小汽车，并做了装饰，装饰费要不要缴纳车辆购置税？

解答：小张买的小汽车，其实际销售价格为 20 万元（不含增值税），此外做装饰花了 5 万元，这 5 万元的装饰费不是车辆购置税计税价格的组成部分，不用缴纳车辆购置税。如果没有做装饰，4S 店将 20 万元的实际销售价格分解为车辆价格 15 万元、装饰费 5 万元，分别开具机动车销售统一发票和普通发票（或者不开发票），这 5 万元不是真正意义上的装饰费，而是实际销售价格的组成部分，应予缴税。这种分解应税车辆实际销售价格分别开票或者不开票的行为，是违反《中华人民共和国发票管理办法》的违法行为。

资料来源：国家税务总局网站　http：//www.chinatax.gov.cn/

（2）纳税人进口自用应税车辆的计税价格，为关税完税价格加上关税和消费税。

组成计税价格的计算公式为：

$$组成计税价格＝关税完税价格＋关税＋消费税$$

（3）纳税人自产自用应税车辆的计税价格，按照同类应税车辆（即车辆配置序列号相同的车辆）的销售价格确定，不包括增值税税款；没有同类应税车辆销售价格的，按照组成计税价格确定。组成计税价格计算公式如下：

$$组成计税价格＝成本×（1＋成本利润率）$$

属于应征消费税的应税车辆，其组成计税价格中应加计消费税税额。

上述公式中的成本利润率，由国家税务总局各省、自治区、直辖市和计划单列市税务局确定。

（4）纳税人以受赠、获奖或者其他方式取得自用应税车辆的计税价格，按照购置应税车辆时相关凭证载明的价格确定，不包括增值税税款。

纳税人申报的应税车辆计税价格明显偏低，又无正当理由的，由税务机关依照《中华人民共和国税收征收管理法》的规定核定其应纳税额。

纳税人以外汇结算应税车辆价款的，按照申报纳税之日的人民币汇率中间价折合成人民币计算缴纳税款。

（二）车辆购置税应纳税额的计算

总体来说，车辆购置税实行从价定率的方法计算应纳税额，计算公式为：

应纳税额＝计税依据×税率。但由于应税车辆的来源、应税行为的发生以及计税依据组成的不同，车辆购置税应纳税额的计算方法也有区别。

1. 购买自用应税车辆应纳税额的计算

纳税人购买自用的应税车辆，其计税价格由纳税人支付给销售者的全部价款（不含增值税）和价外费用组成。

$$应纳税额＝购买者支付给销售者的不含增值税价款×税率$$

【例题9-8】 李群购买一辆小轿车，机动车销售统一发票上"价税合计"为22.6万元，"不含税价格"为20万元，"增值税税额"为2.6万元，本例中纳税人实际支付给销售者的不含税全部价款为20万元，应纳车辆购置税为20×10%＝2万元。

【例题9-9】 2019年9月，李某从长春一汽汽车有限公司购买一辆排气量为2.0升的轿车自用，支付含增值税价款226 000元，另支付代收临时牌照费400元、代收保险费704元，支付购买工具件和零配件价款3 000元、车辆装饰费800元。支付的各项价费均由长春一汽汽车有限公司开具机动车销售统一发票和有关票据。已知所开票据的增值税税率为13%，请计算车辆购置税的应纳税额。

解析：

（1）购买者随购买车辆支付的工具件和零部件价款3 000元，应作为购车价款的一部分，并入计税价格中征收车辆购置税。

（2）支付的车辆装饰费800元，应作为价外费用并入计税价格中计税。

（3）代收临时牌照费400元、代收保险费704元（如果取得保险公司开具的票据，则不并入计税价格），也应并入计税价格。

车辆购置税税额计算如下：

计税价格=（226 000+400+704+3 000+800）÷（1+13%）=204 339.82（元）

应纳车辆购置税=204 339.82×10%=20 433.98（元）

2. 进口自用应税车辆应纳税额的计算

在计算进口自用应税车辆计征车辆购置税时，需要注意：纳税人应如实提供有关报关和完税证明资料，主管税务机关应按海关审查确认的有关进口车辆的完税证明资料组成计税价格计算应纳税额。

纳税人进口应税车辆自用的，由进口自用方纳税；如果进口车辆用于销售、抵债、以物易物等方面，不属于进口自用应税车辆的行为，不征收车辆购置税。纳税人进口自用应税车辆以组成计税价格为计税依据。

纳税人进口自用的应税车辆应纳税额的计算公式：

$$应纳税额=（关税完税价格+关税+消费税）×税率$$

【例题9-10】 某企业从境外购买一辆自用的小汽车，报关进口时缴纳关税7.5万元，缴纳消费税12.5万元，《海关进口关税专用缴款书》注明的关税完税价格为30万元。该企业办理车辆购置税纳税申报时，应缴纳的车辆购置税是多少？

解析：

该进口车的车辆购置税计税价格=关税完税价格+关税+消费税

$$=30+7.5+12.5=50（万元）$$

应纳车辆购置税=50×10%=5（万元）

【例题9-11】 某汽车贸易公司于2020年9月进口18辆小轿车，海关审定的关税完税价格为32万元/辆。当月销售12辆，取得含增值税销售额320万元；5辆供公司自用；1辆用于抵偿债务，合同约定的含增值税价格为35万元。假定小轿车关税税率为28%，消费税税率为9%，则该汽车贸易公司应缴纳的车辆购置税是多少？

解析：

虽然该汽车贸易公司进口18辆小轿车，但是只对其自用的5辆征收车辆购置税。当月销售和抵债的小轿车由取得小轿车使用的一方纳税，并非由汽车贸易公司缴纳车辆购置税。

应纳车辆购置税=5×（32+32×28%）÷（1-9%）×10%=22.51（万元）

3. 自产自用应税车辆应纳税额计算

纳税人自产、受赠、获奖和以其他方式取得并自用的应税车辆，由主管税务机关参照国家税务总局规定的最低计税价格核定。最低计税价格是指国家税务总局依据机动车生产企业或者经销商提供的车辆价格信息，参照市场平均交易价格核定的车辆购置税计税价格。最低计税价格是不含增值税价格。

$$应纳税额=同类应税车辆（即车辆配置序列号相同的车辆）的销售价格×税率$$

$$或应纳税额=组成计税价格×税率$$

【例9-12】 某客车制造厂自产的一辆某型号的客车，用于本厂后勤服务，该厂在办理车辆上牌照前，出具该车的发票，注明金额65 000元，并按此金额向主管税务机关申报纳税。经审核，国家税务总局对该车同类型车辆核定的计税最低价格为80 000元。计算该车应纳车辆购置税。

解析：

应纳税额=80 000×10%=8 000元

4. 特殊情况下自用应税车辆应纳税额的计算

（1）减税、免税条件消失车辆应纳税额的计算。

已经办理免税、减税手续的车辆因转让、改变用途等原因不再属于免税、减税范围的，纳税人、纳税义务发生时间、应纳税额按以下规定执行：

①发生转让行为的，受让人为车辆购置税纳税人；未发生转让行为的，车辆所有人为车辆购置税纳税人。

②纳税义务发生时间为车辆转让或者用途改变等情形发生之日。

③计税价格以免税、减税车辆初次办理纳税申报时确定的计税价格为基准，每满一年扣减百分之十。

应纳税额计算公式如下：

应纳税额＝初次办理纳税申报时确定的计税价格×（1-已使用年限×10%）×10%

应纳税额不得为负数。

使用年限的计算方法是，自纳税人初次办理纳税申报之日起，至不再属于免税、减税范围的情形发生之日止。使用年限取整计算，不满一年的不计算在内。

【例题 9-13】 某防汛部门 2015 年 8 月 1 日购买 6 辆用于免税用途的车辆，2019 年 8 月 1 日起其中 2 辆改变其免税用途，成为应税车辆，同类型新车最低计税价格是180 000元。请计算应当缴纳的车辆购置税。

解析：

计税价格＝180 000×（1-4×10%）＝108 000（元）

应纳车辆购置税＝2×108 000×10%＝21 600（元）

（2）已征车辆购置税的车辆退回车辆生产或销售企业，纳税人申请退还车辆购置税的，退税额以已缴税款为基准，自缴纳税款之日至申请退税之日，每满一年扣减百分之十。

应退税额计算公式如下：

$$应退税额＝已纳税额×（1-使用年限×10%）$$

应退税额不得为负数。

使用年限的计算方法是，自纳税人缴纳税款之日起，至申请退税之日止。

【例题 9-14】 中国公民王先生于 2017 年 7 月购买一辆小轿车自用，当月缴纳了车辆购置税2.6万元。2019 年 8 月，因该车存在严重质量问题，王先生与厂家协商退货，并向税务机关申请车辆购置税的退税。请计算王先生可得到的车辆购置税退税额。

解析：

车辆退回生产企业或者经销商的，纳税人申请退税时，主管税务机关自纳税人办理纳税申报之日起，按已收纳税款每满 1 年扣减 10%计算退税额；未满 1 年的按已缴纳税款全额退税。王先生购买该车满 2 年不满 3 年，因此

王先生可得到的退税＝2.6×（1-2×10%）＝2.08（万元）

五、车辆购置税的税收优惠

（一）《车辆购置税法规定》 下列车辆免征车辆购置税：

（1）依照法律规定应当予以免税的外国驻华使馆、领事馆和国际组织驻华机构及其有关人员自用的车辆；

（2）中国人民解放军和中国人民武装警察部队列入装备订货计划的车辆；

（3）悬挂应急救援专用号牌的国家综合性消防救援车辆；

（4）设有固定装置的非运输专用作业车辆；

（5）城市公交企业购置的公共汽电车辆。

城市公交企业购置的公共汽电车辆免征车辆购置税中的城市公交企业，是指由县级以上（含县级）人民政府交通运输主管部门认定的，依法取得城市公交经营资格，为公众提供公交出行服务，并纳入《城市公共交通管理部门与城市公交企业名录》的企业；公共汽电车辆是指按规定的线路、站点票价营运，用于公共交通服务，为运输乘客设计和制造的车辆，包括公共汽车、无轨电车和有轨电车。

（二）为贯彻落实《中华人民共和国车辆购置税法》，继续执行的车辆购置税优惠政策

（1）回国服务的在外留学人员用现汇购买1辆个人自用国产小汽车和长期来华定居专家进口1辆自用小汽车免征车辆购置税。防汛部门和森林消防部门用于指挥、检查、调度、报汛（警）、联络的由指定厂家生产的设有固定装置的指定型号的车辆免征车辆购置税。

（2）自2018年1月1日至2020年12月31日，对购置新能源汽车免征车辆购置税。

（3）自2018年7月1日至2021年6月30日，对购置挂车减半征收车辆购置税。

（4）中国妇女发展基金会"母亲健康快车"项目的流动医疗车免征车辆购置税。

（5）北京2022年冬奥会和冬残奥会组织委员会新购置车辆免征车辆购置税。

（6）原公安现役部队和原武警黄金、森林、水电部队改制后换发地方机动车牌证的车辆（公安消防、武警森林部队执行灭火救援任务的车辆除外），一次性免征车辆购置税。

根据国民经济和社会发展的需要，国务院可以规定减征或者其他免征车辆购置税的情形，报全国人民代表大会常务委员会备案。

六、车辆购置税的征收管理

（一）征收机关

车辆购置税由税务机关负责征收。税务机关和公安、商务、海关、工业和信息化等部门应当建立应税车辆信息共享和工作配合机制，及时交换应税车辆和纳税信息资料。

（二）纳税义务发生时间

（1）购买自用应税车辆的为购买之日，即车辆相关价格凭证的开具日期。

（2）进口自用应税车辆的为进口之日，即《海关进口增值税专用缴款书》或者其他有效凭证的开具日期。

（3）自产、受赠、获奖或者以其他方式取得并自用应税车辆的为取得之日，即合同、法律文书或者其他有效凭证的生效或者开具日期。

（三）纳税地点

纳税人购置应税车辆，应当向车辆登记地的主管税务机关申报缴纳车辆购置税；购置不需要办理车辆登记的应税车辆的，应当向纳税人所在地的主管税务机关申报缴纳车辆购置税。

（四）纳税期限

车辆购置税实行一车一申报制度。纳税人应当自纳税义务发生之日起六十日内申报缴纳车辆购置税。纳税人未按照规定期限缴纳税款的，扣缴义务人未按照规定期限解缴税款的，税务机关除责令限期缴纳外，从滞纳税款之日起，按日加收滞纳税款万分之五的滞纳金。

纳税人应当在向公安机关交通管理部门办理车辆注册登记前，缴纳车辆购置税。车辆购置税实行一次性征收。购置已征过车辆购置税的车辆，不再征收车辆购置税。

公安机关交通管理部门办理车辆注册登记，应当根据税务机关提供的应税车辆完税或者免税电子信息对纳税人申请登记的车辆信息进行核对，核对无误后依法办理车辆注册登记。

【例题 9-14】 宏光机械制造企业购进 3 辆小轿车（非新能源车辆）自用。其中两辆是未上牌照的新车，不含增值税成交价60 000元，经核定同类型车辆的最低计税价格为115 000元/辆；另一辆是已使用 6 年的旧车（取得原已征车辆购置税完税凭证），不含税成交价为40 000元，同类型新车最低计税价格为160 000元/辆。已知车辆购置税税率为 10%。问题：该企业当年购置车辆应缴纳的车辆购置税是多少？

解析：

（1）宏光机械制造企业购买并自用的新车，申报的计税价格低于同类型应税车辆的最低计税价格，又无正当理由，应按国家税务总局规定的最低计税价格征收车辆购置税。

应纳税额 = 2×115 000×10% = 23 000（元）

（2）宏光机械制造企业购置的二手车，能够证明该车已经依法缴纳车辆购置税，不再重复征收车辆购置税。

基础训练

一、单项选择题

1. 根据《车辆购置税法》的规定，下列不属于车辆购置税征税范围的是（　　）。

A. 电动自行车　　　B. 挂车　　　　　C. 无轨电车　　　　D. 有轨电车

2. 甲公司 2018 年 11 月接受捐赠进口小汽车（非新能源车辆）十辆并自用，无法取得该型号小汽车的市场价格。已知捐赠方取得该小汽车时的成本为80 000元一辆，小汽车成本利润率为百分之十，消费税税率为百分之九，国家税务总局规定的同类型应税车辆最低计税价格为150 000元一辆。则甲公司就上述业务应缴纳的车辆购置税的计算正确的是（　　）。

A. 150 000×10×10%

B. 150 000×10×（1+10%）÷（1-9%）×10%

C. 80 000×10×（1+10%）×（1+9%）×10%

D. 80 000×10×（1+10%）÷（1-9%）×10%

3. 甲汽车专卖店购入小汽车 12 辆，根据车辆购置税法律制度的规定，下列行为中，应当由甲汽车专卖店作为纳税人缴纳车辆购置税的是（　　）。

A. 将其中 2 辆作为董事长、总经理的专用轿车

B. 将其中 5 辆销售给客户

C. 库存 4 辆尚未售出

D. 将其中 1 辆赠送给乙企业

4. 某 4s 店本月进口九辆商务车（非新能源车辆），海关核定的关税完税价格为 40 万元一辆，本月已经销售 4 辆，3 辆仍放在展厅待售，2 辆本店自用。已知商务车适用关税税率为25%，消费税税率为 12%。有关本月该 4s 店应缴纳的车辆购置税，下列计算正确的是（　　）。

A. 40×（1+25%）÷（1-12%）×10%×2

B. 40×（1+25%）÷（1-12%）×10%×（3+2）

C. 40×（1+25%）÷（1-12%）×10%×4

D. 40×（1+25%）÷（1-12%）×10%×（4+3+2）

5. 根据车辆购置税法律制度的规定，下列费用中计入车辆购置税价外费用的是（   ）。

A. 销售方价外向购买方收取的保管费

B. 向购买方收取的代购买方缴纳的车辆购置税

C. 向购买方收取的代购买方缴纳的车辆牌照费

D. 代办保险而向购买方收取的保险费

6. 郑某本年10月从增值税一般纳税人处购买轿车一辆供自己使用，支付含增值税价款90 400元，另支付购置工具件和零配件价款678元、车辆装饰费3 390元。已知车辆购置税适用10%的税率，增值税税率为13%。有关郑某应当缴纳的车辆购置税，下列计算正确的是（   ）。

A.（90 400+678+3 390）÷（1+13%）×10%

B.（90 400+678+3 390）×10%

C.［90 400÷（1+13%）+（678+3 390）］×10%

D.［90 400+（678+3 390）÷（1+13%）］×10%

7. 甲汽贸公司本月购进4辆新汽车（非新能源车辆）并做下列处置，其中应当由甲公司缴纳车辆购置税的是（   ）。

A. 赠送给乙企业1辆　　　　　　　　B. 自用为通勤车1辆

C. 作为有奖销售奖品奖励客户1辆　　　D. 加价转让给丙企业1辆

二、多项选择题

1. 根据《车辆购置税法》规定，下列各项非能源车辆中，不能免征车辆购置税的是（   ）。

A. 个人购买自用的汽车　　　　　　　B. 个人受赠自用的汽车

C. 外国驻华使馆购买自用的汽车　　　D. 企业自产自用的汽车

2. 有关车辆购置税的纳税申报期限，下列表述不正确的有（   ）。

A. 购买自用应税车辆的，应当自购买之日起60日内申报纳税

B. 进口自用应税车辆的，应当自进口之日起60日内申报纳税

C. 受赠取得并自用应税车辆的，应当自取得之日起180日内申报纳税

D. 获奖取得并自用应税车辆的，应当自取得之日起180日内申报纳税

3. 下列各项中，属于车辆购置税纳税人的有（   ）。

A. 进口高档小汽车自用的外贸企业　　B. 购进农用运输车自用的农民

C. 购买汽车自用的外商投资企业　　　D. 获奖取得小汽车自用的运动员

4. 有关我国车辆购置税的特点，下列表述正确的有（   ）。

A. 车辆购置税采用比例税率

B. 车辆购置税的计税依据中不包括增值税税款

C. 车辆购置税实行一次征收制度

D. 车辆购置税由车辆管理部门征收

5. 下列费用中，属于车辆购置税的价外费用的有（   ）。

A. 销售方向购买方收取的集资费

B. 销售方向购买方收取的违约金

C. 销售方向购买方收取的代购买方缴纳的车辆牌照费

D. 销售方向购买方收取的保管费

三、判断题

1. 车辆购置税实行一次课征制，它不是在生产、经营和销售的每一环节实行道道征收，只是在退出流通进入消费领域的特定环节征收。

2. 地铁、轻轨等城市轨道交通车辆，属于应税车辆，应缴纳车辆购置税。

3. 如果进口车辆用于销售，属于进口自用应税车辆的行为，征收车辆购置税。

4. 悬挂应急救援专用号牌的国家综合性消防救援车辆免征车辆购置税。

5. 购置已征过车辆购置税的车辆，不再征收车辆购置税。

技能训练

一、2018年10月，刘先生从增值税一般纳税人处购买一辆轿车（非新能源车辆）供自己使用，支付含增值税的价款330 000元，另支付购置工具件和零配件价款2 500元，车辆装饰费6 500元。已知车辆购置税适用10%的税率，增值税税率为13%。计算刘先生应当缴纳的车辆购置税。

二、某单位于2017年8月1日购买了一辆设有固定装置的非运输车辆，该车规定使用期限为10年，购买发票注明含增值税金额为226 000元。2019年8月1日，该单位拆除固定装置，将该车辆改为运输用途，并于8月10日办理相关手续。国家税务总局最新核定该型车辆的车辆购置税最低计税价格为180 000元。请计算该单位2019年8月应缴纳的车辆购置税。

三、某市宏光食品研究所2019年5月购买国产汽车一辆，购进不含税价格为180 000元；向来华定居专家购进免税进口小汽车2辆（已使用3年），该车最新同类型车辆最低不含税价格为226 000元，1年扣减10%。该研究所应纳的车辆购置税是多少？

第十章　税收征收管理法

问题导入 \\\\\

1. 税收征收管理的含义及意义是什么？
2. 税务登记的基本要求是什么？
3. 纳税申报和税款征收方式的具体规定是什么？
4. 账证管理和税务检查具体要求是什么？

案例思考

某餐馆（系有证个体户）位于某高校附近，经税务机关核定实行定期定额税收征收方式，核定月均应纳税额 800 元。该餐馆在学校放暑假期间决定于 8 月 8 日装修店面，于是向税务机关提出申请：8 月 10 日至 30 日停业。税务机关审核后，8 月 9 日做出同意核准停业的批复，下达了核准停业通知书，并在办税服务大厅予以公示。8 月 24 日税务机关实地检查发现该餐馆仍在营业，确属虚假停业，遂于 8 月 25 日送达复业通知书，并告知须按月定额纳税。9 月 10 日税务机关下达限期改正通知书，责令限期申报并缴纳税款，但该餐馆没有改正。

思考：

1. 该餐馆的行为性质是什么？
2. 确定餐馆行为性质的法律依据是什么？
3. 税务机关对该餐馆应做出怎样的处罚？

第一节　税收征收管理法概述

一、税收征收管理法的概念

税收征收管理法是指有关税收征收管理工作的法律规范的总称。其核心是管理、征收、检查与责任四位一体。1992 年 9 月第七届全国人大常委会第 27 次会议通过了《中华人民共和国税收征收管理法》（以下简称《税收征管法》），1995 年 2 月、2001 年 4 月、2013 年 6 月和 2015 年 4 月经全国人大常委会修正，共分总则、税务管理、税款征收、税务检查、法律责任和附则 6 章 94 条。2016 年 2 月国务院又修订颁布了《中华人民共和国税收征收管理法实施细则》（以下简称《税收征管法实施细则》）。《税收征管法》及其实施细则的颁布与实施，是依法行政、依法治税和以德治国思想在社会主义市场经济条件下的新发展，对打击税收违法行为、整顿规范市场经济秩序、进一步保护纳税人合法权益、规范税务机关执法行为、促进经济发展和社会进步等具有重要的现实意义。

税收征收管理是指国家征税机关依据国家税收法律、行政法规的规定对纳税人应纳税额组织入库的一种行为活动。

二、税收征收管理权利和义务的设定

（一）税务机关和税务人员的权利和义务

1. 税务机关和税务人员的权利

（1）负责税收征收管理工作。

（2）税务机关依法执行职务，任何单位和个人不得阻挠。

2. 税务机关和税务人员的义务

（1）税务机关应当广泛宣传税收法律、行政法规，普及纳税知识，无偿地为纳税人提供纳税咨询服务。

（2）税务机关应当加强队伍建设，提高税务人员的政治业务素质。

（3）税务机关、税务人员必须秉公执法、忠于职守、清正廉洁、礼貌待人、文明服务，尊重和保护纳税人、扣缴义务人的权利，依法接受监督。

（4）税务人员不得索贿受贿、徇私舞弊、玩忽职守，不征或者少征应征税款；不得滥用职权多征税款或者故意刁难纳税人和扣缴义务人。

（5）各级税务机关应当建立、健全内部制约和监督管理制度。

（6）上级税务机关应当对下级税务机关的执法活动依法进行监督。

（7）各级税务机关应当对其工作人员执行法律、行政法规和廉洁自律准则的情况进行监督检查。

（8）税务机关负责征收、管理、稽查，行政复议人员的职责应当明确，并相互分离、相互制约。

（9）税务机关应为检举人保密，并按照规定给予奖励。

（10）税务人员在核定应纳税额、调整税收定额、进行税务检查、实施税务行政处罚、办理税务行政复议时，与纳税人、扣缴义务人或者其法定代表人、直接负责人有下列关系之一的，应当回避：①夫妻关系；②直系血亲关系；③三代以内旁系血亲关系；④近姻亲关系；⑤可能影响公正执法的其他利益关系。

（二）纳税人、扣缴义务人的权利与义务

1. 纳税人、扣缴义务人的权利

（1）纳税人、扣缴义务人有权向税务机关了解国家税收法律、行政法规的规定以及与纳税程序有关的情况。

（2）纳税人、扣缴义务人有权要求税务机关为纳税人、扣缴义务人的情况保密。税务机关应当为纳税人、扣缴义务人的情况保密。

（3）纳税人依法享有申请减税、免税、退税的权利。

（4）纳税人、扣缴义务人对税务机关所做出的决定，享有陈述权、申辩权；依法享有申请行政复议、提起行政诉讼、请求国家赔偿等权利。

（5）纳税人、扣缴义务人有权控告和检举税务机关、税务人员的违法行为。

2. 纳税人、扣缴义务人的义务

（1）纳税人、扣缴义务人必须依照法律、行政法规的规定缴纳税款、代扣代缴、代收代缴税款。

（2）纳税人、扣缴义务人和其他有关单位应当按照国家有关规定如实向税务机关提供与纳税和代扣代缴、代收代缴税款有关的信息。

（3）纳税人、扣缴义务人和其他有关单位应当接受税务机关依法进行的税务检查。

（三）地方各级人民政府、有关部门和单位的权利与义务

1. 地方各级人民政府、有关部门和单位的权利

（1）地方各级人民政府应当依法加强对本行政区域内税收征收管理工作的领导或者协调，支持税务机关依法执行职务，依照法定税率计算税额，依法征收税款。

（2）各有关部门和单位应当支持、协助税务机关依法执行职务。

（3）任何单位和个人都有权检举违反税收法律、行政法规的行为。

2. 地方各级人民政府、有关部门和单位的义务

（1）任何机关、单位和个人不得违反法律、行政法规的规定，擅自做出税收开征、停征以及减税、免税、退税、补税和其他与税收法律、行政法规相抵触的决定。

（2）收到违反税收法律、行政法规行为检举的机关和负责查处的机关应当为检举人保密。

第二节　税务管理

税务管理有广义与狭义之分。从广义上看，税务管理是国家及其税务机关，依据客观经济规律和税收分配特点，对税收分配活动的全过程进行决策、计划、组织、监督和协调，以保证税收职能得以实现的行为活动；从狭义上看，税务管理是税务机关对税收征纳过程实施的基础性的管理制度和管理行为。本章所称的税务管理是狭义的，主要包括税务登记、账证管理、票证管理和纳税申报等内容。税务管理是税收征收管理工作的基础环节，是做好税款征收和税务检查的前提工作。

一、税务登记

（一）税务登记

税务登记是税务机关依据税法规定对纳税人的生产经营活动进行登记管理的一项基本制度，企业，企业在外地设立的分支机构和从事生产、经营的场所，个体工商户和从事生产、经营的事业单位，均应当按照《税收征收管理法》《税收征收管理法实施细则》《税务登记管理办法》的规定办理税务登记。

税务登记中的基本类型有设立税务登记、变更税务登记、注销税务登记、停业复业登记、跨区域涉税事项报验管理等。

根据《国家税务总局关于落实"三证合一"登记制度改革的通知》（税总函〔2015〕

482 号）的规定，根据有关工作部署，从 2015 年 10 月 1 日起在全国全面推行"三征合一、一照一码"登记改革。

根据《国务院办公厅关于加快推进"五证合一，一照一码"登记制度改革的通知》（国办发〔2016〕53 号）《工商总局等五部门关于贯彻落实〈国务院办公厅关于加快推进"五证合一"登记制度改革的通知〉的通知》（工商企注字〔2016〕150 号），从 2016 年 10 月 1 日起在全国范围推行"五证合一、一照一码"登记改革。

拓展资料

"三证""五证"

"三证"是指原先由工商部门核发工商营业执照，质监部门核发组织机构代码证、税务部门核发税务登记证。

"五证"是指原先由工商部门核发工商营业执照、质监部门核发组织机构代码证、税务部门核发税务登记证、社保部门核发社会保险登记证，统计部门核发统计登记证。

2017 年 4 月，国务院常务会议审议通过《关于加快推进"多证合一"改革的指导意见》。2017 年 4 月 28 日，国家工商行政管理总局（现为国家市场监督管理总局）表示，要在 2017 年 10 月底前，在全国全面推行"多证合一"。"多证合一、一照一码"登记制度改革即在全面实施企业、农民专业合作社工商营业执照，组织机构代码证、税务登记证、社会保险登记证，统计登记证"五证合一、一照一码"登记制度改革和个体工商户工商营业执照、税务登记证"两证整合"的基础上，将涉及企业、个体工商户和农民专业合作社（以下统称企业）登记、备案等有关事项和各类证照进一步整合到营业执照上，实现"多证合一、一照一码"，使"一照一码"营业执照成为企业唯一"身份证"，使统一社会信用代码成为企业唯一身份代码，实现企业"一照一码"走天下。

（二）"一照一码"营业执照申请核发

"一照一码"营业执照申请核发的具体办理流程为：

（1）登录市场监督管理局网上服务平台进行名称预先核准；

（2）名称预先核准后，领取企业名称预先核准通知书，在网上服务平台进行相关信息录入；

（3）市场监督管理部门受理审核企业"一照一码"登记材料，审核通过后由市场监督管理部门颁发营业执照；

（4）到相关市场监督管理部门提交纸质材料。

（三）设立税务登记

1. 办理设立税务登记的时间要求

在领取"一照一码"营业执照后，企业无须再到质监、社保、统计等部办理任何手续，但应在领取营业执照后 15 日内，将其财务、会计制度或处理办法报送主管税务机关备案，并向税务机关报告企业全部存款账号。

2. 办理设立税务登记的程序

根据国家"一照一码"登记制度改革的规定，企业领取由市场监督管理部门核发加载法人和其他组织统一社会信用代码的"一照一码"营业执照后，不再领取税务登记证，企业在领取营业执照的同时，相关信息已通过市场监督管理部门共享到税务部门。但纳税人应在领取营业执照后 15 日内，去税务部门完成信息确认，在税务部门完成信息确认后，纳税人凭加载统一社会信用代码的营业执照即可代替税务登记证的使用。

（1）纳税人去税务部门完成信息确认时，应提供"一照一码"营业执照原件和公章。其他需要提供的有关证件、资料，由省、自治区、直辖市税务机关确定。

（2）纳税人填报"税务登记表"。纳税人领取并填报"税务登记表"。"一照一码"登记之后，"税务登记表"一般是由税务机关直接打印出来，纳税人在上面填写经办人姓名、公司法人名称，盖上公章即可。

（四）变更税务登记

变更税务登记是指纳税人办理设立税务登记（"一照一码"登记之后为领取"一照一码"营业执照）后，因登记内容发生变化，需要对原有登记内容进行更改，而向主管税务机关申报办理的税务登记。办理变更登记的程序如下：

（1）纳税人提出书面申请报告，并提供证件、资料，纳税人已在市场监督管理机关办理变更登记的，应自市场监督管理机关办理变更登记之日起 30 日内，持下列证件、资料到主管税务机关申报办理变更税务登记。

1）"一照一码"营业执照原件及其复印件；

2）纳税人变更登记内容的有关证明文件原件及其复印件；

3）公章；

4）其他有关资料。

纳税人按照规定不需要在市场监督管理机关办理变更登记，或者其变更登记的内容与工商登记内容无关的，应当自税务登记内容实际发生变化之日起 30 日内，或自有关机关批准或者宣布变更之日起 30 日内，持下列证件到主管税务机关申报办理变更税务登记。

1）纳税人变更登记内容的有关证明文件原件及其复印件；

2）公章；

3）其他有关资料。

（2）纳税人领取并填写"变更税务登记表"。纳税人填写完相关内容后，在相关位置盖上单位公章并在经办人签章、法定代表人（负责人）签章处签上相关人员姓名，然后将"变更税务登记表"交至税务登记窗口。

拓展思维

换了"一照一码"新证的企业，发生生产经营地址、财务负责人、核算方式三项信息变更，应向市场监督管理部门申请还是向主管税务机关申请？

答：办理"一照一码"登记的企业，生产经营地、财务负责人、核算方式由企业登记机关在新设时采集。在税务管理过程中，上述信息发生变化的，由企业向主管税务机关，即各区税务局申请变更。除上述三项信息外，企业在登记机关新设时采集的信息发生变更，均由企业向登记机关（市场监督管理机关）申请变更。

资料来源：国家税务总局网站　http：//www.chinatax.gov.cn/

（五）停业复业登记

停业复业登记是指实行定期定额征收方式的纳税人，因自身经营的需要暂停经营或恢复经营而向主管税务机关申请办理的税务登记手续。

实行定期定额征收方式的个体工商户需要停业的，应当在停业前向税务机关申报办理停业登记。纳税人的停业期限不得超过1年。

1. 停业登记程序

纳税人在申报办理停业登记时，应如实填写"停业申请登记表"，说明停业理由、停业期限、停业前的纳税情况和发票的领、用、存情况，并结清应纳税款、滞纳金、罚款。税务机关应收存其发票领购簿、未使用完的发票和其他税务证件。

如果纳税人在停业期间发生纳税义务，应当按照税收法律、行政法规的规定申报缴纳税款。

2. 复业登记程序

纳税人应当于恢复生产经营之前，向税务机关申报办理复业登记，如实填写"停、复业报告书"，领回并启用发票领购簿及其停业前领购的发票。

纳税人停业期满不能及时恢复生产经营的，应当在停业期满前向税务机关办理延长停业登记，并如实填写"停、复业报告书"。

（六）注销税务登记

注销税务登记是指纳税人由于出现法定情形终止纳税义务时，向原主管税务机关申请办理的取消税务登记的手续，办理注销税务登记的，该当事人不再接受原主管税务机关的管理。

纳税人发生解散、破产、撤销以及依法终止纳税义务情形的，应当在向市场监督管理机关或者其他机关办理注销登记前，持有关证件和资料向原主管税务机关申报办理注销税务登记。

按照规定不需要在市场监督管理机关或者其他机关办理注销登记的，应当在有关部门批准或宣告注销之日起15日内，持有关证件向原主管税务机关申报办理注销税务登记。

纳税人被市场监督管理机关吊销营业执照或者被其他机关予以撤销登记的，应当自营业执照被吊销或者被撤销登记之日起15日内，持有关证件向原主管税务机关申报办理注销税务登记。

纳税人因住所、经营地点变动，涉及改变主管税务机关的，应当在向市场监督管理机关或者其他机关申请办理变更、注销登记前，或者住所、经营地点变动前，持有关证件和资料，向原主管税务机关申报办理注销税务登记，并自注销税务登记之日起30日内到迁达地重新注册登记。

境外企业在中国境内承包建筑、安装、装配、勘探工程和提供劳务的，应当在项目完工、离开中国前15日内，持有关证件和资料，向原主管税务机关申报办理注销税务登记。

办理注销税务登记的程序如下：

（1）纳税人提出书面申请报告，并提供下列证件、资料：

1）主管部门或董事会（职代会）的决议及其他有关证明文件；

2）营业执照被吊销的应提交市场监督管理部门发放的吊销决定；

3）"清税申报表"（适用于已实行"一照一码"登记模式的纳税人办理注销登记）或"注销税务登记申请审批表"（适用于过渡期间未换发"一照一码"营业执照的纳税人办理注销登记）；

4）分支机构的注销税务登记通知书（涉外企业提供）；

5）未使用的发票、发票领购簿；

6）税务机关要求提供的其他有关证件和资料。

（2）已实行"一照一码"登记模式的纳税人办理注销登记，须先向税务主管机关申报清税，填写"清税申报表"。纳税人填写完相关内容后，在相关位置盖上单位公章并在经办人签章、法定代表人（负责人）签章处签上相关人员姓名，然后将"清税申报表"交至税务登记窗口。受理税务机关根据清税结果向纳税人统一出具"清税证明"。

过渡期间未换发"一照一码"营业执照的纳税人申请注销，需要领取并填写"注销税务登记申请审批表"。纳税人填写完相关内容后，在相关位置盖上单位公章并在经办人签章、法定代表人（负责人）签章处签上相关人员姓名，然后将"注销税务登记申请审批表"交至税务登记窗口。

（3）纳税人办理注销税务登记前，应向税务机关提交相关证明文件和资料，结清应纳税款、多退（免）税款、滞纳金和罚款，缴销发票及相关税务证件，经税务机关核准后，办理注销税务登记手续。

（七）跨区域涉税事项报验管理

1. 外出经营活动税收管理的更名与创新

（1）将"外出经营活动税收管理"更名为"跨区域涉税事项报验管理"。外出经营活动税收管理作为现行税收征管的一项基本制度，是《税收征收管理法实施细则》和《税收征收管理暂行条例》规定的法定事项，也是落实现行财政分配体制、解决跨区域经营纳税人的税收收入及征管职责在机构所在地与经营地之间划分问题的管理方式，对维持税收属地入库原则、防止漏征漏管和重复征收具有重要作用。按照该项制度的管理实质，将其更名为"跨区域涉税事项报验管理"。

（2）纳税人跨区域经营前不再开具相关证明，改为填报"跨区域涉税事项报告表"。纳税人跨省（自治区、直辖市和计划单列市）临时从事生产经营活动的，不再开具"外出经营活动税收管理证明"，改向机构所在地的税务机关填报"跨区域涉税事项报告表"。纳税人在省（自治区、直辖市和计划单列市）内跨县（市）临时从事生产经营活动的，是否实施跨区域涉税事项报验管理由各省（自治区、直辖市和计划单列市）税务机关自行确定。

（3）取消跨区域涉税事项报验管理的固定有效期。税务机关不再按照180天设置报验管理的固定有效期，改按跨区域经营合同执行期限作为有效期限。合同延期的，纳税人可向经营地或机构所在地的税务机关办理报验管理有效期限延期手续。

（4）实行跨区域涉税事项报验管理信息电子化。跨区域报验管理事项的报告、报验、延期、反馈等信息，通过信息系统在机构所在地和经营地的税务机关之间传递，均要实时共享相关信息。

2. 跨区域涉税事项报告、报验及反馈

（1）"跨区域涉税事项报告表"填报。具备网上办税条件的，纳税人可通过网上办税系统，自主填报"跨区域涉税事项报告表"。不具备网上办税条件的，纳税人向主管税务机关（办税服务厅）填报"跨区域涉税事项报告表"，并出示加载统一社会信用代码的营业执照副本（未换照的出示税务登记证副本），或加盖纳税人公章的副本复印件（以下统称税务登记证件）；已实行实名办税的纳税人只需填报"跨区域涉税事项报告表"。

（2）跨区域涉税事项报验。跨区域涉税事项由纳税人首次在经营地办理涉税事宜时，向

经营地的税务机关报验。纳税人报验跨区域涉税事项时，应当出示税务登记证件。

（3）跨区域涉税事项信息反馈。纳税人跨区域经营活动结束后，应当结清经营地的税务机关的应纳税款以及其他涉税事项，向经营地的税务机关填报"经营地涉税事项反馈表"。

经营地的税务机关核对"经营地涉税事项反馈表"后，应当及时将相关信息反馈给机构所在地的税务机关。纳税人不需要另行向机构所在地的税务机关反馈。

（4）跨区域涉税事项反馈信息的处理。机构所在地的税务机关要设置专岗，负责接收经营地的税务机关反馈信息，及时以适当方式告知纳税人，并适时对纳税人已抵减税款、在经营地已预缴税款和应预缴税款进行分析、比对，发现疑点的，及时推送至风险管理部门或者稽查部门组织应对。

拓展资料

金税三期系统

金税工程是经国务院批准的国家级电子政务工程，是国家电子政务"十二金"工程之一，是税收管理信息系统工程的总称。自1994年开始，历经金税一期、金税二期、金税三期工程建设，为我国税收工作取得巨大成就和不断进步做出了重要的贡献。

2015年1月8日，金税三期系统正式启用。金税三期系统上线后，纳税人足不出户即可完成之前的涉税项目。系统统一后，纳税人在税务局提交，就能办理涉税事项。

资料来源：会计学堂 https：//www.acc5.com/news-zhuanti/detail_ 127334.html

二、账证管理

（一）设置账簿的范围

从事生产经营的纳税人应当自领取营业执照或者发生纳税义务之日起15日内设置账簿。扣缴义务人应当自税收法律、行政法规规定的扣缴义务发生之日起10日内，按照所代扣、代收的税种，分别设置代扣代缴、代收代缴税款账簿。设置账簿的起始日期为领取营业执照之日，而非企业开始经营日。

（二）账簿、凭证的保管

从事生产经营的纳税人、扣缴义务人必须按照国务院财政、税务主管部门规定的保管期限保管账簿、记账凭证、完税凭证及其他有关资料。账簿、记账凭证、报表、完税凭证、发票、出口凭证以及其他有关涉税资料不得伪造、变造或者擅自损毁。

除法律、行政法规另有规定外，账簿、记账凭证、报表、完税凭证、发票、出口凭证及其他有关涉税资料应当保存10年。

自2018年7月5日起，从事生产、经营的纳税人依法向主管税务机关报告其银行账号时，使用修改后的《纳税人存款账户账号报告表》。账户性质按照基本账户、一般账户、专用账户、临时账户如实填写。《纳税人存款账户账号报告表》一式二份，报送主管税务机关一份，纳税人留存一份。

三、税收票证管理

2013年1月25日国家税务总局审议通过《税收票证管理办法》，自2014年1月1日起施行。

（一）税收票证

税收票证地指税务机关、扣缴义务人依照法律法规，代征代售人按照委托协议，征收税款、基金、费、滞纳金、罚没款等各项收入（以下统称税款）的过程中，开具的收款、退款和缴库凭证。税收票证是纳税人实际缴纳税款或者收取退还税款的法定证明。

税收票证包括纸质形式和数据电文形式。数据电文税收票证是指通过横向联网电子缴税系统办理税款的征收缴库、退库时，向银行、国库发送的电子缴款、退款信息。纸质税收票证的基本联次包括收据联、存根联、报查联。收据联交纳税人做完税凭证，存根联由税务机关、扣缴义务人、代征代售人留存，报查联由税务机关做会计凭证或备查。

（二）税收票证的基本要素

税收票证的基本要素包括税收票证号码、征收单位名称、开具日期、纳税人名称、纳税人识别号、税种（费、基金、罚没款）、金额、所属时期等。

（三）税收票证的种类

税收票证包括税收缴款书、税收收入退还书、税收完税证明、出口货物劳务专用税收票证、印花税专用税收票证以及国家税务总局规定的其他税收票证。

（1）税收缴款书，是纳税人据以缴纳税款，税务机关、扣缴义务人以及代征代售人据以征收、汇总税款的税收票证。

（2）税收收入退还书，是税务机关依法为纳税人从国库办理退税时使用的税收票证。

（3）税收完税证明，是税务机关为证明纳税人已经缴纳税款或者已经退还纳税人税款而开具的纸质税收票证。

（4）出口货物劳务专用税收票证，是由税务机关开具，专门用于纳税人缴纳出口货物劳务税收征收管理、消费税或者证明该纳税人再销售给其他出口企业的货物已缴纳税收征收管理、消费税的纸质税收票证。

（5）印花税专用税收票证，是税务机关或印花税票代售人在征收印花税时向纳税人交付、开具的纸质税收票证。

税收票证应当按规定的适用范围填开，不得混用。

税务机关、代征代售人征收税款时应当开具税收票证。通过横向联网电子缴税系统完成税款的缴纳或者退还后，纳税人需要纸质税收票证的，税务机关应当开具，扣缴义务人代扣代收税款时，纳税人要求扣缴义务人开具税收票证的，扣缴义务人应当开具。

四、纳税信用评价

自2014年10月1日起，纳税信用评价采取年度评价指标得分和直接判级方式，评价指标包括税务内部信息和外部评价信息。年度评价指标得分采取扣分方式。

2018年4月1日起，纳税信用级别设A、B、M、C、D五级。A级纳税信用为年度评价指标得分90分以上的；B级纳税信用为年度评价指标得分70分以上不满90分的；M级纳税信用级别包括新设立企业和评价年度内无生产经营业务收入且年度评价指标得分70分以上的；C级纳税信用为年度评价指标得分40分以上不满70分的；D级纳税信用为年度评价指标得分不满40分或者直接判级确定的。

2014 年 7 月 4 日，国家税务总局发布《纳税信用管理办法（试行）》，自 2014 年 10 月 1 日起施行。

（一）适用范围

已办理税务登记（含"多证合一，一照一码"、临时登记），从事生产、经营并适用查账征收的独立核算企业、个人独资企业和个人合伙企业。

（二）纳税信用信息采集

税务内部信息从税务管理系统中采集，采集的信息记录截止时间为评价年度 12 月 31 日。主管税务机关遵循"无记录不评价，何时（年）记录、何时（年）评价"的原则，使用税务管理系统中纳税人的纳税信用信息，按照规定的评价指标和评价方式确定纳税信用级别。

（三）起评分

从 2018 年 4 月 1 日起，对首次在税务机关办理涉税事宜的新设立企业，税务机关应及时进行纳税信用评价。评价年度内。纳税人经常性指标和非经常性指标信息齐全的，从 100 分起评；非经常性指标缺失的，从 90 分起评。

非经常性指标缺失是指在评价年度内，税务管理系统中没有纳税评估、大企业税务审计、反避税调查或税务稽查出具的决定（结论）文书的记录。

（四）纳税信用评价的具体规定

（1）有下列情形之一的纳税人，本评价年度不能评为 A 级：

①实际生产经营期不满 3 年的；

②上一评价年度纳税信用评价结果为 D 级的；

③非正常原因一个评价年度内税收征收管理连续 3 个月或者累计 6 个月零申报、负申报的；

④不能按照国家统一的会计制度规定设置账簿，并根据合法、有效凭证核算，向税务机关提供准确税务资料的。

（2）有下列情形之一的纳税人，本评价年度直接判为 D 级：

①存在逃避缴纳税款、逃避追缴欠税、骗取出口退税、虚开税收征收管理专用发票等行为，经判决构成涉税犯罪的；

②存在前项所列行为，未构成犯罪，但偷税（逃避缴纳税款）金额 10 万元以上且占各税种应纳税总额 10% 以上，或者存在逃避追缴欠税、骗取出口退税、虚开税收征收管理专用发票等税收违法行为，已缴纳税款、滞纳金、罚款的；

③在规定期限内未按税务机关处理结论缴纳或者足额缴纳税款、滞纳金和罚款的；

④以暴力、威胁方法拒不缴纳税款或者拒绝、阻挠税务机关依法实施税务稽查执法行为的；

⑤存在违反税收征收管理发票管理规定或者违反其他发票管理规定的行为，导致其他单位或者个人未缴、少缴或者骗取税款的；

⑥提供虚假申报材料享受税收优惠政策的；

⑦骗取国家出口退税款，被停止出口退（免）税资格未到期的；

⑧有非正常户记录或者由非正常户直接责任人员注册登记或者负责经营的；

⑨由 D 级纳税人的直接责任人员注册登记或者负责经营的；

⑩存在税务机关依法认定的其他严重失信情形的。

自 2019 年 1 月 1 日起，对从事涉税服务人员实行个人信用记录制度。对从事涉税服务人员实行个人信用记录，是落实国务院关于加强重点人群职业信用记录有关要求的具体举措。国家税务总局制定的《从事涉税服务人员个人信用积分指标体系及积分记录规则》的主要内容包括：从事涉税服务人员个人信用积分指标体系、个人信用积分/扣分的标准、纳入涉税服务失信名录的积分处理等。

第三节 纳税申报和税款征收

一、纳税申报

（一）纳税申报的概念

纳税申报是指纳税人在发生法定纳税义务后按照税法或税务机关的有关规定，向主管税务机关提交有关纳税事项书面报告的一项法定制度。它既是纳税人履行纳税义务的法定程序，又是税务机关核定应征税款和填写纳税凭证的主要依据。

实施纳税申报，有利于纳税人正确计算应纳税款，防止错缴、漏缴，便于税务机关掌握税源变化和纳税人的纳税情况，对强化以法治税、监控经济税源、加强征收管理、保证税款及时足额征收入库等都具有十分重要的作用。

（二）纳税申报的要求

纳税人和扣缴义务人办理纳税申报时，应如实填写纳税申报表或代扣代收税款报告表，并根据不同情况相应报送有关证件、资料。纳税人和扣缴义务人要按照其规定的内容填写，并加盖单位公章，做到表内整洁、指标齐全、数字准确。税务机关收到纳税申报表或代扣代收税款报告表后，要及时审核、正确计算税款，并督促其办理税款缴库手续。

此外，国家税务总局还规定，纳税人对申报内容的真实性、税款计算的准确性和申报资料的完整性，负法律责任。

（三）纳税申报的期限

《税收征管法》规定，纳税人和扣缴义务人必须依照法律规定或税务机关依法确定申报的期限、内容，如实办理纳税申报；纳税人在纳税期内没有应纳税款的，也应按照规定办理纳税申报。纳税人享受减免税待遇的，在减免税期间应按照规定办理纳税申报。

纳税人和扣缴义务人都必须按照法定的期限办理纳税申报手续，主要包括：一是法律法规明确规定的；二是税务机关按照法律法规的原则规定，结合纳税人生产经营的实际情况及应缴纳的税种所确定的。两种期限具有同等法律效力。需要注意，纳税人办理纳税申报的期限最后一日，如遇公休日、节假日（指元旦、春节、劳动节、国庆节和星期六、星期日等），可以顺延。

（四）纳税申报应报送的资料

1. 纳税人纳税申报时应报送的资料

（1）财务会计报表及其说明材料；

（2）与纳税有关的合同、协议书及凭证；

（3）安装了税控装置的单位还应报送税控装置的电子报税资料；

（4）跨区域涉税事项报告表和异地完税凭证；

（5）境内或者境外公证机构出具的有关证明文件；

（6）税务机关规定应当报送的其他有关证件、资料。

2. 扣缴义务人代扣代缴应报送的资料

（1）代扣代缴、代收代缴税款报告表；

（2）税务机关规定的其他有关证件、资料。

（五）纳税申报方式

《税收征管法》规定，纳税人和扣缴义务人可直接办理纳税申报或报送代扣代缴、代收代缴税款报告表，也可按照规定采取邮寄、数据电文或其他方式办理纳税申报。纳税申报一般分为直接申报和特殊申报两大类：

1. 直接申报

直接申报是指纳税人和扣缴义务人直接到主管税务机关办理纳税申报，主要包括以表申报、IC 卡申报、微机录入卡申报和数据电文申报等。

（1）以表申报。以表申报是指纳税人和扣缴义务人发生纳税义务后向所在地主管税务机关以纳税申报表为主办理的纳税申报。

（2）IC 卡申报。IC 卡申报是指纳税人和扣缴义务人将应税收入和应纳税额等数据资料输入 IC 卡报税器，税务人员将 IC 卡中数据输入微机并与税票数据核对无误后盖章的纳税申报。

（3）微机录入卡申报。微机录入卡申报是指纳税人和扣缴义务人将应税收入、应纳税额等数据资料输入微机录入卡，缴纳税款后向税务机关提交纳税申报表、微机录入卡和完税凭证等资料，税务人员将其数据输入微机审核无误后确认的纳税申报。

（4）数据电文申报。数据电文申报是指纳税人和扣缴义务人采用电子数据交换、电子邮件、电报、电传或传真等方法向税务机关办理的纳税申报。数据电文是指经电子、光学手段或类似手段生成、储存或传递的信息，包括电子数据交换（EDI）、电子邮件、电报、电传或传真等。

2. 特殊申报

纳税人和扣缴义务人除直接办理申报以外，情况特殊或经批准，可采取下列特殊方式进行申报：

（1）邮寄申报。这是指纳税人和扣缴义务人通过邮局寄送的方法向税务机关办理纳税申报。以寄出地的邮戳日期为实际申报日期。凡实行查账征收的纳税人，经主管税务机关批准，可采取邮寄纳税申报的办法。

（2）延期申报。这是指纳税人和扣缴义务人不按规定的期限办理的纳税申报。纳税人和扣缴义务人因不可抗力或财务处理上的特殊原因，不能按期办理纳税或扣缴税款申报的，经省级税务机关批准可延期申报，但最长不得超过 3 个月。其税款应按上期或税务机关核定的税额预缴，并在核准期内办理税款结算。但不可抗力情形消除后，应立即向主管税务机关报告。

（3）其他申报。这是指实行简易申报、简并征期等方式的纳税申报，主要适用于定期定额缴纳税款的纳税人。简易申报是指实行定期定额缴纳税款的纳税人在法律规定的期限内或税务机关依法确定的期限内缴纳税款，税务机关可视同申报；简并征期是指纳税人经税务机关批准，将纳税期限合并为按季、半年或按年进行的税款缴纳。

二、税款征收

（一）税款征收的概念

税款征收是指国家税务机关依照税收法律、行政法规的规定将纳税人应缴纳的税款组织征收入库的系列活动的总称。它是税收征收管理工作的中心环节，是纳税人依法履行纳税义务的重要体现，也是税收征管工作的目的和归宿。其含义：一是税务机关是税款征收的主体，在税款征收过程中必须依据法律行使自己的执法权并承担相应的义务和责任；二是纳税人、扣缴义务人是纳税主体或税款扣缴主体，应严格按照税收相关法律法规中有关纳税期限的规定，按期缴纳税款。

（二）税款征收方式

税款征收方式是指税务机关依照税法规定、纳税人生产经营和财务管理情况，以及便于征收和保证国家税款及时足额入库的要求，而采取的具体组织税款入库的方法。其主要有以下5类：

1. 查账征收

查账征收是指税务机关按照纳税人提供的账表所反映的经营情况按照适用税率计算缴纳税款的征收方法。查账征收方式适用于账簿、凭证、会计等核算制度比较健全，能够据以 如实核算生产经营情况、正确计算应纳税款的纳税人 。

2. 核定征收

核定征收是指税务机关对不能完整、准确提供纳税资料的纳税人采用特定方法确定其应纳税收入或应纳税额，纳税人据以缴纳税款的一种征收方法。其具体包括：

（1）查定征收。查定征收是指税务机关根据纳税人从业人员、生产设备和采用原材料等因素，在正常生产经营条件下对产制的应税产品查定核定产量、销售额并据以征收税款的一种征收方法。它适用于生产规模较小、账册不健全、产品零星、税源分散的小型厂矿和作坊。

（2）查验征收。查验征收是指税务机关对纳税人的应税货物通过查验数量，按市场一般销售单价计算其销售收入并据以征税的一种征收方法。它适用于城乡集贸市场的临时经营和机场、码头等场外经销货物的课税。实行查验征收由征收人员依照完税证，按日编制查验征收税款日报表。

（3）定期定额征收。定期定额征收是指对一些营业额、所得额不能准确计算的小型工商户，经过自报评议，由税务机关核定一定时期的营业额和所得税附征率，实行多税种合并征收的一种征收方法。核定期内的应纳税额一般不做变动，但纳税人实际营业额高于原定定额的20%时，纳税人应及时申报，税务机关应及时核实调整税款的定额。

3. 代理征收

代理征收即代扣代缴、代收代缴征收。代扣代缴是指单位和个人从持有的纳税人收入中扣缴其应纳税款并向税务机关解缴的行为；代收代缴是指与纳税人有经济往来关系的单位和个人借助经济往来关系向纳税人收取其应纳税款并向税务机关解缴的行为。代理征收方式适用于税源零星分散、不易控管纳税人的税款征收。

4. 委托代征

委托代征是指税务机关根据有利于税收控管和方便纳税的原则，按照国家有关规定委托有关单位及人员代征零星分散和异地缴纳的税款的征收方法。受托单位和人员按照代征证书的要求，以税务机关的名义依法征收税款，纳税人不得拒绝；纳税人拒绝的，受托代征单位和人员应当及时报告税务机关。

5. 汇算清缴

汇算清缴是指税务机关对纳税期限较长的纳税人实行分期预缴、到期结算、多退少补应纳税额的征收方法。汇算清缴方式适用于基本建设项目期限较长的税收征收管理和企业所得税等税的应纳税额的计算征收。如我国企业所得税法规定，纳税人缴纳企业所得税实行按年计算、分期（月或季）预缴，年终汇算清缴、多退少补的办法计算征收。

（三）税款征收制度

1. 代扣代缴、代收代缴税款制度

（1）对法律、行政法规没有规定负有代扣、代收税款义务的单位和个人，税务机关不得要求其履行代扣、代收税款义务。

（2）税法规定的扣缴义务人必须依法履行代扣、代收税款义务。如果不履行义务，就要承担法律责任。除按税收征管法及其实施细则的规定给予处罚外，应当责成扣缴义务人限期将应扣未扣、应收未收的税款补扣或补收。

（3）扣缴义务人依法履行代扣、代收税款义务时，纳税人不得拒绝。纳税人拒绝的，扣缴义务人应当在一日之内报告主管税务机关处理。不及时向主管税务机关报告的，扣缴义务人应承担应扣未扣、应收未收税款的责任。

（4）扣缴义务人代扣、代收税款，只限于法律、行政法规规定的范围，并依照法律、行政法规规定的征收标准执行。对法律、行政法规没有规定代扣、代收的，扣缴义务人不能超范围代扣、代收税款，扣缴义务人也不得提高或降低标准代扣、代收税款。

（5）税务机关按照规定付给扣缴义务人代扣、代收手续费。代扣、代收税款手续费只能由县（市）级以上税务机关统一办理退库手续，不得在征收税款过程中坐支。

2. 延期缴纳税款制度

纳税人因有特殊困难，不能按期缴纳税款的，经省、自治区、直辖市税务局批准，可以延期缴纳税款，但最长不得超过3个月。在批准延期的时限内免予加收滞纳金。

3. 税收滞纳金征收制度

纳税人未按照规定期限缴纳税款的，扣缴义务人未按照规定期限解缴税款的，税务机关除责令限期缴纳外，从滞纳税款之日起，按日加收滞纳税款万分之五的滞纳金。

4. 税收减免制度

纳税人在享受减免税待遇期间，仍应按规定办理纳税申报。

纳税人享受减税、免税的条件发生变化时，应当自发生变化之日起15日内向税务机关报告，经税务机关审核后，停止其减税、免税待遇；对不报告，又不再符合减税、免税条件的，税务机关有权追回已减免的税款。

减免税项目分为报批类减免税项目和备案类减免税项目。报批类减免税项目是指应由税务机关审批的减免税项目；备案类减免税项目是指取消审批手续和不须税务机关审批的减免税项目。

纳税人同时从事减免税项目与非减免税项目的，应分别核算，独立计算减免税项目的计税依据和减免税额度。不能分别核算的，不能享受减免税待遇；核算不清的，由税务机关按合理方法核定。

5. 税额核定制度

纳税人（包括单位纳税人和个人纳税人）有下列情形之一的，税务机关有权核定其应纳税额：

（1）依照法律、行政法规的规定可以不设置账簿的。

（2）依照法律、行政法规的规定应当设置但未设置账簿的。

（3）擅自销毁账簿或者拒不提供纳税资料的。

（4）虽设置账簿，但账目混乱或者成本资料、收入凭证、费用凭证残缺不全，难以查账的。

（5）发生纳税义务，未按照规定的期限办理纳税申报，经税务机关责令限期申报，逾期仍不申报的。

（6）纳税人申报的计税依据明显偏低，又无正当理由的。

6. 税收保全措施

税收保全措施是指税务机关对可能由于纳税人的行为或者某种客观原因，致使以后税款的征收不能保证或难以保证的案件，采取限制纳税人处理或转移商品、货物或其他财产的措施。

（1）税收保全的实施条件。

①行为条件：纳税人有逃避纳税义务的行为。逃避纳税义务的行为主要包括：转移、隐匿商品、货物或者其他财产等。

②时间条件：纳税人在规定的纳税期届满之前和责令缴纳税款的期限之内。

③担保条件：在上述两个条件具备的情况下，税务机关可以责成纳税人提供纳税担保；纳税人不提供纳税担保的，税务机关可以依照法定权限和程序，采取税收保全措施。

（2）税收保全实施措施。

符合上述条件的，经县以上税务局（分局）局长批准，税务机关可以采取下列税收保全措施：

①书面通知纳税人的开户银行或者其他金融机构冻结纳税人相当于应纳税款的存款。

②扣押、查封纳税人的价值相当于应纳税款的商品、货物或者其他财产。

（3）税收保全措施的终止。

税收保全的终止有以下两种情况：

①纳税人在规定的期限内缴纳了应纳税款的，税务机关必须立即解除税收保全措施；

②纳税人超过规定的期限仍不缴纳税款的，经税务局（分局）局长批准，终止保全措施，转入强制执行措施。

7. 税收强制执行措施

税收强制执行措施是指当事人不履行法律、行政法规规定的义务，有关国家机关采用法定的强制手段，强迫当事人履行义务的行为。

（1）税收强制执行实施条件。

①超过纳税期限。未按照规定的期限纳税或者解缴税款。

②告诫在先。税务机关责令限期缴纳税款。

③超过告诫期。经税务机关责令限期缴纳，逾期仍未缴纳的。

（2）税收强制执行实施措施。

①书面通知纳税人的开户银行或者其他金融机构从其存款中扣缴税款。

②扣押、查封、依法拍卖或者变卖相当于应纳税款的商品、货物或者其他财产。

（3）强制执行的要求。实施强制执行措施，不得由法定的税务机关以外的单位和个人行使；税务机关滥用职权违法采取强制执行措施或采取强制执行措施不当，使纳税人、扣缴义务人或纳税担保人的合法权益遭受损失的，应当依法承担赔偿责任。

➡ 归纳总结

税收保全与税收强制执行的区别

（1）对象范围不同。税收保全仅适用于从事生产经营的纳税人，而强制执行适用于从事生产经营的纳税人、扣缴义务人和纳税担保人。

（2）前提条件不同。税收保全是税务机关有根据认为纳税人有逃避纳税义务的行为，并在限定的纳税期限内税务机关发现纳税人有明显的转移、隐匿其应纳税的商品、货物和其他财产或应税收入迹象的；强制执行是从事生产经营的纳税人、扣缴义务人未按规定期限缴纳或解缴税款，纳税担保人未按规定期限缴纳所担保的税款，经税务机关责令限期缴纳逾期仍未缴纳的。

（3）实施内容不同。税收保全的重点是"冻结、扣押、查封"6个字；强制执行的重点是"扣缴、拍卖、变卖"6个字。

8. 税款的退还

（1）退税的时间限定。纳税人超过应纳税额缴纳的税款，税务机关应自发现之日起10日内办理退还手续；纳税人发现多缴税款要求退还的，税务机关应自接到纳税人退还申请之日起30日内查实，并办理退还手续。

（2）存款利息的计算。纳税人自结算缴纳税款之日起3年内发现的，可向税务机关要求退还多缴的税款并加算银行同期存款利息，税务机关及时查实后退还。加算多缴税款退税的银行同期存款利息，按照税务机关办理退税手续当天中国人民银行规定的活期存款利率计算，但不包括依法预缴税款形成的结算退税、出口退税和各种减免退税。

（3）税款退还的要求。涉及从国库中退还税款的，按国库管理规定退还。如果纳税人既有应退税款又有欠缴税款的，税务机关可将应退税款和利息先抵扣欠缴税款；抵扣欠缴税款后有余额的，退还纳税人。

9. 税款的追征

（1）征收方责任的税款追征。因税务机关适用税收法律法规不当或执法行为违法等责任，致使纳税人和扣缴义务人未缴或少缴税款的，税务机关在3年内可要求其补缴税款，但不加收滞纳金。

（2）纳税方责任的税款追征。因纳税人和扣缴义务人非主观故意未缴或少缴税款的，税务机关在3年内可追征税款、滞纳金；纳税人和扣缴义务人因计算错误而未缴或少缴、未扣或少扣、未收或少收税款累计数额在10万元以上的，追征期可延长到5年。

（3）税款追征的其他规定。对偷税、抗税、骗税的，税务机关追征其未缴或少缴的税款、滞纳金或所骗取的税款，不受规定期限的限制。补缴和追征税款、滞纳金的期限，自纳税人和扣缴义务人应缴未缴或少缴税款之日起计算。

10. 欠税清缴制度

欠税是指纳税人未按照规定期限缴纳税款，扣缴义务人未按照规定期限解缴税款的行为。在欠税清缴方面主要采取的措施包括：

（1）严格控制欠缴税款是审批权限。

（2）限期缴税时限。从事生产、经营的纳税人、扣缴义务人未按照规定的限期缴纳或者解缴税款的，纳税担保人未按照规定的期限缴纳所担保的税款的，由税务机关发出限期缴纳税款通知书，责令缴纳或者解缴纳税款的最长期限不得超过 15 日。

（3）建立欠税清缴制度，防止税款流失：

①扩大了阻止出境对象的范围。根据《征管法》规定："欠缴税款的纳税人及其法定代表需要出境的，应当在出境前向税务机关结清应纳税款或者提供担保。未结清税款，又不提供担保的，纳税机关可以通知出境管理机关阻止其出境。"

②建立改制纳税人欠税的清缴制度。"纳税人有合并、分立情形的，应当向税务机关报告，并依法缴清税款。纳税人合并时未缴清税款的，应当由合并后的纳税人继续履行未履行的纳税义务；纳税人分立时未缴清税款的，分立后的纳税人对未履行的纳税义务应当承担连带责任。"

③大额欠税处分财产报告制度。欠缴税款数额在 5 万元以上的纳税人，在处分其不动产或者大额资产之前，应当向税务机关报告。这一规定有利于税务机关及时掌握欠税企业处置不动产和大额资产的动向，税务机关可以根据其是否侵害了国家税收，是否转移资产、逃避纳税义务的情形，决定是否行使税收优先权，是否采取税收保全措施或者强制执行措施。

④税务机关可以对欠缴税款的纳税人行使代位权、撤销权，即对纳税人的到期债权等财产权利，税务机关可以依法向第三者追索以抵缴税款。税务机关代表国家，拥有对欠税的债权，是指纳税人应该偿还国家的债务。如果欠税的纳税人，怠于行使其到期的债权，怠于收回其到期的资产、款项等，税务机关可以向人民法院请求以自己的名义代为行使债权。

⑤建立欠税公告制度。税务机关应当对纳税人欠缴税款的情况，在办税场所或者广播、电视、报纸、期刊、网络等新闻媒体上定期予以公告。同时税务机关还可以根据实际情况和实际需要，制定纳税人的纳税信用等级批评制度。

11. 税款入库

各级税务机关应将各种税收的税款、滞纳金和罚款，按国家规定的预算科目和预算级次及时缴入国库，不得占压、挪用、截留，不得缴入国库以外或规定的税款账户以外的任何账户。已缴入国库的税款、滞纳金和罚款，任何单位和个人不得擅自变更预算科目和预算级次。

对审计机关、财政机关依法查出的税收违法行为，税务机关应根据有关机关的决定、意见书，依法将应收的税款、滞纳金按照税款入库预算级次缴入国库，并将结果及时回复有关机关。有关机关不得将其履行职责过程中发现的税款、滞纳金自行征收入库或以其他款项的名义自行处理、占压。

第四节　税务检查

一、税务检查的概念

税务检查又称纳税检查，是指税务机关根据税收法律、行政法规的规定，对纳税人，扣缴义务人履行纳税义务、扣缴义务及其他有关税务事项进行审查、核实、监督活动的总称。它是税收征收管理工作的一项重要内容，是确保国家财政收入和税收法律法规贯彻落实的重要手段。

二、税务检查的种类

按税务检查的目的、对象、来源和检查内容的范围，税务检查可分为以下5种：

（一）重点检查

重点检查是指对公民举报、上级机关交办或有关部门转来的有偷税行为或偷税嫌疑的，纳税申报与实际生产经营情况有明显不符的，以及有普遍逃税行为的纳税人的税务检查。

（二）专项检查

专项检查是指税务机关根据税收工作实际，对某一税种或税收征收管理某一环节进行的税务检查，如增值税一般纳税人、漏征漏管户的专项检查等。

（三）分类检查

分类检查是指根据纳税人历来的纳税情况、纳税人的纳税规模及税务检查间隔时间的长短等综合因素，按事先确定的纳税人分类、计划检查时间及检查频率而进行的税务检查。

（四）集中检查

集中检查是指税务机关在一定时间、一定范围内统一安排、统一组织的税务检查。检查规模一般比较大，如全国范围内的税收、财务大检查就属于该类检查形式。

（五）临时检查

临时检查是指由各级税务机关根据不同的经济形势、偷逃税趋势和税收任务完成情况等综合因素，在正常检查计划之外安排的税务检查，如行业性解剖、典型调查性的税务检查等。

三、税务机关在税务检查中的职权和职责

（1）税务机关有权进行下列税务检查：

1）检查纳税人的账簿、记账凭证、报表和有关资料，检查扣缴义务人代扣代缴、代收代缴税款账簿、记账凭证和有关资料。

2）到纳税人的生产、经营场所和货物存放地检查纳税人应纳税的商品、货物或者其他财产，检查扣缴义务人与代扣代缴、代收代缴税款有关的经营情况。

3）责成纳税人、扣缴义务人提供与纳税或者代扣代缴、代收代缴税款有关的文件、证

明材料和有关资料。

4）询问纳税人、扣缴义务人与纳税或者代扣代缴、代收代缴税款有关的问题和情况。

5）到车站、码头、机场、邮政企业及其分支机构检查纳税人托运、邮寄应纳税商品、货物或者其他财产的有关单据，凭证和有关资料。

6）经县以上税务局（分局）局长批准，指定专人负责，凭全国统一格式的检查存款账户许可证明，查询从事生产、经营的纳税人，扣缴义务人在银行或者其他金融机构的存款账户，并有责任为被检查人保守秘密。税务机关在调查税收违法案件时，经设区的市、自治州以上税务局（分局）局长批准，可以查询案件涉嫌人员的储蓄存款。税务机关查询所获得的资料，不得用于税收以外的用途。

（2）税务机关对从事生产、经营的纳税人以前纳税期的纳税情况依法进行税务检查时，发现纳税人有逃避纳税义务行为，并有明显的转移、隐匿其应纳税的商品、货物以及其他财产或者应纳税的收入的迹象的，可以按照《征管法》规定的批准权限采取税收保全措施或者强制执行措施。

税务机关采取税收保全措施的期限一般不得超过 6 个月；重大案件需要延长的，应当报国家税务总局批准。

（3）税务机关调查税务违法案件时，对与案件有关的情况和资料，可以记录、录音、录像、照相和复制。

（4）税务机关依法进行税务检查时，有权向有关单位和个人调查纳税人、扣缴义务人和其他当事人与纳税或者代扣代缴、代收代缴税款有关的情况。

（5）税务机关派出的人员进行税务检查时，应当出示税务检查证和税务检查通知书，并有责任为被检查人保守秘密；未出示税务检查证和税务检查通知书的，被检查人有权拒绝检查。

四、被检查人的义务

（1）纳税人、扣缴义务人必须接受税务机关依法进行的税务检查，如实反映情况，提供有关资料，不得拒绝、隐瞒。

（2）税务机关依法进行税务检查，向有关单位和个人调查纳税人、扣缴义务人和其他当事人与纳税或者代扣代缴、代收代缴税款有关的情况时，有关单位和个人有义务向税务机关如实提供有关资料及证明材料。

第五节　税收法律责任

一、税务管理相对人实施税收违法行为的法律责任

（一）违反税务管理规定的法律责任

（1）纳税人有下列行为之一的，由税务机关责令限期改正，可以处2 000元以下的罚款；情节严重的，处2 000元以上 1 万元以下的罚款：

1）未按照规定设置、保管账簿或者保管记账凭证和有关资料的。

2）未按照规定将财务、会计制度或者财务、会计处理办法和会计核算软件报送税务机关备查的。

3）未按照规定将其全部银行账号向税务机关报告的。

4）未按照规定安装、使用税控装置，或者损毁或者擅自改动税控装置的。

（2）扣缴义务人未按照规定设置、保管代扣代缴、代收代缴税款账簿或者保管代扣代缴、代收代缴税款记账凭证及有关资料的，由税务机关责令限期改正，可以处2 000元以下的罚款；情节严重的，处2 000元以上5 000元以下的罚款。

（3）纳税人未按照规定的期限办理纳税申报和报送纳税资料的，或者扣缴义务人未按照规定的期限向税务机关报送代扣代缴、代收代缴税款报告表和有关资料的，由税务机关责令限期改正，可以处2 000元以下的罚款；情节严重的，处2 000元以上1万元以下的罚款。

（4）非法印制、转借、倒卖、变造或者伪造完税凭证的，由税务机关责令改正、处2 000元以上1万元以下的罚款；情节严重的，处1万元以上5万元以下的罚款；构成犯罪的，依法追究刑事责任。

（5）银行和其他金融机构未依照税收征管法的规定在从事生产、经营的纳税人的账户中登录税务登记证件号码，或者未按规定在税务登记证件中登录从事生产、经营的纳税人的账户账号的，由税务机关责令其限期改正，处2 000元以上2万元以下的罚款；情节严重的，处2万元以上5万元以下的罚款。

（6）税务代理人违反税收法律、行政法规，造成纳税人未缴或者少缴税款的，除由纳税人缴纳或者补缴应纳税款、滞纳金外，对税务代理人处纳税人未缴或者少缴税款50%以上3倍以下的罚款。

（二）逃避税务机关追缴欠税行为的法律责任

纳税人欠缴应纳税款，采取转移或者隐匿财产的手段，妨碍税务机关追缴欠缴的税款的，由税务机关追缴欠缴的税款、滞纳金，并处罚款；构成犯罪的，依法追究刑事责任。

扣缴义务人应扣未扣、应收而不收税款的，由税务机关向纳税人追缴税款，对扣缴义务人处以应扣未扣、应收而未收税款50%以上3倍以下的罚款。

（三）偷税行为的法律责任

偷税，是指纳税人采取伪造、变造、隐匿、擅自销毁账簿、记账凭证，或者在账簿上多列支出或者不列、少列收入，或者经税务机关通知申报而拒不申报或者进行虚假的纳税申报的手段，不缴或者少缴应纳税款的行为。

纳税人偷税的，扣缴义务人不缴或者少缴已扣、已收税款的，由税务机关追缴其不缴或者少缴的税款、滞纳金，并处不缴或少缴税款50%至3倍的罚款；构成犯罪的，依法追究刑事责任。

【例题10-1】某餐馆（系有证个体户）位于某高校附近，经税务机关核定实行定期定额税收征收方式，核定月均应纳税额800元。该餐馆在学校放暑假期间决定于8月8日装修店面，于是向税务机关提出申请：8月10日至30日停业。税务机关审核后，8月9日做出同意核准停业的批复，下达了核准停业通知书，并在办税服务大厅予以公示。8月24日税务机关实地检查发现该餐馆仍在营业，确属虚假停业，遂于8月25日送达复业通知书，并告知须按月定额纳税。9月10日税务机关下达限期改正通知书，责令限期申报并缴纳税款，但该餐馆没有改正。税务机关对该餐馆应如何处理？

解析：

该餐馆的行为属于偷税。符合偷税的表现形式之一"通知申报而拒不申报，不缴或少缴应纳税款"，可按《税收征管法》的规定进行行政处罚：追缴纳税人不缴或少缴的税款，并处以所偷税款 50% 至 3 倍罚款。

结论：本案中税务机关对该餐馆应做出补缴 8 月税款 800 元，并处所偷税款 50% 以上 3 倍以下的罚款的处罚。

（四）抗税行为的法律责任

抗税，是指纳税人、扣缴义务人以暴力、威胁方法拒不缴纳税款的行为。

对抗税行为，除由税务机关追缴其拒缴的税款、滞纳金外，依法追究刑事责任。情节轻微、未构成犯罪的，由税务机关追缴其拒缴的税款、滞纳金，并处 20 万元以下的罚款。

（五）骗税行为的法律责任

骗税行为，是指纳税人以假报出口或者其他欺骗手段，骗取国家出口退税款的行为。纳税人有骗税行为，由税务机关追缴其骗取的退税款，并处骗取税款 1 倍以上 5 倍以下的罚款；构成犯罪的，依法追究刑事责任。对骗取国家出口退税款的，税务机关可以在规定期间内停止为其办理出口退税。

（六）纳税人、扣缴义务人不配合税务检查的法律责任

税务检查期间，纳税人、扣缴义务人发生不配合税务机关进行税务检查的下列行为，由税务机关责令改正，可以处 1 万元以下的罚款；情节严重的，处 1 万元以上 5 万元以下的罚款。

（1）逃避、拒绝或者以其他方式阻挠税务机关检查的。

（2）提供虚假资料，不如实反映情况，或者拒绝提供有关资料的。

（3）拒绝或者阻止税务机关记录、录音、录像、照相和复制与案件有关的情况和资料的。

（4）转移、隐匿、销毁有关资料的。

（5）有不依法接受税务检查的其他情形的。

二、税务机关与税务人员违法的法律责任

税务机关对税务人员行政执法违法行为的处理原则为：尚不构成犯罪的，依法给予行政处分；构成犯罪的，依法追究刑事责任。其税务行政处理的规定主要包括：

（1）税务机关违反规定擅自改交税收征收管理范围和税款入库预算级次的，责令限期改正，对直接负责的主管人员和其他直接责任人员依法给予降级或撤职的行政处分。

（2）税务人员查封、扣押纳税人个人及其所抚养家属维持生活必需的住房和用品的，税务机关应责令退还，并依法给予其行政处分；构成犯罪的，依法追究刑事责任。

（3）税务人员徇私舞弊，对依法应移交司法机关追究刑事责任的不移交、不构成犯罪的，依法给予行政处分。

（4）税务人员与纳税人、扣缴义务人勾结，唆使或协助纳税人和扣缴义务人偷税、欠税和骗税，不构成犯罪的，依法给予行政处分。

（5）税务人员利用职务上的便利，收受或索取纳税人和扣缴义务人财物或牟取其他不正

当利益，不构成犯罪的，依法给予行政处分。

（6）税务人员徇私舞弊或玩忽职守不征或少征应征税款，致使国家税收遭受损失，不构成犯罪的，依法给予行政处分。

（7）税务人员滥用职权故意刁难纳税人和扣缴义务人的，调离税收工作岗位，并依法给予行政处分。

（8）税务人员对控告、检举税收违法违纪行为的纳税人、扣缴义务人和其他检举人进行打击报复的，依法给予行政处分。

（9）税务人员在征税或查处税收违法案件时未按规定回避的，对直接负责的主管人员和其他直接责任人员，依法给予行政处分。

（10）税务人员私分所扣押、查封的商品、货物或其他财产，不构成犯罪的，依法给予行政处分。

（11）未按照规定为纳税人、扣缴义务人和检举人保密的，对直接负责的主管人员和其他直接责任人员，由所在单位或有关单位依法给予行政处分。

（12）违反税收法律法规擅自做出税收的开征、停征或减免税、退税、补税和其他同法律法规相抵触决定的，除依法撤销其擅自做出的决定外，应补征应征未征、退还不应征收而征收的税款，并由上级机关追究直接负责的主管人员和其他直接责任人员的行政责任。

基础训练

一、单项选择题

1. 根据税收征收管理法律制度的规定，开具发票的单位和个人应当依照税务机关的规定存放和保管发票，已经开具的发票存根联和发票登记簿应当至少保存一定期限。该期限为（　　）。

A. 20 年　　　　　B. 15 年　　　　　C. 10 年　　　　　D. 5 年

2. 税务机关针对纳税人的不同情况可以采取不同的税款征收方式。对于账册不健全，但能控制原材料、产量或进销货物的单位，适用的税款征收方式是（　　）。

A. 查账征收　　　B. 查定征收　　　C. 查验征收　　　D. 定期定额征收

3. 根据税收征收管理法律制度的规定，从事生产、经营的纳税人应当自领取营业执照或者发生纳税义务之日起一定期限内，按照国家有关规定设置账簿。该期限是（　　）。

A. 10 日　　　　　B. 15 日　　　　　C. 7 日　　　　　D. 30 日

4. 扣缴义务人应当在法定扣缴义务发生之日起（　　）内，按所代扣、代收的税种，分别设置代扣代缴、代收代缴税款账簿。

A. 10 日　　　　　B. 15 日　　　　　C. 30 日　　　　　D. 60 日

5. 根据税收征收管理法律制度的规定，下列各项中，属于税收保全措施的是（　　）。

A. 责成纳税人提供担保

B. 书面通知纳税人开户银行从其存款中扣缴税款

C. 拍卖纳税人价值相当于应纳税款的货物，以拍卖所得抵缴税款

D. 查封纳税人价值相当于应纳税款的货物

二、多项选择题

1. 根据税收征收管理法律制度的规定，税务机关在实施税务检查时，可以行使的职权

有(   )。

    A. 检查纳税人会计资料

    B. 检查纳税人货物存放地的应纳税商品

    C. 检查纳税人托运、邮寄应纳税商品的单据、凭证

    D. 经法定程序批准，查询纳税人在银行的储蓄存款账户

2. 纳税人发生偷税行为时，税务机关可以行使的权力有(   )。

    A. 追缴税款   B. 加收滞纳金   C. 处以罚款   D. 处以罚金

3. 下列情形中，税务机关有权核定纳税人应纳税额的有(   )。

    A. 有偷税、骗税前科的

    B. 拒不提供纳税资料的

    C. 按规定应设置账簿而未设置的

    D. 虽设置账簿，但账目混乱，难以查账的

4. 根据税收征收管理法律制度的规定，下列各项中，属于税务机关发票管理权限的有(   )。

    A. 检查印制、领购、开具、取得、保管和缴销发票的情况

    B. 查阅、复制与发票有关的凭证、资料

    C. 调出发票查验

    D. 向当事各方询问与发票有关的问题和情况

5. 根据税收征收管理法律制度的规定，下列纳税申报方式中，符合规定的有(   )。

    A. 甲企业在规定的申报期限内，自行到主管税务机关指定的办税服务大厅申报

    B. 经税务机关批准，丙企业以网络传输方式申报

    C. 经税务机关批准，乙企业使用统一的纳税申报专用信封，通过邮局交寄

    D. 实行定期定额缴纳税款的个体工商户，采用简易申报方式申报

三、判断题

1. 负责税收征收管理工作是税务机关和税务人员的权利之一。

2. 实行定期定额征收方式的个体工商户需要停业的停业期限不得超过6个月。

3. 书面通知纳税人的开户银行或者其他金融机构冻结纳税人相当于应纳税款的存款，是税收强制执行措施之一。

4. 因税务机关适用税收法律法规不当或执法行为违法等责任，致使纳税人和扣缴义务人未缴或少缴税款的，税务机关在3年内可要求其补缴税款，但不加收滞纳金。

5. 税务机关采取税收保全措施的期限一般不得超过3个月。

开放性问题

1. 税收征收管理工作需要改进的地方有哪些?

2. 对税收管理相对人的法律责任是否还应加重一些?

3. 对税收征收管理法的改革建议。

参考文献

[1] 中国注册会计师协会. 税法 [M]. 北京：中国财政经济出版社，2019.

[2] 中国注册会计师协会. 会计 [M]. 北京：中国财政经济出版社，2019.

[3] 全国税务师职业资格考试教材编写组. 税法（Ⅰ）[M]. 北京：中国税务出版社，2019.

[4] 全国税务师职业资格考试教材编写组. 税法（Ⅱ）[M]. 北京：中国税务出版社，2019.

[5] 财政部会计资格评价中心. 经济法 [M]. 北京：经济科学出版社，2019.

[6] 财政部会计资格评价中心. 经济法基础 [M]. 北京：经济科学出版社，2019.

[7] 蔡报纯，任高飞. 税法实务与案例 [M]. 大连：东北财经大学出版社，2017.

[8] 梁伟样. 税法教程 [M]. 北京：高等教育出版社，2018.

[9] 梁文涛，苏杉. 纳税筹划 [M]. 北京：中国人民大学出版社，2019.

[10] 吴桂梅. 经济法 [M]. 北京：北京理工大学出版社，2017.

[11] 曹越，谭光荣，曹燕萍. 税法 [M]. 北京：中国人民大学出版社，2018.

[12] 边琳丽，杨洋. 税法 [M]. 北京：中国商务出版社，2018.